Nº 3

Franklin Távora e o seu Tempo

Cláudio Aguiar

Franklin Távora e o seu Tempo

Prefácio

Nelson Saldanha

Direitos reservados e protegidos pela Lei 5.988 de 14.12.93.
É proibida a reprodução total ou parcial sem autorização,
por escrito, da editora.

Copyright © by Cláudio Aguiar 1997

ISBN – 85-85851-47-3

Editor: Plinio Martins Filho

Direitos reservados à
ATELIÊ EDITORIAL
Alameda Cassaquera, 982
09560-101 – São Caetano do Sul – SP – Brasil
Telefax: (011) 4220-4896
1997

Para Evaldo Coutinho

Sumário

Prefácio – *Nelson Saldanha* 11
Nota Preliminar 17

1. As Origens 23
2. Em Terras Pernambucanas 31
3. Os Preparativos Revolucionários 39
4. Um Índio na Revolução Praieira 45
5. As Primeiras Lições 57
6. O Preparatório 63
7. Na Faculdade de Direito do Recife 69
8. As Novas Idéias na Faculdade de Direito 81
9. A Trindade Maldita 89
10. *Um Mistério de Família* 97
11. O Primeiro Romance 105
12. O Fracasso de uma Banca 111
13. Um Homem de Jornal 121
14. O Diretor-geral da Instrução Pública 129
15. A Liberdade de Ensino 137
16. Sob o Fogo das Primeiras Polêmicas 151
17. Victor Hugo e a Libertação dos Escravos ... 155
18. A Morte do General e o Amor do Bispo 163
19. *Um Casamento no Arrabalde* 173
20. Cartas a Cincinato 185
21. A Questão Religiosa 203
22. A Vida na Corte 221
23. O Ano de *O Cabeleira* 231

24. A Literatura do Norte 243
25. As Lendas, as Tradições e o Matuto 257
26. A *Revista Brasileira* 269
27. A Fase do Instituto Histórico 283
28. Entre Rosas e Espinhos 297
29. A Associação dos Homens de Letras 307
30. O Crítico e o Ensaísta 325
31. O Começo do Fim 341

    Bibliografia 357
    Índice Onomástico 369
    Notícia sobre o Autor 381

Prefácio

Nelson Saldanha

Todo livro tem uma intenção fundamental, e se baseia em um esquema que a ela corresponde. A unidade de um livro depende, geralmente, da atuação desse esquema, que o norteará todo, mesmo que o autor, durante a elaboração de sua obra, modifique alguma parte, cancele ou acrescente alguns elementos.

O trabalho historiográfico tem com isto uma especial relação. Intenção central e esquema norteador são, nele, especialmente necessários para reger e juntar a multidão de aspectos a considerar, e de dados a utilizar. Disse reger, e com efeito o historiador "conduz", como um maestro, como um demiurgo que dispõe os dados e organiza os aspectos em um especial sentido. Estas observações nos remetem – digamo-lo ao menos de passagem – à clássica referência à história como ciência e como arte (que os antigos anteviram e que Macaulay retomou), e também à recente noção das ciências sociais como ciência de cunho hermenêutico. De qualquer sorte vale acentuar a visão da história como reconstrutora de passados (Croce escreveu que o passado enquanto história é sempre contemporâneo); a história como resgate de contextos, vidas e atos.

Tudo isso se aplica obviamente ao gênero biografia. Se até o século XIX prevaleceu, *grosso modo*, a discutível concepção que atribuía ao saber histórico o cuidado com os fatos "singulares" (e irrepetíveis) – daí seu questionamento como ciência –, no século XX se reviu essa idéia, e se entendeu a história, ou antes a ciência da história, como concernente também a coisas não tão singulares, nem tão momentâneas, e isto veio por conta, inclusive, das alusões de Braudel aos graus de duração do tempo vivido pelos homens. Do mesmo modo, se no sentido clássico as biografias eram pouco mais do que a narrativa dos sucessos de uma vida (mencionemos o sempre exemplar Plutarco), a historiografia moderna vem ensejando a reformulação do gênero: daí surgirem biografias que em verdade reconstituem épocas inteiras, e em que se tem como objeto a própria compreensão das relações entre o indivíduo que age e as condições que o cercam.

Às vezes o biógrafo trabalha tomado pelo afã de ampliar a imagem do biografado. Terá sido, de certo modo, o caso de Joaquim Nabuco ao retratar a figura do pai e ao pintá-lo como epicentro do Brasil de seu tempo. Não é o caso do presente livro.

Ortega y Gasset escreveu que o homem não deve estudar-se como ser biológico, sim como ser biográfico. Na frase do pensador madrileno, o "biográfico" se relaciona com o vital, dentro do perspectivismo e da razão vital que integraram o seu acervo de idéias. Neste sentido cabe – insistindo sobre o tema – valorizar a biografia como reinterpretação (não mera documentação) de uma vida, o que deve ser feito situando-se o homem em seu contexto. Desse modo se entenderá a biografia como um gênero que pode participar do que se chama (partindo-se de um termo alemão) história de idéias.

E com isto designamos o notável trabalho de Cláudio Aguiar sobre Franklin Távora – justamente intitulado *Franklin Távora e o seu Tempo* – como uma biografia que apreende e compreende o painel geral, feito de homens e coisas, mas não desatende à intenção de "acompanhar" a vida do biografado, tomado como um indivíduo, como um homem de carne e osso. Um trabalho consistentemente estruturado e montado sobre uma documentação que suponho exaustiva, onde a consulta a fontes genéricas e a obras "nacionais" se acha complementada pelo acesso a fontes locais, inclusive textos contemporâneos e aparentemente "menores".

É justamente sobre esta duplicidade de acentos que se constrói o extenso e fascinante livro de Cláudio Aguiar – romancista, contista, ensaísta, conhecedor sério e seguro das coisas da literatura (na acepção mais ampla desta palavra). Ora o leitor se vê levado pela narrativa das "vicissitudes" do personagem, pois que a óptica do biógrafo transforma o romancista em personagem, ora se defronta com a referência ao meio, aos grandes traços da conjuntura nacional e aos seus componentes: capital e províncias, quadro econômico e movimentos culturais, ideologias e profissões.

Não o explicita o autor, mas acha-se visível no livro a compreensão de certas coisas da história literária pela referência às gerações. Franklin Távora, ora antecipando-se à idade (aos 25 anos Diretor da Instrução Pública na província) ora defasando-se em relação a certos contemporâneos, expressou o ritmo afanoso e descontínuo do segmento de geração em que viveu:

treze anos mais jovem do que Alencar, três mais do que Machado e do que Tobias, nove mais velho do que Sílvio Romero, sete mais do que Nabuco. "Contemporâneos" todos, não exatamente coetâneos: protagonistas de um tempo brasileiro brilhante e decisivo.

Com esta alusão recordemos que foi o século XIX em nosso país: fervores românticos convivendo com demoras no plano das mudanças sociais, paixão pela ciência, em muitos, em outros o excesso de retórica.

Aliás, Stuart Mill, em seu breve *Diário*, de 1854, anotou (23 de janeiro) que um dos traços do século era uma "universal incerteza acerca das grandes questões". Mas não foi um século "cinzento" como disse Daudet: nem no plano geral – Europa, Ásia e América – nem no nacional, onde foi vivido com intensidade e com entusiasmo.

Dentro do século XIX, e entre os contextos que o autor menciona e reconstrói, acha-se a passagem de Távora pela Faculdade de Direito do Recife: ou seja, a imagem de sua inquieta figura dentro de um quadro institucional específico. Uma ponderável bibliografia tem girado em torno do papel histórico da Faculdade, oriunda (como a de São Paulo) dos Cursos Jurídicos criados em 1827, e ainda, ao tempo do autor de *O Cabeleira*, situada no pouco adequado prédio da Rua do Hospício. Existiu na Faculdade, àquela época, um contraste entre a rigidez burocrática do ensino limitado e convencional – e a ebulição dos estudantes, que eram, por sinal, personagens sociais peculiares. Foi essa ebulição, permeada de leituras românticas ou pré-românticas, que apoiou a irreverência de Tobias Barreto quando, a partir da década de 60, começou sua polêmica contra o espiritualismo e o catolicismo. É verdade que antes de Tobias houve no ambiente acadêmico a ressonância dos escritos de Abreu e Lima e de Antônio Pedro de Figueiredo; mas o movimento trazido pelo sergipano – que se tornaria em 1882 professor da Faculdade – se estruturou como "escola" e prolongou-se por alguns decênios.

O capítulo 8 do livro de Cláudio Aguiar traz, por sinal, excelente exposição sobre estes aspectos.

Vale insistir todavia, inclusive por conta do conteúdo de certos capítulos do livro – como o 20 e os que se lhe seguem – sobre o século XIX no Brasil. Assim temos a permanência do debate político, um debate constante, que veio dos panfletos do tempo da Praieira até as graves ponderações de Tavares Bastos, José de Alencar e Nabuco. E de permeio a eclosão da "Questão Religiosa" (tratada por Aguiar nos capítulos 18 e 21), tormentoso momento do processo de secularização cultural: um processo que nos países europeus foi cumprido entre o Renascimento e o Iluminismo, mas que no

Brasil demorou a ocorrer e envolveu episódios equívocos, como o da querela entre o General e o Bispo, lamentável sob tantos aspectos.

Na segunda metade do século XIX constituiu-se no Brasil uma teoria política propriamente dita, a partir dos debates parlamentares freqüentemente travados em alto nível doutrinário –, do jornalismo de idéias e de obras representativas; formou-se uma tradição ensaística que chegaria sem desfalecimento até nosso século; iniciou-se a ciência jurídica nacional, a partir dos importantes trabalhos de Teixeira de Freitas (e em parte ou os de Tobias), de Rodrigues de Souza e de Pimenta Bueno, com continuação nos livros de Lafaiette e de Beviláqua, de Rui Barbosa e de Martinho Garcez. Ao lado disso a crítica literária, incipiente ao tempo de Macedo, foi tomando corpo na geração de Távora, crescendo com Araripe Júnior, Veríssimo e Sílvio Romero.

O Segundo Reinado foi, seguramente, um período de intenso questionamento político, já pela "abertura" ensejada pela atitude pessoal de Pedro II (o que não significa, contra o que muitos dizem, que tenhamos tido então um parlamentarismo), já pelo eco dos *ismos* vindos do velho mundo, e nascidos, justamente, da secularização cultural.

Cabe entretanto destacar, dentro do século, a década de 70. Naquele ano (1870) surgiu o Manifesto Republicano; em 1872 sairiam as *Cartas a Cincinato*. Távora, romancista e historiador, aparece ali como crítico; e de certo modo pode dizer-se, tomando o termo em sua acepção mais lata, que houve um caráter político em todos os debates e conceitos literários da época. Indigenismo e folclore, romantismo e realismo, tudo isso tinha a ver com o liberalismo e com o nacionalismo, com o federalismo e com o conservadorismo. Franklin Távora, um liberal (desde a sua luta pela liberdade de ensino na década de 60), viveu precisamente no entrecruzar-se destas correntes: a transição do romance "romântico" para o "realista", a passagem do espiritualismo eclético para o positivismo, o advento da pregação republicana.

E com isto nos reportamos ao papel histórico que desempenhou o biografado. Não se trata de definir o seu papel como uma "missão" ou como uma "parte" que se faz numa peça, *performance* individual ou algo semelhante; sim de entender – e isto foi mencionado mais acima – a relação entre o escritor e o seu contorno, algo próximo do que Taine havia designado (com palavras que pereceram mas com uma idéia ainda válida) ao aludir ao meio e ao momento.

A cultura brasileira, nascida em um meio excessivamente heterogêneo ("brasileira" por cima de grandes diversidades), cresceu precariamente através da fase colonial e dos tropeços pós-Independência. A literatura, como dimensão específica do *quehacer* cultural, medrou confusa e limitada, como confusa e limitada foi a vida urbana do país durante séculos. A geração de

Franklin Távora viveu o esforço de consolidar o jornalismo e também o ensino acadêmico, debatendo-se entre o nativismo e as leituras européias. O nativismo complicado, em seu caso, com o problema do regionalismo. Era o esforço, também, de interpretar a questão da unidade política nacional, definindo o regime social e econômico; tudo agravado pela campanha abolicionista e por polêmicas eventuais. Távora buscou um padrão literário que não desmentisse os traços do "Norte" nem deixasse de ser nacional; que fosse "realista" mas não se limitasse ao retrato pretendidamente neutro dos fatos.

O capítulo 24, relativo ao problema da "literatura do Norte", como então se dizia, focaliza com nitidez esta temática. Ao tempo, parece ter havido no Nordeste (ou no Norte) um movimento editorial bastante qualificado, com forte participação dos jornais, e ao lado disto uma ponderável preocupação com o papel nacional dos escritores da região. Não se tratava de recolher-se ao puramente regional, nem de erigir o bairrismo como cânone intelectual, mas de fazer com que a produção cultural brasileira abrangesse todas as porções do país, e de impor à consideração do espírito nacional os valores da região. Na verdade já se fazia perceber a perda de terreno do Nordeste em termos econômicos; homens como Távora tentavam salvar a parte da cultura. Sua luta se compararia à de Sílvio Romero, que, na esteira de Tobias Barreto, combateu sempre a hegemonia da "Corte": a Corte com sua Rua do Ouvidor, cuja "civilização mirrada" Euclides contrapunha ao "verdadeiro Brasil".

Luta inglória: ainda em 1950 João Lélis reivindicava aos historiadores da literatura brasileira mais atenção para com os escritores das províncias. E luta cheia de equívocos: com freqüência o que se reclama nas províncias não é bem o predomínio dos "grandes centros", mas a ausência de um critério uniforme para a atribuição dos méritos.

Ocorre, ao concluir, mencionar o velho tema do destino dos livros. Que é, por aderência, o dos autores: livros e autores terminam por participar, reunidos, do lugar adequado ou não que lhes conferem os pósteros. Isto se aplica à obra de Távora, recuperada neste livro com tanta eficiência (um pé na erudição e outro na magia, como escreveu Marguerite Yourcenar ao dizer como preparou as *Memórias de Adriano*); aplica-se também ao próprio livro, que esperamos tenha a repercussão que merece.

Recife, em 2 de abril de 1997.

Nota Preliminar

Antes de mais nada, convém lembrar que *Franklin Távora e o seu Tempo* não é uma *biografia romanceada*. A razão de tal afirmação é simples: nesta biografia não vem a imaginação do autor interferir em algumas passagens da vida do biografado para preencher lacuna, ampliar ou reduzir situações pouco conhecidas.

Por isso, talvez seja indispensável aduzir um breve esclarecimento sobre o curioso tema dos gêneros biografia e romance. A biografia, pela sua própria natureza, tem como raiz fundamental a *história*, enquanto o romance, por ser uma obra essencialmente artística, pertence ao exclusivo domínio da *literatura*. História e literatura, portanto, presidem a diferença entre os dois gêneros.

Isso não quer dizer, porém, que à biografia seja dispensável a presença do elemento artístico. A característica do artístico liga-se ao estilo, ao modo de dizer ou de escrever do biógrafo, mas nunca à pretensão de realizar uma obra de arte. A história, por assim dizer, constitui o elemento objetivo que define e garante a natureza científica do presente trabalho.

Ao requerer, aqui, o sentido histórico em detrimento da visão romanceada, na verdade o fazemos para afastar a possibilidade de adulterar os fatos pelo viés da subjetividade, correndo o perigo de revelar a personalidade de um homem ideal, quando o que interessa trazer à luz é o homem real, histórico, isto é, aquele que mais se identifica com as fontes vivas que lhe dizem respeito.

Mesmo assim, seria oportuno recordar a advertência de Oscar Wilde a respeito dos biógrafos, chamando-os, nem mais nem menos, de "flagelos do século", porque "cada grande homem tem seus discípulos, e sempre é um Judas o que faz a biografia".

A traição, voluntária ou não, creio não ter ocorrido, porque essa inexplicável ocorrência estaria mais propensa a dar-se no caso do enfoque romanceado. Aliás, ao lado da idéia de Oscar Wilde, que parece pugnar pelo tom apologético, poder-se-ia pensar também na afirmativa de Nietzsche quando diz que o que nós fazemos nunca é compreendido, mas apenas louvado ou condenado.

Como a preocupação fundamental foi com a obra e o tempo, tive o cuidado de não perder de vista a base documental, que sempre enseja a oportunidade de nos aproximar da verdade. Verdade não no sentido absoluto, pois Bernard Shaw chamou a atenção dos leitores para o fato de que, quando se lê uma biografia, é preciso "recordar que a verdade não se presta nunca a uma publicação".

Gostaria, ainda, de dizer que a história de qualquer homem, via de regra, oferece uma infinidade de peripécias. Quando este homem é uma figura pública como o escritor Franklin Távora, então, tudo se amplia. Nessa hipótese, em favor da síntese e da clareza, o autor terá necessariamente que eleger aqueles passos ou momentos que mais contribuam para definir o perfil ou o retrato.

O mesmo se diga de sua obra, neste caso, não pequena, sobre a qual a nossa intenção foi a de dar simplesmente uma idéia de seu tamanho e abrangência de gêneros, vez que, em geral, grande parte acha-se esgotada ou dispersa, sendo mais conhecidos alguns romances. O objetivo maior, portanto, foi o de revelá-la num amplo painel, indicando-se as fontes e o alcance crítico na época, sem, contudo, descer a maiores considerações de natureza valorativa hodiernamente, já que existe uma considerável fortuna crítica firmada pelos mais autorizados especialistas brasileiros.

Este trabalho responde a uma curiosidade nascida em 1976. Verifiquei que nas efemérides daquele ano dava-se o centenário da publicação de *O Cabeleira*. Senti necessidade de saber mais sobre o seu autor e deparei com a circunstância de que não havia nenhuma biografia de Franklin Távora. Para conhecê-lo melhor, resolvi, então, enfrentar o desafio.

As dificuldades foram enormes, sobretudo porque, mais tarde, ao ler o discurso proferido por Clóvis Beviláqua na Academia Brasileira de Letras ao assumir a cadeira número 14, que tem como patrono Franklin Távora, constatei que o jurista cearense no final do século XIX já se deparava com as mesmas dificuldades. Dizia ele: "Escassos foram os dados biográficos que alcancei. [...] Nesta piedosa excursão em busca de informes sobre o meu ilustre patrono tive o desgosto de reconhecer que a sua memória se vai celeremente apagando entre os contemporâneos que o viram lutar com energia, trabalhar com dedicação, sacrificar-se e morrer. *Les morts vont vite*".

Que fazer diante de tão desalentadora perspectiva? Como começar? Onde buscar as informações?

Não vou, agora, trazer ao leitor a história dessa "tormentosa cruzada" que empreendi tentando restaurar a vida e a obra de Franklin Távora, um escritor tão cearense e pernambucano quanto brasileiro. É preferível lembrar a desinteressada ajuda que me ofereceram parentes, amigos e instituições ao longo das duas últimas décadas.

Em primeiro lugar, agradecer à minha mulher, Célia, que, com amor, carinho e compreensão, acompanhou-me nas peregrinações por bibliotecas, arquivos e cartórios de várias cidades do Brasil.

À minha filha Kalyna de Paula que, por amor à vida de um artista, também me ajudou em grande parte das pesquisas realizadas nas instituições pernambucanas e paraenses.

Ao meu querido e saudoso amigo Moacyr Breno Souto Maior, a quem devo não só o prazer de ter desfrutado de inesquecíveis e amplas conversas literárias, mas, sobretudo, a oportunidade de trocar opiniões sobre esse trabalho.

Ao amigo poeta Mauro Mota, que, então, na chefia do Arquivo Público do Estado de Pernambuco, me estimulou a escrever este livro, e, pessoalmente, indicou as fontes para o levantamento em jornais, revistas e outros documentos da fase recifense de Franklin Távora.

À Biblioteca Pública do Estado de Pernambuco, ao Instituto Arqueológico, Histórico e Geográfico Pernambucano e ao Gabinete Português de Leitura do Recife, instituições onde foram encontrados livros, jornais, revistas e documentos importantes. À Fundação Joaquim Nabuco pela pesquisa em diversos jornais e periódicos pernambucanos no seu serviço de microfilmagem.

Ao Arquivo Público Estadual do Ceará, ao Instituto do Ceará, à Arquidiocese de Fortaleza e ao Museu Municipal Ananias Arruda, em Baturité, na pessoa do Cap. Miguel Edgy Távora Arruda. À Academia Cearense de Letras, especialmente ao escritor e acadêmico Dimas Macedo.

Em Belém, ao Arquivo Público do Pará e à Biblioteca Pública Artur Viana.

No Rio de Janeiro aos amigos José Bonifácio Câmara, que me franqueou a sua biblioteca cearense, Plínio Doyle e Olímpio José Garcia Matos. Em São Paulo a Israel Souza Lima que me colocou à disposição farto material bibliográfico de/sobre Franklin Távora.

À Fundação Casa de Rui Barbosa, onde foi possível consultar a coleção de jornais, destacando-se a *Ilustração Brasileira*, além de compulsar os arquivos iconográficos. Ao Gabinete Português de Leitura do Rio de Janeiro.

Ao Arquivo Nacional que, ao me proporcionar a consulta de inúmeras fontes, ao mesmo tempo, forneceu os elementos materiais indispensáveis ao sistemático levantamento de importantes jornais, revistas e livros, especialmente as coleções completas da *Revista Brasileira*, em sua segunda fase, da qual Franklin Távora foi redator-chefe, bem como da *Revista Trimensal do Instituto Histórico*, além de valiosas consultas à biblioteca.

Ao Instituto Histórico e Geográfico Brasileiro, do qual Franklin Távora, a partir de 1880, foi sócio efetivo, exercendo os cargos de secretário, orador oficial, diretor da revista e membro de comissões, pela possibilidade de consultar cartas e demais documentos relativos às atividades do seu ex-sócio biografado.

À Biblioteca Nacional, especialmente à Sra. Eliane Perez, da Seção de Informação Documental, e à Sra. Gladys O. A. de Sousa, da Seção de Obras Raras.

À Academia Brasileira de Letras, onde foi possível consultar no seu Arquivo a correspondência ativa e passiva de Franklin Távora, sobretudo com José Veríssimo. Ao escritor e acadêmico Josué Montello pela fidalga maneira como sempre nos recebeu para a troca de impressões sobre o tema. Ao Sr. Luiz Antonio de Souza, bibliotecário da mesma Academia.

Sem a ajuda deles e de tantos outros, não seria possível reconstituir os principais momentos da vida desse escritor brasileiro que, apesar de ter sido tão injustamente maltratado pelos contemporâneos, como disse Sílvio Romero, continuará vivo em nossa literatura. E por assim ter julgado a posteridade é que assiste razão ao crítico M. Cavalcanti Proença, quando afirma que "devemos reconhecer na aceitação que *O Cabeleira* encontra hoje, como encontrou há um século, a reafirmação daquele conceito tantas vezes provado: uma obra de arte que haja captado elementos da tradição permanece no gosto popular. E popularidade, bem analisada, não é somente aceitação por parte do povo, mas devolução que lhe faz o autor, restituindo-lhe, com novos trajes, o que dele recebeu".

Franklin Távora e o seu Tempo

Y cuando llegue el día del último viaje,
y esté al partir la nave que nunca ha de tornar,
me encontraréis a bordo ligero de equipaje,
casi desnudo, como los hijos de la mar.
ANTONIO MACHADO

1. As Origens

> Ceará, torrão do meu nascimento.
> Prefácio de *O Cabeleira*.

João Franklin da Silveira Távora nasceu a 13 de janeiro de 1842 no sítio Serrinha da Glória, no antigo Candéia, região encravada no sistema montanhoso da Serra de Baturité, no Ceará[1].

1. O Sr. Manuel Pinheiro Távora, escrevendo sobre as origens genealógicas da família Távora, afirmou, sem contudo indicar a fonte documental, que João Franklin da Silveira Távora fora filho natural de Camilo Henrique da Silveira Távora, apelidado o *Indígena*, quando todas as fontes o dão como legítimo (cf. *Revista do Instituto do Ceará*, Tomo LXXXV, Ano LXXXV, 1971, *Távora e Cunha na Península Ibérica e na Antiga América Portuguesa*, 85). Fica prevalecendo, portanto, o que diz o historiador Vinicius Barros Leal, no ensaio "Franklin Távora – A Dimensão Nacional de um Regionalista", *Revista da Academia Cearense de Letras*, Ano LXXXIII, n. 39, 1978, à p. 123: "Nenhum outro autor faz declaração semelhante. Hoje, difícil se faz a comprovação do fato em vista da inexistência do livro paroquial onde deveria ter sido consignado o registro do batizado. Outras provas são desconhecidas. Esse fato, se confirmado, vem esclarecer certas particularidades do comportamento do autor de *Lourenço*". Nesse sentido, fiz pesquisas pessoalmente nos Cartórios e Arquivos do Ceará. No acervo de livros de assentamentos de nascimentos ocorridos em Baturité durante o ano de 1842, atualmente arquivados na Arquidiocese de Fortaleza, falta exatamente aquele que, por ordem cronológica, deveria conter o registro em questão. Aponto, ainda, umas tantas informações desconcertantes sobre as origens de Franklin Távora. O Barão de Studart no seu importantíssimo *Diccionario Bio-bibliographico Cearense*, de 1910, vol. I, à p. 482, já desautorizava algumas delas quando afirmava:

> Não é do Piauí como o supôs Valentim Magalhães na sua *Literatura Brasileira*, nem de Pernambuco como escreveu Oliveira Lima, mas nasceu em Baturité, a 13 de janeiro de 1842, sendo seus pais Camilo Henrique da Silveira Távora e Dª Maria de Sant'Ana da Silveira.

Eram precisas e corretas as informações do Barão. Igualmente são incorretas as de nascimento dadas por José Veríssimo, o mais importante amigo de Franklin Távora, em sua *História da Literatura Brasileira* (Rio de Janeiro, Livraria José Olympio Editora, 1954, p.

A cidade de Baturité chamara-se Monte-Mor, o Novo, da América. Este batismo pomposo fora dado ao lugar em 1764 pelo Conselho Ultramarino, em homenagem à vila de igual nome existente no Alentejo, Portugal. Em muitos aspectos, a antiga vila lusa de Montemor-o-Novo ligou-se à lendária memória da família Távora. Na estrada que vai daquela vila lusa para Évora, não muito distante do lugar onde se ergue o conhecido dólmen da courela dos Tourais, acha-se a Quinta da Amoreira, com a sua imponente torre, abrigando desde o século XVII a estirpe dos Mascarenhas, família ilustre que se uniu por laços matrimoniais aos Távoras. Essas duas famílias, mais tarde, seriam envolvidas no rumoroso processo de execução sumária dos Távoras, levado a efeito pelo Marquês de Pombal, nos meados do século XVIII. Naquela quinta ainda hoje existem duas notáveis estátuas romanas nos nichos, representando um casal que, por ironia do destino, teve suas cabeças mutiladas. O povo, então, a partir do momento em que a ira pombalina abateu-se sobre os Távoras, logo denominou as estátuas de os "Marqueses Degolados", como se quisesse perpetuar na pedra aquela página trágica da história lusa. Tanto lá como aqui as denominações geográficas misteriosamente tramaram coincidências.

A década de 1840 foi de muita importância para a transformação do ambiente social, econômico e político no país. Os efeitos lentos do Ato Adicional de 1834 começaram a ser sentidos, enquanto a força do partido dos moderados ganhava terreno a olhos vistos. A extinção do Conselho de Estado terminou ampliando os poderes do regente Araújo Lima (1837-1840), aparecendo novos horizontes culturais com a criação de instituições como o Colégio Pedro II e o Instituto Histórico e Geográfico Brasileiro. Com o fim da regência veio a proclamação de Dom Pedro II como "Imperador Constitucional e Defensor Perpétuo do Brasil", ainda que, ao longo de quase uma década, o governo imperial tivesse que abafar os movimentos de reação revolucionária que se levantaram em várias províncias. Por essa época também o processo de escravidão sofreu o primeiro golpe com o aparecimento da lei de abolição do tráfico de escravos de 1850. Os resultados da vida econômica, social e política não mais entusiasmaram as novas gerações. Elas não desejavam espelhar-se apenas no exemplo das sociedades européias. O cenário brasileiro precisava assimilar as mudanças. Como escreveu Caio Prado Júnior,

268), que o dá como nascido a 13 de janeiro de 1843, além de, inexplicavelmente, chamá-lo de Joaquim Franklin da Silveira Távora, já que há anos mantivera com Távora uma intensa e fecunda correspondência. O mesmo equívoco comete Oliveiros Litrento em sua *Apresentação da Literatura Brasileira* (Biblioteca do Exército/Editora e Forense Universitária Ltda., 1974, tomo I, p. 146).

a abolição do tráfico africano consumada naquele ano, terá por efeito imediato desencadear as forças renovadoras em gestação. O país entra bruscamente num período de franca prosperidade e larga ativação de sua vida econômica. No decênio anterior a 1850 observam-se índices dos mais sintomáticos disto: fundam-se no curso dele 62 empresas industriais, 14 bancos, 3 caixas econômicas, 20 companhias de navegação a vapor, 23 de seguros, 4 de colonização, 8 de mineração, 3 de transporte urbano, 2 de gás e finalmente 8 estradas de ferro. [...] Todo esse processo, embora através de crises de crescimento mais ou menos graves e prolongadas, se estenderá daí por diante, sempre em marcha segura, até o século presente[2].

Batizado na antiga Matriz de Nossa Senhora da Palma, os seus pais, na verdade, apenas cumpriram o ritual seguido pelos antepassados, os Silveira, um dos mais importantes troncos familiares fundadores do antigo Candéia, aprazível região serrana.

Descendia ele, pelo lado materno, de famílias de alta linhagem arroladas na vetusta nobiliarquia portuguesa. Os seus trisavós – João Gomes da Silveira e Izabel de Vasconcelos – eram membros de uma das mais ilustres famílias paraibanas. Procediam de Pedro Alves da Silveira, natural de Serpa, Portugal, onde, por volta do meado do século XVI, casara-se com Maria Gomes Bezerra, nascida em Viana do Castelo. Esta senhora era filha de Antonio Gomes Bezerra, um nobre pertencente à velha Casa dos Morgados de Paredes.

Mais tarde, um dos filhos de Pedro Alves da Silveira, chamado Duarte Gomes da Silveira, homem possuidor de muitos dotes e cabedais, houve por bem emigrar ao Brasil e instalou-se na Paraíba, onde fundou um Morgado, quando recebeu o título de Marquês de Capaoba, em retribuição aos relevantes serviços prestados à Coroa lusa por ocasião dos combates da conquista da Capitania da Paraíba, segundo registra Borges da Fonseca[3].

As mudanças na vida política portuguesa, advindas com a subida ao trono de D. João IV, no entanto, impediram a consolidação dos sonhos do nascente marquesado. Ana Silveira, irmã do primeiro Morgado Duarte, casou-se com o português Antônio Barbalho Pinto, senhor do engenho Nossa Senhora do Rosário de Camaratuba, fundado em 1610. Dos vários filhos oriundos desse casal, destacamos Vitória Gomes da Silveira que se casou com o capitão Matias da Costa Vasconcelos Marrecos, natural da Ilha de São Miguel, então, morador em Mamanguape, Paraíba.

Do casal formado pelo Capitão Matias e Vitória nasceram cinco filhos, casando-se a mais velha, chamada Izabel de Vasconcelos, com o lisboeta João Soares Avelar, os quais tiveram a numerosa prole de treze filhos. Uma

2. Caio Prado Júnior, *História Econômica do Brasil*, 3. ed., São Paulo, Brasiliense, 1953, p. 197.
3. Borges da Fonseca, *Nobiliarquia Pernambucana*, vol. I, p. 19.

deles, Catarina Barbalho, casou-se com Francisco Ribeiro Bessa, concebendo esse casal sete filhos, um dos quais recebeu na pia batismal o mesmo nome da avó Izabel de Vasconcelos. Esta segunda Izabel casou-se com um seu primo, o capitão João Gomes da Silveira, filho de Vitória Gomes da Silveira e de Gabriel Martins, este, filho de um espanhol.

Do matrimônio de João e Izabel nasceram sete filhos, sendo um deles o tenente Luís Gomes da Silveira, o patriarca fundador da família dos Silveira no antigo Candéia baturiteense.

Antes, porém, de que o tenente Luís Gomes da Silveira elegesse o Candéia como sua morada definitiva, viveu no Vale do Jaguaribe, onde se casou, em 1755, pela primeira vez, com d. Maria Vidal de Mendonça, filha de Francisco Barbosa de Mendonça e Maria José de Soveral. Estes Mendonças foram os mesmos que, mais tarde, participariam ativamente das medidas administrativas de fundação da vila de Monte-Mor, o Novo, da América, atual Baturité.

O tenente Luís Gomes da Silveira e sua mulher, d. Maria Vidal, tiveram sete filhos. Com a morte de d. Maria Vidal de Mendonça, ocorrida em 1766 na velha casa do Candéia, o viúvo, anos após, contraiu novas núpcias com d. Rosa Maria de Vasconcelos, filha do capitão Manuel de Souza Abreu e Ana Maria de Vasconcelos, pertencentes a conceituadas famílias pernambucanas. Com dona Rosa Maria o tenente Luís Gomes da Silveira teve mais sete filhos, sendo o primeiro deles o major Antonio Gomes da Silveira, nascido em 1770, que, mais tarde, desposaria d. Maria Rosa de Jesus.

Dentre os vários filhos do casal nasceu Maria de Santana da Silveira, a décima segunda neta do tenente Luís Gomes da Silveira, que viria a ser, mais tarde, a mãe do escritor Franklin Távora.

João Franklin, pelo lado paterno, pertenceu à família Távora, estirpe que se ramificou pelas mais remotas paragens de Portugal, Espanha e Brasil.

A presença de Távoras no Brasil pode ser notada desde as primeiras levas de pessoas emigradas durante a fase de colonização. Mas foi principalmente a partir das lutas contra os invasores holandeses que surgiram os registros de nomes com destacada atuação na vida da nova terra que nascia. Um deles foi o do capitão Estevão de Távora que lutou ao lado de André Vidal de Negreiros, João Fernandes Vieira, Luís Barbalho, Felipe Camarão, Henrique Dias, Ascenso da Silva e tantos outros[4].

Há, curiosamente, entre o ramo dos Silveira Távora uma preferência pelo nome João e depois João Franklin. O tenente Luís Gomes da Silveira Távora, o fundador do Candéia, chegou a ter cinco escravos com o nome

---

4. A. F. Varnhagen, *História das Lutas com os Holandeses no Brasil desde 1624 a 1654*, Salvador, Bahia, Livraria Progresso Editora, 1955, p. 116.

João[5]. Registram-se, pelo menos, uns cinco João Franklin somente no tronco da família Silveira Távora.

Aliás, por falar em escravos, numa das secas que castigaram o Ceará, diante da escassez de meios para a sobrevivência da família, o tenente vendeu seus escravos, ficando sem esse tipo de mão-de-obra. Mais tarde, principalmente o capitão Antonio Gomes da Silveira, seguindo o exemplo, foi o primeiro a expedir cartas de alforria para alguns escravos de sua propriedade[6].

Felizardo da Silveira Borges Távora, considerado o patriarca da família no lugar Panema, no Rio Grande do Norte, que recebeu de seus pais o acréscimo de João antes de Felizardo, quando foi batizar-se, casou-se com d. Ana Nunes da Fonseca Távora, concebendo oito filhos, dos quais o quarto chamou-se João Franklin da Silveira Borges Távora, que se casou com a viúva, d. Maria Angélica Pereira Colares, e viveu na Fazenda Cangati, no Ceará. Ali tiveram os filhos Abigail, Jovita, Antonio e João. Este outro João, cujo nome completo era João da Silveira Borges Távora, tornou-se proprietário de terras do Engenho Alagadiço Novo, nas proximidades do Recife, e ali contraiu núpcias com d. Inácia Casado, tendo onze filhos, sendo o primeiro Camilo Henrique da Silveira Távora.

Um dia, Camilo Henrique resolveu visitar os parentes que viviam no Ceará e chegou até às terras do Candéia. Ali, com pouco tempo, apaixonou-se pela parente Maria de Santana da Silveira, a filha do capitão Antonio Gomes da Silveira e neta do tenente Luís Gomes da Silveira, o patriarca da família e fundador do Candéia[7].

A fisionomia da Vila de Monte-Mor, o Novo, da América, nos primeiros anos da década de 1840, já não se parecia em nada com a antiga povoação do século anterior. As aldeias de índios haviam perdido os ares de um lugar inóspito e abandonado nas encostas do sistema montanhoso de Baturité e começavam a surgir algumas edificações, onde o melhor exemplo ainda eram as casas construídas no Candéia pelo tenente Luís Gomes da Silveira e outros que também acreditavam no progresso da região. Desde o lançamento solene da base fundacional da Vila em 1764 à década de 1850, as mudanças foram importantíssimas. Há notícias de que – pelos inventários estudados, que compreendem os realizados num espaço de quarenta anos, a começar por um datado de 1771 dos bens deixados pelo falecimento de d. Maria Vital de Mendonça,

5. Vinícius Barros Leal, *História de Baturité – Época Colonial,* Fortaleza, Secretaria de Cultura e Desporto, 1981, p. 268.
6. Vinicius Barros Leal, *op. cit.,* p. 269.
7. Pinheiro Távora, *op. cit.,* p. 85.

casada que foi com o Tenente Luís Gomes da Silveira, morador no Candéia, até os de 1810, tomamos conhecimento de que trinta proprietários eram possuidores de fazendas de criar, vinte e oito tinham "sítios de plantas" e que oito ou nove tinham propriedades de ambas as categorias[8].

Somente a partir de 1858 a vila seria elevada à condição de comarca com a denominação de Baturité[9], termo que, na linguagem indígena, significa "serra por excelência".

A importância daquela franja de terra serrana, encravada em pleno centro do território cearense, manifestou-se desde os primeiros momentos de sua povoação. Mais tarde os índios errantes, que receberam várias denominações – jenipapos, canindés e quixelôs – foram forçados a se radicar definitivamente em alguns locais, pois só assim poderiam resistir às investidas dos brancos colonizadores. Ao elegerem, na maioria dos casos, aquelas paragens montanhosas como refúgio, com o passar dos tempos terminaram edificando suas aldeias.

Historicamente é dado como certo que os missionários católicos quando ali chegaram já encontraram sólidas aldeias erigidas, a exemplo do que acontecia com os tapuias aldeados na região das margens do Rio Jaguaribe.

No final do século XVIII a população da então vila de Monte-Mor, o Novo, da América apresentava nítidos sinais de que a miscigenação das raças que formavam aquela sociedade rural caracterizava o processo que marcava o rumo da formação étnica do povo, como ocorreu nas demais vilas e cidades brasileiras.

Exemplo curioso de integração e de congraçamento das classes sociais que participavam da vida de Baturité apareceu nos registros históricos da cidade, quando, por volta de 1764, no dia 16 de maio, alistou o sr. Ouvidor 37 meninos e 36 meninas em idade escolar e os entregou ao escrivão da vila, Cosme Paes Maciel de Carvalho, para os instruir. Este escrivão Maciel, por sua vez, confiou a tarefa à índia Maria de Oliveira que, além das primeiras letras, também os ensinava a fazer rendas e a coser. Há, ainda, a curiosa indicação de que "duas pequenas de 7 anos poderiam ir à escola dos meninos, pagando os respectivos pais aos professores a contribuição marcada pelo Diretório"[10].

A primeira professora de Baturité, portanto, foi a índia Maria de Oliveira!

8. Vinicius Barros Leal, *op. cit.*, 1981, p. 84.
9. Renato Braga, *Dicionário Histórico e Geográfico do Ceará*, Fortaleza, Editora Universitária do Ceará, 1967, vol. I, p. 66.
10. Renato Braga, *op. cit.*, p. 65.

Além de Baturité representar a única via de comunicação entre a região serrana e Fortaleza, durante as primeiras décadas do século XIX a fama da cidade corria mundo. Para ali o sr. Manuel Felipe de Castelo Branco levara o cultivo do café que, de fato, encontrara uma aclimatação extraordinária. Mais tarde chegaria a cana-de-açúcar, dando a Baturité uma situação invejável em relação às demais vilas cearenses.

As virtudes das terras de Baturité não ficavam apenas nas atividades pioneiras dos seus filhos agricultores. O interesse pela política começou a crescer na mesma medida em que as lutas libertárias de caráter republicano grassavam por outras províncias do Brasil. Os ideais republicanos, não totalmente abafados pela ação do Governo Imperial de Dom Pedro I, logo encontrariam em terras cearenses fervorosos adeptos. As reações imperiais, como aconteceu com os revolucionários pernambucanos de 1817, chegaram ali com a mesma violenta repressão assinalada pelo derramamento de sangue dos principais líderes e a exemplar punição para os de menor responsabilidade. Esses cruentos fatos, ainda hoje, não se apagaram da história e da paisagem urbana de Baturité.

No dia 10 de outubro de 1824, reunidos na Matriz da cidade, por não comportar a Câmara o grande número de pessoas juntas em congresso, sob o ânimo da revolução que instaurava a Confederação do Equador, os presentes prestaram um retumbante juramento prometendo derramar a última gota de sangue em defesa dos ideais republicanos. Gritos e brados de vitória foram ouvidos e muitos outros contrários à ação de D. Pedro I, chamado, então, de déspota imperial. Entre os dois bandos, estavam presentes os familiares do tronco Silveira. A inimizade política penetrara no ânimo daqueles ordeiros moradores do Candéia.

A iniciativa revolucionária da gente de Baturité ganhou foros inusitados. Famílias inteiras abandonaram seus nomes e adotaram outros extraídos de plantas, animais e acidentes geográficos. Naqueles turbulentos dias em Baturité encontrava-se presente a animar os seus amigos e fiéis alçados em armas o padre Gonçalo Inácio de Albuquerque Mororó, já perseguido pelas forças imperiais em virtude de sua participação na Revolução Republicana de 1817. Este sacerdote, que ficou ali refugiado e depois lançou-se à causa da Confederação do Equador, mais tarde, diante do fracasso da revolução, pagaria o seu destemor com a própria vida.

Uma outra característica importante que marcou a singularidade da cidade de Baturité foi a ausência de um rigoroso regime de trabalho escravo que implicasse no brutal tratamento dispensado àqueles que padeciam o jugo da escravidão. Ao se compulsarem os livros de lavra de cartas de alforria da Vila de Baturité constata-se que, com relativa freqüência, os senhores proprietários de escravos os libertavam, inclusive nas décadas de 1850 e 1860. Assim procederam os Silveiras do Candéia.

No ano de 1856, o então Presidente da Província do Ceará, Francisco Inácio M. Homem de Melo, ao passar pelas terras serranas de Baturité, escreveu em suas memórias:

> Atravessei diversas fazendas, muitas delas importantes. Não havia ali um escravo. Homens bravos, bem conformados, sadios, mostrando em seus movimentos a dignidade de um ente livre, apareciam-me, por toda parte, executando, com desembaraço e alegria, os diferentes trabalhos da lavoura.

E, com entusiasmo, acrescentava:

> Estas terras roteadas com tanto cuidado, brotando de seu seio os tesouros da abastança, não recolheram uma lágrima, nem ainda o sangue do escravo as tornou para sempre estéreis[11].

Apesar de todas essas vantagens que a terra oferecia ao homem daquelas serras, Camilo Henrique da Silveira Távora, já alcunhado de *o Indígena, abandonou o Candéia, levando consigo a mulher, Maria de Santana da Silveira, e os filhos. Entre estes ia João Franklin da Silveira Távora que, naquele ano de 1847, tinha cinco anos de idade. O destino era a cidade de Goiana, em Pernambuco.*

---

11. Francisco Inácio Homem de Melo, *Tricentenário da Vinda dos Primeiros Portugueses ao Ceará (1603-1903)*, Fortaleza, Ceará, p. 297.

2. Em Terras Pernambucanas

> *Goiana [...] tem um teatro onde já tive ocasião de ver representar-se o* D. César de Bazan, Os Dois Renegados, A Corda Sensível *e* O Judas em Sábado de Aleluia.
>
> FRANKLIN TÁVORA, *O Cabeleira.*

Que fatos, acontecimentos ou circunstâncias familiares determinaram a definitiva mudança de Camilo Henrique da Silveira Távora, o *Indígena*, para a cidade de Goiana, Pernambuco, em começos de 1847? De acordo com os indícios da sua vida, o seu caráter irrequieto, a consciência de sua origem familiar, as simpatias alimentadas pela forma de vida dos indígenas cearenses, sobretudo os paiacus, que durante séculos e séculos habitaram aquelas paragens montanhosas de Baturité, pesaram razões de natureza política. Como se verá mais adiante, as próprias atitudes assumidas por um lado da família Silveira durante as ações revolucionárias de 1817 e 1824, no final de contas, iriam redundar na sua intensa participação dos acontecimentos da Revolução Praieira de 1848, em Pernambuco. Essa última circunstância já seria motivo suficiente para fundamentar a sua opção pela prática política. Isso, porém, não deve afastar os dissabores provocados por pequenas querelas de natureza familiar, sobretudo pela sua falta de aptidão para as atividades agrícolas. Ou as ainda hoje lembradas desavenças por questões de limites de terras nas propriedades do Candéia, em Baturité. Por outro lado, ainda que o *Indígena* tenha mantido bons laços de amizade com os seus parentes, quer do Ceará, quer de Pernambuco, a verdade é que, de fato, ele sempre se posicionava ao lado dos índios, dos liberais, dos progressistas, dos revolucionários, dos jornalistas panfletários e intelectuais insatisfeitos, exemplo que tanto marcou os primeiros passos do jovem estudante e acadêmico Franklin Távora.

Aliás, esse era um estigma que parecia perseguir a família Távora. Ainda repercutiam na memória familiar os trágicos acontecimentos ocorridos, há mais de um século, sobre o triste massacre de quase toda a família Távora, em Lisboa, ordenado pelo Marquês de Pombal. No Ceará, na Paraíba, em Pernambuco, na Bahia e em Minas Gerais etc., os sinais da perseguição foram palpáveis e obrigaram seus integrantes a esconderem-se sob nomes ou apodos que, em última análise, poderiam ser comparáveis às mesmas dificuldades passadas pelos cristãos-novos portugueses perseguidos por ocasião das campanhas de banimento levadas a efeito pelas autoridades lusas contra os judeus no século XVI.

Quando Camilo Henrique abandonou o Candéia e com a família marchou para terras pernambucanas, com ele ia falando alto em sua memória de liberal todo um passado de lutas de gerações de homens vencidos e submetidos aos ditames de um processo político que merecia ser reformado. Desde os meados do século XVIII que os índios da região central do Ceará tomavam várias iniciativas que ganhariam foros de admiração na história local. Fosse requerendo às autoridades a presença de missionários religiosos de várias ordens, fosse propondo a nomeação de índios com liderança firmada para dirigir as próprias comunidades ou mesmo engrossando movimentos de rebeldia contra as arbitrariedades praticadas contra seus semelhantes, no final das contas, os indígenas cearenses revelavam um alto nível de participação na gestão das comunidades.

Vale recordar que os índios radicados na aldeia de Monte-Mor, o Novo, da América, que mais tarde seria denominada de Baturité, já em 30 de junho de 1764 propunham ao governador de Pernambuco, Conde de Vila-Flor, que o indígena Miguel da Silva Cardoso fosse nomeado capitão-mor da nova província de Monte-Mor, o Novo, da América.

Este senhor índio, chefe da nação dos jenipapos, por volta de 1739 também se notabilizara perante os naturais por ter reivindicado das autoridades maior atenção para suas comunidades, que as ações saíssem do terreno das promessas e ganhassem a efetividade prática e que lhes mandassem missionários e outros benefícios[1].

As autoridades, temendo os efeitos negativos das revoltas, a se julgar pelos casos de outras aldeias, quase sempre terminavam cedendo.

Mais tarde, nos idos de 1830, quando já se encontrava em plena atividade Camilo Henrique da Silveira Távora, o *Indígena*, pai de Franklin Távora, eis que o deputado José Martiniano de Alencar, pai do romancista

---

1. Carlos Studart Filho, *Os Aborígenes do Ceará*, Fortaleza, Editora Instituto do Ceará, 1965, pp. 140-141.

José de Alencar, unido a seus colegas de bancada, requeria na Câmara que os índios violentamente arrancados de seus lugares voltassem para suas moradas originais situadas em Monte-Mor, o Novo, da América[2].

Com toda essa carga de lembranças e alguns ressentimentos pessoais Camilo Henrique, o *Indígena,* com sua mulher, d. Maria de Santana, e seus filhos, chegavam a Goiana em 1847.

A cidade, por essa época, desfrutava de grande prestígio político, econômico, social e cultural. Era a terceira cidade de Pernambuco, sendo superada apenas por Olinda e Recife.

Aos olhos do pequeno João Franklin, então, com apenas cinco anos de idade, a paisagem nordestina, com certeza, deve ter se fixado em sua retina para sempre. Com os lances da viagem desfilaram as possibilidades de contrastes entre a exuberância da vegetação serrana do Candéia, onde o mundo se revelou pela primeira vez para ele como mistério, e as novas imagens produzidas ao longo dos caminhos e estradas percorridos pelos sertões cearense, potiguar, paraibano e pernambucano.

Se no Candéia ele vivera livre como os animais do ar e da terra, vendo e correndo pelas mais próximas e distantes paragens de uma geografia de montanha acidentada e pródiga em regatos com vegetação diversificada, aquela repentina mudança, para ele inexplicável, jogava-o diante de um desafio jamais olvidado.

As viagens eram feitas de maneira penosa. Vencendo grandes distâncias em lombo de animais, mais tarde seriam relembradas e sublimadas através de páginas que tratavam de situações e figuras que sempre simbolizarão os nossos matutos e trabalhadores do campo, afeitos aos rigores da natureza, característica básica do homem do sertão, sem dúvida, dotado de uma índole distinta da dos sulistas.

E essa experiência marcaria de vez o rumo de suas constantes invectivas em defesa dos princípios que formariam a visão do que ele chamou depois de "literatura do Norte".

E, curiosamente, o seu mais forte rival, o romancista cearense José de Alencar, treze anos antes, com a mesma idade, também fizera uma viagem parecida, por terra, partindo do Crato até a Bahia, com sua família, em busca não de Goiana, mas da cidade do Rio de Janeiro.

---

2. A expulsão violenta dos índios se dera em 1824, quando, durante vários distúrbios, aqueles invadiram as casas dos moradores brancos da circunvizinhança, matando ou violentando todas as mulheres brancas, roubando ou destruindo tudo o que encontravam. Os moradores das aldeias próximas, excitados e indignados com a chacina provocada pelos índios, se reuniram e armados marcharam contra a aldeia indígena e passaram a fio de espada todos os índios sem distinção de sexo nem idade (cf. Carlos Studart Filho, *op. cit.*, 1965, p. 180).

E sobre essa experiência extraordinária o autor de *Iracema* falaria depois, relembrando o que mais lhe impressionara:

> Eram agora os seus tabuleiros gentis; logo após as várzeas amenas e graciosas; e por fim as matas seculares que vestiam as serras como a araraboia do guerreiro tabajara. E através destas também esfumavam-se outros painéis, que me representavam o sertão em todas as suas galas de inverno, as selvas gigantes que se prolongavam até os Andes, os rios caudalosos que avassalam o deserto, e o majestoso São Francisco transformado em um oceano, sobre o qual eu navegara um dia. Cenas estas que eu havia contemplado com os olhos de menino de dez anos antes, ao atravessar essas regiões em jornada do Ceará à Bahia; e que agora se debuxavam na memória do adolescente, e coloriam-se ao vivo com as tintas frescas da palheta cearense[3].

Noutra ocasião, José de Alencar, ao escrever a primeira página de um romance que com ufanismo canta a sua terra natal, evocaria com a mesma saudade o sentimento que o seu conterrâneo Franklin tanto amou:

> Quando te tornarei a ver, sertão de minha terra, que atravessei há tantos anos na aurora serena e feliz de minha infância?
> Quando tornarei a respirar tuas auras impregnadas de perfumes agrestes, nas quais o homem comunga a seiva dessa natureza possante?[4]

E com o mesmo sentimento de homem-criança, Franklin Távora, como fizera Alencar, registrara suas impressões sobre as terras que abandonara. Na conclusão do poema "Ceará", escrito aos 14 anos de idade. Era o filho ausente cantando num tom que lembrava claramente o metro e o sentimento utilizados por Casimiro de Abreu – "livre filho das montanhas" – aquelas lembranças da infância próxima vividas no já longínquo Candéia:

> Contudo, querida terra,
> Recebe o saudoso adeus
> Dum filho teu, que de longe
> Não goza dos mimos teus.
> Que não vê a carnaúba,
> Não tem montes onde suba
> Nem as fontes de cristal;
> Que vive longe, distante

---

3. José de Alencar, *Como e por que Sou Romancista,* Rio de Janeiro, Livraria José Olympio Editora/MEC, 1977, vol. I, p. LXXIV. Edição comemorativa do Centenário de morte do autor.
4. José de Alencar, *O Sertanejo,* 7. ed., Rio de Janeiro, Livraria José Olympio Editora/ MEC, 1977, 7 vol., p. 161. Edição comemorativa do centenário de morte do autor.

De sua Pátria brilhante,
De sua terra natal[5].

Uma vez fixada a família na cidade de Goiana, onde ele residiu a partir dos cinco anos de idade até chegar aos umbrais da Faculdade de Direito, já que passava as férias em Goiana, vindo do Recife, onde realizava o preparatório, essas recordações sempre se manifestariam em suas obras mais significativas.

No romance *O Cabeleira*, após reconstituir aspectos do passado da formação histórica da cidade de Goiana, ele escreveu:

De presente é Goiana a cidade pernambucana de mais nota, depois do Recife, a capital, e de Olinda que figurou, com brilho e bizarria inexcedíveis nos tempos coloniais.

Está em condições, não só de competir com as primeiras cidades interiores do norte e do sul do Império, e de se avantajar às capitais de algumas províncias que, por motivos de alta conveniência, deixamos de apontar aqui, mas até de rivalizar com algumas cidades européias de que não pouco se fala nas narrações de viagens.

Tem um Paço municipal muito decente na Rua Direita, e uma matriz e mais oito templos que podem pertencer sem desaire a uma capital.

Tem uma praça de comércio, a qual se estende desde a rua chamada Portas de Roma (denominação dos tempos dos jesuítas) até ao Beco do Pavão, para não dizermos até à Rua do Meio, ou à Rua do Rio[6].

E o autor, tão parco em revelar aspectos de sua vida privada, chegou a confessar que foi em Goiana onde assistiu pela primeira vez a uma cena de representação dramática.

Os espetáculos teatrais e musicais ocorriam dentro das inúmeras igrejas de Goiana: da Soledade, do Amparo, da Misericórdia, do Rosário, da Matriz, da Conceição, do Carmo, da Ordem Terceira do Carmo e da Capela de São Sebastião.

Com certeza o teatro por ele referido era o de São Miguel, por onde, durante várias décadas, passaram grandes artistas brasileiros e até estrangeiros. E, como não poderia deixar de ser, também os artistas que atuavam no Recife, além dos talentosos atores locais, como foi o caso da distinguida e ainda hoje lembrada atriz d. Elmira Coelho[7].

Franklin Távora, com o objetivo de registrar a polêmica que mantivera nos anos de 1872 e 1873 contra os seguidores do bispo Dom Vital, através dos

---

5. *O Sol*, Fortaleza, 21.8.1859. Neste jornal, Franklin Távora publicou o seu primeiro poema intitulado "Ceará". Cf. Vinicius Barros Leal, *op. cit.*, 1978, pp. 135-138.

6. Franklin Távora, *O Cabeleira*, Rio de Janeiro, Edições de Ouro, p. 150.

7. Mário Santiago, *Analecto Goianense*, Goiana, Pernambuco, Tipografia Violeta, 1946, tomo VIII, p. 142. No dia 12 de fevereiro de 1887 foi encenada a peça *Júlia ou A Sedução dos Brilhantes*, em homenagem a D. Elmira Coelho, antiga atriz admirada por várias gerações de goianenses.

embates jornalísticos que entraram na história como "Questão Religiosa", referiu-se dentro do texto do romance *O Cabeleira* a algumas circunstâncias, após descrever com detalhes os principais pontos de diversão que oferecia a cidade de Goiana:

> Tem cafés e bilhares, brinca o carnaval pelo inverno, toma sorvetes pelo verão, dá alguns saraus pelo natal; enfim, para estar inteiramente na moda, trata de iluminar-se a gás, de fundar uma biblioteca popular, e tem já fundada uma loja maçônica denominada Fraternidade e Progresso, a qual tem prosperado notavelmente depois das últimas excomunhões que o público sabe.

E Goiana ainda mereceria de sua parte muitas referências, sempre elogiosas, às vezes, até exageradas, sobretudo quando a comparava com as mais belas cidades européias:

> É uma cidade onde se pode viver com poucos meios, porque os habitantes são hospitaleiros, os senhores de engenho fazem pingues presentes, os negociantes vendem fiado e não executam os devedores.
>
> É plana, limpa, elegante e espalhada. Dela não poderia dizer Ampère o que disse de Goteborg, cidade da Suécia que tanto o encantou de tarde com suas casas altas e regulares, quanto o desiludiu pela manhã sendo vista da torre da catedral, por não ser mais do que uma rua.
>
> Goiana não só tem muitas ruas, mas também muitos becos, verdade que seja alguns deles sem saída. Merecem particular apontamento as suas casas brancas que lhe dão certos ares de novidade, ou de noivado, ares que infundem indefinível alegria no espírito do hóspede. Se este é lido, entrando em Goiana, logo sabe que não entrou por engano em Saint Jean de Luz, ilustre cidade onde se celebrou mediante procuração o casamento de Luís XIV com Maria Teresa de Espanha, e que, ao dizer de um escritor, apresenta uma fisionomia sanguinária e bárbara, em conseqüência do extravagante uso de pintarem de vermelho antigo os batentes das portas, as gelosias das suas habitações[8].

Tão fascinado estava Franklin Távora por Goiana que parecia esquecer a história que contava, isto é, o triste fim do bandido Cabeleira. E continuava a descrever as delícias e maravilhas dessa cidade pernambucana, tentando, inclusive, inverter o significado de um refrão pouco lisonjeiro para com a imagem dos goianenses. Assim, Távora ousou tirar proveito, revertendo o sentido pejorativo em algo positivo:

> Goiana, porém, tem também provérbio seu, e o seu provérbio é de tal significação, que, na singeleza em que se expressa, e de que o povo tem o segredo, insinua irresistíveis feitiços a favor dela.

8. Franklin Távora, *idem*.

Vê tu, meu amigo, como são expressivas estas reticências duvidosas, ambíguas, deliciosamente traidoras:
Goiana,
Que a todos engana.
Eu não conheço [prossegue Távora] nenhum tão expressivo na ordem dos rifões populares. O vocábulo – enganar – não tem nos nossos dicionários o sentido que a inteligência rica e lúcida do povo goianista lhe refere; tem somente a acepção ingrata que todos lhe sabemos.
Mas logo ao primeiro exame se vê que semelhante acepção está muito distante da que a imaginação deste grande povo liga ao sobredito verbo, quando o emprega para exaltar o seu torrão natal.
A palavra – enganar, que faz parte do rifão, significa – seduzir, cativar, prender, mas seduzir com mil agrados irresistíveis; cativar com benignidade tão doce e fagueira, que é impossível deixar de ficar dela escravo; prender com tantas demonstrações afetuosas, com tamanha benquerença, que em vez de buscar fugir, cada vez se sente o prisioneiro mais desejoso de estar nessa suavíssima prisão, de não se desligar jamais dos seus deliciosos grilhões[9].

Logo ao chegar nessa terra que Franklin Távora cantou com tanto amor, o seu pai, Camilo Henrique da Silveira Távora, o *Indígena*, com pouco tempo, ver-se-ia envolvido com os ares da vida pernambucana. A nova situação o levou a integrar-se rapidamente, fazendo amigos e participando das atividades culturais e políticas de Goiana. Já não se sentia um emigrado ou forasteiro.

Uma dessas amizades que mais se consolidaram, de saída, foi a dispensada ao general Abreu e Lima, então com grande prestígio em toda a Província por haver voltado coberto de glórias das campanhas vitoriosas das lutas de independência dos países andinos, sob a liderança de Simón Bolívar, o Libertador. Mais tarde, o famoso general tornar-se-ia um dos seus mais fiéis amigos, principalmente nos duros tempos do cárcere que ambos amargaram sob os ares da inóspita ilha de Fernando de Noronha.

Com pouco tempo o menino Franklin Távora e seus irmãos estudavam as primeiras letras com mestres particulares. Por se destacar dos demais, avançaria e receberia aulas particulares de francês do professor dr. Homero Fiel de Sigmaringa Vascurado e de latim do padre Antonio Dias. Tempos depois estudou com o dr. Luiz Gonçalves da Silva, conhecido advogado de Goiana, que tinha fama de renomado mestre[10].

---

9. *Idem*, p. 151.
10. Balthazar Franklin Martins Távora, *Excerptos das Principais Obras de Franklin Távora*, Rio de Janeiro, 1917, p. 8.

Antiga Rua da Cruz, Recife, por volta de 1852, quando Franklin Távora tinha 10 anos de idade, atual Rua do Bom Jesus, onde funcionou a primeira sinagoga das Américas (1634 – 1654), notando-se a grande altura dos prédios, alguns com mirantes e esteiras da Índia nas janelas. (Cromolitografia de Emil Bauch, 29 x 54 cm.)

3. Os Preparativos Revolucionários

> *E as camadas populares cada vez mais se abatem, tão profundo é o sopro da tormenta, e a liberdade definha no ergástulo do senhorio feudal evidentemente oligarquizado e mantido pela ingrata política de um trono que desconfia e se arreceia sem ter de quê, de tudo quanto é tentame ou aspiração liberal.*
>
> FRANKLIN TÁVORA, *Os Índios do Jaguaribe*.

O ano de 1847, em Goiana e nas demais cidades do interior de Pernambuco, foi de intensa movimentação política. Em todas elas foram realizadas eleições e as discussões dos cidadãos interessados no destino da coisa pública espraiavam-se por inúmeras questões. Iam desde as paixões locais por este ou aquele candidato, chegavam aos posicionamentos em relação a lideranças de amplitude nacional e passavam com ardor por idéias que nasciam sobretudo em Paris e que no ano seguinte frutificariam a chamada Revolução de 1848.

Camilo Henrique, por influência de amigos, assumiu o posto de major do Corpo de Polícia e também da Guarda Nacional, indo servir na cidade de Limoeiro. A família ficou em Goiana, sendo dirigida por sua mulher que para tanto contava com a ajuda e o empenho dos irmãos e demais parentes de seu marido.

O clima político assumia proporções cada vez mais críticas. Todos os conservadores temiam, lembrados dos efeitos dos acontecimentos de 1817, que novamente as províncias voltassem a buscar solução para os problemas mediante o emprego da força. Até de Londres, Hipólito da Costa, no seu *Correio Braziliense*, pregava caber as revoluções aos governos:

> Ninguém deseja mais do que nós as reformas úteis, mas ninguém aborrece mais do que nós as reformas feitas pelo povo. Reconhecemos as más conseqüências

desse modo de reformar. Desejamos as reformas, mas feitas pelo Governo, e urgimos que as deve fazer enquanto é tempo, para que se evite serem feitas pelo povo[1].

Era público e notório que o Imperador D. Pedro II, a partir de 1842, vinha exercitando a chamada "política pessoal". Neste mesmo ano os liberais, revoltados com as fraudes que marcaram a escolha dos deputados à Câmara Alta, apelidaram-na de "a eleição do cacete".

O jovem Imperador, assustado com os clamores e os protestos liberais, em maio daquele ano dissolveu a Câmara. As reações não se fizeram esperar. As revoltas dos conservadores prejudicados se manifestaram sobretudo em São Paulo e Minas. Foi preciso, então, o Governo Imperial partir para a força dos argumentos militares. Os movimentos nascentes caíram abafados pela ação militar do brigadeiro Luís Alves de Lima e Silva, o Duque de Caxias.

Serenados os ânimos, a situação nacional voltou à normalidade. O Imperador mais uma vez tomou a ofensiva e nomeou um político conservador para formar o gabinete. A escolha recaiu no senador Honório Hermeto Carneiro Leão, depois elevado à condição de Marquês de Paraná.

Demorou pouco o gabinete organizado pelo Marquês de Paraná. Logo foi substituído, em virtude da proclamada vitória dos liberais nas eleições que se processaram em conseqüência de reforma eleitoral aprovada a partir de 1844.

Os liberais, novamente, voltaram ao poder, formando gabinete de governo durante quatro anos.

Vale acrescentar que, por volta de 1848, sobretudo a partir de fevereiro, começou a repercutir no Recife, de maneira decisiva, a queda da monarquia francesa e a vitória dos republicanos. Dentro da Faculdade de Direito, então ainda em Olinda, correu um manifesto cogitando de idéias revolucionárias mescladas com outras tantas de caráter científico. Jerônimo Vilela Tavares, um dos redatores e entusiasta do processo renovador, assumiu papel de fundamental importância que logo encontraria forte repercussão na imprensa local.

Já desde o ano anterior, em Paris, os integrantes da oposição política ao governo do primeiro-ministro Guizot exigiram que os trabalhadores passassem a ter todos os direitos políticos. É que na França de 1847 ainda era negado o direito de voto àquelas pessoas que não desfrutassem da condição de proprietário. Como resultado do manifesto desagrado das populações menos favorecidas, a classe média e o operariado, Paris foi assaltada por

---

1. Hipólito da Costa, in Carlos Rizzini, *Hipólito da Costa e o Correio Braziliense*, São Paulo, Companhia Editora Nacional, 1957, p. 225.

um intenso protesto social e agitação política. Do dia para a noite a revolta cresceu e multiplicou-se em quase toda a França. A palavra de ordem revolucionária passou a ser assumida como a bandeira de todos. Organizaram-se banquetes políticos de protesto, manifestações amplas com a participação de escritores, poetas e demais figuras expressivas da sociedade parisiense, como foi o caso do poeta republicano Adolphe Lamartine e do socialista Louis Blanc, que pregavam reformas radicais.

De repente, eis que tudo se precipitou. Contrariando as recomendações do rei Luís Filipe, foi marcado para o dia 22 de fevereiro de 1848 uma concentração gigantesca em Paris. O governo, talvez por desconhecer a gravidade e o nível de insatisfação popular, antecipou-se, proibindo-a. Seguiram-se, então, graves lutas e incontroláveis distúrbios de rua durante dois dias consecutivos. Resultado: os ânimos só se acalmaram quando o rei abdicou e consolidaram-se as exigências para a formação de um regime republicano. Esse gabinete de governo revolucionário, porém, por não nascer com base em liderança efetiva, teve efêmera duração, assim mesmo se caracterizando pela prodigalidade de fomento de conflitos e desacertos políticos.

No final das contas, essa fermentação revolucionária culminou com a volta da monarquia em 1852, tendo como rei Luís Napoleão, coroado como o III Napoleão, sobrinho do famoso corso. E tudo se deu com a aprovação de 95% dos votos dos franceses através de uma consulta plebiscitária.

A repercussão desses acontecimentos foi enorme não apenas nos países europeus, mas também nas Américas e particularmente no Brasil.

Enquanto isso, aqui, as eleições gerais de 1847 deram-se num clima de intenso recrudescimento da violência, gerando, em contrapartida, a revolta e a convicção dos republicanos de que a única saída seria a consecução de planos revolucionários. Havia mesmo uma certa unanimidade entre os jacobinos, os revolucionários opositores e os republicanos. Em várias províncias a insatisfação crescia tanto que na Bahia e em Pernambuco já podiam ser notadas claras manifestações de rebeldia[2].

A gota d'água que transbordaria o ânimo de revolta dos pernambucanos deu-se quando a eleição de Chichorro da Gama, para o Senado, foi anulada.

---

2. Na Bahia os seguidores do Marquês de Santa Cruz chegaram a lançar um manifesto pregando a decadência das instituições monárquicas brasileiras, chamando a atenção para a democracia norte-americana, conforme noticiou o *Correio Mercantil*, da Bahia, de 6 de outubro de 1847. Nesta mesma época um viajante francês anotava que "a província da Bahia considera-se completamente independente do governo do império..." Cf. *Revista do Instituto Histórico da Bahia*, n. 57, p. 541. Em Pernambuco, após a dissolução da Câmara que retirou dos liberais a oportunidade de formar governo, o qual ficou com os conservadores, reacenderam os ânimos revolucionários já vividos em 1817 e 1824.

A princípio o deputado pernambucano Nunes Machado procurou agir dentro da própria Câmara dos Deputados, enfrentando os argumentos do deputado Pereira da Silva.

Segundo feliz expressão de Pedro Calmon, Nunes Machado, que "trouxera para a rua e à tribuna as labaredas do liberalismo nordestino"[3], logo se articulou com os seus amigos e correligionários nordestinos e viu que se acendia com rapidez a chama da revolução. Era como se os gritos dos franceses – "Abaixo os aristocratas!" – aqui no Brasil fossem entoados com outras palavras que refletiam a necessidade de mudança de comportamento político. Nas principais cidades pernambucanas a palavra de ordem, então, passou a ser:

Abaixo os portugueses!

E no Recife, na Rua da Praia, começou a circular o jornal *Diário Novo*, de tendência nitidamente liberal, tendo como principal redator e articulista o agitador político Antonio Borges da Fonseca, tão republicano que era conhecido na intimidade pelo apelido de o *República*[4].

Do outro lado, os conservadores, chamados de guabirus, por sua vez, organizavam-se em torno do jornal *União*. O cenário, portanto, estava preparado.

Camilo Henrique, o *Indígena*, como não podia deixar de ser, por essa época já se achava integrado à vida social e política de Pernambuco. Mesmo durante os anos de vida no Ceará, ele sempre estivera sintonizado com os principais movimentos políticos de sua terra e deles havia participado com entusiasmo. Por isso a alcunha que se incorporava ao seu nome civil de maneira definitiva já dizia tudo. Era um homem lúcido e crítico da realidade social que vivia. Essa circunstância, sem dúvida, explicava a sua preferência pela alcunha que adotara, ligada à origem indígena, em vez de orgulhar-se da estirpe das famílias Silveira e Távora.

Integrado à vida social e política de Pernambuco, já em 1848 via-se nomeado para exercer as funções de delegado de polícia na cidade de Limoeiro, não muito distante de Goiana nem do Recife. Também participava ativamente da redação, revisão e distribuição de jornais, principalmente os de índole liberal, como eram os que sobretudo se ligavam aos ideais de-

---

3. Pedro Calmon, *História do Brasil*, Rio de Janeiro, Livraria José Olympio Editora, 1959, vol. V, p. 1667.
4. Hélio Vianna, *História do Brasil*, São Paulo, Edições Melhoramentos, 1972, vol. III, p. 55.

fendidos pelo general Abreu e Lima, uma das mais veneradas lideranças que empolgava não só as velhas gerações mas as novas também.

    Este era o cenário a que, desde Goiana, o pequeno Franklin Távora assistia com interesse, ainda que sem suspeitar de que o seu pai, por viver quase sempre distante de casa em virtude de suas funções, logo mais teria um papel importante a desempenhar.

4. Um Índio na Revolução Praieira

> *Que fim social visa ao pensamento de manter a zona setentrional do império em manifesta inferioridade, comparativamente à zona austral?*
> FRANKLIN TÁVORA, *Os Índios do Jaguaribe*.

Ao iniciar-se o ano de 1848, Franklin Távora já tinha seis anos de idade e razão suficiente para sentir as intensas movimentações do pai militar. As idas e vindas do major Camilo Henrique para o Recife e demais cidades do interior pernambucano, segundo pressentiam os seus familiares, deveriam estar ligadas a algum sério acontecimento.

Em sua casa eram lidos vários artigos de jornais, a maioria da lavra de Antonio Borges da Fonseca, "o Repúblico", incondicional amigo de Camilo Henrique, o general Abreu e Lima, Pedro Ivo Veloso da Silveira e outros. Camilo Henrique, que também gostava de anotar suas opiniões e expressá-las após comentar com os de casa, de alguma forma deve ter influenciado o filho João Franklin, o futuro escritor.

Na cidade de Goiana ninguém escondia a insatisfação que andava por todos os lugares, exacerbando o sentimento nativista. A gente parecia cansada de teorizar. Por um nada, a qualquer momento, os goianenses deixariam as opiniões verbais e partiriam para a prática das ousadas manifestações que tanto caracterizou aquele povo: o ódio aos portugueses comerciantes ali estabelecidos.

A anulação da vitória eleitoral de dois senadores por Pernambuco (e também alguns deputados pelo Ceará), no ano anterior, apesar do esforço da Corte do Rio de Janeiro em minimizar os acontecimentos, repercutira profundamente entre os cidadãos. É verdade que o gesto maior e coerente de aceitar o resultado eleitoral partira do próprio Imperador, mas o Senado, à vista das investigações levadas a efeito no âmbito da justiça eleitoral e, na verdade, eivadas de manifestos rancores políticos, levaram Sua Majestade a anular a eleição que dera a vitória ao ex-presidente da Província de Pernambuco, Antonio Pinto Chichorro da Gama e ao ex-ministro Ernesto Ferreira França.

O clima que se respirava em Pernambuco, diga-se de passagem, já agravado desde os acontecimentos de 1842, com efeito, chegava ao ano de 1847, em Goiana, com a mesma tendência das ações dos políticos do Recife: a oposição praieira encontrava em qualquer assunto matéria-prima para justificar suas invectivas. Em conseqüência, os cidadãos mais reconhecidamente responsáveis passaram a defender seus privilégios, suas riquezas, suas propriedades com maior afinco, tomando sempre como registro o que marcava o termômetro da política.

Dentro dessa perspectiva, a resistência ao despotismo do Rei imperante encontrou forte animação na imprensa. Quer entre os defensores da Coroa, quer entre os acusadores e republicanos os ânimos alicerçados nos ideais da praieira sempre serviam para alimentar debates e acusações intermináveis. De imediato, as afirmações mais ousadas passaram a campear com certa facilidade, sem que os seus autores tentassem justificar coerentemente os pontos de vista ou apontar as fontes. Como disse um historiador contemporâneo dos fatos:

> Bem depressa sob o pretexto de derrocar a suposta exclusiva influência de uma família, passaram a guerrear os cidadãos mais respeitáveis pelas suas relações, riqueza, cargos, saber e probidade; a exaltar todo o espírito de resistência, como um direito e dever da parte dos seus correligionários; a apregoar as máximas mais perigosas e anti-sociais; a açular o ódio dos nacionais contra os estrangeiros, principalmente portugueses; a fazer-lhes conceber esperança de que um dia seriam estes expelidos do comércio e das profissões mecânicas, e de que, destruída a concorrência dos mesmos estrangeiros, daí lhes resultariam todas quantas venturas eles pudessem imaginar para si, ou para a Província; a inocular nas classes baixas da sociedade, não o nobre sentimento da igualdade perante a lei, mas o sentimento do orgulho, pelo qual se julgavam ter os direitos, que somente dão a ilustração, os serviços e as virtudes; a proclamar, enfim, que o povo estava oprimido na realidade por déspotas furiosos, e que somente os que se haviam oficiosamente arvorados em seus patronos, e que entretanto não passavam de verdadeiros instigadores, eram os únicos, habilitados pela inteligência e boa vontade, para revogarem as leis, que sancionavam tão péssimo estado de coisas, e levar a Província à maior prosperidade possível[1].

Uma das vozes que se juntavam aos insatisfeitos homens da província pernambucana era a do general Abreu e Lima, um herói de muitas batalhas ao lado de Simón Bolívar, coberto de glórias, mas vigiado de perto pelas

---

1. Jerônimo Martiniano Figueira de Melo, *Crônica da Rebelião Praieira – 1848-1849*, Brasília, Senado Federal, 1978, pp. 2-3.

autoridades brasileiras. O seu passado de lutas, desde 1817, quando, na Bahia, fora obrigado a assistir ao julgamento sumário e à execução de seu próprio pai, serviu como dura provação para testar e calcinar os ideais daquele que, agora, de volta à sua terra, continuava ligado, ainda que por mera simpatia, à força da experiência revolucionária e do saber intelectual. Durante os tempos que antecederam a Revolução Praieira e os que a ela sucederam, o general Abreu e Lima escrevia e editava suas opiniões nos jornais *Diário Novo* e *Barca de S. Pedro*.

Por essa época, igualmente, o sarcasmo de Jerônimo Vilela Tavares, jurista e professor da nascente Faculdade de Direito de Olinda, explodiria na quadra que caiu em todas as bocas da província, destilando veneno contra a dinastia dominante:

Quem viver em Pernambuco,
Deve estar desenganado;
Ou há de ser Cavalcanti,
Ou há de ser cavalgado.

Além disso, o estado de ânimo entre os praieiros e os guabirus já se achava extremamente tenso. O presidente da província, Chichorro, ao deixar o cargo, fora acusado de inúmeras irregularidades. A principal delas se referia à ajuda que aquele presidente deu aos praieiros com cargos públicos e armas, que, segundo seus inimigos políticos, mais tarde foram utilizados contra os pacatos cidadãos da Província indefesa. "Durante a sua ominosa e fatal administração – insistia Figueira de Melo – não menos de 5.000 armas e de 350.000 cartuchos embalados, não contando as granadeiras, que já existiam nas mãos dos seus sectários, e tinham sido distribuídas em épocas anteriores"[2], fato que constituía um dos pontos de discórdia entre o novo grupo político que assumia o poder em Pernambuco e a oposição – representada pelos praieiros – que, a contragosto, deixavam o governo.

Tudo parece ter começado quando os praieiros demitidos, principalmente do corpo da Polícia, foram estimulados pelo seu chefe, o Sr. Antonio Ferreira, a continuar exercendo os seus cargos. E entre estes estava o major Camilo Henrique da Silveira Távora, o *Indígena*. Além do mais, logo se espalhou o boato de que os praieiros contavam com o apoio formal do Gabinete Imperial e da Câmara dos Deputados do Rio de Janeiro. Estava, portanto, declarada a guerra ao governo local.

2. Jerônimo Martiniano Figueira de Melo, *idem*, p. 5.

Os delegados e subdelegados de toda a província de Pernambuco mobilizaram-se e organizaram-se em torno das lideranças dos praieiros. A imprensa da Praia bradou forte em graúdos editoriais as bandeiras inflamadas que deveriam guiar os novos destinos da província revoltada. A ação revolucionária parecia ser o único caminho a seguir.

E, com efeito, quando vieram à luz os termos do chamado *Manifesto ao Mundo*, publicado em 1º de janeiro de 1849, logo se tomou conhecimento de que o movimento nascera articulado e fadado a viver grandes mudanças. Redigido pela pena de Antonio Borges da Fonseca, "o Repúblico", cognominado pelos legalistas guabirus de "energúmeno", dizia, em tom bombástico, no preâmbulo:

AO MUNDO – Homens, que têm a consciência de si, que têm honra, reputação, nome e família, não tomam armas só pelo vão desejo de conservar posições, que desprezam, pois que a sua única ambição é ver sua Pátria feliz.

E o apelo ao nacionalismo pernambucano feito pelos praieiros se multiplicaria e ganharia as consciências de todos os povos não de Pernambuco mas do Norte com retumbante entusiasmo:

Cruel necessidade é a que nos tem posto com as armas na mão, e não é sem grande constrangimento, e mesmo com horror, que vemos correr o sangue brasileiro; mas a Providência Divina tem assim ordenado, porque a árvore da liberdade carece dele para florescer e crescer[3].

Enquanto as forças revoltosas dos praieiros se aglutinavam e, ao mesmo tempo, espalhavam-se pelos mais diversos rincões do solo pernambucano, combatendo, aqui e ali, as forças legalistas perdiam terreno e, atônitas com os rumos que os acontecimentos tomavam de repente, terminaram pedindo socorro à Corte, que se mantinha indiferente a tudo. A partir dos primeiros dias de 1848 a repercussão de tais fatos já assustava as autoridades do Rio de Janeiro.

Nunes Machado, então deputado pernambucano perante a Câmara Federal, resolveu retornar a Pernambuco, a fim de tomar o pulso dos aconte-

---

3. Publicado a 1º de janeiro de 1848, no *Diário Novo*. Segundo versão histórica dada por Jerônimo Martiniano Figueira de Melo, chefe de polícia que presidiu o inquérito contra os praieiros e confirmada por Urbano Sabino Pessoa de Melo, participante ativo da Revolução Praieira, desde os princípios do mês de dezembro de 1847, muita gente sabia que os praieiros organizavam o movimento e distribuíam tarefas militares afetas a muitos deles que se denominavam de "comandantes das forças liberais constituintes". Nessa fase coube a Camilo Henrique da Silveira Távora, o *Indígena*, o cargo de Major Comandante do 1º Batalhão Libertador.

cimentos. Na condição de deputado e desembargador licenciado, Nunes Machado gozava de grande prestígio por ser um temido e respeitado orador. Logo ao chegar ao Recife fez duras declarações contra o senhor Herculano Ferreira Penna, Presidente da Província. E num aviso publicado na imprensa praieira parecia prever um triste desenlace. E com o objetivo de evitar o pior, Nunes Machado reuniu-se com outros praieiros de forte liderança no Recife e decidiram, entre outras coisas, que:

Há 26 anos que foi proclamada a nossa Independência, e durante este longo período, não nos tem dado esta Monarquia, sobretudo às Províncias do Norte, senão opressão, ferros, cadafalsos, tiranias, miséria e avíltamento; de modo que, se alguma coisa temos aprendido com o tempo, é sabermos por uma dolorosa experiência, que a condição do brasileiro hoje é ainda pior do que aquela, que lhe deu motivo a separar-se da metrópole[4].

Com efeito, a 2 de fevereiro de 1849 nos combates da Boa Vista, quando se enfrentaram as forças liberais e imperiais, estas sob o comando de um afoito jovem militar das terras de Alagoas chamado Deodoro da Fonseca, eis que Nunes Machado tombou sem vida. Tudo acontecera de maneira inesperada, como previra o infeliz praieiro liberal numa de suas recentes declarações:

Nem duvido oferecer a minha vida, se tanto for preciso, para salvar Pernambuco das desgraças que lhe estão propínquas[5].

E diante de tanta confusão política que se abatia por todas as cidades do interior pernambucano, desde as primeiras horas, o major Camilo Henrique da Silveira Távora, *o Indígena*, também fora obrigado a tomar partido pelos praieiros.

Quando o coronel da guarda nacional Henrique Pereira de Lucena, chefe político de Limoeiro, resolveu aderir à causa revolucionária e aliciar os principais homens de coragem para levantarem-se em armas contra as autoridades constituídas da Província, encontrou no *Indígena* um dos mais decididos aliados.

Na condição de Major Comandante do 1º Batalhão Libertador, Camilo Henrique, a 19 de janeiro de 1849, juntamente com quase todos os chefes militares das forças liberais em movimento, após inúmeros combates por cidades das zonas da Mata, Agreste e Sertão, lançaram um manifesto aos

4. *Correio da Tarde*, Recife, 1849, n. 299, p. 2.
5. Avulso, Recife, 18.11.1848, publicado, a seguir, em *União*, n. 43, de 21.11.1848, apud Melo, *Crônica da Rebelião Praieira, op. cit.*, p. 51.

homens honestos de Pesqueira. Neste documento, que levou a assinatura do *Indígena*, afirmavam que era chegado "enfim o momento de sacudirmos o jugo da horda de tiranos, que nos querem beber o sangue".

A proclamação, inflamada por chavões libertários e apelos ao sentimento de honestidade do povo pesqueirense, prosseguia:

E achando-se hoje em campo todo o Império, exceto um pugilo de brasileiros corruptos e degenerados, pretendemos dar uma lição a essa cáfila infame de ladrões, como já temos por muitas vezes feito.

Como as perseguições, de lado a lado, já se tornavam rotina entre os grupos enfrentados em armas, eis que os praieiros ousavam ameaçar àqueles que agredissem seus familiares durante os dias de ausência em campanha:

Deixamos nossas casas e nossas caras famílias ao amparo somente da Providência, e ai daquele infeliz, que ao menos concorrer para que seja ofendida qualquer delas, pois então o forte braço da vingança reduzirá a pó os que a tanto se atreverem[6].

A guerra não se travava apenas no campo de batalha. Na imprensa e nos palácios eram mantidas estratégias que refletiam versões bem distantes da realidade. Tanto que logo após as perseguições e os seqüestros de jornais (como aconteceu ao *Diário Novo*, a 26 de janeiro de 1849), o historiador Urbano Sabino Pessoa de Melo escreveu que

as tropas do governo eram o cólera, que tudo assolava em seu trânsito fatal. Os povoados eram saqueados, os engenhos roubados, as famílias insultadas, os viandantes atropelados, os moradores pacíficos despotizados, os inocentes agarrados pelas estradas para fazer ostentação de prisioneiros, quando quase nunca os faziam em combate[7].

O major Camilo Henrique, juntamente com outros líderes limoeirenses, no dia 13 de janeiro de 1849, diante das tropelias cometidas contra familiares de liberais revoltosos que aderiram à luta armada, lançou novo manifesto contra o principal defensor das forças guabirus legalistas do termo de Limoeiro, alcunhando-o de *Ilmo. Sr. Ditador Antonio Martins Rangel*[8].

---

6. Jerônimo Martiniano Figueira de Melo, *op. cit.*, p. 150.
7. Urbano Sabino Pessoa de Melo, *Apreciação da Revolução Praieira em Pernambuco*, Brasília, Senado Federal, 1978, p. 79.
8. Jerônimo Martiniano Figueira de Melo, *Autos do Inquérito da Revolução Praieira*, Senado Federal, Brasília, 1978, pp. 27-28. "Um Governo déspota pretende levar a fogo e ferro

Seguindo a evolução dos acontecimentos que culminariam com os combates decisivos da Boa Vista, no Recife, de 2 de fevereiro de 1849, o *Indígena*, que se mantinha em permanente contato com os chefes revolucionários, participou dos preparativos de tais eventos. Prevendo o agravamento da revolução, cuidou de pôr os seus familiares a par dos seus passos. Dirigiu a seu irmão João Borges da Silveira Távora, então radicado em Limoeiro, onde cuidava de auxiliar a família no que fosse necessário, a carta do teor seguinte:

Hoje retiro-me para Gravatá com uma força de 20 homens. Hoje pelas 6 horas da manhã foi batido Bom Jardim por uma pequena partida, que mandei, de 30 homens e foram capazes de bater 150 guabirus e alguns marinheiros, ficando dos liberticidas 13 mortos, além dos feridos, e dos nossos saiu um levemente ferido. Não se pode duvidar que a Providência proteja a nossa justa causa. Os 150 homens eram comandados pelo célebre Antonio Matheus, o qual passa por certo, ficou gravemente ferido. Os guabirus fugiram em completa debandada. Safada gente!

E revelando uma constante preocupação com os familiares, finalizava:

Remetei esta a Balbino, e lembranças a todos. Minha mãe que me bote a sua bênção, e encomende-me a Deus. Eu faço o mesmo aos meninos. A pressa não dá lugar a mais[9].

Não falava na mulher, d. Maria de Santana, porque ela seguia sempre com ele. Quando não lhe era possível ficar junto do marido revolucionário,

a todos os pernambucanos livres e para vis instrumentos de seu danado plano tem lançado mão de homens malvados a toda prova; [...] pelo Sul José Pedro, que acompanhado de facínoras, deixa por onde passa, como cunho de seu gênio, o roubo, o estupor, assassínio [...]; e da mesma sorte procedem por outras partes, João do Rego, José Maria, e mais caterva, e também cabendo por infelicidade a esta Comarca, o estúpido Antonio Gomes, que tem chamado para sua roda criminosos fugidos das cadeias, como José Ramos e outros para cúmulo de nossa infelicidade [...]; Nós pertencemos às *bandeiras liberais* e marchamos com trezentos e treze cidadãos voluntários, e zelozos de sua liberdade, em socorro de nossos *correligionários*, e protestamos. Se Vosmicê tiver a ousadia de perseguir uma só das famílias dos que conosco marcham, voltaremos e então triste há de ser o ajuste, porque há de pagar com essa cabeça, que há muito devia estar nas Cinco Pontas, e nem também pouparemos essa caterva de malvados e facínoras, que hoje perseguem os honrados limoeirenses, e tornamos a protestar perante Deus e o mundo, de levarmos a ferro e fogo tudo, se perseguirem uma só das famílias dos que marcham; e não se enganem, [...] porque as nossas forças são acrescidas em todas as partes, e sempre valentes, e muitos dos malvados que nos perseguem por elas têm recebido o prêmio de seus crimes. José Bezerra da Silva, Joaquim Barbosa da Silva, Antonio Inocencio de Pinto, Canuto José Pereira de Lucena, Herculano Pereira da Silva, José Tavares de Mello Conduru, Camilo Henrique da Silveira Távora, o *Indígena* e José Barbosa da Silva".

9. Carta constante dos *Autos do Inquérito da Revolução Praieira*, apud Melo, *op. cit.*, p. 114.

seguia-o de perto, tentando, com outras mulheres valentes, criar apoio logístico ao batalhão patriótico.

A 29 de janeiro os chefes revolucionários estacionados no Engenho do Cumbe dirigiram ao major Camilo Henrique e a outros comandantes de batalhão uma carta-circular na qual recomendavam:

> Cumpre que Vossas Senhorias reúnam toda a força à sua disposição e marchem com ela sobre a cidade do Recife, para onde nos dirigimos pela estrada da Glória do Goitá. [...] Toda a celeridade na marcha é pouca[10].

Diante de tão urgente e indeclinável ordem, o major Camilo Henrique tomou a iniciativa de lançar ao "Comando do Corpo de Polícia e Guarda Nacional de Limoeiro" um manifesto. O texto de sua lavra denotava um ardoroso fervor revolucionário e uma crescente crença na vitória:

> É chegado o momento em que um só brasileiro livre não deve sofrer sem lágrimas nos olhos, pois um punhado de degenerados brasileiros vendidos ao ouro português, nos queiram reduzir ao estado deplorável de escravidão, entregando-nos à furiosa sanha dos homens os mais malvados! Estes monstros, que sem respeito a tudo quanto há de sagrado, matam, roubam e enchem os porões de suas embarcações de nossos caros irmãos e podeis sofrer isto sem ultrajardes as cinzas dos nossos antepassados, que regaram esta bela terra com o seu precioso sangue para deixar-nos uma Pátria livre?! Não, e mil vezes não; assim o confio. [...].

E como se fosse pouco o tom bombástico de elevado patriotismo, o major Camilo Henrique, fazendo jus à alcunha de *O Indígena*, lançou mão de seu exemplo de lutador incansável e corajoso:

> Camaradas, quem assim vos fala é aquele mesmo que sempre marchou convosco para o Cabo, para o Bonito, e daí para Panelas, sempre expondo-se a intrigas e fúria das autoridades para que um só de vós nada sofresse e ainda fiel amigo vos convida para não sofrerdes algemas e correntes destes malvados.
> Camaradas, não vedes que a nossa causa é a Liberdade – a causa de Deus e que por Ele em todos os combates temos sido protegidos, e sempre vitoriosos?

E por suspeitar que havia alguma relutância entre os limoeirenses em segui-lo, o *Indígena*, destemido, acenou com a vantagem dos números e as possibilidades de maior adesão: "Camaradas, correi a unir-vos aqui com os nossos companheiros, que se acham reunidos em número de duzentos e oi-

---

10. Carta constante dos *Autos do Inquérito da Revolução Praieira*, apud Melo, *op. cit.*, p. 34.

tenta, onde também esperamos a gente do Brejo para tomarmos nossa direção". E o apelo transbordava os sentimentos de guerreiro e invadia os recônditos de amor à humanidade, revelando o lado de um homem que também sabia escrever palavras duras quando era preciso jogar invectivas contra os seus pretensos inimigos:

> Camaradas, é finalmente com pungente dor na alma que vejo derramar-se o precioso sangue dos nossos patrícios; que ainda iludidos empunham as armas em prol deste governo de sangue, governo de Satanás; que pretende envolver a nossa Cara Pátria no negro manto da morte: e o tempo o mostrará.

O final do manifesto, ainda que prenhe de um irrefreável sentido religioso, consubstanciava-se nas palavras de ordem da época que, igualmente, revelavam o amor a uma causa pela qual parecia estar decidido a dar a própria vida:

> Confio em Deus e em vosso patriotismo que um só de vós não hesitará a correr às nossas Bandeiras. Viva a nossa Santa Religião! Viva o nosso adorado Monarca! Viva a nossa Santa Liberdade! Viva o nosso Presidente Praieiro!! Viva o sempre brioso, livre, honrado, e fiel povo pernambucano[11].

O final da Revolução Praieira trouxe consigo as conseqüências comuns a qualquer movimento rebelde: as ações punitivas dos vencedores contra os vencidos, com os exemplos de coragem e de ardor revolucionário na defesa de princípios, mas também as renúncias, as traições e algumas defecções manifestadas por homens fracos de caráter.

O major Camilo Henrique da Silveira Távora, denunciado por crime de rebelião, foi condenado juntamente com todos os outros participantes do levante, sem que, em nenhum momento, revelasse o menor sinal de arrependimento. Enfrentou o seu destino com altivez.

Ainda que o historiador Pandiá Calógeras tenha escrito que em 1848, em Pernambuco, apenas "surgiu um motim, a chamada *revolução praieira*, sem alvo nem ideal, mera explosão de despeito partidário, por haver certo grupo político decaído das boas graças governamentais"[12], a verdade é que Pereira da Costa, bem mais próximo dos acontecimentos e das fontes, assim resumiu aqueles acontecimentos:

---

11. Manifesto assinado por Camillo Henrique da Silveira Távora, *O Indígena*, constante dos *Autos do Inquérito da Revolução Praieira*, apud Melo, *op. cit.*, pp. 110-111.
12. J. Pandiá Calógeras, *Formação Histórica do Brasil*, Rio de Janeiro, Biblioteca do Exército/Editora, 1957, p. 252.

Extinta a revolução que não teve curso muito longo, e durante o qual morreram 815 combatentes e ficaram feridos 1.701, caíram presos os seus principais cabeças, e deportados depois para o presídio de Fernando de Noronha, foram enfim restituídos à sua liberdade, graças à decretação da sua anistia[13].

Além do *Indígena* e muitos outros revolucionários que, de imediato, seguiram para o presídio da Ilha de Fernando de Noronha, merece destaque a figura do general Abreu e Lima, arrolado como culpado e só mais tarde inocentado. Curioso como o velho brocardo, que diz "há males que vêm para o bem", no presente caso, provocou efeitos tão benéficos. A Ilha de Fernando de Noronha, que, até então, nunca fora objeto de estudo de suas potencialidades naturais, recebeu do prisioneiro revolucionário, cientista e general Abreu e Lima o primeiro estudo de profundo valor. Em seus apontamentos[14] registraria, entre inúmeras observações de natureza ambiental e ecológica, que, mesmo sendo o lugar "lúgubre e triste", tal sentimento negativo cedia lugar ao otimismo: "Creio que a grande fertilidade da ilha provém da camada que cobre a base de pedra ígnea ou do xisto, muito rica em terras e húmus, mais ou menos espessa, principalmente nos vales..."

À memória dos novos poetas voltou logo depois a figura legendária de Pedro Ivo Veloso da Silveira, o mais destemido e festejado herói da Praieira, primeiro inspirador e conspirador da Revolução de 1848, parente e amigo do *Indígena*. E dele Álvares de Azevedo diria que:

> Era um leão sangrento, que rugia,
> Da glória nos clarins se embriagava,
> E vossa gente pálida recuava,
> Quando ele aparecia.

E Castro Alves outra vez o imortalizaria ao afirmar que dele o "túmulo ninguém lhe conhece", tamanho seu lugar perante a história, porque

> contam que um dia rolara o oceano
> Seu corpo na praia, que a vida lhe deu...
> Enquanto que a glória rolava sua alma
> Nas margens da história, no areado céu![15]

---

13. F. A. Pereira da Costa, *Anais Pernambucanos – 1834-1850*, Recife, Arquivo Público Estadual, 1966, vol. X, p. 412.

14. José Ignácio de Abreu e Lima, *Apontamentos sobre a Ilha de Fernando de Noronha*, Rev. do IHG-PE, n. 38, 1890, pp. 3-17.

15. Castro Alves, "Espumas Fluctuantes", *Obras Completas*, Cia. Editora Nacional, 1944, vol. I, pp. 89-99.

O *Indígena* voltou do presídio da Ilha de Fernando de Noronha com a saúde debilitada, mas viveria o tempo suficiente para ver o triunfo de seu filho João Franklin da Silveira Távora.

Franklin Távora. Desenho de Lucas.

5. As Primeiras Lições

> *A vista da moagem produz em mim gratas alterações, e traz-me saudades da infância, recordações veneráveis dos tempos felizes em que, levando a vida entre a vila e os engenhos, entre a casa paterna e os painéis que a natureza expõe gratuitamente...*
>
> Franklin Távora, *O Matuto*, p. 37.

O processo de julgamento do tribunal, presidido pelo pai de Joaquim Nabuco, o então juiz Nabuco de Araújo, segundo os protestos levados a efeito na época pelos próprios rebeldes praieiros revelou que as condenações atendiam mais a um móvel de vingança política do que a aspectos de natureza jurídica. Se assim não fosse, possivelmente, os veredictos, à luz da imparcialidade, levariam as sentenças a outras situações.

Os ânimos estavam tão exaltados e eivados de vícios político-partidários, que a petição encaminhando o protesto não foi assinada por todos os acusados. Alguns, por anteverem gestões de acomodação, tendo em vista a perspectiva de perdão ou diante da promessa de pronta proclamação de anistia geral, preferiram não colocar os seus nomes naquele documento de profunda repercussão moral. O sentido do texto era claramente **contrário à** presença de José Thomaz Nabuco de Araújo Júnior como **juiz de direito** autorizado a presidir aquele tribunal especial contra os **praieiros, porque,** sendo ele filiado ao partido político que perseguia os **praieiros, moral**mente não poderia levar até o final o julgamento. Eis o que diziam os praieiros indiciados que firmaram o protesto:

Não pareça estranha a qualificação que damos a este Tribunal, chamando-o comissão especial; nem outra pode ser a sua denominação, visto que foi tão-somente convocado para nos julgar, sem motivo legítimo nem causa que o justifique; porquanto, estando pacificada a província desde março do corrente ano, nem um caso extraordinário se deu que por se não tratar imediatamente, pudesse comprometer a segurança pública na forma do art. 319 do Código de Processo Criminal. Este caso extraordinário, de que fala a lei, não se deu nem se podia dar até o momento da convocação do Júri extraordinário [...]; logo não foi caso extraordinário, que o não houve, nem motivo legítimo que deu causa a semelhante convocação, mas a necessidade de fazer presidir o Júri por certo e determinado Juiz, o qual sem este caso extraordinário não presidiria por certo este tribunal[1].

Mais tarde, a defesa que Joaquim Nabuco fez na biografia do seu pai, o juiz Nabuco de Araújo, foi tida como sintoma suficiente da severidade com que se comportou o emérito julgador.

Vale repetir que o caráter de parcialidade e possível arrependimento por parte de Nabuco de Araújo apareceu nas palavras de Joaquim Nabuco, o filho biógrafo:

Fora melhor para Nabuco ter ele podido deixar sua cadeira de juiz nesse processo, mas segundo as idéias do tempo seria isso uma deserção que animaria todos a abandonarem do mesmo modo a defesa da sociedade. Era um desses casos em que a opinião do indivíduo é envolvida e dominada pela opinião do partido e pelo sentimento da época. Se Nabuco recusasse, o seu substituto seria um adversário que não se daria, esse, por suspeito[2].

Alguns historiadores veriam coisa diferente:

O pai, José Thomaz Nabuco de Araújo, foi observador participante, denunciando, do lado conservador, os acontecimentos pre-revolucionários e, depois, ativo condenador dos vencidos, embora o filho alegue que ele previa o abrandamento das penas. O fato deve ter influenciado a sua futura mudança para o lado dos adversários da véspera, gesto generoso, pois brotava da desilusão com os métodos conservadores e da descoberta das verdades liberais: o mesmo José Thomaz é o principal autor do Programa do Partido Liberal em 1869...[3]

O desfecho das perseguições dos vencidos pelos vencedores provocou na casa de Franklin Távora um clima de terror e desespero. O mesmo deve ter ocorrido com os demais condenados. Quando vieram os efeitos da sen-

---

1. Jerônimo Martiniano Figueira de Melo, *Autos do Inquérito da Revolução Praieira*, Brasília, Senado Federal, 1978, p. 418.
2. Vamireh Chacon, *in* Introdução a *Autos do Inquérito da Revolução Praieira*, de autoria de Jerônimo Martiniano Figueira de Melo, *op. cit.*, p. XV.
3. Joaquim Nabuco, *Um Estadista do Império*, Rio de Janeiro, Editora Nova Aguilar, 1975, pp. 116-117, Biblioteca Luso-Brasileira, Série Brasileira. A questão suscitada pela defesa foi incompetência do presidente do júri, o Sr. Nabuco de Araújo, por pertencer a partido político que desejava a rigorosa punição dos indiciados, não declinando o magistrado a sua suspeição.

tença que condenava o major Camilo Henrique a cumprir pena na Ilha de Fernando de Noronha, tudo se complicou. Os dias foram penosos e, se não fosse a tenacidade das extraordinárias mulheres que ficaram cuidando da casa – d. Inácia, a mãe de Camilo, e Maria de Santana, a esposa – as conseqüências poderiam ter sido imprevisíveis para os menores. Nem a subseqüente divulgação da anistia, após dois anos de cadeia, concorreu para diminuir os efeitos do severo abatimento que pesou sobre o militar anistiado e, indiretamente, sobre os seus familiares.

O mesmo deve ter acontecido aos demais condenados. Baste citar o caso de Jerônimo Vilela Tavares, que, na condição de professor da Faculdade de Direito e de jurista da Revolução Praieira de 1848, foi condenado à prisão perpétua. Levado para o presídio do arquipélago de Fernando de Noronha, já àquela época cognominado de *A Ilha do Diabo*, o infeliz Vilela, não resistindo às crueldades do isolamento e do degredo infamante, definhou e envelheceu precocemente, morrendo aos cinqüenta anos de idade. Deixou um depoimento que deve ser considerado como um apelo à reflexão da posteridade. No seu poema "O Meu Passado", entre tantas sugestões de desencanto e descrença nos valores humanos, lê-se:

Perdi Pátria e Liberdade,
Perdi tudo quanto tinha;
Minha vida se definha
Nos mais acerbos rigores:
Vivendo vida de dores[4].

Passados os efeitos negativos do encarceramento na Ilha de Fernando de Noronha, por força da anistia, os presos já não eram os mesmos. Camilo Henrique nunca mais foi o mesmo homem. A situação insalubre de permanência na ilha terminou por alquebrar sua invejável disposição física. Com a saúde abalada, passou a viver com sérias restrições de ordem material. Mesmo debilitado, o velho praieiro esforçava-se para não se entregar a uma vida recolhida, indiferente aos acontecimentos do dia-a-dia das cidades de Goiana e do Recife.

No lar, onde durante quase dois anos estivera sem a presença do pai, o jovem João Franklin logo notou que algo de profundo acontecia no seio de sua família. Por isso, procurou, de alguma maneira, preencher a lacuna provocada pela obrigada ausência do pai. Numa sociedade como a goianense, onde o pa-

---

[4]. F. A. Pereira da Costa, *Diccionario Biographico de Pernambucanos Célebres*, Recife, 1882, pp. 434-437.

triarcalismo senhorial presidia as principais ações da vida familiar, foi ingente o esforço da mãe e da avó paterna no sentido de manter a família em equilíbrio, sem perder de vista as medidas mínimas de educação e de suprimento dos bens materiais indispensáveis à manutenção da casa.

Destaque-se o constante e desinteressado apoio demonstrado por João Borges da Silveira Távora, irmão de Camilo Henrique, que, ultrapassando as obrigações normais de tio, agiu como se fosse o pai dos sobrinhos, sempre minorando as dificuldades nas horas mais graves. Também concorreu de maneira decisiva a iniciativa de d. Maria de Santana da Silveira, a mãe de Franklin, ajudada pela sogra, d. Inácia. Ambas reagiram com destemor e coragem, não descurando, em nenhum momento, da educação dos quatro filhos: João Franklin, Frederico, Camilo e Antonio. Para tanto servira de estímulo o grande interesse que João Franklin demonstrara pelo aprendizado das primeiras lições. Já antes, desde os tempos do Candéia, no Ceará, em casa, nas horas de conversas amenas, todos já se haviam acostumado a ouvir as positivas referências à extraordinária capacidade de aprendizado da criança João Franklin. Ali, a partir dos quatro anos de idade, freqüentara a escola durante apenas onze meses, tempo suficiente para chamar a atenção da professora, tamanha a rapidez com que dominara as lições. Anos depois registraria em suas *Notas de Família*: "Saí dela sem ter estudado a gramática portuguesa, disciplina que mais tarde procurei cultivar sozinho"[5].

Ainda que contrariado por ver interrompida a possibilidade de orientar como desejava os estudos do filho, Camilo Henrique, mesmo diante dos percalços da revolução e suas atribulações posteriores, sempre que pôde, tentou interferir na formação dos filhos. Para o menino João Franklin, de olhos vivos e às vezes de temperamento excessivamente compenetrado para as coisas sérias da vida, tão diferente dos demais irmãos, o pai nunca economizara preleções ou sermões sempre marcados pelo tom liberal, circunstância que, com efeito, contribuiu profundamente para a formação do futuro escritor.

Já por essa época, em Goiana, as principais famílias cuidavam de aquinhoar meios para que seus filhos estudassem com vistas a uma formação considerada digna. Só assim poderiam alcançar reputação e até certa importância no cenário local. Daí que o interesse pelos estudos e a facilidade com que Franklin Távora havia demonstrado muito concorreram para iniciar os estudos do preparatório para ingresso na Faculdade de Direito do Recife. Diante de tal perspectiva, os pais de João Franklin logo estimularam o in-

---

5. Baltazar Franklin Távora, depoimento *in* "Suplemento Literário" de *A Manhã*, Rio de Janeiro, 25.1.1942, p. 40.

teresse do jovem pelos assuntos que se ligassem à língua portuguesa, latim, francês, inglês, retórica, geometria, filosofia e geografia.

João Franklin, porém, não era um desses gênios de cujos dotes a família, quase sempre, perante os estranhos, exagera na revelação. Não. Era uma criança normal como as outras. O seu senso de agudo observador, com certeza, reservou-lhe desde muito cedo o gosto e a capacidade irrefreável de tentar dizer o que sentia. O que mais lhe agradava eram os costumes da vida do campo, o que, para sua sorte, a própria história da família servira de ponto de apoio.

E um dia, quando completou 14 anos de idade, eis que todos foram surpreendidos com a publicação do primeiro poema do jovem Franklin Távora. Intitulava-se "Ceará", e não passava de um longo canto de saudade à sua terra natal. Claramente influenciado por Casimiro de Abreu, de quem o jovem poeta utilizou inclusive uma epígrafe, nostalgicamente assim cantava na abertura:

> Ceará! subido nome
> Que tenho sempre em lembrança,
> Longe de ti guardo ainda
> De ver-te um dia a esperança,
> Hei de ver-te, que a saudade
> Tem solene potestade
> No meu triste coração;
> Hei de ver-te, cara terra,
> Quer seja na paz ou guerra,
> Hei de ver-te, ó meu condão[6].

Mais tarde, essa "saudade solene" inundaria o mundo de recordações e lembranças, ocupando um lugar de destaque no corpo de suas narrativas. Exemplo disso são os registros confessionais e depoimentos, feitos, por exemplo, no romance *O Matuto*, quando ele se deslumbrava, voltando ao tempo da infância, com as belezas naturais:

> [...] meu espírito adejava, como os sanhaçus e os bem-te-vis, por sobre as folhagens, mergulhado alternativamente já em luzes, já em sombras, mas sempre enleado e passado de inocente contentamento[7].

---

6. *O Sol*, Fortaleza, Ceará, 1858. Editado por Pedro Pereira.
7. Franklin Távora, *O Matuto*, edição do *Jornal do Brasil*, Rio de Janeiro, 1928, p. 37.

Ou aquela passagem em que confessa, entre outras coisas, as "saudades da infância, recordações veneráveis dos tempos felizes em que, levando a vida entre a vila e os engenhos, entre a casa paterna e os painéis que a natureza expõe gratuitamente aos que para ela têm os seus principais afetos e a sua primeira admiração"[8].

O menino que abrira os olhos para a paisagem do campo, a vida rural trazida com força para sua obra, chegaria em outras passagens de *O Matuto* a extrapolar os limites do fio narrativo:

> Quantas vezes, em minhas digressões pelas províncias de Pernambuco e Alagoas, não tive ocasião de chegar-me, montado em meu cavalo, ao pé da janela ou do balcão móvel da casinha pobre, onde se mostravam frutos frescos e sazonados, e de os comprar para neles me desalterar do calor do sol e do cansaço da jornada[9].

E não apenas nas manifestas cores da terra o menino João Franklin iria encontrar a fonte de sua matéria narrativa. No costume do seu povo, arrimado numa experiência vivida com simplicidade, ele reconheceria os momentos aliciantes que se gravaram na sua memória para sempre. Foi o que se deu quando afirmou ter ouvido e aprendido um sem-número de modinhas populares, "jornadeando, entre fins de Novembro e princípios de Dezembro, do Recife para Goiana, nos meus tempos escolares. Elas pertencem exclusivamente ao povo, e eu aqui as dou com a exatidão com que as recebi da grande musa que as produziu":

> Minha mulata, eu tenho
> Vontade de te servir;
> De dia falta-me o tempo,
> De noite quero dormir[10].

Era chegado, porém, o tempo de tentar o ingresso na Faculdade de Direito do Recife.

---

8. *Idem*, p. 26.
9. *Idem*.
10. Idem.

6. O Preparatório

> *É boato geral que colégios particulares de instrução secundária garantem previamente a seus alunos a aprovação, no fim do ano, nos exames de preparatórios para a Faculdade. Essa garantia provém de serem seus professores os próprios lentes do Colégio das Artes, e, portanto, examinadores forçados e interessados.*
>
> FRANKLIN TÁVORA, Diretor-Geral da Instrução Pública.

O fato de Franklin Távora ter estudado com professores particulares não significou um dado negativo em relação aos demais alunos regularmente matriculados no Ginásio, no Liceu ou no Colégio das Artes. É verdade que esses estabelecimentos tinham por objetivo preparar os alunos para ingressarem na Faculdade de Direito do Recife. Não há dúvida de que os preparados por professores particulares, em geral, desfrutavam de melhores condições de oportunidade, sobretudo quando esses professores eram os mesmos mestres que também ocupavam as cadeiras nos colégios oficiais.

Além do mais, no decorrer da década de 1850 o sistema disciplinar adotado nos colégios andava tão descontrolado que era difícil saber qual o mal maior: se a má qualidade dos professores ou a indisciplina reinante entre os alunos. Bem mais proveito levaria o aluno que pudesse usufruir de aulas particulares, como era o caso de Franklin Távora, que, por essa época, pôde contar com esse privilégio dado por seus pais, em Goiana, longe dos transtornos que os colégios do Recife ofereciam.

Já em 1846 o presidente do Liceu Provincial, através de ofício, pedira soldados para ajudarem na disciplina do estabelecimento. Há poucos meses, ali, sete alunos haviam sido expulsos e o diretor, o padre Miguel do Sacramento Lopes Gama, baixara uma portaria proibindo que os alunos chegassem até 15 minutos antes de começarem as aulas e que tampouco ficassem reunidos diante da porta do estabelecimento, porque, dissera o mestre, "era um hábito dos alunos chegarem todos os dias muito antes das horas de aula para estacionarem não apenas na porta, mas nas vizinhanças da escola, em grande algazarra"[1].

Aliás, esse clima de indisciplina foi levado pelos alunos para o âmbito da Faculdade de Direito. Essa prática, porém, já não era novidade. Encontram-se curiosos registros oficiais. Um deles feito pelo padre Lopes Gama, por ocasião de sua passagem como diretor dos Cursos Jurídicos de Olinda, sobre ocorrência de incidentes no ano de 1836, assim resumidos pela segura pena do sacerdote professor:

> Ultimamente o estudante do quarto ano, Inocêncio da Silva Pereira, tendo feito o seu ato, e levando um *R* [letra inicial de "reprovado", grifo nosso], subiu à cadeira, e, em vez de agradecer aos lentes e espectadores, como determinam os Estatutos, disse, mui clara e distintamente, que nada agradecia, e cobriu de impropérios os lentes. Por mais que o mandasse calar o Dr. Jansen, presidente do ato, prosseguiu na diatribe, e saiu, brusca e arrebatadamente, da cadeira. Não satisfeito com esse insulto, foi à sua casa, mudou de trajes e veio, positivamente, cobrir de epítetos afrontosos ao dito Dr. Jansen, na porta da Secretaria[2].

A violência parecia sair das ameaças e ganhar as vias de fato, porque, como aduzia o mesmo sacerdote noutra ocasião:

> [...] desde a criação desta Academia, ouvia-se, todos os dias, este ou aquele estudante dizer, de público, que daria uma bofetada, uma facada etc., no lente que ousasse deitar-lhe um R; e o mais é que o medo de tais ameaças tem concorrido, em grande parte, para serem aprovados, plenamente, sujeitos indignos quer pela sua ignorância, quer pelo seu repreensível procedimento[3].

Novamente o mesmo padre Lopes Gama, quando diretor do Curso Jurídico, ainda em Olinda, oficiou ao Presidente da Província, em 4 de fevereiro de 1850, alegando, entre outras considerações, que

> estando já notório o estado turbulento em que fica o concurso dos examinandos de preparatórios desta Academia, peço a V. Excia. se digne enviar-me uma força de dez ou doze homens comandados por algum oficial que julgar a propósito, para estacionar como destacamento, ou ao menos durante o tempo dos exames.

---

1. Olívio Montenegro, *Memórias do Ginásio Pernambucano*, Recife, 1943, p. 85.
2. Clóvis Beviláqua, *História da Faculdade de Direito do Recife*, Brasília, MEC-INL, 1977, p. 41.
3. *Idem, ibidem.*

E meses mais tarde, o mesmo diretor voltava ao Presidente da Província para comunicar que são

os estudantes tão altivos que cantavam nos gerais, passeando com os chapéus na cabeça à vista dos lentes, e fazendo alaridos, e às vezes espancando e rasgando as casacas uns dos outros etc.; e à noite fazendo estampidos pelas ruas sem distinção de vésperas de estudos ou vésperas de feriados, incomodando o sossego das famílias, sem respeito à moral pública, outros furtando galinhas.

E, acrescentava o historiador Olívio Montenegro, que teve a oportunidade de compulsar os documentos de época:

[...] o resto que se segue não entoa em melhor diapasão[4].

Um dos mais eficientes e rigorosos diretores dos Cursos Jurídicos de Olinda, o Visconde de Goiana, num de seus ofícios dirigidos ao presidente da Província, reclamava em 1850 que a culpa não tinham apenas os alunos indisciplinados, mas também os professores, porque seria tudo diferente se eles

não vivessem em parcerias com estudantes, em sociedades, em passeios, em seges, em bailes etc. E que dizemos nós de banquetes, jogos e mesmo em tirocínios em casas particulares das lições que se hão de tomar nas aulas, mediante certa paga mensal?[5]

E assim, com efeito, acontecia porque o padre Miguel do Sacramento Lopes Gama, professor e diretor de vários estabelecimentos de ensino oficial, aos olhos de muitos críticos, parecia dar o pior exemplo, por insistir em aparecer dirigindo jornais tomados de notas humorísticas e até ferinas. Em qualquer assunto que tratava, fosse ensino, filosofia, teologia, política e outros costumes mundanos, o frade nunca deixava passar a oportunidade de dar as suas impressões, ou mesmo de descer às críticas, às vezes, ácidas e virulentas. Não escolhia ou dispensava adversários. Podia ser seus colegas professores ou até alunos. Daí que, na maioria dos casos, em contrapartida, lhe aparecessem as respostas em duros achincalhes, como o soneto que publicou *A Carranca*:

Surgiu de pavorosas catacumbas
Um Frade *borra*, outrora de S. Bento;
Um Frade bandoleiro, um cata-vento
Tocador de fandango, e de zabumbas.

4. Montenegro, *op. cit.*, p. 86.
5. *Idem*, p. 87.

Nos presepes, nos bródios e nos bumbas
Teve ele sempre o seu primeiro assento;
Hoje, porém, na praia este jumento
Exerce outras funções, carrega tumbas.

Em pintá-lo, qual é, me não prolongo;
A história o pinta, o descreve a fama;
Seu nome por extenso, é comprido, é longo.

Eia pois, meu leitor, neste *proclama*
O Bispo de Urubá, o rei do congo,
Miguel Sem Sacramento Lopes Gama[6].

Mas não só os alunos ou os desafetos anônimos do padre Carapuceiro manifestavam-se com tanto vigor iracundo. Havia aqueles corajosos que assinavam seus versos hostis, como foi o caso do conhecido frei João Capistrano de Mendonça, exaltado e valoroso combatente dos tempos da Revolução Praieira de 1848, que recebeu o epíteto de *Frei Cometa*, por não perdoar em suas desconcertantes críticas os inimigos políticos, chamados de *guabirus*. Um de seus sonetos, assinado, contra o mesmo padre Lopes Gama, terminava com este terceto:

Leve o diabo o frade, e leve o Gama:
Dê fundo o Gama, aonde der o frade,
E o demo coma o frade, e cague o Gama[7].

Durante aquela época era muito comum os próprios professores dos colégios oficiais montarem cursos particulares em suas casas com vistas ao preparatório da Faculdade de Direito. O professor José Soares de Azevedo, um dos mais renomados e conceituados no Ginásio Provincial, também complementava seus salários dando aulas particulares. A formação do professor Soares era invejável, porque, além de ter feito os primeiros estudos em Coimbra, mais tarde estudou Belas-Artes, História e Filosofia na Sorbonne, em Paris, juntamente com o escritor Almeida Garrett, de quem se tornou amigo e correspondente no Brasil.

Ainda em 1867 aparecia o seguinte anúncio:

Para os exames de novembro José Soares de Azevedo, professor de língua e literatura nacional no Ginásio Provincial do Recife, tem aberto em sua casa, à Rua

---

6. Amaro Quintas, "A Carranca", de 15.11.1845, in *O Padre Lopes Gama – Um Analista Político do Século Passado*, Recife, Editora Universitária, 1975, 2. ed., p. 108.
7. "A Carranca", de 10.12.1845, *op. cit.*, p. 111.

Bella, n. 37, cursos especiais das seguintes matérias para os alunos que tiverem de fazer exame em novembro próximo futuro: Língua Francesa, Geografia e História; Filosofia, Retórica e Poética[8].

Além do mais, os alunos que estudavam com professor particular, sobretudo os que viviam fora do Recife, como era o caso de Franklin Távora, teriam reduzidas as despesas de seus pais, porque estavam livres de comprar o famoso enxoval, indispensável no caso de alunos internados. E para as famílias que possuíam muitos filhos?

No caso do Ginásio Provincial, por exemplo, cada aluno interno estaria obrigado a apresentar no começo das aulas o seguinte enxoval:

1 casaca de pano verde, com botões de metal amarelo;
6 jaquetas de princesa ou duraque preto;
9 coletes de fustão branco;
1 chapéu preto;
1 boné de pano azul com pala;
36 camisas lisas de morim ou madapolão, com dois botões de madrepérola no peito;
9 camisas compridas de riscadinho;
12 pares de ceroulas compridas, de pano de linho;
54 pares de meias curtas de algodão, brancas;
6 pares de suspensórios de algodão, elásticos;
6 pares de sapatos grossos; e,
3 pares de botins, ou sapatos finos.

Vale observar que para a freqüência das aulas o aluno devia levar ainda um uniforme especial, constante de boné, jaqueta e gravata pretas, calça parda, além de meias e sapatos[9].

De tudo isso o jovem Franklin Távora se livrou porque estudou em Goiana nos últimos anos que antecederam ao de 1859, com o professor Luiz Gonçalves da Silva, advogado e homem altamente instruído em todas as matérias fundamentais exigidas ao ingresso na Faculdade de Direito. Assim, em novembro de 1858, Franklin Távora prestou os exames das seguintes matérias para ingresso na Faculdade de Direito do Recife, segundo determinava o art. 53 dos Estatutos daquela instituição: latim, francês, inglês, retórica, geometria, filosofia racional e moral, aritmética, retórica e poética, história e geografia.

Os livros geralmente adotados eram os seguintes: Língua Nacional – *Elogios do Rei de Portugal*, de D. João de Castro; *Os Lusíadas*, de Luís

---

8. Regulamento do Ginásio em vigor a partir de 1855.
9. *Diário de Pernambuco*, Recife, 27 de agosto de 1867.

de Camões; Latim – eram lidos textos de Salústio, Virgílio e Horácio; Francês – lia-se Telémaco, Voltaire; Inglês, textos de Pope e Goldsmith; Geometria – estudava-se o manual de Lacroix; e Filosofia, o manual de Genuense.

Aprovado nos exames, o jovem Franklin Távora foi matriculado em 1859 para realizar Curso Jurídico e de Ciências Sociais da Faculdade de Direito do Recife.

7. Na Faculdade de Direito do Recife

> *Para mim, que fui testemunha presencial de uma grande parte do movimento patriótico indicado, para mim é fora de dúvida que Tobias Barreto exerceu grande influência em Castro Alves.*
>
> FRANKLIN TÁVORA, Prefácio de *Espumas Flutuantes*.

O início das aulas da Faculdade de Direito representava um acontecimento tão importante na vida social e cultural do Recife que, naquele ano de 1859, o *Jornal do Recife* noticiara na sua edição de 19 de março que no dia 15 do mesmo mês começara o ano letivo. As aulas, em geral, iam até o dia 15 de outubro.

As normas estatutárias previam detalhadamente quase todas as situações de convivência entre alunos e professores: as aulas, as notas, os exames etc. As lições eram diárias e duravam cerca de uma hora as respectivas exposições.

Os professores costumavam fazer, toda semana, no último dia útil, as sabatinas, com o objetivo de recordar as matérias dadas. Além do mais, os pontos poderiam ser sorteados com a antecedência de vinte e quatro horas.

Havia, ainda, um certo rigor, que, muitos, porém, viam mais como liberalidade, quanto ao aproveitamento das aulas por parte dos alunos. A reprovação não ocorria com certa facilidade. Somente aqueles que, pela segunda vez, fossem reprovados, recebendo o famoso, trágico e triste "R" em suas cadernetas de notas, estariam fora das Faculdades de Direito, como se referia no plural o estatuto, isto é, a de São Paulo e a do Recife.

A freqüência, por outro lado, poderia também ser motivo de punição. O aluno que alcançasse quarenta faltas, ainda que abonadas, e dez não justificadas estaria, de plano, fora do curso. Perderia o ano porque assim determinava o art. 112 do Estatuto.

Quanto à disciplina, como já vimos, apesar de que as normas previam punições rigorosas, havia uma clara condescendência por parte de professores e diretores. No entanto, as punições poderiam ir da reprimenda à expulsão. A expulsão variava ainda em função de quem a aplicava e do grau da falta cometida, porque não poderia ser exercida pelo lente, que apenas tinha o poder de expulsar o aluno da sala de aula pelas vezes que julgasse conveniente.

Estava prevista também a prisão correcional, que era da competência exclusiva do diretor, após avaliar as ocorrências dos fatos cometidos. A prisão variava de um a oito dias.

Em muitas ocasiões a direção da Faculdade, diante das violências cometidas pelos estudantes mais adictos a reações físicas contra professores e objetos existentes nas dependências do edifício e demais instalações, recorria à força policial.

Essas ocorrências poderiam, ainda, redundar em perda ou expulsão do curso, quando a congregação, reunida, decidia sobre aspectos não contemplados pelas normas mais gerais, sobretudo quando a prisão do aluno superava o limite dos oito dias, além dos casos de retenção de diploma, suspensão de atos oficiais etc., das quais sempre cabia a interposição de recurso por parte do aluno prejudicado.

Quando Franklin Távora ingressou no curso de Direito, há quatro anos que a Faculdade se instalara num velho edifício da Rua do Hospício, no espaço onde, ainda hoje, existe um quartel militar.

Mesmo assim, não desapareceram os motivos que muitos ofereceram como razões suficientes para o abandono das precárias instalações de Olinda. Então, o padre Lopes Gama, um dos diretores do Curso Jurídico de Olinda, bradara:

Olinda, pela sua mesma proximidade da capital, é faminta e falta de recursos. Como terra pequena, estudantes e lentes estão sempre em contato. Fora disso não havendo espectadores, se não os mesmos estudantes, entibia-se a emulação e acanham-se os talentos. O mesmo lente, certo de que só é ouvido por seus alunos, pouco, ou nada, se esmera em suas lições, limitando-se, muitas vezes, à aridez das apostilas[1].

As acomodações da Faculdade de Direito no Recife, na verdade, logo passaram a ser criticadas, levando o novo local a receber o batismo de "pardieiro". A mudança, porém, satisfazia aos professores e alunos que

---

1. Clóvis Beviláqua, *História da Faculdade de Direito do Recife*, Brasília, MEC-INL, 1977, p. 55.

residiam no Recife. Ainda estava na memória de todos os imprevistos acontecimentos do Mosteiro de São Bento, quando, em plena aula, um dia, os alunos e professores "tiveram de fugir, durante as horas de trabalho, saltando alguns rapazes pelas janelas, que arrombaram, tomados de pânico, talvez exagerado pelo espírito de troça em alguns", como salientou Clóvis Beviláqua[2].

A mudança da Faculdade de Direito para o Recife, com a presença cada vez maior de estudantes, acadêmicos ou não, ganhava notoriedade e espaço nos jornais mais importantes. O *Diário de Pernambuco*, de 26 de outubro de 1857, dizia que

a instalação do Colégio das Artes e da Faculdade de Direito na capital tem dado lugar a que mais de cento e cinqüenta casas sejam ocupadas pelos estudantes; novas famílias originadas pelos novos casamentos têm elevado as casas nas ruas principais a um valor cada vez mais crescido.

As circunstâncias da vida urbana foram alteradas e por esse processo também passou Franklin Távora que, inicialmente, vivendo em repúblicas e depois na casa de um tio, quase sempre viajava a Goiana a fim de passar as férias com seus pais. Essa circunstância, mais tarde, seria por ele revivida, quando afirmou que "jornadeava, entre fins de Novembro e princípios de Dezembro, do Recife para Goiana, nos meus tempos escolares"[3].

Os tempos de Franklin Távora na Faculdade de Direito foram, sem dúvida, um dos mais ricos e movimentados da história daquela instituição de ensino.

De acordo com o disposto no art. 3º dos Estatutos, no Primeiro Ano os alunos seriam obrigados a estudar quatro disciplinas distribuídas em duas cadeiras. A primeira constava de Direito Natural, Direito Público Universal e Constituição do Império. Na segunda estudavam-se as Institutas de Direito Romano.

O que de imediato sentiu o jovem Franklin Távora nos seus primeiros contatos com os alunos de sua turma de 1859 foi a forte presença de cearenses. Só naquela turma havia dez filhos do Ceará. A presença deles era tão destacada no Recife que fundaram centros, sociedades e associações com os estudantes de outras Províncias, sempre preocupados com atividades culturais e literárias. Uma das mais atuantes foi, sem dúvida, a conhecida Sociedade Cearense Dezoito de Janeiro, voltada para a arte dramática, a

2. Clóvis Beviláqua, *op. cit.*, p. 69.
3. Cf. *O Matuto*, Rio de Janeiro, Oficinas Gráficas do Jornal do Brasil, 1928, p. 82.

cultura e a literatura. Aliás, foi essa sociedade cearense que promoveu a encenação da primeira peça de teatro de Franklin Távora.

Afrânio Coutinho, estudando o fenômeno da formação do nacionalismo literário, quando particularizou os casos de Euclides da Cunha, Capistrano de Abreu e Araripe Júnior (os dois últimos cearenses da mesma geração literária de Franklin Távora e ambos amigos com vivências no Recife), destacou a importância do papel desempenhado pelos cearenses nesses movimentos que se convencionou chamar de "Escola do Recife". Lembrou Coutinho que a "Escola do Recife" foi impropriamente denominada de "escola", nome que não lhe podia caber, a rigor. Em primeiro lugar, porque não teve unidade de pensamento nem de colorido literário. É múltipla a sua fisionomia e suas mani-festações foram de variado aspecto. Não teve a uniformidade de espírito e de produções que caracterizam as "escolas literárias e filosóficas"[4].

Não se pode negar, porém, que ao movimento da "Escola do Recife" muito contribuiu um certo caráter de agitação intelectual, no qual estiveram presentes não apenas os pernambucanos, baianos, sergipanos, paraibanos, mas, sobretudo, os cearenses. Vale destacar que nos primeiros anos de funcionamento da Faculdade de Direito de Olinda, em 1832, apareceram dois cearenses ali formados. Após dois anos, como apontou Abner Vasconcelos[5], o Ceará ofereceu 29 de seus filhos para a carreira de bacharel em direito. Depois da segunda metade do século contavam-se mais de 230 bacharéis, muitos dos quais retornariam à terra natal para dar o melhor de si na atividade da Justiça, das letras e da administração pública da Província.

A reforma dos estatutos da Faculdade, em 1855, acarretou a renovação do corpo de professores titulares e substitutos. Essa coincidência de reformulação alcançaria o ano de 1859.

Quando advieram as mudanças estatutárias o quadro dos professores também foi ampliado. Além da criação de novas cadeiras – Direito Romano e Direito Administrativo – ocorreram duas jubilações e a elevação do número de professores substitutos. Foram nomeados: o desembargador Manuel Mendes da Cunha Azevedo e João José Ferreira de Aguiar. Para substitutos foram nomeados: Brás Florentino de Souza, Vicente Pereira do Rego, Antonio Pedro de Figueiredo, alcunhado de "Cousin Fusco", João Silveira de Souza e João Dabnei de Avelar Brotero, o conhecido "Broterinho", que faleceu aos 30 anos de idade.

---

4. Afrânio Coutinho, *Euclides, Capistrano e Araripe*, Rio de Janeiro, Edições de Ouro, 1967, pp. 56-57.
5. Abner Vasconcelos, "O Direito e a Justiça no Ceará", *in O Ceará*, p. 231.

Mais tarde, em 1856, seria nomeado José Bonifácio, o moço, filho de Joaquim Francisco e neto de José Bonifácio, o patriarca. José Bonifácio, o qual não chegou a ser professor de Franklin Távora, porque, em 1859, fora removido para São Paulo, abrindo-se, em conseqüência, nova vaga na Faculdade de Direito do Recife. Neste mesmo ano realizou-se o concurso para preenchimento do lugar de José Bonifácio.

A disputa da cátedra, como ocorria sempre, era pública e chegava a empolgar os estudantes e demais pessoas interessadas.

Apresentaram-se Aprígio Guimarães, F. Pinto Pessoa e João José Pinto Júnior. O primeiro, após alguns anos, além de professor, tornar-se-ia um dos mais achegados amigos de Franklin Távora, auxiliando-o, sobretudo, na polêmica sobre a "Questão Religiosa" desencadeada no Recife a partir de 1872 através do jornal *A Verdade*.

O concurso para preenchimento da vaga de José Bonifácio, o moço, criou tanta expectativa que entre os novos alunos, depois, correu impresso o voto do relator da banca examinadora, dr. Moreira Guimarães.

Por serem tantas as opiniões assumidas pelos assistentes, aquele relator assim principiou o seu voto:

> Difícil é, por sem dúvida, formar-se um juízo seguro da habilitação absoluta e relativa dos candidatos que se opuseram ao lugar de substituto, sem os ter acompanhado em todas as provas que deram.

E o relator, após longas considerações em torno das provas realizadas, resumiu:

> A tese impressa do Dr. Pinto Júnior versou sobre questão – de Direito político-administrativo – de suma importância que, embora tenha sido muito debatida pró e contra, não recebeu ainda solução definitiva. [...] Sua linguagem é correta, e algumas vezes mesmo elegante, seu estilo brilhante e eloqüente: devo porém declarar que, imbuído da leitura dos autores franceses, o autor como que teme confiar em si próprio nos recursos de sua inteligência, para guiar-se completamente pelo pensamento daqueles autores. [...] O segundo candidato, o Dr. Guimarães, escreveu sua dissertação sobre a questão de direito civil pátrio: "É válido o pacto de suceder no dote da mulher, não tendo ela herdeiros necessários?" Ainda neste trabalho noto o mesmo número de citações de autoridades, a mesma carência de argumentos próprios deduzidos dos princípios gerais da jurisprudência, finalmente a mesma sujeição da inteligência do autor ao pensamento alheio. Não obstante o trabalho é bem escrito, a doutrina verdadeira, o estilo fluido e agradável e a linguagem correta. Finalmente o Dr. Pinto Pessoa tomou a seu cargo tratar da questão do Direito político: – "O imperador faz parte do poder legislativo?" Foi este o único dos candidatos que

Seminário de Olinda. Bico de pena de M. Bandeira, 13,2 x 22,7 cm.

procurou tratar da questão com o auxílio de seus próprios recursos intelectuais. Seu trabalho escrito é bom[6].

O resultado final apresentou como vencedor em primeiro lugar Pinto Júnior; o segundo coube a Aprígio Guimarães e o terceiro a Pinto Pessoa.

No mesmo ano Aprígio Guimarães ganharia novo concurso, obtendo a nomeação. Já Pinto Pessoa teria que esperar mais treze anos para alcançar a cátedra.

Franklin Távora presenciaria mais um outro disputado concurso para o preenchimento de cadeira no ano de 1862. Como finalistas concorreram Francisco de Paula Sales e Antonio de Vasconcelos Meneses Drummond, vencendo este e assumindo logo no início do ano.

Seria oportuno, a fim de melhor destacar a formação intelectual e o caráter de Franklin Távora, fazer referência, ainda que com brevidade, aos principais professores que, direta ou indiretamente, contribuíram para a consolidação das idéias e do pensamento daquela época, que viria a ser, mais tarde, a base fundamental de influência para a formação definitiva do escritor Franklin Távora. Essa influência não se dava apenas em relação a Távora, mas a todos que por ali passavam.

Os professores da Faculdade de Direito do Recife e de São Paulo, por aquela época, na verdade, desfrutavam de uma posição social e intelectual de elevada estima. Em tudo eles se destacavam dos demais. Exaltados e admirados, a condição de catedrático lhes rendia as homenagens de homens dotados de alta inteligência. Eram, como diziam todos, os professores da Academia! De certo modo eram endeusados. Salienta Barros Leal que

privilegiados entre tantos, distanciavam-se do restante da população pela discrição, pela maneira correta no trajar, pelas amizades influentes, pela capacidade de dirigir e tratar com os semelhantes. E, se a par disso, portassem a jovialidade, a graciosidade do chiste, a *causerie* e a bravura da palavra, nada mais faltava para serem tratados à lei da divindade[7].

Entre os diversos professores que exerceram influência direta em Franklin Távora, não apenas porque lhe ministraram aulas, mas sobretudo porque também escreviam na imprensa ou até livros de doutrina, podem ser destacados os seguintes: Pedro Autran da Mota e Albuquerque, Lourenço Trigo Loureiro, Paula Batista, Jerônimo Vilela, Brás Florentino Henrique de Sou-

---

6. Clóvis Beviláqua, *op. cit.*, p. 96.
7. Vinicius Barros Leal, 1978, *op cit.*, p. 125.

za, Pedro do Rego, Pedro Antonio de Figueiredo, Silveira de Souza, Aprígio Guimarães, Liberato Barroso, João José Ferreira de Aguiar etc.

As atividades de cátedras articulavam-se de tal sorte com os interesses mais gerais de alguns professores que em 1831, ainda em Olinda, foi publicado o primeiro livro em pioneira editora brasileira: intitulava-se *Lições de Direito Público Internacional*, de Ramón Salas. O segundo foi uma tradução para o português do livro *Tática das Assembléias Legislativas*, de Bentham, sem que o tradutor assinasse o seu trabalho. E não mais pararam as traduções e publicações de livros em Olinda.

Um dos mais atuantes professores dessa época foi Autran de Albuquerque, que iniciou traduzindo o manual de *Economia Política*, de Stuart Mill, curiosamente ajudado por dois alunos da própria Faculdade: o quartanista Álvaro e o quintanista Sérgio Teixeira de Macedo, respectivamente, com 25 e 23 anos. Registre-se que Autran, por essa época (1832), com apenas 27 anos de idade, já lecionava Direito Natural em Olinda. A sua capacidade de trabalho era infatigável. Traduziu nesse mesmo ano *O Elogio da Loucura*, de Erasmo de Roterdam. A seguir, os *Elementos de Direito Natural*, de Zeller, além de outros títulos fundamentais indispensáveis à preparação dos espíritos dos novos formandos. A partir da década de 1840 o professor Autran começou a escrever e a publicar os seus próprios manuais, destacando-se os seguintes: *Elementos de Economia Política* (1844), *Elementos de Direito Público Universal* (1848), *Elementos de Direito das Gentes* (1851), *Os Novos Elementos de Economia Política* (1862), *As Preleções de Economia Política* (1862). Mesmo depois de aposentado, continuou em plena atividade intelectual, publicando os seguintes livros: *Manual de Economia Política* (1880), *Catecismo de Economia Política* (1880) e *Filosofia do Direito Público* (1881).

Segundo advertiu Clóvis Beviláqua

as idéias de Autran eram as do seu tempo. Profundamente religioso, via a influência celeste na essência de todas as coisas; mas, defendendo o poder temporal do Papa, não ia ao extremo de confundir a religião com o direito de explicar a vida social pela intervenção constante da vontade superior da divindade, movendo a máquina do mundo. Também o seu respeito à autoridade secular, elemento essencial à existência dos agrupamentos humanos, era filho da razão, e tinha limites traçados pelas próprias necessidades da vida social[8].

---

8. Clóvis Beviláqua, 1977, *op. cit.*, p. 305.

Ainda que se possa dizer que o professor Autran, desde os primeiros tempos de Olinda, tenha revelado um seguro conhecimento das obras que traduzia, escrevia e dos conteúdos expostos em suas aulas, a verdade é que sempre marcou uma posição de grande respeito entre as diversas gerações que passaram por suas classes. Moderado em seus conceitos, defensor do respeito à autoridade e às leis, chegou, no entanto, a desconcertar certos doutrinadores que combatiam nele a defesa do direito de revolução.

Aprígio Guimarães, seu colega na Faculdade e também um dos mais próximos amigos de Franklin Távora, falando numa das memórias do ano de 1863, precisamente o da formatura de Távora, disse ter Autran

perfeito conhecimento da língua, fácil elocução, pronúncia elegante e acentuada, lógica vigorosa na argumentação, muitas vezes, ao modo dos grandes argumentadores da escolástica, amenidade de estilo, com que facilmente se faz entender – arrematando – eis um bom mestre[9].

Já o professor Lourenço Trigo Loureiro, um português que rapidamente se adaptou à vida brasileira, ao ponto de inscrever-se para marchar à frente dos contingentes militares que seguiram para lutar contra o Paraguai, imitado por vários alunos seus, também cuidou de publicar manuais de direito, como *Instituições de Direito Civil Brasileiro*, seguindo o modelo das *Instituições de Direito Civil Lusitano*, de Melo Freire.

Beviláqua escreveu que Loureiro não possuía limpidez e elegância no dizer, mas guardou fama de mestre rigoroso. Preocupou-se, ainda, com a literatura, chegando a traduzir algumas tragédias de Racine: *Fedra, Andrômaca* e *Ester*.

Durante o ano de 1860, a Faculdade de Direito e seus alunos tomaram conhecimento do livro *Hermenêutica*, do professor Paula Batista, considerado uma obra-prima de que se orgulha a nossa literatura jurídica. Por essa época Paula Batista já oferecia uma longa folha de serviço jornalístico e político ao Brasil, sendo comparável apenas a Tobias Barreto.

Jerônimo Vilela, jornalista e escritor, autor de sátiras tratando principalmente das questões das famílias patriarcais em Pernambuco, teve participação ativa na Revolução Praieira de 1848. A sua ação ao lado de Nunes Machado, também político, ainda que fosse de índole pacífica, terminou aderindo ao recurso das armas para não abandonar os amigos na hora da decisão de maior risco e perigo, seguindo-os até o fim, mesmo contrariado. Ainda muito jovem, antes de atingir a maioridade, bacharelou-se pela Faculdade de Direito de

---

9. *Idem*, p. 306.

Olinda, tornando-se seu professor aos 25 anos de idade. Deixou incompleto um manual, apreciado e adotado nos cursos jurídicos: *Instituições de Direito Público e Eclesiástico* (1856). Publicou as *Cartas*, reunião de textos oriundos da polêmica religiosa que manteve com o Marquês de Santa Cruz (Dom Romualdo Antonio de Seixas, arcebispo da Bahia), quando discutia sobretudo a legitimidade dos processos dos párocos pelo poder temporal, ao violarem as obrigações mistas e a lei do Estado.

Jerônimo Vilela foi o pai do romancista Carneiro Vilela, sobre quem Franklin Távora faria a primeira crítica publicada em jornal recifense e mais tarde difundiria algumas de suas obras na *Revista Brasileira* do Rio de Janeiro.

Consta do seu mármore sepulcral na igreja de Santo Antonio, no Recife, que Jerônimo Vilela faleceu a 25 de abril de 1869 e ali foi colocado por colegas e discípulos. Tinha apenas 42 anos de idade.

Antônio Pedro de Figueiredo, uma das mais empolgantes personalidades da cultura pernambucana, morria aos 37 anos de idade quando Franklin Távora entrava na Faculdade de Direito. Professor do Ginásio Pernambucano e mais tarde da Faculdade de Direito, entre as várias obras que traduziu, merece destaque o famoso *Curso de História da Filosofia*, de Victor Cousin, quando tinha apenas 21 anos de idade. Esse seu trabalho provocou tanta notoriedade que os invejosos logo o alcunharam de o *Cousin fusco*, por ser homem de cor. Lida e estudada pela mocidade de então, a tradução da obra de Cousin transformou-se num livro que atraía os leitores com enfeitiçado fascínio. Atuante na imprensa, escreveu ainda a seção *A Carteira* no *Diário de Pernambuco*, onde manteve frutíferas polêmicas, além de divulgar informações históricas, filosóficas, científicas, artísticas e literárias. Publicou a revista científica e literária *O Progresso*, recebendo de Alfredo de Carvalho um julgamento que, com efeito, correspondeu à sua estatura intelectual, por ser inquestionavelmente dotado de "mentalidade vigorosa e superiormente culta"[10].

Foi durante essa fase de rica colaboração de Antonio Pedro, já no alvorecer da década de 1860, que a atenção e o interesse dos estudantes de Direito, sobretudo os que atuavam na imprensa, descobriram um dia, com inusitada curiosidade, uma nota inserta numa das páginas do *Diário de Pernambuco*, na qual o revisor deixara escapar o seguinte trecho a propósito da próxima visita que Sua Majestade o Imperador D. Pedro II faria ao Recife. A frase ofensiva dizia o seguinte: "*Vem aí o sacana-mor do Império*"[11].

10. Alfredo de Carvalho, *Estudos Pernambucanos*, pp. 70-77.
11. Arnoldo Jambo, *Diário de Pernambuco. História e Jornal de Quinze Décadas*, Recife, 1975, p. 196. Edição comemorativa do Sesquicentenário.

Brás Florentino Henrique de Souza, um paraibano radicado no Recife, também entrou muito jovem para a Faculdade de Direito do Recife, logo adquirindo prestígio e fama de professor, parlamentar, jornalista e teólogo de ânimo forte e decidido nas questões que defendeu. Também em 1859 publicou o livro *O Casamento Civil e o Casamento Religioso*. Em seguida surgiram *Lições de Direito Criminal*, *O Poder Moderador* e *O Recurso à Coroa*. Respeitado inclusive por aqueles que o combateram no campo das idéias, assim Aprígio Guimarães concluiu o seu elogio fúnebre:

> Reputávamo-lo dos melhores lentes, e talvez, no futuro, o melhor lente da Faculdade de Direito. Isso sem embargo de nossas dissidências, francamente anunciadas, em muitos pontos científicos. [...] Víamos nele o mais lógico e terrível apóstolo das doutrinas autoritárias, na Ciência do Direito. Neste terreno, era o adversário que mais gigantesco nos parecia. A nossa luta havia de ser perpétua. Nunca, porém, desconhecemos, no ilustre adversário, a grande aptidão intelectual, a assombrosa tenacidade no estudo, a grande riqueza de ilustração.

E tentando não ferir em profundidade a personalidade do morto, mas o íntimo das idéias por ele abraçadas, Aprígio, num claro exercício de comparação, entre as suas lições e as que abraçara o mestre que partia, arrematou:

> Ele estudou e fez-se ultramontano; e o ultramontanismo é déspota: invade família, cidade, nação, humanidade. Eu estudei, e fiz-me liberal; e quero, discutindo e convencendo, não impondo, entrar com a minha bandeira, por toda a parte[12].

Aprígio Guimarães (1832-1880) foi ultramontano e conservador quando entrou para a Faculdade de Direito, mas lá logo se tornou um intransigente defensor das doutrinas liberais democráticas. Talvez por causa dessas idéias tenha tido que enfrentar quatro concursos para chegar à cátedra definitiva daquela Faculdade de Direito. E foi precisamente na sua primeira aula como novo professor que Franklin Távora o ouviu dizer:

> Cheguei, senhores. Cheguei: porém, feitas as contas, como a Sílvio Pélico, de volta de suas prisões: a fadiga ia consumindo-me o corpo, o cepticismo ia devastando-me o espírito...
> Mas Deus quis que eu chegasse, e cheguei... Esta cadeira, que era o meu sonho dourado, este dia de que eu pretendia fazer o marco miliário da minha vida literária, este momento, que eu esperava, como um dos mais jubilosos da minha vida, tudo

---

12. Aprígio Guimarães, *Discursos e Diversos Escritos*, Recife, 1872, pp. 118, 142 e 144.

agora me aterra e me confunde. Assim são as pobres aspirações terrestres: no cabo, sempre a desilusão; a realidade só no seio de Deus[13].

Desde os primeiros momentos Aprígio Guimarães tornou-se uma espécie de guia dos moços, angariando a simpatia e a admiração de quantos o procuravam. E suas atividades logo se espraiaram por uma gama variadíssima de atividades, sendo respeitado como professor de direito, orador eloqüente, literato, dramaturgo, jornalista e polemista. A sua vasta produção abrangeu cerca de uma dezena de livros, dos quais merecem destaque os de natureza jurídica e os de investigação histórica e religiosa: *Propriedade Literária* (1855), *Lições sobre a Infalibilidade e o Poder Temporal dos Papas* (1860), *Jesuitismo e Catolicismo* (1873) etc.

Um dos seus livros que marcaram forte influência no pensamento e na ação de Franklin Távora, quando este exerceu o cargo de Diretor-Geral da Instrução Pública de Pernambuco, foi *Estudos sobre o Ensino Público* (1860).

Desejou que inscrevessem no mármore de sua lápide estas palavras que, afinal, revelavam uma certa amargura ou frustração:

> Foi soldado da liberdade, a que faltou o braço, mas nunca o ânimo.

Os amigos cumpriram a sua última vontade.

---

13. *Idem, op. cit.*, pp. 41-42.

8. As Novas Idéias na Faculdade de Direito

> Os nossos irmãos acadêmicos, os mesmos que fazem parte do Onze de Agosto e do Atheneu Pernambucano, festejaram, ainda desta vez, brilhante e esplendidamente, a Senhora do Bom Conselho, sua padroeira...
> FRANKLIN TÁVORA, in O Atheneu Pernambucano, 1862.

A notícia assinada pelo quartanista Franklin Távora no jornal *O Atheneu Pernambucano* dava conta de que eram intensas as atividades culturais dos grêmios acadêmicos e literários, sobretudo no Onze de Agosto, daquela Faculdade. Atividades que chegavam ao culto religioso de uma padroeira para os estudantes – Nossa Senhora do Bom Conselho – uma espécie de rainha daquele centro gremial.

E não se pense que se trata de alguma idéia dissociada da vontade geral. *Atheneu Pernambucano*, jornal vinculado aos estudantes do grêmio Onze de Agosto, no qual sempre escrevia Franklin Távora, registrava em 1862 o seguinte:

> Que nunca se negue uma lembrança à cabeça que concebeu a grandiosa idéia de instituir na Academia a sociedade religiosa do Bom Conselho! Se têm sido tão proveitosos os seus frutos[1].

Essas atividades ligavam-se inclusive a certos aspectos filosóficos e doutrinários que os alunos assumiam e discutiam em função das tendências ideológicas adotadas pelos professores. Eram muitas as idéias que fervilhavam naquela instituição, ora gerando movimentos de convergência em torno de pessoas ou grupos, ora num sentido pedagógico e educativo, ora no

---

1. *Atheneu Pernambucano*, vol. VII, n. 1, p. 20, 1862.

caminho inverso, vulgarizando pontos de vista e conceitos predispostos às polêmicas.

Desde os tempos da fundação dos cursos jurídicos em Olinda à proclamação das divergências que culminaram com a Revolução Praieira de 1848 que o termômetro do ideário político e filosófico passava pela inteligência dos que faziam a Faculdade de Direito, ainda que surgissem vozes no sentido contrário negando a preponderância de tais influências ou participação. Desse modo, bastaria citar alguns fatos positivos e determinantes que, por si sós, foram capazes de marcar um certo rumo ou até de quebra da horizontalidade do pensamento que se cultuava na Província. Um deles foi, por exemplo, a volta a Pernambuco do general Abreu e Lima, coberto de glórias não só pelas lutas que travara ao lado do libertador sul-americano Simón Bolívar, mas também em virtude da divulgação de seus livros. O principal deles – *O Socialismo* – por tratar de um tema ainda não muito estudado entre nós, encontrou adeptos e opositores entre os alunos e os professores da Faculdade de Direito.

Por outro lado, as novas idéias vindas da Europa concorriam para que alunos e professores adotassem certos modismos. As inúmeras obras levadas a cabo pelo gênio empreendedor do Conde da Boa Vista rompiam com o marasmo da Província e inauguravam o que se convencionou chamar de "fase da engenharia".

Também os pensamentos de Lamennais, Krause, Schopenhauer, Vicente Ferrer, Padre Ventura, o ecletismo de Cousin etc. passaram a ser assuntos diários e de profunda repercussão na formação de professores e alunos da Faculdade, mormente a partir dos começos da segunda metade do século XIX.

Um século, aliás, injustiçado, como aduziu com razão Nelson Saldanha, que o viu

colocado entre as exuberâncias do barroco, metamorfoseadas nas elegâncias do iluminismo, e os dramas de nosso século; dito século "cinzento" e "burguês"; o próprio Ortega falou mal do filosofar do século XIX. Injustiçado porque foi nele – prossegue o professor pernambucano – que se consumaram as formulações críticas do anterior, e se conjugaram a uma ampla massa de conhecimentos filológicos, etnográficos e históricos, formando as bases da hermenêutica contemporânea e das ciências sociais como tais; foi nele que se delinearam os ideais do evolucionismo liberal, do socialismo, do laicismo racionalista e do civilismo, através do crivo passional do romantismo e dos ismos desencadeados[2].

---

2. Nelson Saldanha, Prefácio *in* Gláucio Veiga, *História das Idéias da Faculdade de Direito do Recife*, Recife, Editora Universitária, 1982, vol. III, p. XXV. Cf. do mesmo autor *História das Idéias Políticas no Brasil*, Recife, Editora Universitária, 1968.

Para os atos do futuro escritor – polêmicas religiosas e literárias, defesas públicas de princípios sobre a liberdade de ensino e a libertação dos escravos, as cenas da vida política etc. – como veremos, foram idéias básicas assimiladas e incorporadas ao seu espírito durante a fase acadêmica na Faculdade de Direito do Recife. Elas constituíram pólos profundos e marcantes na formação de sua personalidade de escritor, porque, sem exagero, pode-se afirmar que representaram a matéria-prima indispensável à construção de seus personagens romanescos. Por isso, seria oportuno, ainda que a modo de bosquejo, repassar os mais significativos aspectos dessas idéias que granjearam tanta simpatia entre mestres e estudantes da nascente "Escola do Recife".

As influências da Revolução Praieira de 1848, por ser um movimento político e social com profundas conseqüências, foram sentidas dentro das próprias famílias que atuavam no meio acadêmico, quer entre professores, quer entre alunos. Não esquecer que o professor Jerônimo Vilela foi julgado e condenado enquanto que o professor Lourenço Trigo de Loureiro, inicialmente envolvido, seria inocentado. Cândido da Matta, professor de francês do Liceu do Recife, um dos filhos do ilustre e conceituado professor Autran de Albuquerque, foi detido e pronunciado no processo de julgamento da referida revolução. O próprio pai de Franklin Távora, como já vimos, o major Camilo Henrique da Silveira Borges Távora, cognominado o *Indígena*, também foi condenado junto com centenas de outros implicados, inclusive o general Abreu e Lima, aliás, seu amigo pessoal.

Esse clima de agitação revolucionária que transbordava do ambiente acadêmico era, sem dúvida, uma conseqüência direta da própria vida social e cultural da cidade. Professores e alunos, cultuando doutrinas e ideologias ligadas a seus interesses mais imediatos, não esqueciam de verberar, contra ou a favor, através de suas folhas hebdomadárias ou diárias, antes, durante ou depois do processo revolucionário, exaltando o sentido do ideário e das circunstâncias políticas que davam apoio às demarches do processo.

Recorde-se que o professor Nascimento Feitosa, um dos mais ativos colaboradores do jornal *O Macabeu*, escrevia que o

partido praieiro contava em seu seio uma parte exagerada, turbulenta, ambiciosa, que ia mesmo comprometendo o partido com a propagação de doutrinas perigosas, com a indisciplina no corpo de polícia e outros desvios dessa natureza[3].

Ainda que o professor Gláucio Veiga tenha insistido em que a "Praieira" não tocou nos estudantes da Faculdade nem nos professores da Congre-

---

3. Cf. *O Macabeu*, edição nº 13, de 14.08.1849.

Franklin Távora. Carvão de Armando Pacheco.

gação, salvo, apenas, "a voz participante de Jerônimo Vilela"[4], a verdade é que, de uma maneira geral, toda a comunidade pernambucana envolveu-se no drama revolucionário, quer direta, quer indiretamente. O fato determinado apenas alocaria melhor o casuísmo histórico, que pouco pesa na ampla dimensão de um quadro social em que as variáveis podem interferir sem alardes.

A chamada explosão socialista que invadiu a Faculdade de Direito durante o período estudado, na verdade, encontra base para estudo e vulgarização do novo ideário nos trabalhos do general Abreu e Lima e do jovem e atuante professor Antônio Pedro de Figueiredo. O seu livro *O Socialismo*, editado no Recife em 1855, ainda que apresentando uma peculiar característica que o professor Gláucio Veiga resumiu como sendo obra assistemática, indisciplinada, um feixe de temas, subtemas e até antitemas relativos ao socialismo, provocou, com pouco tempo, uma reação notada sobretudo dentro da Faculdade de Direito, repercutindo no âmbito mais sólido de sua representação: o corpo docente.

As reações de Autran, de Brás Florentino ou de Nascimento Feitosa, este mais argumentador e presente no jornalismo doutrinário e formador, prolongar-se-iam até às gerações mais novas que estudavam ou ainda entrariam na Faculdade, como seriam os casos dos nomes de Tobias Barreto, Sílvio Romero, José Higino, Martins Júnior, Artur Orlando etc.

É curioso observar que o pensamento de Abreu e Lima, sobretudo aquela afirmação que defende o socialismo como algo oriundo de uma idéia teosófica, na qual é o "socialismo um desígnio da Providência [...] na tendência do gênero humano para tornar-se ou formar uma só e imensa família", com efeito, leva a vontade do homem, sempre, a submeter-se à do Criador. Nessa dependência do plano da organização social, pelo que mais tarde escreveu Franklin Távora nas notas finais do romance *O Cabeleira*, no mínimo, sugeriu que havia, consciente e explicitamente, de sua parte, uma reação às idéias de Abreu e Lima. O romancista, arvorando-se de crítico da realidade social, afirmou que

a justiça executou o Cabeleira por crimes que tiveram sua principal origem na ignorância e na pobreza. Mas o responsável de males semelhantes não seria primeiro que todos a sociedade que não cumpre o dever de difundir a instrução, fonte da moral, e de organizar o trabalho, fonte da riqueza?

E o autor, levado pelo caráter da problemática que o tema suscitava, abriu uma nota de pé de página para chamar a atenção do leitor:

---

4. Gláucio Veiga, *História das Idéias da Faculdade de Direito do Recife*, Recife, Editora Universitária, 1982, vol. III, p. 36.

A seu tempo saberás, meu amigo, as minhas idéias a respeito da organização do trabalho no Brasil[5].

Na polêmica que Franklin Távora encontrou armada no ano de 1859 na Faculdade de Direito, alimentada sobre o socialismo e as derivações da questão da economia política, sobretudo nos embates entre Antônio Pedro de Figueiredo e Autran de Albuquerque, este, no prefácio de seu tratado, afirmava categórico que o socialismo constituía "um sistema vasto de inteligências superficiais, que só enxergam desordem no mundo moral e querem por isso uma nova organização social, muito embora seja despojado o homem do dom mais preciso – a sua liberdade"[6].

Essas idéias seriam ainda ampliadas com outras correntes de pensamento que eram propagadas no recinto da Faculdade de Direito. Principalmente as de natureza religiosa, estudadas e difundidas de preferência nas aulas do professor Aprígio Guimarães, grande amigo de Franklin Távora, além, é claro, da repercussão das idéias de Vicente Ferrer, oriundas de seu livro *Filosofia do Direito*, muito lido no Recife, sobretudo no ano de 1861, quando na turma de Távora o estudante Henrique do Rego Barros levou para o grêmio Onze de Agosto as idéias básicas de Vicente Ferrer, ensejando fortes debates com repercussão no jornal *O Atheneu Pernambucano*.

Sustentou, ainda, com ênfase, o professor Aprígio Guimarães em suas aulas as idéias do padre Gioachino Ventura, ex-jesuíta, chamado o "Bossuet italiano", que se escudava nos pensamentos de Lamennais, Rosmini, Gioberti e outros. A vida e a obra do Padre Ventura, um siciliano que se colocou em polêmica direta contra o Vaticano, talvez tenha sido o exemplo que mais entusiasmo causou à juventude pernambucana e principalmente a Franklin Távora que, mais tarde, travaria o combate com Dom Vital em plena "Questão Religiosa". O ponto básico retomado com interesse por Aprígio e Távora nas discussões com os representantes da área ultramontana, já àquela época, prendia-se ao direito que tem o povo de recorrer à força ou à revolução para derrubar o Príncipe, porque, segundo a doutrina mais válida e eficaz, teria o Príncipe rescindido o pacto anteriormente firmado, derrogando, assim, a constituição. Essa idéia, na verdade, fora herdada de Santo Tomás e Suárez, esposada por Cujaccio.

---

5. Franklin Távora, *O Cabeleira*, São Paulo, Editora Três, 1973, p. 193. Obras Imortais da Nossa Literatura, vol. 16.
6. Pedro Autran da Mata Albuquerque, *Tratado de Economia Política*, Typographia Universal, 1859, p. VI.

Essas discussões terminaram produzindo uma curiosa polêmica entre Aprígio Guimarães e o padre Pinto de Campos, acompanhada e posteriormente lida com interesse pelos alunos da Faculdade[7].

Uma outra idéia que também defendeu Aprígio Guimarães, notadamente a partir da tradução do famoso *Curso de História da Filosofia*, de Victor Cousin, realizada por Antônio Pedro de Figueiredo, foi, sem dúvida, o ecletismo, quer dizer, um rumo previamente traçado e imposto como caminho possível. Qualquer mudança de roteiro seria entendida como inovação, intento perigoso.

Aliás, o primeiro catálogo impresso da biblioteca da Faculdade de Direito do Recife serviu como um bom indicador das possibilidades de leituras e, por via de conseqüência, de balizamento das idéias que ali eram forjadas. Aristóteles era lido numa versão do padre João Baptista, denominada de *Philosophia Aristotélica*. O próprio Platão estava disponível e chegara pela versão francesa de Cousin, em dezoito volumes, além das outras obras deste filósofo. Depois, apareciam Leibniz, Locke, um Cícero em cinco volumes, as obras do padre Ventura, Gioberti, Rosmini, Cabanis, Balmes etc.

O ecletismo vinha prosperando desde os tempos de Olinda, quando o padre Lopes Gama, já em 1838, em seu jornal *O Carapuceiro*, saudava a volta ao Recife do sr. Soares de Azevedo, que vinha com o propósito de difundir entre nós a "luminosa Filosofia Eclética, de Victor Cousin. E é nisto que esse egrégio cidadão fará relevante serviço à mocidade pernambucana"[8].

Na verdade, como salienta Veiga, o ecletismo atendia a todos. Aos católicos tomistas porque se insurgia contra o materialismo vulgar, retirando o ranço e o estrabismo da ortodoxia dos católicos, perfumando-os com uma posição aceitavelmente "avançada"[9].

Foram intensas as atividades do jovem acadêmico de Direito Franklin Távora. A partir de dezembro de 1859 passou a escrever para o jornal *O Monitor das Famílias*, um periódico que se dizia destinado à instrução e recreio do belo sexo. Foi seu fundador e diretor Filipe Néri Colaço. Como costumava acontecer com todos os jornais dessa época, este jornal também trazia estampada a sua divisa: *Rex est minister Dei in bonum*. Franklin Távora foi um dos mais atuantes colaboradores em prosa e verso.

---

7. Aprígio Guimarães, cf. seus artigos publicados no *Liberal Pernambucano*, nos n. 1/4, 7 e 9, de 1857, sob o título genérico dado por Aprígio *O Céu e a Terra. O Saber e a Ignorância ou o Pe. Ventura e o Pe. Campos – Crítica Literária por Agrippa*. Este foi um dos pseudônimos de Aprígio Guimarães.

8. Cf. Gláucio Veiga, 1982, *op. cit.*, p. 172.

9. Gláucio Veiga, 1982, *op. cit.*, p. 176.

Por essa época ele também foi um dos mais freqüentes colaboradores do jornal *O Atheneu Pernambucano*, ligado aos estudantes da Faculdade de Direito, embora somente no ano de 1862 o seu nome aparecesse como membro efetivo da redação do referido jornal, ao lado de Teodoro C. F. Souto, J. A. Galvão Pires, Jesuíno Freitas e Baima e Antonio de Souza Baima. Este jornal, aparecido em julho de 1856, ostentava esta frase como divisa: "Avante e sempre!" Impresso em formato de revista e preocupado em publicar assuntos literários e científicos, fora fundado pelo professor da Faculdade de Direito, Jerônimo Vilela.

No primeiro editorial lia-se o seu programa:

O Atheneu, filho de uma sociedade acadêmica do mesmo nome, é redigido por simples estudantes, que, ainda principiantes na carreira das letras, não pretendem andar em foro de escritores, antes convencidos de que não podem fazer mais do que ensaios, sabem que carecem de indulgência e animação.

Lembrava ainda o editorialista que os leitores encontrariam também artigos ou ensaios escritos por sócios honorários, entre os quais figuravam alguns de reconhecida reputação literária. E acrescentava:

Pelo que respeita aos assuntos de que deve ocupar-se *O Atheneu*, são eles os mesmos que se discutem na Sociedade. Assim, as ciências jurídicas e sociais, a filosofia, a história e qualquer outro ramo da literatura, subministrarão matéria aos diversos artigos que têm de encher-lhes as colunas.

E após garantir que guardariam os limites que a razão, a religião e a sociedade impuserem, concluía afirmando que o jornal não

ultrapassará em Filosofia os limites que Deus pôs à razão; investigará com ela somente o que por ela pode ser reconhecido; e nesse esforço para a sabedoria, nesse caminhar afanoso para a luz e a virtude, procurará sempre a fé, para, ao clarão resplandecente dela, descortinar as alturas em que Deus habita, tanto quanto Ele mesmo o permite[10].

Com a morte do seu diretor, o professor Jerônimo Vilela, o número de agosto de 1858 foi, quase todo, dedicado ao elogio da memória e das obras do seu fundador. O jornal, no entanto, circularia até 1863, completando o volume VIII.

10. Luiz do Nascimento, *História da Imprensa de Pernambuco*, Recife, Universidade Federal de Pernambuco, 1970, vol. V, pp. 73-74.

9. A Trindade Maldita

> *Perez tinha-me cuspido na face. Quando procurei feri-lo com a lâmina, ele disse: "Não é muito que vendas uma face à infâmia, quando é certo que vendas o corpo inteiro". Atirou-me uma bolsa cheia de dinheiro e desapareceu.*
>
> FRANKLIN TÁVORA, *A Trindade Maldita – Contos no Botequim.*

O ano de 1861 foi de grande importância para a vida de Franklin Távora. Cursando ainda o terceiro ano da Faculdade de Direito do Recife, não conseguia esconder as dificuldades que a vida lhe impusera: a responsabilidade de trabalhar duro para ajudar a família.

As experiências adquiridas à frente de alguns empregos efêmeros em jornais onde trabalhara, na verdade, apenas serviram para consolidar o desejo de vencer na vida a todo custo. Talvez tenha sido montado nessa condição imperativa que resolveu escrever os contos reunidos sob o título de *A Trindade Maldita – Contos no Botequim.*

Inicialmente os contos seriam publicados a modo de folhetins no rodapé da primeira página do jornal, e as histórias deveriam atender ao estilo e ao clima romântico que então preponderava na maioria das histórias publicadas.

Claro que o jovem Franklin Távora, ávido por ganhar algum dinheiro para alimentar a família e, também, em se dar a conhecer como escritor, aceitou de bom grado a idéia que lhe fora proposta.

Vale dizer que, por essa época, em outras paragens literárias do Brasil, já se faziam notar os lampejos de antecipação da morte do romantismo tal e qual a Europa nos tinha oferecido ao longo de muitas décadas passadas. Essas antecipações, com efeito, se ligavam ao aparecimento do realismo, como a natural reação de alguns jovens que viam no romantismo um velho jeito de narrar a vida e que precisava ser substituído. Daí que tais novidades apareciam em notícias e trabalhos publicados em alguns periódicos literários durante aquele ano de 1861. Com tais propósitos merecem destaque os jornais *O Ramalhete* e *O Lidador Acadêmico*, editados no Recife, além de *A Grinalda*, do Rio de Janeiro, e o *Fórum Literário*, de São Paulo, este último tendo à frente o trio Macedo Soares, Z. A. Pâmpano e Américo Lobo[1].

Macedo Soares, mais tarde, a partir de 1879, quando Franklin Távora fixou residência no Rio de Janeiro, se tornaria um dos seus principais amigos e colaboradores da *Revista Brasileira*, editada por N. Midosi.

Os contos de Franklin Távora, a rigor, não representavam o melhor exemplo do que se poderia chamar de momento da decadência do romantismo febril de época, atrelado a um exagero imitativo. Ao contrário. Neles poderiam ser até detectadas algumas inquietações na maneira de narrar e de eleger o material, que, com o passar do tempo, aflorariam com maior realce em sua obra madura.

Em *A Trindade Maldita – Contos no Botequim*, ainda que de forma leve e sutil, apareciam algumas referências a uma atmosfera erótica. Ao mesmo tempo, a manifesta aquiescência ou a clara adesão a um certo romantismo de época serviria tão-somente para que a crítica, mais tarde, delimitasse o momento em que Franklin Távora passaria com armas e bagagens ao realismo com o romance *Um Casamento no Arrabalde*, de 1869, tido por toda a crítica que dele cuidou como a sua obra-prima.

Aliás, neste mesmo ano de 1861, essa atitude realista era assumida por Joaquim Manuel de Macedo, com a reunião e publicação de algumas novelas (*A Bolsa de Seda*, *O Fim do Mundo*, *O Romance de uma Velha* etc.) anteriormente escritas para revistas e jornais. Macedo já registrava com nítida intenção os matizes de algo com sabor de brasilidade que surgia de suas estampas costumistas, às vezes beirando a sátira social, mas preponderando, segundo juízo de Veríssimo, um só molde:

> São ingênuas histórias de amor, ou antes de namoro, com a reprodução igualmente ingênua de uma sociedade qual era a do seu tempo, chã e matuta[2].

A repercussão da postura realista de Franklin Távora, no entanto, não demoraria muito, porque, ainda que fosse um simples jovem que começava a publicar seus primeiros contos, notava-se nele uma impetuosidade não comum nos jovens de sua geração. Ele tinha já um caminho certo a seguir.

---

1. Wilson Martins, *História da Inteligência Brasileira*, São Paulo, Cultrix/USP, 1977, vol. III, p. 134.
2. José Veríssimo, *História da Literatura Brasileira de Bento Teixeira (1601) a Machado de Assis (1908)*, Brasília, Editora Universidade de Brasília, 1963, p. 173.

Mas essa fase de princípio romântico ou de afirmação literária na obra só seria rompida, com demonstração de força, de vitalidade literária e destaque para sua existência como escritor, em 1869. Antes disso, na verdade, o que lhe apareceram mesmo foram problemas e barreiras de natureza pessoal, aos quais, no seu devido tempo, enfrentaria com resignada vocação pelo gosto excessivo ao trabalho, carinho pela responsabilidade familiar e amor às suas idéias revelados nas polêmicas que arrostou.

Clóvis Beviláqua salientou a nítida influência de Álvares de Azevedo na primeira produção de Távora, *A Trindade Maldita – Contos no Botequim* (Recife, 1861):

> Por alguns anos foi extraordinário o prestígio de Álvares de Azevedo entre os moços. Sua musa tétrica vibrava notas estranhas, mas tão profundamente humanas que perturbavam a alma sensível dos jovens que se sentiam atraídos pelas enganosas seduções da glória literária[3].

Essa glória, na verdade, já se apoiava na façanha de muitos nomes europeus que atravessavam com facilidade o Atlântico e chegavam em forma de livros ao alcance da mocidade letrada. Byron, Shelley, Sand, Musset, Lamartine, Quevedo, Espronceda etc. eram alguns de peso lidos, exaltados e imitados.

A vida de Franklin Távora, porém, seguia tranqüila e calma, até que sofreu o primeiro sério ataque à sua obra literária. Foi o que aconteceu, por exemplo, quando nos anos de 1867 e 1868 alguns inimigos gratuitos lhe deram o estigma de autor maldito por causa da publicação dos contos intitulados *A Trindade Maldita – Contos no Botequim*.

Esses juízos, no entanto, não eram de críticos especializados ou autorizados por suas apreciações, mas de despeito político. Diante dessa visão medíocre de seus contemporâneos, na verdade, alimentada mais pelas paixões políticas do momento do que pelas reais qualidades de suas observações, é possível que os contos publicados inicialmente no *Diário de Pernambuco* durante o ano de 1861 tenham contribuído para chamar a atenção para uma obra que, de fato, de outra maneira talvez não merecesse a leitura e a popularidade que assumiu. A força em si de tais trabalhos, ainda que dentro dos critérios literários vigentes, com certeza não arrancaria tamanha notoriedade.

Os contos de *A Trindade Maldita*, de saída, além de lembrarem o clima pensado em *A Noite na Taverna*, de Álvares de Azevedo, na verdade, não

---

3. Clóvis Beviláqua, "Franklin Távora", *Revista da Academia Cearense de Letras*, IX, 1904, p. 17.

refletiam a maturidade de um talento assente, mas os esforços de um rapaz com apenas dezoito anos de idade.

Os efeitos de reproches e das críticas maledicentes assacadas contra Franklin Távora logo se espraiaram da área específica da literatura para a da política. Tudo se deu quando, em 1867, seis anos após a edição dos contos, ele fora nomeado para ocupar um cargo de destaque no Governo de Pernambuco.

Ao assumir as funções de Diretor-Geral da Instrução Pública, durante o governo do conselheiro Francisco de Paula da Silveira Lobo, pertencente ao partido dos progressistas liberais, os conservadores resolveram desencadear uma ostensiva campanha de desmoralização, não só pela imprensa, mas por todos os níveis, contra Franklin Távora. A abundância e o furor de que se revestiam os termos das notas, dos artigos de fundo e das cartas remetidas à redação de vários jornais, diários ou não, davam a medida exata do tamanho da ousadia do Presidente do Estado em ter nomeado um diretor tão jovem para um importante cargo que cuidava dos destinos da Instrução Pública.

À falta de um passado político na vida de Távora, a campanha, então, concentrou-se na sua pequena mas já notada obra literária, ressuscitando, assim, o estigma positivo deixado pela primeira obra literária.

Num dos editoriais de *O Conservador*, de 24 de agosto de 1867, o autor do protesto, após referir-se a muitos pontos que desqualificavam a falta de competência administrativa de Franklin Távora, arrolava mais outra de suma gravidade:

É bom ler os jornais. Sabe-se coisas que ninguém poderia supor. [...] Foi também lendo o *Jornal do Recife* que ficamos sabendo que o Sr. Távora, autor de *A Trindade Maldita*, quer reabilitar a moralidade do ensino. Não acha o Sr. Távora que é muita ousadia falar nestes termos, sendo ele o substituto de homens eminentes, distintos, honrosamente conhecidos como o Barão de Itamaracá, Machado Portella e Silvino? O Sr. Távora reabilitando a moralidade do ensino![4]

Era claríssimo o tom irônico do articulista em relação ao valor literário de *A Trindade Maldita*. Para os dignos e competentes antecessores ocupantes do cargo de Diretor-Geral da Instrução Pública a nomeação de Franklin Távora, na visão do articulista ressentido, fora uma ofensa.

O mesmo jornal, diante da defesa que Franklin Távora fez publicar no *Jornal do Recife*, de 23 de agosto de 1867, voltaria a insistir na desqualificação literária do jovem Diretor-Geral da Instrução Pública:

---

4. Jornal *O Conservador*, ano I, n. 5, sábado, 24 de agosto de 1867. "Fatos Diversos: Franklin Távora", pp. 3-4.

Quem se der ao trabalho de ler esta peça, digna sem dúvida do autor de *A Trindade Maldita*, não poderá deixar de exclamar conosco: "Santo Deus! Como é que se nomeia e se conserva um homem como o Sr. Franklin Távora em um cargo tão importante, qual o de Diretor-Geral da Instrução Pública na Província de Pernambuco?!!"[5]

Os inimigos de Franklin Távora, com certeza, animados por paixões políticas, não se cansavam de insistir na condição pejorativa ou negativa dessa obra do jovem escritor estreante. Assim, na interminável querela sobre a sua nomeação para a Diretoria-Geral da Instrução Pública de Pernambuco, voltavam a chamá-lo, pela imprensa diária, de "o menino esperançoso", mas em clara referência irônica, vez que no final do editorial chegaram a destacar, como circunstância ofensiva, algo que, na verdade, refletia nada mais nada menos do que o esforço de Franklin Távora em vencer na vida, quando, na luta pela sobrevivência, desde cedo, ainda menor de idade, enfrentara, com destemor e abnegação, vários ofícios. A cegueira da paixão política, porém, levava os seus inimigos a afirmar coisas deste jaez:

Tudo quanto quiser o Sr. Franklin Távora – revisor, dobrador de jornais, escritor de romances de pulhas – tudo, tudo, até tesoureiro das almas, se quiser, mas Diretor-Geral da Instrução Pública de Pernambuco na situação que ele a si mesmo criou, pelo amor de Deus, Sr. Presidente! Pelo amor de Deus![6]

Ainda no mesmo tom o editorialista do jornal *O Conservador* voltava no dia 25 de setembro de 1867 a insistir no sentido de obra sem valor e qualificação que era *A Trindade Maldita*, representando um elemento negativo e desabonador para que o Presidente da Província de Pernambuco tivesse escolhido um escritor como Franklin Távora para ser o Diretor-Geral da Instrução Pública. E escreveu em tom de lamento:

Bem longe estávamos de supor que Pernambuco, por uma dessas infelicidades que o perseguem, teria o Sr. Franklin Távora, quando em diversos círculos ouvíamos, de estigmatizar uma obra imoral que sua senhoria dera à luz com o título de *A Trindade Maldita*. Correram os tempos e por uma estrela verdadeiramente maldita foi o Sr. Távora nomeado Diretor-Geral da Instrução Pública de Pernambuco[7].

5. *Idem*, n. 7, Recife, sábado, 31 de agosto de 1867. Secção: Publicações a pedido: "A Defesa do Sr. Távora", p. 4.
6. *Idem*, n. 10, sábado, 11 de setembro de 1867, p. 2.
7. *Idem*, n. 14, quarta-feira, 25 de setembro de 1867, p. 4.

As críticas, as chacotas e os achincalhes saíram da prosa rasteira mas permissiva dos jornais e alcançaram os cordéis. Esses, então, constituíam um gênero propício ao cultivo de produções onde a liberdade do ataque com discutíveis laivos de veleidade poética unia-se à jocosidade. E no caso de Távora eles proliferaram com rapidez e em grande número. O tom era sempre agressivo e nunca deixava de descer a detalhes no que se refere aos seus trabalhos literários.

Após ter Franklin Távora, no ano de 1868 (já acumulando o cargo de Diretor-Geral da Instrução Pública com o de deputado à Assembléia Provincial de Pernambuco), lido o seu discurso ali sobre a liberdade de ensino, provocou entre os seus inimigos um verdadeiro escândalo. Eles, de logo, caíram em campo com o objetivo de ridicularizarem-no.

Um dos cordéis, entre tantas outras afirmações sobre a questão do ensino em Pernambuco, não esqueceu nem o seu trabalho como executivo da administração e parlamentar nem a sua obra já publicada. E, como sempre, os ataques surgiam de maneira mordaz e virulenta, mas abrigados no anonimato:

Abaixo a prosa rasteira,
Que o assunto é sublime
E quando é tal o sujeito
Falar em prosa é defeito
E cantar em verso é crime.

Inspira-me, oh grande gênio,
Desconhecido o canalha
Que mora lá no deserto
Abrigado e bem coberto
Por uma "Casa de Palha".

Me inspira como inspirastes
De uma "família os mistérios"
Essa história tão bonita
E da "Trindade Maldita"
Aqueles contos tão sérios[8].

Evidentemente que a beleza e a seriedade do drama e dos contos de Franklin Távora referidos pelo cordelista também não podem ser tomadas ali como verdadeiras. São apenas ironias. Aliás, dias após, no jornal *O Conservador*, o mesmo articulista voltou a criticar acidamente o discurso pronun-

---

8. Jornal *O Conservador*, ano II, n. 22, Recife, 3 de junho de 1868. Seção: Folhetim.

ciado por Franklin Távora, mesclando, no final, às invectivas grotescas a condição do escritor:

> Maldito seja o discurso do Sr. Dr. Franklin Távora, como "maldita" era a sua "trindade"[9].

Na verdade, forçoso era reconhecer que constituía um supremo desaforo ver um moço de 25 anos chegar ao importante cargo de Diretor-Geral da Instrução Pública de Pernambuco e, de quebra, já ostentar a condição de escritor adquirida com um livro publicado aos dezoito anos de idade numa cidade como o Recife, onde, então, o nepotismo falava mais alto. Nisso, aliás, até hoje, a cidade não mudou.

---

9. *Idem*, n. 24, Recife, 20 de junho de 1868.

THEATRO BRAZILEIRO.

UM MYSTERIO DE FAMILIA

DRAMA EM TRES ACTOS

POR

João Franklin da Silveira Tavora

ESTUDANTE DO QUINTO ANNO
DA FACULDADE DE DIREITO DO RECIFE, NASCIDO
NO CEARÁ, EM 1842.

Representado pela primeira vez no Theatro de Santa Isabel, em a noite de 2 de Dezembro de 1862.

RECIFE
TYPOGRAPHIA UNIVERSAL
Rua do Imperador n. 52.
1863.

Theatro Brazileiro – Um Mysterio de Familia

10. Um Mistério de Família

> *Meti-me em obra com ardor: eu sou por demais ativo e sôfrego em trabalhos literários. Em dez dias (quando muito) achava-se concluído o drama em três atos* – Um Mistério de Família.
>
> "Quase Prólogo", de FRANKLIN TÁVORA.

Ao ter comparecido à instalação de uma Sociedade Teatral, em Olinda, em outubro de 1861, eis que Franklin Távora ali encontrou o seu amigo Bessoni de Almeida. Após a solenidade, de maneira surpreendente, Bessoni o convidou para escrever um drama a fim de que fosse representado pela sociedade que acabava de ser criada. O desafio, aos olhos de um jovem impetuoso que ainda não tinha completado dezoito anos de idade, foi enorme e tentador. Melhor seria deixar que ele mesmo nos contasse tal acontecimento:

Um meu amigo, membro daquela sociedade, veio pedir-me que escrevesse um drama em poucos atos e de força acomodado às fraquezas da mesma para ser ali representado no último dia daquele mês. Prometi-lhe; não se contentou com isto. Exigiu que asseverasse; afiancei-lhe[1].

Ainda que, anos mais tarde, Franklin Távora viesse a confessar ao seu dileto amigo Clóvis Beviláqua que, então, desconhecia a literatura dramática[2], a verdade é que a sua ignorância da carpintaria teatral não fora a causa eficiente para impedir a realização do projeto que se propusera. Essa desculpa de Távora servia apenas para salientar a sua indiscutível falta de ex-

---

1. Franklin Távora, *in* "Quase Prólogo", *Um Mistério de Família*, 1. ed., Recife, Typographia Universal, 1863.
2. Clóvis Beviláqua, *op. cit.*, p. 20.

periência, pois era um jovem acadêmico com 18 anos incompletos que já havia escrito alguns poemas e artigos sobre assuntos vários para jornais de vida passageira, como os que então eram publicados na Faculdade de Direito. Faltava-lhe experiência, portanto.

A sua vontade em cumprir a promessa foi tamanha que, "quando muito", em dez dias, como confessou no prólogo da peça, deu por concluído o drama *Um Mistério de Família*.

O drama contava a história de uma pobre família que, de repente, vê perdido o que de mais caro exibia como patrimônio e orgulho: a honra de Amélia, uma bela jovem com pouco mais de 17 anos de idade.

As peripécias e os desencontros da ação dramática casaram-se com relativa justeza, a ponto de o intermediário da sociedade teatral olindense, o sr. Bessoni de Almeida, ter-se mostrado sensível à primeira leitura, inclusive marcando data para que o drama fosse levado à cena.

Com certa reserva e cuidada modéstia Franklin Távora registra no prólogo do drama a surpresa que teve ao lê-lo para o seu amigo protetor:

> Li-o em presença do dito meu amigo, o Sr. Bessoni de Almeida, que teve a sem-cerimônia de deitar lágrimas ao final do primeiro e também ao do segundo ato. Não acreditava eu, então, como hoje ainda não creio, que fosse aquilo efeito intrínseco do drama: o meu amigo é supinamente nervoso. Quando ao final do terceiro, um como deslumbramento de sincero júbilo correu-lhe de relance pela fisionomia, e elogiou-me e o apoteoseou-me com efusão[3].

A partir daí, o reconhecimento e o valor do drama se fizeram de tal sorte merecedores aos olhos de Bessoni de Almeida que, naquele mesmo dia, prometeu apresentar Franklin Távora ao ator português Antonio José Duarte Coimbra, então, com grande renome em virtude de suas atuações no Teatro de Santa Isabel, no Recife. E assim aconteceu, segundo as palavras do próprio Távora:

> Vestimo-nos em continente, fomos ao Teatro de Santa Isabel, onde fiz a leitura do meu trabalho ao insigne artista, que, ao finalizá-la eu, disse-me estas palavras: "O seu trabalho é primoroso e deve produzir explosão. A censura ao artigo do Código é original e judiciosíssima. Foi escrita com muita naturalidade, o que é bastante a augurar-lhe um lisonjeiro triunfo. Poderei merecer eu do senhor o obséquio de conceder-me para que eu o represente no dia 2 de Dezembro? Por ser original brasileiro não deixa de ser apropriado ao dia"[4].

---

3. Franklin Távora, *op. cit.*, *idem*.
4. *Idem*.

O convite foi surpreendente e agradável ao jovem dramaturgo. Como um principiante poderia, de saída, chegar com seu primeiro drama ao proscênio de um dos mais importantes teatros do Brasil? Além do mais, tendo à frente um ator da qualificação profissional e idoneidade dramática do artista português Antonio José Duarte Coimbra?

Franklin Távora exultava de alegria. E registrou o clima:

> Adivinha-se, por instante, que o meu interesse de autor novel acedeu de muito bom grado ao pedido do Sr. Coimbra, além do que é este senhor tão delicado e afável, que naturalmente afasta as vontades estranhas às suas volições[5].

Diante de tamanha delicadeza revelada pelo ator português, Franklin Távora terminou praticando um gesto típico dos que vivem os arroubos da juventude: renunciou em favor do artista luso todos os direitos de autor que porventura rendessem aquelas apresentações levadas a efeito no Teatro de Santa Isabel. Além do mais, dois anos após a aludida representação, por ocasião da edição da peça *Um Mistério de Família*, Franklin Távora resolveu dedicar o drama ao artista português Antonio José Duarte Coimbra, registrando com letras em caixa alta os preitos de "amizade e gratidão".

Após a concordância de montagem do drama por parte do ator luso, porém, nem tudo estava solucionado. Restavam, ainda, dois problemas a serem resolvidos: as liberações das censuras policial e teatral.

É que o drama *Um Mistério de Família*, de Franklin Távora, de certa forma, atacava a problemática alcançada pelos efeitos da tipificação do crime previsto no artigo 219, do Código Criminal do Império do Brasil. Este artigo estabelecia que ao autor de ato que implicasse no defloramento de mulher virgem, menor de dezessete anos, ser-lhe-iam aplicadas as penas de desterro para fora da Comarca em que residir a deflorada, por um a três anos, além de dotar a ofendida.

Essa disposição penal, na verdade, não constituía grande novidade no foro do Recife, principalmente quando a ofendida pertencesse à classe social baixa, despossuída de riqueza e de poderes políticos decisivos que fossem capazes de fazer movimentar a máquina jurídica em seu favor. Nessas hipóteses, a solução advinda, alimentada pelas injunções da indiferença do reproche social, sempre pendia em favor do mais forte, do homem protegido pelo comportamento social excludente da ação da Justiça. Aqui ela não era cega, mas via com clareza os parâmetros dos valores sociais flagrantes. Esse

---

5. *Idem.*

era o quadro denunciado com força, apesar de transpirarem os personagens um excessivo sentimento romântico.

Assim dispostas as coisas, o que de fato poderia trazer grandes transtornos para a posição do jovem autor Franklin Távora seria, sem dúvida, a ousadia em abordar tal tema. E não só abordá-lo com veemência, como se depreende no texto de seu drama, mas de levá-lo à cena diante da sociedade recifense em pleno Teatro de Santa Isabel. Por todas essas razões e a fim de prevenir possíveis responsabilidades, seria indispensável que ele procurasse obter as necessárias liberações.

Após algumas gestões administrativas, o drama foi liberado pelo dr. Moraes Navarro, delegado de Polícia do Primeiro Distrito do Recife, aos 24 de novembro de 1862. A partir daí, ficou fácil a obtenção da liberação pela censura teatral, então realizada pelo Conservatório Dramático de Pernambuco, no dia 26 de novembro daquele mesmo ano e firmada pelo sr. Soares de Azevedo[6].

Assim, resolvidas as coisas, os ensaios ganharam ritmo e, no dia 2 de dezembro de 1862, Franklin Távora, carregado de emoção, esperava que, logo mais à noite, os atores vivessem os papéis por ele criados, aguardando a glória ou o fracasso. A reação de um público já acostumado a assistir aos mais variados dramas de autores famosos da Europa bem que poderia ser desastrosa a seus olhos. Relutou em ali comparecer, mas não resistiu.

A distribuição do elenco foi feita da seguinte maneira: o papel principal, o médico dr. Carlos Pereira, coube ao próprio diretor da companhia, o ator luso Duarte Coimbra; os demais foram representados pelos atores Lessa, Barreto, Carvalho, Santa Rosa, Skiner, N. N., Azevedo, D. Leopoldina, além de outros.

O público foi numeroso e compareceu à estréia com entusiasmo. Antes de abrir-se o pano, o jovem dramaturgo foi chamado ao palco e mostrado ao público que o saudou com palmas e ovações. Franklin Távora estava nervoso, porque ali estava uma pessoa que, por certo, muito se orgulhava daquele feito: o velho Camilo Henrique da Silveira Távora, o *Indígena*, o praieiro de 1848.

Registrava-se também um grande número de amigos da Faculdade de Direito e ex-acadêmicos. Além disso, ali apareciam as principais figuras que integravam a unida colônia de estudantes cearenses. Dentre os acadêmicos surgiu o seu amigo e colega de turma Catão Guerreiro de Castro, jovem poeta baiano que, tomando a palavra antes que Franklin Távora voltasse para sua fila de cadeiras frontais, fez considerações de rasgado júbilo pela graça do momento que viviam. A seguir, retirou do bolso um longo

---

6. Cf. Vistos e liberações constantes da 1ª edição de *Um Mistério de Família*, op. cit.

poema e o leu em homenagem ao dramaturgo que ali, em pé, imobilizado pela gravidade da emoção, não sabia o que dizer. O longo poema se intitulava "Um Abraço em Franklin Távora" e entre tantas imagens, dizia:

> Avante! dos gênios intérprete ousado,
> Atleta robusto da luta primeira!
> Anime-te o orvalho dos céus emanado,
> Oh pétala mimosa da flor brasileira!

E Catão, esboçando um ingente esforço recitativo, nos seus achados ultra-românticos, seguiu lendo as doze quadras com rimas fechadas e elogiosas à obra do amigo Franklin Távora, e assim concluiu:

> Artista mimoso que adejas na fama,
> Vibrando nas cordas de mil corações,
> Aceita meu canto, que todo se inflama
> Da glória que é tua nos vastos brasões!![7]

O pano levantou-se e o drama teve começo. Ao final as palmas e as ovações selaram o destino de um escritor. Dali para a frente Franklin Távora decidira nunca mais abandonar as letras.

A peça *Um Mistério de Família* foi publicada no ano seguinte, isto é, 1863. Nesta primeira edição apareceram ao final do livro, a modo de homenagem, os poemas "Um Abraço em Franklin Távora", como já vimos, lido pelo seu autor, o sr. Catão Guerreiro de Castro, bem como outro poema de autoria de Luiz Carlos de Araújo Pereira, que o encimou com uma quase nota explicativa que dizia: "A meu amigo o dr. João Franklin da Silveira Távora, por ocasião de saber da representação de seu extremamente aplaudido trabalho dramático *Um Mistério de Família*". Araújo Pereira assim terminava as suas longas oitavas:

> É lisonja? Não é, quando muito
> Me dirão – É fanático amigo.
> Pois que seja, que falo contigo,
> Bem baixinho, em silêncio, em segredo:
> Foste avante, tiveste a vitória,
> Eu caí, fui na luta covarde;

---

7. Catão Guerreiro de Castro, "Um Abraço em Franklin Távora", *in* Franklin Távora, *Um Mistério de Família*, drama em três atos. Recife, Typographia Universal, 1863, pp. 56-57.

Hoje a onda passou, mas é tarde
Para mim... para ti inda é cedo[8].

O prefácio que o autor português Antonio José Duarte Coimbra escreveu para o livro *Um Mistério de Família* ressaltava o tamanho da receptividade do espetáculo de estréia ocorrido no Teatro de Santa Isabel, na noite de 2 de dezembro de 1862:

> Cumpre-me dizer algumas palavras sobre o drama, que agora vê a luz da publicidade.
> Estava eu à frente de uma companhia dramática, quando apresentou-se o seu autor.
> Ouvi-o lê-lo. Achei-lhe o enredo moral, verossímil e interessante, o estilo aprimorado, os tipos bem desenhados; gostei dele.
> Tentei representá-lo; obtive o consentimento do autor para fazê-lo; fi-lo[9].

Diante desse pequeno resumo do que foram os antecedentes do seu contato com o jovem autor, o artista português fez um rápido e preciso resumo do triunfo de público daquela noite inesquecível na vida de Távora.

Continuemos a ouvir o testemunho de Coimbra:

> Entendi que havia mais de uma razão para que eu me decidisse a tudo promover em seu favor: o drama é lindo e original brasileiro.
> Cabia-me animá-lo, animei-o; e o público ilustrado e protetor, como sói sê-lo, animou-o também. Aplaudiu-o com frenesi, chamando o autor à cena para dar-lhe palmas e bravos espontâneos.
> Belo triunfo. Coroados os trabalhos do dramaturgo, coroaram-se os meus trabalhos. Cobri-me de glória![10]

Revelou que foi ele, o autor luso, quem teve a iniciativa de publicar o drama *Um Mistério de Família*, maneira elegante de recompensar ao dramaturgo neófito com o mais significativo dos tributos que um autor pode esperar: a edição de sua obra. Que belo gesto deste artista desprendido e capaz de atitudes que merecem ser trazidas à memória de nossos dias. E acrescentava:

---

8. Luiz Carlos de Araújo Pereira, *in* Franklin Távora, *Um Mistério de Família, op. cit.*, pp. 58-59.
9. A. J. Duarte Coimbra, "Prefácio", *in* Franklin Távora, *Um Mistério de Família, op. cit.*
10. Coimbra, *op. cit., idem.*

Agora publico o drama, porque quem podia dispor dele, deu-me. Generoso coração!
Que continue a ser feliz o esperançoso escritor e o artista será sempre feliz. A nós – os artistas – cobrem de louros os triunfos dos autores[11].

Se à oferta inicial de ceder os direitos autorais ao artista luso Franklin Távora não impôs qualquer condição, a edição do drama por exclusiva responsabilidade de Coimbra provocou-lhe uma enorme alegria. Ainda que diga na introdução não se atrever a "fazer uma análise minuciosa do trabalho", por conhecer a sua limitação, dá, em seguida, notícia de alguns críticos que se preocuparam em escrever sobre *Um Mistério de Família*:

Os juízos críticos dos Srs. Drs. Catão Guerreiro de Castro e L. F. Maciel Pinheiro, o artigo do meu digno amigo Bessoni de Almeida, a análise publicada na *Revista Diária* e muitas outras publicações a tal respeito, são um florão de glória para o Sr. Franklin Távora e uma satisfação real para mim[12].

Às referências aludidas por Coimbra devemos juntar as críticas escritas por Ernesto Biester, escritor português de grande prestígio literário, que, apesar de ter notado alguns defeitos de técnica teatral na obra, dirigiu-lhe também palavras de animação, destacando que a leitura do drama deixou-lhe

excelente impressão. Há evidentemente muito engenho dramático no autor. Os lances estão habilmente preparados, e a ação naturalmente conduzida até ao desenlace, que é patético e de bom efeito. No desenho dos caracteres é que não há ainda aquela firmeza que só o tempo e o estudo adquirirão[13].

A história desse primeiro drama de Franklin Távora registrou o aparecimento de uma segunda edição, desta feita sob os cuidados do próprio autor, levada a cabo em 1877, já quando ele se achava radicado no Rio de Janeiro. Nesta edição, Távora, além de ter colocado como prefácio o artigo que aparecera no Recife, em 1862, da autoria de Maciel Pinheiro, anotou ali um prólogo rápido em que, entre outras coisas, advertia os possíveis leitores de que:

Por indicação da crítica, fiz grandes correções, e, por meu próprio impulso, muitos acrescentamentos. Imaginei cenas inteiramente novas e até um novo perso-

---

11. *Idem.*
12. *Idem.*
13. Ernesto Biester, "Crônica Literária", *Revista Contemporânea de Portugal e Brasil*, Lisboa, abril de 1862, p. 540.

nagem. Dessas cenas, algumas estão figurando no lugar das que me pareceu serem defeituosas ou fracas. Outras estão servindo de elo a lances que se não prendiam senão por meio de rudes transições[14].

Cumpre observar, porém, que as alterações feitas por Franklin Távora não significaram mudanças fundamentais na essência do drama, porque não foram alteradas as estruturas do enredo do drama, salvo algum aspecto de preocupação técnica, mas de pequena monta.

14. Franklin Távora, Prólogo do autor, in Um Mistério de Família, 2. ed., Rio de Janeiro, Typographia do Imperial Instituto Artístico, 1877, p. V.

11. O Primeiro Romance

E o Ceará? Repousa, inteiro, adormido nas escuridões do gentilismo.
FRANKLIN TÁVORA, *Os Índios do Jaguaribe.*

O ano de 1862, em que aparece o romance *Os Índios do Jaguaribe*, foi uma fase importante não só na vida do futuro romancista, mas na própria história da literatura cearense, que, cronologicamente, ganhou o seu primeiro romance. No cenário nacional as atividades literárias achavam-se bastante animadas, podendo-se destacar, entre outros, o aparecimento dos seguintes títulos: *Lucíola*, romance urbano de José de Alencar que a crítica logo revelou basear-se na história francesa já conhecida de *A Dama das Camélias*, de Alexandre Dumas, o filho; na cidade gaúcha de Pelotas apareceu a segunda edição do romance *Memórias de um Sargento de Milícias*, de Manuel Antonio de Almeida; a editora Garnier editou *Flores e Frutos*, livro de poesia de Bruno Seabra; e Tavares Bastos reuniu os seus escritos em livro intitulado *Cartas do Solitário*.

Por essa época Franklin Távora já se acostumara à intensa vida estudantil recifense, pois ainda cursava o penúltimo ano na Faculdade de Direito, donde sairia bacharel em 1863.

Ao lado das dificuldades de um estudante que não se preocupava apenas com as obrigações acadêmicas, a rotina diária do jovem Franklin dividia-se, principalmente, entre o trabalho de jornal e as sérias responsabilidades familiares. A tudo isso, de quebra, deve-se-lhe somar a presença do impulso da criação literária gritando dentro de seu espírito, como uma misteriosa força que, sem apelo, o empurrava para a aventura da arte de escrever.

Eram muitos os amigos com os quais convivia Franklin Távora. Entre seus vários amigos um se destacava de maneira especial: Tobias Barreto. Os arroubos do sergipano, a maneira desabrida de conversar e dizer novidades para quem desejasse ouvir, chamaram a atenção de Franklin que tinha já uma reconhecida influência na atividade jornalística.

O mesmo se dava com José Roberto da Cunha Sales, um quintanista de Direito que lhe procurou para dizer que se impressionara com a poesia de um jovem de 15 anos de idade que acabara de chegar da Bahia para fazer os preparatórios dos Cursos Jurídicos. Logo este jovem também contagiou a Távora, que leu com admiração e estimulou a publicação do poema e a crítica de seu amigo José Roberto no *Jornal do Recife*[1].

Assim começava a crítica de José Roberto:

> Estávamos no gabinete a estudar as exceções, quando entra um amigo e obsequia-nos com a leitura de uma poesia, que pelo seu primor julgamos dever fazê-la correr os domínios da imprensa, sem temermos vê-la a estorcer-se por entre as garras da mordacidade.
>
> É um dos primeiros floridos rebentos de uma imaginação fértil e incandescida de mancebo, o Sr. Antonio de Castro Alves, estudante de preparatórios para o curso jurídico.
>
> Além da fluidez, cadência e melodia, que ressumbram de cada uma das estrofes dessa bela e primorosa composição, onde lampeja o fogo da mais viva imaginação, muito a recomendam os quinze anos e a inteligência do autor, esmaltados pela santidade de uma modéstia indefinida.

E após outras considerações de José Roberto, sempre exaltando os pendores poéticos do jovem Castro Alves, seguia o poema intitulado *Destruição de Jerusalém*:

> Treme, treme, dissoluta,
> Ímpia filha de Sião!
> Que a tua devassidão
> Provoca a ira de Deus;
> Povo e rei, todos profanam
> Do Senhor os vossos santos,
> A Baal se entoam cantos!
> Como se ultrajam os céus?!...

Esse clima de forte interesse pela criação literária entre os jovens acadêmicos, por essa época, só fazia crescer, sobretudo quando o talento de Castro Alves reverberou de tal sorte que abalou o espírito e, segundo con-

---

1. Franklin Távora, "Prefácio", in Castro Alves, *Espumas Fluctuantes*, Rio de Janeiro/Paris, H. Garnier Livreiro-Editor, 1904, p. VIII.

sagrou a tradição, despertou o ciúme que dormia dentro do coração de um jovem também poeta chamado Tobias Barreto.

Mais tarde, porém, em 1884, ao prefaciar o livro *Espumas Flutuantes*, de Castro Alves, a suposta briga ou desavença entre o poeta sergipano e o baiano seria referida por Franklin Távora, testemunha ocular daqueles acontecimentos:

> Para mim, que fui testemunha presencial de uma grande parte do movimento patriótico indicado, para mim é fora de dúvida que Tobias Barreto exerceu grande influência em Castro Alves. Sem o primeiro, talvez o segundo não tivesse adquirido a flexibilidade de espírito que o estimulou, produzido ao princípio pelo desejo de acompanhar o sergipano, e depois, quebrados os laços da amizade, pela rivalidade que motivos particulares acenderam entre os dois talentos, tornou tão fecunda, e, direi mesmo, original[2].

Observa-se que, inicialmente, Castro e Alves e Tobias Barreto eram bons amigos, como o foram de Franklin Távora naquele período de iniciação literária e de vida acadêmica. Eles não se conheceram, portanto, em função da desavença ou dos arroubos naturais da vibração cênica que se desenvolviam no Teatro de Santa Isabel, do Recife.

A primeira preocupação de Franklin, então, após a montagem de sua primeira peça de teatro *Um Mistério de Família*, ocorrida em 1861, foi a de escrever um romance em que a própria história de sua província natal aparecesse como cenário privilegiado e fosse capaz de explicar as origens a partir das experiências dos primitivos habitantes da região jaguaribana. E tanto o queria que a proposição ou explicação de seu intento, em notas a *Os Índios do Jaguaribe*, esclarecia:

> Neste primeiro volume estão lançados fundamentos que podem sustentar um grande edifício, em cuja construção acaso nos empenharemos se não nos faltarem tempo e outros materiais indispensáveis para empresas tais[3].

O desenvolvimento do romance abarcou um período vasto das origens da história cearense, mas não conseguiu livrar-se de um tom romântico nem apareceu, de saída, um clima em que a urdidura prendesse o leitor. É verdade que laivos de preocupações de alguns personagens chegavam a impressionar pelo alcance de antecipação política desenvolvido, por exemplo, por Cairu,

---

2. *Jornal do Recife*, 23 de junho de 1862. Coleção da Biblioteca Pública de Pernambuco.
3. Franklin Távora, *Os Índios do Jaguaribe*, 3. ed., organizada por Otacílio Colares, Fortaleza, Secretaria de Cultura e Desporto do Governo do Ceará, 1994, p. 47.

Castro Alves. Desenho de J. W. Rodrigues.

que, no final do primeiro volume (aliás, a única parte conhecida e publicada), afirmou: "... acabas de inaugurar solenemente a idéia da República livre no livre solo do Brasil".

Esse exagero que acontece no contexto do livro, em muitas circunstâncias, bem poderia sair do romance e invadir os anseios de muitos jovens acadêmicos que, como Franklin Távora, não ousavam proclamar com tanta veemência durante a vigência do Segundo Império.

O destino do livro, porém, não foi alentador. E a última frase deste primeiro volume – "o resto fará o futuro" – apesar da clara intenção de perspectiva histórica que vinha desde os albores do século XVII, chegou para *Os Índios do Jaguaribe* de forma negativa, relegando-o ao esquecimento. Nunca se teve notícia dos originais dos outros dois volumes, tampouco de sua possível edição. O mais provável é que a pouca receptividade da primeira parte do livro tenha provocado no autor o desânimo para dar ao público a continuidade do projeto inicial.

O romance *Os Índios do Jaguaribe* se enquadra no rol daquelas obras de Franklin Távora que a crítica Lúcia Miguel-Pereira considerou como integrantes da primeira fase e marcadas por um tom romântico[4]. Essa fase, com efeito, abrange o período que vai de 1860, quando ele tinha apenas 18 anos de idade e ainda estudava na Faculdade de Direito do Recife, e chega aos 25, quando já aparecem várias obras publicadas. São elas, a saber: A *Trindade Maldita*, contos de 1861; *Um Mistério de Família*, drama em três atos, de 1861; *Os Índios do Jaguaribe*, romance de 1862; e *A Casa de Palha*, romance de 1866.

De qualquer sorte, por essa época (1862), o jovem Távora se achava totalmente convencido de que deveria seguir o caminho da literatura. Essa disposição, porém, não eclipsou a sua fecunda atividade de revisor de provas do *Jornal do Recife*, nem o diminuiu como experiente articulista colaborador de vários jornais recifenses. Ao contrário, durante aquela época ficaria confirmada a sua preferência pela atividade jornalística, aliás, jamais abandonada. Mais tarde, bem perto da morte, já radicado no Rio de Janeiro, ele continuaria alimentando a mesma disposição de escrever para jornais e revistas, como confessaria, tomado de emoção, quando apresentou a primeira edição de *Lourenço*, aparecida na *Revista Brasileira*, que dirigiu com claros "afetos de natureza paternal"[5].

4. Lúcia Miguel-Pereira, *Prosa de Ficção (de 1870-1920)*, 3. ed., Rio de Janeiro, Livraria José Olympio Editora/ MEC, 1973, p. 43.
5. Franklin Távora, *Lourenço*, São Paulo, Martins/MEC, 1972, p. 1.

Essa disposição pelas letras, sem dúvida, deve ter influenciado de forma decisiva o jovem escritor a optar por uma temática tão difícil e, de certa forma, ainda virgem dentro da literatura brasileira: os índios. Entre a forma de abordagem e a força temática da trama urdida, de fato, a crítica da época e a que viria depois encontrariam uma dubiedade ou vacilação do autor de *Os Índios do Jaguaribe*, obra que denotou, de saída, o tom preponderante da História em detrimento da persuasiva e necessária construção romanesca. Daí, a própria preocupação de Távora, em subtítulo, de rotular o seu livro de *História do Século XVII*. Essa decisão fez com que ele chegasse à conclusão de que, afinal de contas, o melhor caminho seria optar pela prevalência dos fatos históricos aos nascidos de sua limpa imaginação. E assim o fez.

12. O Fracasso de uma Banca

> *O bacharel entrou na terceira fase de sua existência; a primeira passara-se na povoação remota onde a vida era quase rudimentar; a segunda na estrada metade deserta metade povoada de existências mais próximas da sociedade; a terceira em um foco de mil sentimentos em sua maioria hostis.*
>
> FRANKLIN TÁVORA, *Sacrifício*.

Convocado para prestar exames finais no dia 6 de novembro de 1863, Franklin Távora compareceu e logrou ser aprovado em todas as matérias com um *plenamente*, então a nota máxima atribuída. A fase seguinte, segundo exigia a rotina do regulamento da Faculdade de Direito, era a outorga do grau de bacharel com a solene entrega da Carta, que ele recebeu no dia 20 de novembro das mãos do presidente do ato, o professor dr. Francisco de Paula Baptista[1].

1. Eis o teor da Carta de Bacharel de Franklin Távora: "Em nome, e sob os auspícios do Muito Alto e Muito Poderoso Príncipe o Senhor D. Pedro II, Imperador Constitucional e Defensor Perpétuo do Brasil. – Faculdade de Direito da Cidade do Recife. Eu o Visconde de Camaragibe, Grande do Império, do Conselho de Sua Majestade o Imperador e Diretor da Faculdade de Direito do Recife tendo presente o termo de aptidão ao Grau de Bacharel, obtido pelo Senhor JOÃO FRANKLIN DA SILVEIRA TÁVORA, filho de Camilo da Silveira Borges Távora, nascido em 13 de janeiro de 1842 na Província do Ceará e de lhe haver sido conferido o dito Grau no dia 20 de novembro de 1863 pelo Presidente e Lentes que o examinaram e o aprovaram *plenamente* a 6 do dito mês e ano e em conseqüência da autoridade que me é dada pelos Estatutos que regem esta Faculdade, e do que neles me é ordenado, mandei passar ao dito Senhor João Franklin da Silveira Távora, esta Carta de Bacharel em Ciências Jurídicas e Sociais, para que ele goze de todos os direitos e prerrogativas atribuídas pelas Leis do Império.

Recife, 13 de fevereiro de 1864. (Assinaturas) – O Diretor da Faculdade, Visconde de Camaragibe; o Presidente do Ato, Dr. Francisco de Paula Baptista; o Secretário da Faculdade interino, Manoel Antonio dos Passos Silva Júnior e o Bacharel João Franklin da Silveira Távora".

De posse da Carta de Bacharel, acenderam-se nele as esperanças de grandes êxitos, como naturalmente ocorria com qualquer jovem formado.

Nos primeiros meses de 1864, houve mesmo algumas tentativas frustradas de estabelecimento de banca no Recife. É que para alcançar sucesso na advocacia por aquela época, como acontece ainda hoje, carecia o advogado do concurso de algumas qualidades que não afloravam por geração espontânea. Não bastava ser portador do diploma, do pergaminho como era costume referir-se à carta ou ao título que reconhecia a condição de formado em direito. Quase sempre era necessário que o pretendente contasse com ajudas especiais. A mais comum delas resumia-se na herança de uma conhecida e conceituada banca. Ou, então, a sua imediata participação e integração nos trabalhos desenvolvidos por uma boa e rendosa banca que também desfrutasse de prestígio no foro. Esses os caminhos. A regra geral. Poucas as histórias de advogados bem-sucedidos que não incluíam esses capítulos já de todos conhecidos. Se as havia, caíam no rol das exceções.

Essas adversidades iniciais logo lhe foram impostas pelo destino. Além disso, um outro fator trouxe à sua vida o lado mais duro da realidade: ele era a esperança que via a família modesta para mudar de padrão social. Como faltava na família e nos parentes mais próximos a tradição de uma grande banca de advogados com militância no foro do Recife e o ânimo de amigos advogados estabelecidos que, desde logo, o convidassem ao exercício da profissão, via, da noite para o dia, armarem-se as dificuldades.

É preciso reconhecer, ainda, que o próprio ritmo de vida que ele abraçara até ali, e pelo visto não iria abandonar jamais, consolidava perspectivas que mexiam com sua vocação de escritor.

Naquele começo de ano, quando o destino anunciava novas esperanças, ele as enfrentou com arroubos de destemido estudante. A verdade é que ainda não internalizara ou incorporara a mística do advogado. Eram pálidas as suas incursões no sentido de afirmar-se como tal. E o pior é que no íntimo do seu coração – pois suas ações não negavam essa tendência – persistia a indagação que mais tarde confirmaria os gestos de alguns personagens literários por ele mesmo esboçados, sobretudo em *Um Casamento no Arrabalde* e, depois, em *Sacrifício*. A questão era: como dar um adeus à obrigação diária que, durante cinco anos, cumprira religiosamente – assistir às aulas ou fazer o que mais lhe parecia agradável – ler e escrever? Como deixar tudo isso e ir pugnar no foro por querelas alheias? Depois, no recinto da Faculdade sempre havia a possibilidade de múltiplas atividades, tais como escrever para jornais e revistas, além de ligar-se a outros jovens ávidos por novidades, dentro ou fora do grêmio Onze de Agosto.

E entre os vários amigos que fizera durante os anos de estudante, também havia alguns dos quais ele não podia distanciar-se de repente. Ao contrário, a convivência provocara uma espécie de solidariedade e compromisso com as idéias, o futuro, o amanhã. E a razão era simples. Sem que forçasse as circunstâncias, esses amigos, na maioria dos casos, serviam de ponte para que ele, mesmo de fora, continuasse informado dos acontecimentos, dos fatos, dos atos e passos dos muitos amigos e novos alunos que chegavam à Faculdade de Direito do Recife.

Além disso, permanecia vivo nele o faro do jornalista, do articulista, do polemista. Aliás, foi o que ocorreu durante toda sua vida, quando manteve não só o hábito de escrever para jornal ou revista, trazendo ao espaço das letras, quentes ou mornas, a prosa vigorosa de conteúdo, mas também a paixão pelo trato da arte gráfica – a composição, a diagramação, a revisão, a feitura, enfim, do jornal, da revista ou do livro. Como conciliar essa quase mania compulsiva pela rotina da arte de escrever, nunca repetitiva no resultado, com a do foro, enfadonha e presa aos rígidos artigos dos códigos para não falar das mentes dos julgadores adictos ao termo da lei?

Eram tantas as novidades que ele não sabia como se arranjar diante da nova vida. E os ex-colegas da Faculdade continuavam agitando o meio cultural da cidade. Um desses que chegara ao Recife – o sergipano Tobias Barreto – tornara-se seu amigo íntimo e, também, de logo, chamara a atenção de todos, pois participava intensamente da vida cultural do Recife. Divulgava-se com entusiasmo sua poesia. Uma delas, talvez escrita sob o impacto da primeira visão que tivera do Recife, ainda embarcado, absorto e rendido à beleza da nova cidade, ainda no tombadilho do navio que ancorava, escrevera os seus primeiros versos em terras pernambucanas, exaltando a cidade que, mais tarde, apesar dos pesares, o consagraria para sempre como o autor de *À Vista do Recife*:

É a cidade valente
Brio da altiva nação,
Soberba, ilustre, candente
Como uma imensa explosão:
De pedra, ferro e bravura,
De aurora, de formosura,
De glória, fogo e loucura...
Quem é que lhe põe a mão?

Tobias Barreto chegava ao Recife no ano de 1862, vindo de Sergipe, para fazer o preparatório, que, conforme dispunha o novo regulamento de 1854, tinha as suas aulas ministradas por professores previamente escolhidos para tal mister e funcionava junto à Faculdade de Direito, em velho pardieiro da rua do Hospício.

Houve alguns tropeços nos primeiros meses da vida do jovem Tobias no Recife. O mais prejudicial deles, por exemplo, foi haver contraído a varíola, que, na prática, o impediu de assistir as importantes aulas. Essa circunstância o impossibilitou de matricular-se em 1863. Somente no ano seguinte, quando Franklin Távora, já formado, saía da Faculdade, foi que Tobias Barreto conseguiu ingressar nela, assim mesmo para, mais tarde, perder o terceiro ano, reprovado por excesso de faltas cometidas. Tanto que o *Diário de Pernambuco*, de 26 de agosto de 1867, possivelmente com o objetivo de informar não apenas à comunidade acadêmica mas aos pais dos alunos matriculados na Faculdade de Direito, divulgava a lista dos mais faltosos durante aquele mês, alcançando Tobias cinco faltas na cadeira de Direito Civil e quatro na de Direito Criminal.

Aliás, é curioso anotar que as faltas que levaram Tobias à reprovação não foram motivadas por um ato volitivo de inépcia, preguiça ou envolvimento com outras coisas mais interessantes do que a obrigação de freqüentar as aulas da Faculdade. Não. O que o moveu a assim proceder foi um imperativo de sobrevivência material. É que vivendo sozinho no Recife, sem contar com ajudas mais efetivas e freqüentes da família, teve que dar aulas particulares para remediar o seu próprio sustento. Assim, não houve possibilidade de conciliar os horários e terminou punido pelo justo rigor do regulamento da Faculdade[2].

Foi durante os dois últimos anos de Faculdade que Franklin Távora consolidou a sua amizade com Tobias Barreto, inclusive, depois, fundando juntos o jornal *O Americano*. As próprias atividades literárias de ambos, crescendo cada vez mais de interesse, constituíam fortes fatores de aproximação. Além do mais, desde 1862, ainda quando cursava o quarto ano, Franklin já aparecia perante os seus colegas como um ousado e precoce escritor, pelo fato de ter escrito a peça de teatro *Um Mistério de Família* encenada no Teatro de Santa Isabel e também o romance *Os Índios do Jaguaribe*.

Fora nessa condição que, igualmente, em 1862 conhecera e fizera amizade com o estudante Castro Alves, que viera da Bahia para cursar o preparatório de ingresso à Faculdade de Direito[3]. Era um jovem com fama de poeta e que chamava a atenção de todos, sobretudo de seus conterrâneos

---

2. Omer Montalegre, *Tobias Barreto*, Rio de Janeiro, Casa Editorial Vecchi Ltda., 1939, p. 37.

3. Conforme o registro n. 99, do Livro de Matrículas de Filosofia, da Faculdade de Direito do Recife, Castro Alves matriculou-se nessa matéria no dia 26 de abril de 1862 e foi aluno do professor Inácio Seráfico de Assis Carneiro.

que sempre acorriam ao Recife em grande quantidade, em vez de ir para a distante e, então, menos empolgante cidade de São Paulo. O primeiro encontro dos dois ocorreu no Conservatório Dramático, que funcionava numa das salas do Teatro de Santa Isabel.

Ademais, o próprio clima que o jovem baiano encontrara na Faculdade de Direito do Recife levava os estudantes a viverem pendentes das mais diversas atividades gremiais, onde grande parte deles escrevia os mais importantes jornais diários. Essa efervescência cultural e literária logo envolveria Castro Alves de tal sorte que o deixaria desinteressado pelos assuntos ligados ao curso preparatório e, inclusive, nos anos seguintes, quando, de fato, ingressou na Faculdade. O direito jamais o fascinara, porque, de fato, era apenas um jovem tocado por um talento e fôlego assombrosos.

Da turma de Franklin Távora, que contava com exatos 63 bacharéis, podia-se contar apenas 24 pernambucanos. O resto era composto de 10 baianos, 10 cearenses, 4 sergipanos, 4 alagoanos, 4 paraibanos e mais 2 oriundos de outras províncias. Ao final do curso, portanto, era natural que cada um procurasse o seu rumo, o seu destino. A vida impunha-lhes outras obrigações. E logo essa circunstância atingiria também a Franklin Távora.

Um dia, após os malogrados esforços do jovem bacharel de ganhar a vida como advogado, o seu pai, Camilo Henrique da Silveira Távora, o *Indígena*, que havia abandonado Pernambuco e estabelecera-se com a família em Porto Calvo, resolveu chamá-lo para que vivessem junto com a própria família, aliando os esforços pela sobrevivência. Ali ele poderia tentar a advocacia com maiores chances de firmar o seu nome. A cidade era pequena, mas oferecia uma boa oportunidade para um advogado que quisesse montar banca e viver dela. Diante das dificuldades que enfrentara no Recife, aceitou o desafio, mais por obediência paternal do que por ânimo profissional.

Na verdade, no convite do pai havia mais uma ordem superior do que um reconhecimento da necessidade de afirmação profissional do novo advogado. Era o orgulho de ter junto de si o filho bacharel. Para o velho comandante das forças rebeldes da Praieira de 1848, ver aquele filho chegar à condição de "doutor" constituía a maior afirmação não só de um pai orgulhoso, mas um grande mérito para toda a família.

Pressionado pelas circunstâncias do fracasso do Recife e pelo chamado do pai, no meado de 1864 transferiu-se para Porto Calvo, Alagoas. Ali, após o reconhecimento da cidade, que logo o cativou pelo ar aprazível e pela tranquilidade de seus habitantes, montou sua banca de advogado, mas de pouco ou nenhum resultado prático.

Esse período em que Távora viveu em terras alagoanas de Porto Calvo como advogado militante não significou, ao contrário de suas expectativas, a consolidação de sua banca de advocacia. A vida era bastante calma e por isso não surgiam querelas em número suficiente que chamasse ao trabalho os causídicos dali. Ainda que possa ter aproveitado parte de seu tempo exercitando a capacidade de atento observador, ora pesquisando temas ligados às manifestações populares, ora anotando ou pensando enredos para futuros trabalhos, a verdade é que ali não escreveu nenhuma obra de fôlego. Descontadas umas páginas de valor que abririam as *Lendas e Tradições Populares do Norte*, ainda dispersas e nunca reunidas em livro, foi um período de absoluta inapetência para o fazer literário. A hesitação entre a banca e a literatura o angustiava.

Nas páginas da lenda intitulada *O Sino Encantado*, há, além de referências aos choques armados de portugueses e brasileiros com os holandeses no século XVII, dos quais resultou o julgamento e a aplicação da pena de morte a Calabar, tentativas de singular fixação da paisagem da Vila de Porto Calvo, que merecem ser lembradas:

> Por uma tarde de novembro de 1864, se bem que me lembre, fazia eu uma digressão pela banda esquerda do Manguaba. Dessa banda o rio quase que não tem margem; passa lambendo o pé da encosta íngreme e coberta de arvoredos.
> Alguns passos antes de chegar ao sulco estreito e fundo, que desce, fazendo voltas como caninana, de ladeira abaixo em demanda do rio, forma este um ângulo, onde as águas parecem estagnar. Pouco adiante continua a correr por cima de pedras brancas, alargando-se, espraiando-se, até chegar a Porto de Pedras, distante de Porto Calvo sete léguas.
> Nesse ângulo formaram as águas um poço profundíssimo, que tem talvez quatro metros de largo na superfície. No arvoredo, que para esse ponto estende a sua copa, é mais vasto e enredado. A encosta é recortada de veredas e quintais em todas as direções, não oferecem ali comunicação nem mostra indício de passagem humana. As plantas rasteiras crescem e alastram à vontade; os cipós eram inteiros; por cima daquelas e por entre estes só passam os insetos répteis, ou, de tempos a tempos, algum animal que abra por ali caminho para ir beber no rio.
> Agarrando-me aos troncos, e saltando pelas pontas das pedras, ganhei, com poucos passos, a como enseada que serve de banheiro natural à povoação[4].

E dali, às margens do rio, o jovem, saudoso do Recife, voltou-se e avistou a Vila de Porto Calvo não muito longe, solitária, com seus habitantes, sua história curiosa, e anotou:

> Com suas águas azuladas banha o rio Manguaba, pelo lado ocidental, a Vila de Porto Calvo, berço e sepultura do Calabar.

4. Franklin Távora, *op. cit.*, 1877, p. 202.

Na altura desse torrão histórico, o rio rola por cima de pedras moles e por de baixo de árvores frondosas, que das margens lhe atiram para o leito os ramos, e com eles formam, em muitas partes, pelo embastido das folhagens, e das trepadeiras que nestas se enredam, vasta galeria, interrompida a espaços por abertas naturais, que dão entrada à luz para o seio das águas.

A Vila ocupa o cimo da eminência e a banda oposta que é banhada pelo rio. Na extremidade austral da Rua Grande, cujos quintais caem pela encosta ocidental, vê-se a matriz, que é consagrada à Nossa Senhora da Apresentação.

Foi nesta igreja que, depois de haverem tomado aquele ponto os portugueses, no século XVII, se fortificaram os filhos de Holanda para resistir às tropas comandadas por Matias de Albuquerque. Foi aí que, senhor da vitória, mandou este enforcar, no dia do julgamento, pelas 8 horas da noite, não obstante ter sido condenado pelo improvisado conselho de guerra, a padecer o suplício no dia seguinte, o infeliz Domingos Calabar, que foi o primeiro auxiliar dos holandeses, e alma e executor terrível de inumeráveis danos aos filhos de Portugal. Foi aí, que, três dias depois da execução, Sigismundo, apossando-se da Vila desamparada, mandou dar sepultura sagrada, com todas as honras devidas ao posto de major com que os holandeses haviam retribuído os seus serviços militares, aos restos mortais do destemido alagoano, que ele fora encontrar, já mutilados e expostos nas estacas de Porto Calvo, então conhecido por Vila do Bonsucesso[5].

Enquanto isso, como ele não se desligara de modo absoluto do Recife, acompanhava o desenrolar dos acontecimentos, quer da vida estudantil, quer da literária, quer da política, que continuavam a enfeitiçá-lo. Os jornais e as revistas falavam cada vez mais das intermináveis contendas entre poetas, nas quais se destacavam Castro Alves e Tobias Barreto.

Essas notícias e muitas outras mais chegavam ao conhecimento de Franklin Távora, em seu voluntário exílio de Porto Calvo, como a que o *Jornal do Recife*, de 23 de março de 1865, que noticiava haver desembarcado no porto do Recife, do navio Oiapoc, Luiz Nicolau Fagundes Varella, Antonio de Castro Alves e um escravo deste. Varella chamava a atenção de todos, porque vivera uma verdadeira aventura quando, em viagem marítima entre o Rio de Janeiro e a Bahia, sofrera um naufrágio em águas baianas. Dado como desaparecido ou morto para muitos, mais tarde, apareceu em casa de Castro de Alves, em Salvador.

Isso era prenúncio de grandes acontecimentos que cada vez mais mexiam com o retirado de Porto Calvo. Por que permanecer ali tão isolado?

As agitações culturais e literárias dos estudantes, agora, ganhavam duelos poéticos que por pouco não atingiam as vias de fato.

5. Franklin Távora, "O Sino Encantado", *Ilustração Brasileira*, Rio de Janeiro, n. 13, de 1 de julho de 1877, p. 202.

Após a matrícula de Castro Alves no primeiro ano e a de Varella no terceiro, por exibir a competente transferência da Faculdade de Direito de São Paulo, com pouco tempo os ares da cidade inflamaram-se de palavras de ordem exaltando as vitórias brasileiras na guerra contra o Paraguai. O assunto era Paiçandu. E num momento de exacerbação nacionalista, diante do povo em festa, de um dos púlpitos o jovem Castro Alves levantou-se e gritou estes versos:

> Pernambuco! um dia eu vi-te
> Dormindo imenso ao luar.
> Com os olhos quase cerrados,
> Com os lábios quase a falar.
> Do braço o clarim suspenso
>
> – O punho no sabre extenso
> De pedra-recife imenso
> Que rasga o peito do mar...

Ao lado, surgiu Tobias Barreto, que assim lhe respondeu:

> Dá-me a sugar estes peitos
> Que amamentaram leões...

Eram tantas as novidades que, entre uma folga e outra, Franklin Távora resolveu viajar com freqüência ao Recife. Já não apenas vinha visitar a namorada, com quem já pensava casar-se, mas também procurava inteirar-se dos últimos acontecimentos, dos boatos, dos rumos da política, da vida literária e boêmia.

Foi naquele mês de março que, entre vários outros assuntos, a punição do quartanista de direito Maciel Pinheiro ocupava grandes espaços nos jornais. Eram as conseqüências da Guerra do Paraguai.

Contra o jovem estudante fora aberto um processo acadêmico, que, de maneira surpreendente, culminou com a sua prisão pelo prazo de quatro meses, por haver assacado injúrias ao lente Lourenço Trigo de Loureiro. A pena foi cumprida no andar térreo do velho pardieiro, o mesmo local onde aconteciam as aulas do preparatório, nome simplificado que davam ao Colégio das Artes.

A prisão de Maciel Pinheiro convertera-se no espaço preferido para a permanência dos alunos, que ali entravam e dali saíam em constante ebulição. Maciel era o novo herói. Fazia versos e expunha suas idéias sobre a guerra do Paraguai, na qual se alistara como voluntário. Castro Alves, exaltado e animador do movimento de solidariedade contra aquele ato despótico do Visconde de Camaragibe que toda a juventude condenava, escreveu um sentido poema em defesa do colega punido, chamando-o de "pálido moço – como o bardo errante". E, no final, acrescentava:

> E eu, cujo peito como u'a harpa homérica
> Ruge estridente do que é grande ao sopro,
> Saúdo o artista que, ao talhar a glória,
> Pega da espada, sem deixar o escopro.
> Da caravana guarda a areia a pegada:
>
> No chão da história o passo teu verás...
> Deus, que o Mazeppa nos estepes guia...
> Deus acompanhe o peregrino audaz[6].

Mais tarde, já de São Paulo, o poeta baiano, ao publicar *Espumas Flutuantes*, escreveria na página onde apareceu aquele poema *A Maciel Pinheiro* as seguintes palavras:

Maciel Pinheiro é um desses moços que simbolizam o entusiasmo e a coragem, a independência e o talento nas academias. Poeta e jornalista, o moço estudante, aos reclamos da Pátria improvisou-se soldado. Hoje que o tempo e a distância nos separam, é-me grato falar de um dos mais nobres caracteres que tenho conhecido[7].

Muitos outros fatos ocorreriam no Recife daquele ano de 1865. E Franklin Távora não poderia mais ficar ausente deles. Urgia voltar.

Após a morte do seu pai, ocorrida em 1866, cresceu dentro de si a vontade de voltar à atividade literária. E a mudança foi quase repentina. Abandonou de vez a banca de advogado em Porto Calvo, reuniu a avó, a mãe e os irmãos e, já na condição de cabeça e arrimo da família, decidiu retornar ao Recife.

---

6. Cf. *Obras Completas de Castro Alves*, Companhia Editora Nacional, 1944, vol. I, p. 86.
7. Nota de Castro Alves constante da p. 203 da edição original de *Espumas Fluctuantes*.

Igreja do Mosteiro de São Bento de Olinda. Bico de pena de M. Bandeira, 12,5 x 15,8 cm.

13. Um Homem de Jornal

> Cada dia trazia uma nova forma, uma nova manifestação desse Briareu invencível, que se chama a imprensa. Era o periódico efêmero, era o avulso pungente, era a proclamação incendiária, o verso taful, a sátira envenenada, e em tudo isso o que verdadeiramente falava não eram as vis paixões do povo, senão o esforço da consciência por libertar-se de antigas cadeias que o acorrentavam.
>
> FRANKLIN TÁVORA, "Carta a Rangel de S. Paio", Rio de Janeiro, 1879.

A volta ao Recife, de imediato, colocou Franklin Távora diante de uma realidade que ele ainda desconhecia: a obrigação com todos os encargos de família em virtude do falecimento de seu pai. E as coisas não poderiam ocorrer de outra maneira. Era ele, dentro da família, quem desfrutava de melhor posição para assumir tais responsabilidades, porque, sendo já advogado e reconhecido como uma das mais sólidas promessas para ganhar a vida como escritor, naturalmente, aos olhos dos próprios parentes, só ele tinha idoneidade moral e obrigação de socorrê-los naqueles momentos de dificuldade. Socorro, acrescente-se, não só através de bons conselhos, mas diligenciando para que não faltasse em casa, a cada dia, o mais importante: a provisão material para a subsistência. Tudo, portanto, recaíra sobre os seus ombros.

Dentro de poucos dias, como era de se esperar, as dificuldades acentuaram-se de tal sorte que seus melhores amigos logo tomaram conhecimento delas.

As coincidências trabalharam a seu favor. O clima da imprensa recifense, já desde a década passada, quando Franklin Távora entrara na Faculdade e fora introduzido no meio estudantil, era de completa efervescência. Muitos jornais, diários ou não, viviam numa espécie de acirrada competição pela conquista do leitor, onde o mais importante parecia não ser apenas o lucro, mas um certo sentido edificante pela simples razão de defender uma posição qualquer. E essa posição, na maioria dos casos, vinha traduzida por•um lema. Evidentemente que os interesses poderiam influir e dirigir o rumo da fundação e da sobrevivência de muitos jornais ou revistas, mas a verdade é que o humor e a política comandavam os temas abordados.

Registre-se, de passagem, como exemplo, o caso do aparecimento, entre vários, do jornal *O Trovão*, distribuído de graça, aparecido desde o ano de 1858, em formato de 20 x 14, circulando com apenas quatro páginas de coluna larga, que trazia em destaque este lema:

> Corram, corram, todos corram,
> Eis, aí está *O Trovão*;
> Mas só dele temer deve
> O tratante e o ladrão[1].

O jornal *O Tribuno*, de nítida orientação política e voltado para a luta pela instauração da República no Brasil, fundado em 5 de setembro de 1866, era o exemplo do periódico de vocação para os temas da política.

Tendo como fundador o incansável Antonio Borges da Fonseca, alcunhado desde os tempos da Revolução Praieira de 1848 de *O Republico*, juntamente com outros amigos de ideais como Afonso de Albuquerque Melo e Tomé Fernandes de Castro Madeira, *O Tribuno*, entre outros assuntos, no primeiro número estampou o seguinte editorial:

> Amigos e inimigos são convidados a me ajudarem no empenho que ora tomo, a fim de que a verdade se restabeleça e a intriga não produza seus funestos efeitos.

Após insistir em argumentos que balizavam suas idéias sobre a realidade política brasileira, concluía com estas palavras de ordem:

> *O Tribuno* toma a seu cargo o guiá-lo. É uma empresa muito poderosa, da qual se encarrega *O Tribuno* porque o forçaram a vir a campo, quando inda tinha necessidade de descanso. Volta *O Tribuno* à cena com a sua antiga divisa: Deus e liberdade – Viva a democracia.

---

1. Luiz do Nascimento, *História da Imprensa de Pernambuco*, Recife, Editora Universitária, 1966, vol. V, p. 95.

Outra curiosa manifestação de Antonio Borges da Fonseca ocorria quando, noutro número do seu jornal, advertia:

> Não se esqueça que tenho sempre dado liberdade ilimitada a todos que quiserem escrever contra mim; não chamarei nunca o que me atacar pela imprensa à responsabilidade. Minha vida pública e particular fica entregue ao exame o mais severo.
> Quando me não puder defender de modo que não satisfaça a opinião pública, retirar-me-ei da cena[2].

O clima da imprensa pernambucana, portanto, variava entre os temas do humor, da sátira, da prestação de serviços e divertimentos, da política, quer da partidária índole conservadora, quer da de compromisso liberal com as mudanças sociais, quer das tipicamente radicais, que defendiam profundas alterações no regime vigente – a Monarquia.

O diretor do *Jornal do Recife*, José de Vasconcelos, então sabedor das grandes habilidades de Franklin Távora em relação às principais atividades de um jornal – com experiência comprovada que ia da composição tipográfica à impressão, da revisão à veia de prolífico articulista – teve a idéia de convidá-lo para trabalhar como revisor de provas.

O *Jornal do Recife* nascera em 1859. Logo se afirmando como um jornal que tentava sobretudo prestar serviços aos seus leitores, já que o seu diretor e fundador acumulava experiências de outros periódicos, como fora o caso do extinto *Jornal do Domingo*, propunha-se a dar ao Recife um jornal que fosse capaz de fazer uma espécie de revista semanal, onde aparecessem assuntos ligados às ciências, às letras e às artes.

Como desde os seus primeiros números o jornal aceitara a colaboração de terceiros, muitos foram os que o louvaram e passaram a ler e a escrever para ele, inclusive como se deu com o então estudante de direito Franklin Távora.

O programa ou linha editorial estabelecido por José de Vasconcelos para o jornal, segundo aparecia no artigo de fundo do primeiro número, era bastante amplo. Entre outros, tinha o propósito de

> instruir e deleitar, moralizando. Instruir sem pedantismo, deleitar sem mau gosto e moralizar sem aborrecimento. Os meios que para isto empregaremos serão aqueles que estarão ao alcance de qualquer inteligência, porque escrevemos para todas as classes da sociedade[3].

---

2. *Idem*, 1966, vol. V, pp. 248-250.
3. *Idem*, vol. II, p. 95.

Além dessas razões de natureza programática, que muito agradavam a Franklin Távora, desde o nascimento do jornal, entre outros, também colaborava nele o seu amigo e ex-professor de direito Aprígio Guimarães, que assinava uma concorrida seção denominada "Coluna Elétrica" sob o pseudônimo de Agripa.

Segundo o próprio professor e jornalista, a sua colaboração limitava-se a algumas "divagações poéticas".

A curiosa recorrência à palavra "elétrica", lembrando o fenômeno então modernizante e inusitado da misteriosa eletricidade, foi justificada pelo professor articulista como sendo algo que estava em moda. Dizia, ainda, que naquele espaço jornalístico, utilizando as várias sugestões do que se deva entender por eletricidade, pretendia

atravessar mares, transpor montanhas, entrar em cidades com barreiras fechadas; em suma, fazer tais ziguezagues e percorrer tamanhas distâncias, que todos verão que só com a eletricidade tal se pode conseguir que estas colunas são verdadeiramente elétricas[4].

A história do jornal acumulou rápidos êxitos. A partir de setembro de 1860 passou a ter oficinas próprias, abandonando as antigas instalações da velha casa número 21, da Rua do Imperador, indo para as arejadas do número 54 da Rua da Aurora.

No ano seguinte, nos primeiros números, o *Jornal do Recife* estampava no cabeçalho, em destaque, a circunstância que significava ser uma vitória do seu fundador: "Publicado sob a direção de José de Vasconcelos, seu proprietário e principal redator".

O grande acontecimento da vida do jornal, porém, deu-se nos primeiros dias de janeiro de 1862, quando passou a circular todos os dias. As mudanças positivas e que constituíam um sintoma de avanço em modernidade e progresso para a região apareciam materializadas no próprio formato ampliado que deixava de ser 28 x 21 e passava para 52 x 36.

No editorial vinha o registro do salto qualitativo e quantitativo da mudança com entusiasmo:

Uma nova existência começa hoje para o *Jornal do Recife*. Quando, em 1859, demos princípio à sua publicação, era já nosso pensamento fazer dele uma gazeta diária.

4. *Idem*, 1966, vol. II, pp. 95-96.

Quando Franklin Távora aceitou o convite do sr. José de Vasconcelos para trabalhar como revisor de provas de seu jornal, a verdade é que a situação do *Jornal do Recife* apresentava já uma sólida posição financeira e de indiscutível credibilidade entre os seus leitores e anunciantes.

Essa nova missão aceita por Franklin Távora, como ele próprio mais tarde explicaria, não implicou irremediáveis manifestações de constante frustração profissional. Afinal de contas, era ele um advogado que tentara com afinco estabelecer-se com sua banca, mas sem resultados positivos. O emprego de revisor de provas, com efeito, teria que ser assimilado e incorporado como a única tábua de salvação.

Havia, ainda, um aspecto de natureza psicológica, que, na prática, concorria para que ele vivesse a manifesta humilhação de considerar-se um bacharel fracassado, inabilitado para o exercício da profissão de advogado: o desnível de padrão social.

Isso, no final das contas, terminou gerando um efeito inverso. Como todos reconheciam e proclamavam as suas habilidades intelectuais, na verdade, poucos se preocuparam com o outro aspecto, isto é, com o do bacharel.

Naquele ano de 1866, portanto, a entrada de Franklin Távora no *Jornal do Recife* significou a chegada de mais um jornalista dotado de sólidos conhecimentos da língua e das literaturas brasileira e portuguesa, além de ser um escritor que dominava inúmeros outros assuntos, inclusive idiomas e literaturas estrangeiras. Era, ainda, dono de uma capacidade de trabalho assustadora. Possuindo um estilo próprio, também revelava experiência na elaboração imediata, ao correr da pena, de artigos sobre os mais quentes e variados temas. Távora era, por natureza, um autêntico homem de jornal.

É preciso insistir na circunstância de que ao princípio houve uma certa dificuldade emocional, mas ele a superaria com o passar dos dias. Afinal de contas, como era que um doutor, um advogado conformava-se com uma atividade tão estéril e sem maiores atrativos como a de um simples revisor de provas de jornal? Era preciso ter altivez e reconhecer, com orgulho, como ele o fez na época e mais tarde quando lhe chegou a maturidade, que qualquer trabalho, antes de mais nada, sempre dignificava o homem. Tanto que, a partir de então, jamais esqueceria o seu primeiro salário estipulado e ganho como revisor de provas do *Jornal do Recife*, como registraria que, naquela época, o seu salário era de apenas cinqüenta mil-réis por mês[5].

A batalha aberta entre o dúbio revisor de provas ou, noutras palavras, o combate entre o jornal e o direito, terminou dando a vitória àquele. O jovem jornalista afirmava-se com tanta dedicação às atividades básicas do jornalis-

---

5. Franklin Távora, *Notas de Família*, op. cit., p. 9.

mo que, dentro de pouco tempo, chamava a atenção o desempenho de suas atribuições, sempre revelando zelo e alto espírito de responsabilidade funcional e intelectual que marcaram um vinco claro e inconfundível na própria história da imprensa de Pernambuco.

É evidente que não chegara a definir um sistema novo de fazer jornal, mas ninguém antes exercera essas atividades (inclusive a revisão) com tanta rapidez e esmero, sendo, de logo, chamado a opinar e interferir nos mais importantes lances da vida editorial dos jornais do seu tempo.

A dedicação ao jornalismo, com o passar de alguns meses, concorreria para criar dentro de si um feroz inimigo: o escritor que havia dentro do jornalista. A compulsão do criador, do contador de história, do dramaturgo, do poeta, do pesquisador, inquietava-o. E o trasbordamento não demorou. O tempo ficou curto e as produções literárias não ganhavam espaço, não apareciam na medida de suas preocupações. Algo se interpunha e o dividia em várias frentes de atividades. Até quando?

Afeiçoado à vida do campo, nos momentos de descanso ou lazer sempre dava um jeito de fugir do Recife, onde o trabalho e a constante movimentação da vida de jornal o impediam de alcançar maior concentração quando o objetivo era escrever uma história de maior fôlego. Daí que, pensando nos tempos em que respirara o ar puro e ameno da tranqüila e recolhida Vila de Porto Calvo, passasse algumas temporadas na praia de São José da Coroa Grande. O local era propício à meditação e jamais sairia de sua lembrança, circunstância que o faria recordar, dez anos depois:

> No lanço de floresta que pega nos quintais das últimas casas da praia de São José da Coroa Grande e, ao cabo de um quarto de légua, vai desaparecer na beira do rio Persinunga, baliza traçada pela natureza entre a província de Pernambuco e a das Alagoas, existe um cajueiro chamado o *cajueiro do frade* pelos naturais do lugar.
>
> Estive por diversas vezes, há coisa de dez anos, ao pé desse ilustre filho do deserto, e com ele conversei na muda linguagem da contemplação, guardando-lhe o respeito que merece por ser depositário de uma tradição venerável[6].

A volta à prosa, aproveitando esses momentos de claro idílio com as coisas da vida do campo, redundou na criação de uma história que bem poderia ser aproveitada como um folhetim, como estava em voga nos jornais recifenses.

Num primeiro momento ele não resistiu e ali mesmo, onde trabalhava, propôs a publicação, em folhetim, da sua mais nova história. Abria, assim,

---

6. Franklin Távora, "O Cajueiro do Frade", *Ilustração Brasileira*, Rio de Janeiro, n. 21, 1º de maio de 1877, p. 334.

espaço para os seus trabalhos literários. Teve a sorte de encontrar amparo e guarida dentro do próprio corpo do *Jornal do Recife.*

Ali, então, de imediato, começou a aparecer o romance *A Casa de Palha*, em folhetim.

Depois viriam mais produções – dramas, contos, artigos etc. Mesmo assim não conseguira fugir da rotineira atividade de revisor de provas. Isso não o impedia de afirmar o peso de sua qualidade literária.

A 15 de novembro de 1866, porém, apareceu-lhe nas oficinas do jornal um grupo de amigos (liderados por seu tio João Borges da Silveira Távora e pelo conselheiro Francisco de Paula da Silveira Lobo, políticos pertencentes ao Partido Progressista) com a finalidade de editarem um jornal que seria chamado de *A Situação.*

José de Vasconcelos aceitou editar o jornal nas oficinas do seu *Jornal do Recife*, não só pelas habilidades técnicas e profissionais de Franklin Távora, que colaborou no projeto, mas sobretudo pelo parentesco e amizade com o seu tio Borges Távora. E, sem assinar os artigos, passou a dar forma aos que chegavam escritos, revisando-os, emendando-os ou mesmo alterando-os radicalmente. O jornalista Franklin Távora, portanto, funcionava como uma peça indispensável no projeto político dos progressistas.

A Situação, de circulação semanal, teve como redatores: os senhores Sigismundo Antonio Gonçalves[7] e Antonio de Siqueira Cavalcanti e como editor responsável Joaquim Militão Alves de Lima Júnior. O objetivo principal do grupo político era o de criar condições para que o Partido Progressista, que vinha sendo combatido pelos conservadores e liberais, na qualidade de terceira alternativa, chegasse ao poder nas próximas eleições. E a possibilidade era grande, porque havia a esperança de que cada vez mais se ampliassem os êxitos obtidos quando ele nascera e saíra "forte e vigoroso, do seio das Câmaras, em 1862"[8].

Assim, logo no primeiro número, o germe da democracia presidia a linha editorial, que poderia ter sido escrita por Franklin Távora:

7. Sigismundo Gonçalves, curiosamente, a partir de 1899, concluiria o mandato de Governador de Pernambuco, em virtude da morte de Aníbal Falcão. Desfrutava, então, a condição de proprietário do *Jornal do Recife*, o mesmo aonde, em 1867, chegara como simples redator de *A Situação*, editado nas oficinas de José de Vasconcelos. (Cf. Luiz do Nascimento, *História da Imprensa de Pernambuco*, Recife, Imprensa Universitária, vol. II, 1966, p. 379.)

8. Luiz do Nascimento, *op. cit.*, 1966, vol. V, p. 256.

Amante da verdadeira liberdade, *A Situação* não consagra ódio a nenhum dos partidos militantes. Respeitará todas as opiniões, porque em todas reconhece o direito de manifestar-se[9].

De repente, envolvido nesse projeto político, Franklin Távora, da noite para o dia, apareceu candidato a deputado à Assembléia Provincial de Pernambuco pelo Partido Progressista.

Além dos encargos profissionais de homem de jornal, de escritor, surgia-lhe, também, a terceira via a percorrer: o caminho da política.

9. *Idem*, p. 257.

14. O Diretor-Geral da Instrução Pública

> Restabeleci a lei que deu nova organização à instrução pública, nos diferentes pontos em que a mutilaram algumas resoluções do conselho diretor arvorado para isso em autoridade legislativa, quando a sua função deve ser meramente consultiva.
>
> FRANKLIN TÁVORA, *Relatório ao Presidente da Província*.

Foram os inúmeros artigos publicados por Franklin Távora no *Jornal do Recife* que, sem dúvida, terminaram por chamar a atenção dos políticos para o seu nome. A habilidade com que tratava certos assuntos, mais cedo ou mais tarde, por uma dessas circunstâncias que a lógica das coisas não explica devidamente, concorreu para guindá-lo à vida política.

Tudo começou no final do ano de 1866, quando, em Pernambuco, ocorreram eleições gerais para a presidência da Província e de deputados à Assembléia Provincial. Terminada a apuração dos votos, verificou-se que fora eleito para presidente da Província o conselheiro Francisco de Paula Silveira Lobo, representante do partido dos progressistas. E entre os candidatos à Assembléia Provincial conseguira eleger-se o escritor Franklin Távora para a legislatura do biênio 1867-1868.

Esse acontecimento representou para aquele jovem de 25 anos de idade uma espécie de recuperação do perdido orgulho da condição de bacharel, pois, até ali, vivera sob o impacto da frustrante condição de inabilidade para o exercício da advocacia. A partir de então, aqueles que o viam com certa reserva, por ser apenas um revisor de provas de jornal ou um pretenso autor de dramas, poesias, romances em folhetins e atrevidos artigos sobre os mais variados assuntos, não tinham mais a mesma motivação de assacar-lhe mofas e ironias. O revisor de provas do *Jornal do Recife*, na qualidade de o mais jovem deputado, conquistara uma cadeira na Assembléia

Provincial. Nem tudo, porém, era alegria. Os conservadores, que não perdiam oportunidade de combater com rigor seus inimigos liberais, não assimilaram a vitória desse jovem bacharel. Tanto que no seu órgão de imprensa diária, mais tarde, quando se exaltaram os ânimos em torno da problemática da instrução pública, escreveriam: "Para mais vergonha de Pernambuco temos ainda de ver figurar o nome do autor de *A Trindade Maldita* no número dos eleitos pelo povo..."[1]

Além do mais, a vitória política de Franklin Távora foi conseqüência do seu esforço pessoal, isto é, da maneira como ele se revelara um talentoso articulista afeito às polêmicas e totalmente integrado à vida cultural da cidade do Recife. Na verdade ele pouco se utilizou do possível apoio que poderia ter desfrutado do seu tio João Borges da Silveira Távora, também deputado eleito à Assembléia Provincial pelo mesmo Partido Progressista.

A maior novidade, porém, surgiu nos primeiros dias do mês de janeiro de 1867, quando o presidente da Província, conselheiro Francisco de Paula Silveira Lobo, ao anunciar os nomes dos que, na qualidade de seus secretários e diretos colaboradores, comporiam o primeiro escalão do governo, incluiu o do deputado Franklin Távora para ocupar o cobiçado cargo de Diretor-Geral da Instrução Pública.

Entre os políticos, sempre habituados à prática de processos que se arrimavam no corporativismo e no fisiologismo, houve, por assim dizer, uma espécie de frustração de primeira hora e de continuado dissabor com o passar dos dias. A pergunta deles era: por que confiar a um jovem inexperiente, de apenas 25 anos, uma das mais importantes funções da administração pública da Província de Pernambuco?

Ao assumir a direção da Instrução Pública, Franklin Távora declarou à imprensa que pretendia levar a cabo, entre outras, as seguintes metas: reforma das próprias instalações da Diretoria-Geral, bem como dos diversos colégios a ela vinculados (inclusive reorganizando administrativamente as atribuições dos professores) e lutar pela aprovação dos princípios que possibilitassem a implantação efetiva da liberdade de ensino em Pernambuco.

Sobre o primeiro ponto abordado, já em maio de 1867, talvez temendo a repercussão de medidas desagradáveis que seria obrigado a tomar, Távora remeteu um relatório ao Presidente da Província, no qual, entre diversos pontos de interesse para a instrução pública, afirmava o seguinte:

> Era pouco lisonjeiro o estado da repartição (Diretoria-Geral da Instrução Pública) quando para lá entrei. O forro do teto estava a abater e dilacerado o das

---

1. *O Conservador*, Recife, 6.11.1867. Publicação a pedido, mas não assinada, p. 4.

paredes, que por sua vez o pó dos anos enegrecia. Dois toscos armários de madeira, desde o tempo dos jesuítas, encravados nas paredes, três portinholas de cubículo, poucas cadeiras, um armário grande, um sofazinho corroído pelo cupim, falta de tinteiro e livros para exames – eis a repartição em 1867[2].

Se era lamentável a situação dessa repartição, segundo a descrição sucinta mas precisa que já denunciava a presença de um estilo que amadurecia rapidamente, havia, ainda, umas tantas situações que mereciam destaque. Era costume, àquela época, usarem os diretores de repartições oficiais o poder ou o prestígio para angariar, uns alegando empréstimo, outros prometendo aquisição futura, bens de particulares, comerciantes ou não. Geralmente os livreiros eram os mais atingidos.

Diante da absoluta falta de ética, Franklin Távora, de maneira corajosa, denunciou tal expediente. Por isso, a fim de ressalvar responsabilidades, sobre o assunto apontou em seu relatório essa curiosa observação:

> Consigno aqui este fato, não como censura aos meus antecessores, mas para fazer ver a V. Excia. quão pouco tinha até esse tempo chegado para a Instrução Pública a renda para isso sempre chorada e minguada da Província[3].

No que diz respeito à recuperação de escolas e sobretudo no restabelecimento de aplicação dos critérios impostos pela nova lei, as coisas não foram fáceis. No momento em que ele tomou a primeira medida contra um mestre relapso, o mundo pareceu vir abaixo. Aconteceu que esse professor estava ligado aos opositores do novo governo, os conservadores.

Essas providências, segundo as palavras do Diretor-Geral, previamente discutidas e aprovadas pelo conselho diretor, de conformidade com a lei, funcionavam como diretrizes fundamentais em matéria de educação básica. Assim ditava a lei e não a vontade de um só. No mesmo relatório, tratando dessa questão da instrução, argumentava Franklin Távora:

> Restabeleci a lei que deu nova organização à instrução pública, nos diferentes pontos em que a mutilaram algumas resoluções do conselho diretor arvorado para isso em autoridade legislativa, quando a sua função deve ser meramente consultiva[4].

Mais tarde, quando as primeiras providências foram tomadas, sobretudo nas referentes à gestão administrativa da Instrução Pública, quando, por

---

2. Olívio Montenegro, *Memórias do Ginásio Pernambucano*, Recife, 1943, p 147.
3. *Idem.*
4. *Idem.*

várias razões, foi preciso tocar em alguns casos pessoais, então, a oposição, exercida pelos conservadores, arregimentou forças e concentrou todas as suas críticas ao novo Diretor-Geral. A ela juntavam-se as vozes daqueles que, em casos de reformas administrativas ou de começos de governos, são mais ou menos traumáticas, sempre provocando barulho em busca de algum proveito indefensável eticamente.

Todos os espaços foram utilizados pelos insatisfeitos. A quebra de privilégios causara uma verdadeira revolução nos costumes até então adotados. Ninguém queria acreditar que aquele jovem Diretor-Geral fosse capaz de mexer em problemas tão sérios. Quer na Assembléia Provincial, quer na imprensa as críticas multiplicaram-se de maneira impressionante.

O editorial de *O Conservador*, de 11 de setembro de 1867, escrito num estilo de aparente tom imparcial mas de nítido matiz oposicionista, afirmava, entre outras coisas, que

estava reservado para o Sr. João Franklin da Silveira Távora, atual Diretor da Instrução Pública, a deliciosa celebridade de se ver metralhado por todos os nossos órgãos de imprensa periódica, desrespeitado por todos os professores públicos da Província, sem exceção de um só, e chacoteado e aborrecido por quantos homens sérios a ele chegam[5].

Dizia, ainda, que o presidente da Província fizera a pior de suas escolhas, quando se detivera no nome do escritor Franklin Távora. E sem rodeios, perdiam o compasso do ritmo mais ou menos respeitoso que devia presidir assuntos daquela natureza e invadiam o claro terreno da pesada ironia, atingindo, já, a pessoa do próprio Presidente da Província:

Quem o diria! Que o homem escolhido a dedo pelo gênio perscrutador e lúcido do Sr. Conselheiro Silveira Lobo fosse provocar tamanho alvoroço. [E acrescentava:] São queixas de todas as partes. São processos, crimes intentados por professores contra o Diretor; são demissões propostas e dadas aos delegados literários honestíssimos e cheios de serviços; são injustiças clamorosas contra adversários políticos; são favores escandalosos aos amigos que o poder bafeja, e, o que depois de tudo faltava, era ver a Diretoria da Instrução Pública convertida em tribunal secreto de inconfidência. Tudo isso é do domínio público e os jornais de todas as cores têm se encarregado de denunciar os atos de exorbitância frenética do Diretor-Geral[6].

5. *O Conservador*, Recife, 11.9.1867, ano I, n. 10, p. 2.
6. *Idem*.

Quais foram, porém, as exorbitâncias cometidas por Franklin Távora, na condição de Diretor-Geral da Instrução Pública, capazes de provocar tamanha ira?

A resposta foi documentada pela própria imprensa.

Tudo começou quando o Diretor-Geral da Instrução Pública, usando de suas atribuições legais, demitiu o professor Ivo Pinto de Miranda, lotado em Água Preta, no interior da Província. A defesa em favor do professor surgiu de imediato no jornal *O Conservador*, pelo que o Diretor-Geral apresentou uma justificativa nas páginas do *Jornal do Recife*, alegando ter apenas restabelecido a disciplina e a moralidade no ensino, porquanto

> dos autos constam que o recorrente (o professor Ivo Pinto de Miranda) é vacinador, compra e revende algodão, tem estabelecimento de molhados e fazenda naquela vila; é agente dos correios; é advogado provisionado da comarca de Rio Formoso, e mais, há 16 anos que exercendo o magistério não deu ainda um só aluno habilitado, o que se compreende ser resultado das freqüentes distrações com as ditas comerciais e industriais de suas vindas ao Recife, três ou quatro vezes durante o mês para tratar de negócios. [...] Deste modo, tenho que o recorrente infringiu o disposto nos artigos 33, 67 e 94, da Lei n. 379[7].

A essas explicações, no dia seguinte, o jornal *O Conservador* voltava ao assunto afirmando que não via em que dita informação "escrita no bom e admirável estilo do autor de *A Casa de Palha* atenue a acusação de injusta e parcial que o Sr. Távora acabe pela perseguição, que fez ao dito professor"[8].

E insistia acoimando de inepta a explicação do Diretor-Geral da Instrução Pública. Mas não se limitava a ficar no terreno das disposições legais pertinentes ao ato de demissão. Trazia ao domínio público outros aspectos da vida do Diretor, atacando o mérito de sua obra literária:

> Quem se der ao trabalho de ler esta peça (a defesa de Franklin Távora), digna, sem dúvida, do autor de *A Trindade Maldita*, não poderá deixar de exclamar conosco: – Santo Deus! Como é que se nomeia e se conserva um homem, como o Sr. Franklin Távora, em um cargo tão importante, qual o de Diretor-Geral da Instrução Pública da Província de Pernambuco?!![9]

Também no *Diário de Pernambuco*, no dia 24 de agosto de 1867, apareceu um artigo assinado por alguém que usava o pseudônimo de "Um

---

7. *Jornal do Recife*, de 23.8.1867.
8. *O Conservador*, Recife, 24.8.1867.
9. *Idem*, 31.8.1867.

pai de família", defendendo a atitude do Diretor-Geral da Instrução Pública. Em resposta, o *Conservador* advertiu os seus leitores para o seguinte:

> Agora duas palavras ao articulista que apareceu no *Diário de Pernambuco* de 24 do corrente, sob o pseudônimo de "Um pai de família", que outro não parece ser senão o mesmo Sr. Franklin Távora ou algum satélite seu.

E mais adiante, no mesmo artigo, revelava:

> Se o Sr. Távora é tão enérgico e justiceiro como se apregoa, porque não procede ele com a mesma altivez e sede de justiça contra o professor de Vicência, José Francisco de Souza, que aliás não tem o critério do professor Ivo Pinto de Miranda, que vive ali, segundo é público, amasiado na própria casa da escola com duas mulheres irmãs, das quais tem filhos, empregando a maior parte do tempo em jogos? Por que razão fez demitir o delegado literário de Nazaré, o Dr. José Inácio de Andrade Lima, moço honrado e distinto? Seria porque informou contra esse professor que é ligeiro e por conseguinte inviolável?[10]

A campanha dos conservadores não parou por aí. A 11 de setembro voltariam com outro longo editorial intitulado "Instrução Pública", desta vez dirigido, em forma de apelo, ao próprio Presidente da Província, conselheiro Silveira Lobo. Após qualificar o processo de demissão do professor Ivo Pinto de Miranda de expediente traiçoeiro e de loucura praticada por Franklin Távora e de ironizar as considerações que o Presidente fizera a respeito do jovem deputado e Diretor-Geral da Instrução Pública, chamando-o de "menino esperançoso", concluía:

> Verdade, verdade, Sr. Presidente: tudo quanto quiser o Sr. Franklin Távora – revisor, dobrador de jornais, escritor de romances de pulhas, tudo, tudo, até tesoureiro das almas, se quiser, mas, Diretor da Instrução Pública de Pernambuco na situação que ele mesmo criou? Pelo amor de Deus, Sr. Presidente! Pelo amor de Deus!![11]

As acusações não pararam por aí. Muitos outros artigos apareceram, quase sempre publicados no jornal dos conservadores, todos, insistindo, de maneira sistemática, no absurdo que fora a demissão do professor Ivo Pinto de Miranda.

Curiosamente, só a partir deste editorial aparecia a inicial "Z" figurando como responsável pela autoria. Vejamos a sua conclusão para destacar o sentido

---

10. *Idem*, 31.8.1867.
11. *Idem*, 11.9.1867.

iracundo de que estão impregnadas as palavras do articulista que, além do mais, procurava confundir o presente com o passado de Franklin Távora:

> É que o Diretor-Geral da Instrução Pública tinha fina educação, inteligência e sobretudo uma reputação bem firmada e nenhum homem nessas condições deixa de respeitar a lei e os direitos de seus subordinados para se tornar instrumento de paixões ruins de um régulo de aldeia a troco de sua candidatura para Deputado Provincial. É desta forma que o Sr. Franklin Távora quer reabilitar a moralidade do ensino? É uma petulância! O revisor de provas do *Jornal do Recife* querendo vigiar as obras dos Drs. Tomás de Noronha, Vigário Barreto, Padre Lopes Gama, Maciel Monteiro, e outros caracteres que se acharam à testa da Instrução Pública de Pernambuco. *Oh tempora, oh moris*...[12]

Também nos jornais *Opinião Nacional*, *Diário de Pernambuco* e *Gazetilha do Recife*, apareceram artigos de pesada crítica contra os atos meramente administrativos praticados por Franklin Távora na condição de Diretor-Geral da Instrução Pública. Referiam-se a pequenos casos, tais como férias, ausências injustificadas de funcionários ao expediente, redução arbitrária de horário de trabalho sem amparo legal, excesso de pessoal lotado na Diretoria etc.

Alguns desses artigos, assinados por alguém que usava o pseudônimo Certus, diziam que essas questiúnculas assumiram provocações verdadeiramente sérias, como a que insinuava haver má aplicação de dinheiro público. Era acusação sem fundamento, que tinha o único objetivo de atiçar a fogueira das infundadas acusações orquestradas pelos políticos que brigavam por cargos públicos:

> O Sr. Távora é muito amigo das franquezas públicas, gosta de cortar largo na receita da Província, sem dúvida alguma, a força do hábito em que está ele de gastar dinheiro o obriga a tais liberalidades[13].

E entre as dezenas de artigos, cada vez mais ácidos e raivosos não só atacavam os atos administrativos praticadas pelo Diretor-Geral da Instrução Pública, mas tentavam desmerecer e menosprezar o sentido de suas obras literárias:

> Bem longe estávamos de supor que Pernambuco, por uma dessas infelicidades que o perseguem, teria o Sr. Franklin Távora, quando em diversos círculos ouvía-

---

12. *Idem*, 21.9.1867.
13. *Opinião Nacional*, Recife, 27.6.1868.

mos, de estigmatizar uma obra imoral que Sua Senhoria dera à luz com o título de *A Trindade Maldita*. Correram os tempos e por uma estrela verdadeira maldita, foi efetivamente o Sr. Távora nomeado Diretor-Geral da Instrução em Pernambuco[14].

A história da educação em Pernambuco, porém, em que pese à falta de livros que a registre numa perspectiva que indique uma visão de conjunto, nem por isso deixou de fazer justiça a Franklin Távora. Assim se pronunciou Olívio Montenegro:

> Ocupava o lugar de Diretor-Geral da Instrução Pública, nomeado em janeiro de 1867, uma das mais grandes figuras do romance brasileiro, João Franklin da Silveira Távora, em quem Sílvio Romero via o criador da literatura do Norte. E curioso: é o autor de *O Matuto*, e de *O Cabeleira*, o crítico das *Cartas a Cincinato*, quem põe ordem à diretoria do ensino público provincial, quem a organiza materialmente e dá-lhe uma dignidade burocrática[15].

A observação do crítico pernambucano não se limitou a questões de natureza administrativa. Atingiu também a parte do ensino propriamente dito. E por isso registrou:

> Na parte de ensino não foi menos saneadora a ação de Franklin Távora procurando uniformizar a instrução primária, e limitando, de acordo com a lei, as atribuições do conselho diretor, que ditava em matéria de instrução como órgão supremo[16].

E do esforço de Franklin Távora, apesar das críticas de seus inimigos políticos ou não, os frutos apareceram. E entre eles surgiu um fato novo no horizonte da educação pernambucana. O cenário foi o recinto da Assembléia Provincial durante a legislatura de 1868 e o tema, a liberdade de ensino.

Esses acontecimentos, de certo modo, ganharam tanta importância e protagonismo nos meios políticos e culturais de Pernambuco que os conservadores, de repente, esqueceram o caso do professor de Água Preta, sr. Ivo Pinto de Miranda, e debruçaram-se sobre essa questão maior: dar ou não liberdade de ensino à instrução pública. A questão era grave porque o defensor da idéia chamava-se João Franklin da Silveira Távora.

---

14. *O Conservador*, Recife, 25.9.1867.
15. Olívio Montenegro, *op. cit.*, p. 146.
16. *Idem*, p. 147.

15. A Liberdade de Ensino

> *Quero o ensino livre porque quero que se emancipe o que está escravizado. Quero o ensino livre porque quero luz igual e geral para todas as inteligências e liberdade esclarecida para todos os corações.*
> FRANKLIN TÁVORA, *A Liberdade de Ensino*.

Se fosse preciso qualificar, de alguma maneira, dentro de uma perspectiva da história da educação em Pernambuco, essa época vivida por Franklin Távora, não resta dúvida de que a melhor escolha seria chamá-la de "o tempo da palmatória".

A prática de uma pedagogia em que predominava o elemento persuasivo da aprendizagem escorado, quase que fundamentalmente, no rigor do castigo corporal estava tão arraigada entre pais e mestres que, naquelas décadas, um professor, ao divulgar as suas habilidades, muitas vezes, o fazia defendendo tais procedimentos.

Uma dessas situações apresentava-se, por exemplo, consignada nesse anúncio de jornal:

> Uma pessoa capaz e com as condições precisas propõe-se, mais por entreter o tempo do que pelo interesse que lhe possa resultar, a ensinar em sua casa as primeiras letras até ao prefixo número de 20 alunos. Rua da Alegria, segunda casa ao lado esquerdo, indo da Ribeira. A assiduidade e o método que pretende empregar não deixará de produzir em breve prazo os melhores resultados[1].

Aqui, não precisa esclarecer que a expressão – "o método que pretende empregar" – poderá ser traduzido apenas como a utilização da "santa" palmatória.

---

1. Mário Sette, *Arruar*, 3. ed. aumentada, Rio de Janeiro, Livraria-Editora da Casa do Estudante do Brasil, s.d., p. 290.

Um segundo caso ilustraria o lado oposto da questão do ensino de então. O professor Antonio Gonçalves Domingues, desprezando o emprego da férula, divulgava as suas habilidades de bom mestre em versinhos como estes:

> Qualquer bichano careta
> abre hoje uma escola
> e de palmatória em punho
> nos alunos bate sola.
> E os coitados dos meninos,
> por não saberem a lição,
> vivem sofrendo o castigo
> desta nova inquisição.
> Pois que são inquisidores
> os mestres que por aí há
> que julgam que mais ensina
> quem mais nos alunos dá[2].

Não era pequeno o número de escolas no Recife nos começos da década de 1860. Existiam cerca de 100 escolas com a freqüência contada de 3.568 alunos. Dez anos depois o número subia para 269 escolas e o dos alunos ultrapassava 9.800. A atividade era tão lucrativa e procurada que até Tobias Barreto, ainda aluno da Faculdade de Direito, fundou um colégio – o 25 de Março – que funcionou na Praça Conde d'Eu[3].

Eram tantas as críticas que se faziam ao ensino, sobretudo ao particular, que nessa época sempre corriam versos impressos denunciando descasos que mereciam reparo. Eis alguns:

> A instrução secundária
> vai por aí muito mal,
> o estudo é tal ou qual,
> mas ostenta-se garboso
> monopólio escandaloso[4].

Diante da situação, a partir de 1868 o então deputado Franklin Távora, na condição de Diretor-Geral da Instrução Pública, resolveu enfrentar o problema. E a maneira encontrada, além da positiva reorganização da instrução pública de Pernambuco que levara a efeito no ano anterior, foi a de dar tramitação a

---

2. *Idem*, p. 291.
3. *Idem*, p. 297.
4. *Idem*, p. 301.

projeto que visava à reforma da educação mediante a implantação de princípios reguladores e modernos baseados na liberdade do ensino.

A liberdade de ensino, na verdade, não foi um projeto de autoria de Franklin Távora. Já desde 1865 que aguardava tramitação na Assembléia Provincial consubstanciada num projeto que preconizava alterações na instrução pública[5].

De Franklin Távora, no entanto, foi o substitutivo oferecido à segunda discussão pela Assembléia Provincial em 26 de abril de 1868. Nessas discussões, sobretudo quando intervinha o deputado conservador Silva Ramos, que nem sempre conseguia conter suas emoções e em mais de uma ocasião chegou a agredir Franklin Távora, indo às vias de fato. As cenas foram deploráveis, apesar do louvável esforço moderador do então presidente da Assembléia Provincial, sr. Augusto Leal.

As bases da proposta de Franklin Távora para a liberdade de ensino constavam de alguns pontos que mais se assemelhavam a programa ou manifesto, mas sem a presença do ranço político, porque, na verdade, se restringia a um objetivo preciso: a instrução primária e secundária mantida e fiscalizada pelo poder público.

Isso, no entanto, não impedia que nos princípios e meandros de suas coerentes argumentações entrassem diversas doutrinas políticas, filosóficas e até utopias que se perdiam no idealismo de alguns escritores famosos, como foi o caso de Victor Hugo.

As doutrinas políticas fundavam-se em alguns princípios já amplamente divulgados, como os decorrentes do pensamento de Thomas Carlyle, citado no relatório já referido que Távora remetera ao Presidente da Província em maio de 1867, para não falar de brasileiros, tais como Aprígio Guimarães e Liberato Barroso, este o autor de um livro intitulado *A Instrução Pública no Brasil*. E tanto naquele relatório, corajoso e erudito para os que apoiavam o governo e afoito e descabido para os conservadores que o criticavam, a verdade estava com o ensaísta inglês que, num tom convincente, afirmava que "da moralidade ou da imoralidade das classes inferiores dependem hoje os destinos dos reinos e das repúblicas. A América só é feliz porque não tem canalhas"[6]. E numa conclusão repentina e abrupta, o jovem Diretor da Instrução Pública, assustando os seus colegas deputados, arrematava perante a Assembléia Provincial, dando a entender que o Brasil só seria feliz quando

5. Projeto n. 46, de 1865, apresentado à Assembléia Provincial de Pernambuco.
6. Franklin Távora, *A Liberdade de Ensino*, Recife, Typographia do Jornal do Recife, 1868. Discurso proferido na Assembléia Provincial de Pernambuco, trazendo um prefácio assinado pelas iniciais A. de B.

acabasse com os seus canalhas. Para isso, insistia, era preciso adotar a liberdade de ensino.

E, a partir dessa argumentação carlyleana, elevava a voz, quase que gritando palavras de ordem que soavam como um clamor em favor da sempre esperada liberdade: "Quero o ensino livre porque quero um adubo de liberdade em tudo"[7].

Esse adubo naturalmente apoiava-se num amplo e mútuo entendimento daquilo que os filósofos chamavam de liberdade. Claro que o conceito em Távora, aparecendo de forma generalizada, abrangia os vários estágios em que se poderiam resumir, pelo menos, os três momentos tradicionais: a liberdade natural, a liberdade social e a liberdade pessoal.

Na primeira, encontrava-se a idéia básica de que há uma ordem cósmica predeterminada e invariável, na qual agentes como o Destino e a própria Natureza agem de forma imponderável, de tal sorte que a interferência humana nada pode fazer. Tudo se passava como se, para determinados acontecimentos, fôssemos apenas espectadores de nossas vidas.

A segunda, a social, que também receberia uma nítida conotação política, porque afetaria a sociedade como um todo, estaria ligada diretamente aos princípios da autonomia e da independência, no sentido de que cada estado, comunidade ou cidade-estado alcançaria os meios de gerir e pôr em movimento suas próprias leis.

Na última modalidade, o homem afirmaria a sua condição individual, agindo, assim, em consonância com a independência e a autonomia que lhe fossem dado desfrutar, mas sem quebrar os vínculos estabelecidos com o todo da sociedade num estado de co-responsabilidade social. A harmonia entre o individual e o social seria sempre o objetivo buscado e aperfeiçoado.

Nesse sentido, havia na proposta de Franklin Távora uma clara preocupação com a assimilação de idéias difundidas pelos modernos socialistas franceses, sobretudo os utópicos que encontravam em muitas obras literárias espaços que se revestiam quase de um toque de proselitismo programático.

Um bom exemplo desse entusiasmo programático transformado em palavras de boa eloqüência eram as tiradas do preâmbulo do longo discurso pronunciado por Franklin Távora na Assembléia Provincial de Pernambuco em defesa das idéias da liberdade do ensino. Nelas havia uma ressonância ou eco liberal que mais buscava a liberdade do próprio homem como um ser social, total, como se o destinatário fosse a própria humanidade, do que o restrito espaço da liberdade de ensino proposta para a sua Província:

---

7. Idem, p. 5.

Quero o ensino livre – dizia o Diretor-Geral da Instrução Pública – porque quero a instrução do povo, isto é, a nação em peso conhecendo os homens e as cousas, conhecendo a si mesma e a sua política, sabendo como vão sendo administrados os afazeres públicos e como os seus representantes cumprem o mandato da soberania[8].

Foram vários argumentos de Victor Hugo que Távora utilizou para defender as mudanças no ensino no Brasil. Vejamos os trechos de alguns momentos da discussão na Assembléia Provincial, em função de um aparte do deputado Ermírio Coutinho, que antes, com outros opositores, tentou, a todo custo, não só impedir o prosseguimento do raciocínio do Diretor-Geral da Instrução Pública, mas a própria aprovação da matéria:

O Sr. Ermírio Coutinho – Mesmo porque a época é de liberdade para tudo...
O Sr. Lopes Machado – Mas, de liberdade, bem entendido.
O Sr. Franklin Távora – Não cito, Sr. Presidente, o nome autorizado e admirado de Victor Hugo, senão com o fim de ler perante a Casa o tópico de seu discurso, que concerne à liberdade de ensino; e peço a Vossa Excelência que me deixe fazer essa leitura. Em 1850, Victor Hugo dizia na Câmara francesa, sobre um projeto a respeito mais ou menos desta matéria: (Lê) "Eis como eu compreenderia a educação pública nacional. Ao lado dessa magnífica instrução gratuita, solicitando os espíritos de toda ordem, oferecida pelo Estado, dando a todos por nada, os melhores métodos e os melhores mestres, modelo de ciência e de disciplina, normal, francesa, cristã, liberal, que elevaria sem dúvida nenhuma o gênio nacional à sua mais alta soma de intensidade, eu colocaria sem hesitar a liberdade de ensino para as corporações religiosas, a liberdade de ensino plena, inteira, absoluta, como todas as outras liberdades etc.[9]

Franklin Távora, após exaustivos debates, ia, pouco a pouco, construindo os alicerces de uma base sólida de argumentos invencíveis diante daquele plenário. E baseado na posição hugoana, expunha o seu ponto de vista com estas ponderações:

Subscrevo, Sr. Presidente, a todas essas idéias apenas com uma ligeira modificação de que adiante falarei. Como representante mais imediato dos interesses do povo, peço a liberdade do ensino desde as mais elevadas até as mais humildes regiões; peço a liberdade de ensino desde a capital da Província até ao arrabalde; desde o arrabalde até à vila remota; desde a vila remota até à povoação solitária, perdida nos seios dos matos; desde a povoação até... o deserto.

8. *Idem*, p. 3.
9. *Idem, ibidem*.

Quando o orador disse a palavra "deserto" houve na Assembléia um grande murmúrio e até gargalhadas. E, outra vez, as discussões ganharam corpo, mas só de modo aparente interromperam a argumentação do orador.

Então, o deputado Lopes Machado, de imediato, o interpelou:

O Sr. Lopes Machado – Mesmo no deserto?
O Sr. Franklin Távora – Sim. Mesmo no deserto. Não sabe Vossa Excelência que os desertos obedecem a uma tendência natural e providencial de povoarem-se? Mesmo ali, se instalada uma escola, mais o deserto se povoará. Uma escola é um núcleo, uma escola tem força de atração.
O Sr. Ermírio Coutinho – Os desertos povoados deixarão de ser desertos.
O Sr. Franklin Távora – E, pois, Sr. Presidente, que haja o ensino livre desde a grande propriedade do rico fazendeiro plantada no eixo da montanha até a palhoça do pobre e rude campesino que se esconde no fundo do vale. Tenho lembrança de ter lido algures a um parlamentar, sem dúvida distinto, estas palavras que me ficaram gravadas na consciência: o dever de todos nós, quem quer que sejamos, legisladores ou bispos, padres ou escritores, é defender, derramar, prodigalizar, sob todas as formas, toda a energia social para combater e destruir a miséria. Pois bem, instituir o ensino livre é ter assegurado a muitos homens mais um meio de vida, e meio honesto e elevado[10].

E para que os argumentos não se fundassem apenas em pontos estranhos à realidade brasileira, Franklin Távora buscou apoio no conselheiro Liberato Barroso, que já escrevera sobre o assunto:

O Sr. Franklin Távora – A vigilância do Estado, exigindo qualidades determinadas dos indivíduos que se dedicam ao magistério, é um direito de ordem pública; mas o exercício desse direito não deve estender até embaraçar o desenvolvimento e propagação do ensino. Ao critério do legislador compete apreciar o grau de civilização e as circunstâncias do povo para quem legisla. Limitar a esfera do ensino privado, quando o ensino oficial não satisfaz a todas as necessidades, é preservar a ignorância[11].

E, continuando, Távora desceu aos detalhes da realidade social da Província pernambucana, proclamando a necessidade de que a instrução oficial alcançasse níveis de qualidade indispensáveis ao ensino particular:

Onde haja um menino analfabeto é preciso um mestre; se o Estado não pode dar, deve permitir que alguém o dê. [...] Devo também lembrar nesta ocasião o

---

10. *Idem*, p. 6.
11. *Idem*, p. 7.

seguinte fragmento de um dos relatórios do Diretor-Geral da Instrução Pública: o magistério particular anda entre nós escravizado por lei; e mesmo assim prospera mais que o magistério público. Tal é a sua força! Dê-se-lhe carta de alforria e muito mais se desenvolverá. Este, vai sendo o voto do Brasil[12].

E aqui cabe perguntar: qual era a restrição que Távora disse impor às sábias considerações de Victor Hugo, no que respeita à liberdade de ensino?

A limitação à liberdade de ensino defendida por ele se referia à fiscalização por parte do Estado. Como a competência para discussão e aprovação de leis sobre essa matéria era das Assembléias Provinciais e não do Império, Távora votava no sentido de que à Província coubesse o poder de inspecionar a aplicação da lei sobre a liberdade de ensino.

Eis a restrição que faço àquelas idéias de Victor Hugo, sim; sem essa inspeção poderia tornar-se com efeito nociva essa liberdade pelo abuso, e, depois não sei que nenhum presidente tenha mais extensão e idoneidade de vistas para conhecer o espírito da Província do que uma Assembléia, que se acha identificada e, por assim dizer, mais em conchego com o próprio espírito da Província, que discute, que, enfim, é menos susceptível de estar em erro e levar-se pelo capricho[13].

Há, ainda, nas palavras de Franklin Távora pronunciadas perante a Assembléia Provincial de Pernambuco nesse dia, uma consideração a propósito da prevalência de idéias brasileiras em detrimento de uma injustificável mania de pensar por aqui que tudo o que vem da Europa é melhor para nós. Essa corajosa e lúcida posição, em alguns aspectos, terminaria consolidando o caráter e a personalidade do romancista que defenderia até o fim da vida a predominância de algumas regiões culturais brasileiras sobre outras. Defendeu, assim, uma maior fixação do sentimento brasileiro não a partir de uma única visão nacional, mas de várias situações regionais que melhor abrangeriam as nossas diversas cores e manifestações culturais e artísticas. Essas idéias, ele, mais tarde, as chamaria, na área específica das letras, de literatura do Norte. Norte não como repositório de uma literatura brasileira, mas como um aspecto preponderante da literatura nacional. Mas esse é um assunto que terá o seu momento próprio mais adiante. A posição de Távora visava a arredar, desde logo, a idéia de que qualquer ponto de vista europeu seria interessante porque vinha da França, da Inglaterra ou de outro país do velho mundo. E, por isso, argumentava:

12. *Idem*, p. 7.
13. *Idem*, p. 8.

Sr. Presidente, respeito muito a Europa, vejo nela distintamente um foco de luz; mas é coisa que se deve notar que essa luz que na Europa tem tanta força de fecundidade, pode não ter, e, com efeito não tem, os mesmos resultados na América. A distância que se estende do velho ao novo continente é imensa e essa luz pode chegar aqui no mesmo grau de calor ou intensidade, mas sem trazer notáveis modificações. [...] Fazendo a aplicação, Sr. Presidente, direi não que o começo da sabedoria para um legislador americano seja esquecer-se de que existe a Europa, mas sim que deve ser lembrado de que a América não deve estar com os olhos só fixos na Europa; que não deve estar por sistema a querer contornar seus aperfeiçoamentos pelos reflexos da civilização do velho mundo; que não pode querer absolutamente modelar-se em tudo e por tudo no tipo de desenvolvimento europeu. Antes de tudo, a América deve refletir que é América, que suas tendências são outras, seus costumes e índoles são outros[14].

A discussão, ao passar por paralelos entre a Europa e a América, num determinado momento, desviou-se para aspectos mais gerais da aplicação da liberdade entre os diversos países que formam esses blocos continentais. E mesmo assim, entre inúmeros apartes exaltados, Franklin Távora manteve-se coerente com suas idéias, sem perder o equilíbrio emocional e, acima de tudo, firme na exposição de temas que exigiam sólidos conhecimentos históricos.

O Sr. Franklin Távora – Mas, Sr. Presidente, disse eu que mostraria a diferença entre a política européia e a política americana. E sim. Abro a história e vejo Luiz XIV dizer que o Estado era ele. Vejo Maquiavel dizer que a política é a arte de enganar. Vejo Carlos XII dizer que a sua política é a sua espada. Eis a política da Europa. [*Aqui os apartes se cruzam e cria-se uma certa confusão. Em seguida o orador recomeça.*] Abro a história e vejo Lincoln, o venerado Lincoln, dizer que a verdadeira base da política é a fraternidade. Eis a política da América.
Um Sr. Deputado – V. Excia. está comparando o passado com o presente.
O Sr. Franklin Távora – A política americana, em todos os tempos, foi a da liberdade desde os doze puritanos que fundaram Filadélfia e New York até Lincoln. Tem sido sempre essa política larga[15].

Após longa discussão sobre as diferenças das liberdades políticas entre a Europa e a América, a Assembléia voltou ao tema específico da liberdade de ensino.

O Sr. Franklin Távora – [...] Para tanto, Sr. Presidente, venha o ensino livre e só o ensino livre, como a política livre, é apropriado às tendências americanas e

---
14. *Idem, ibidem.*
15. *Idem,* p. 10.

só o ensino livre pode satisfazer e prover as necessidades da instrução popular, como a política livre as necessidades sociais no Brasil.

O Sr. Armindo Tavares – O nobre deputado quer o ensino livre sem inspeção nenhuma do Estado?

O Sr. Franklin Távora – Eu lhe digo: quero que seja o ensino livre primário e secundário em todos os pontos da Província e quero que seja obrigatório o ensino primário oficial não por toda parte, segundo a legislação atual da Província, porque num país pouco povoado, como o Brasil, seria inútil e inexeqüível, mas nas cidades velhas e povoações, isto é, onde quer que haja escola, ou pelo menos, até um quarto de légua, ou mais de distância de uma escola.

O Sr. Armindo Tavares – Neste caso já se vê que a liberdade não é plena.

O Sr. Franklin Távora – É tão plena quanto é suficiente para realizar a instrução popular. E de certo, que prejuízo pode trazer à instrução do governo? Senhor, quem quiser ensinar o pode livremente, sem ter que pedir licença ou prestar-se a exame de habilitação e apenas com a sua condição de ordem pública, de submeter-se à inspeção do governo. Em que pode prejudicar a liberdade essa diminuta e razoável restrição?[16]

Em resposta à pergunta, houve confusão no plenário, lembrando, a seguir, o deputado Lopes Machado que o Presidente da Província do Amazonas não sancionara a lei de liberdade de ensino no sentido em que se conduzia a discussão ali, naquele momento. Outra vez, serenados os ânimos, o Sr. Presidente facultou a palavra ao orador:

O Sr. Franklin Távora – Mas, Sr. Presidente, creio que a questão se move nesses termos: tem qualquer pessoa o direito de ensinar livremente? Sim, porque tem o direito de liberdade, direito absoluto e inerente a todo homem. E em que consiste o direito de liberdade? Em fazer tudo o que não prejudica a outrem, diz Stuart Mill. Logo, enquanto se não provar que o exercício desse direito prejudica a outrem, ninguém pode restringi-lo, nem mesmo o poder público. Mas, não haverá caso em que o poder público tenha o direito de impedir o exercício da liberdade individual? Sem dúvida: todos aqueles em que esse exercício vá prejudicar a alguém. Porém a liberdade de ensino não exclui esses casos, pelo contrário, reconhece o direito do poder público desde que se submeta à inspeção. Bem se vê de tudo isso que estão aqui perfeitamente harmonizados o direito individual com o direito social. Diz o indivíduo ao Estado: "antes de provar-se que o meu ensino prejudica a alguém, não tendes o direito de impedir que eu ensine". Diz o Estado ao indivíduo: "está provado pela inspeção que o vosso ensino é perigoso, subversivo, e então em nome do interesse do maior número vos intimo que não continues". Isso se compreende. Mas, vir o Estado dizer: "não podeis ensinar sem que eu verifique primeiro se tendes as preciosas habilitações", não. Isto fora um extremo como seria também

---

16. *Idem, ibidem.*

um extremo o querer o indivíduo que de modo nenhum o Estado entendesse com o ensino particular, ele que tem a suprema inspeção em tudo.

Sr. Presidente, há homens que entendem que a Humanidade deve estar sempre presa ao rochedo, como o paciente da mitologia ao rochedo das práticas cediças; para quem libertar-se do jogo de doutrinas obsoletas e encanecidas é cair inevitavelmente no absurdo ou voar para a utopia. Falo com relação à oposição que tem havido à aceitação do ensino livre. [...] A Humanidade na sua marcha progressiva tem todo o direito de reformar. O que produziu ontem um proveito, pode e deve mesmo hoje não produzi-lo mais, porque o tempo modifica tudo, os tempos mudam tudo, e com as mudanças, com as transformações, vem a perfeição. Que prejuízo pode haver para a sociedade em iniciar-se uma idéia nova? Nenhum. Se ela deve ser aceita, sê-lo-á. Se não, a sociedade tem o direito de rejeitá-la. Venham, pois, as reformas pacíficas pelas idéias e pela discussão.

Sr. Presidente, eu poderia dizer mais alguma coisa sobre o assunto, porém, tendo quase como certo, que alguém sairá em oposição a estas idéias, aguardar-me-ei para então desenvolver mais a questão[17].

E não se equivocara em relação à tremenda oposição que provocaram suas idéias.

No dia 20 de maio veio abrir novamente a discussão, desta vez tendo como orador o seu ferrenho opositor, deputado Silva Ramos. Mais uma vez, este manifestou-se de forma agressiva, preferindo o esforço físico ao verbal ou intelectual. Contidos pelos presentes, a discussão teve continuidade.

O fracasso de Ramos na condução do tema sobre a liberdade de ensino foi tão manifesto que nem o jornal *O Conservador*, sempre contrário a Franklin Távora, conseguiu esconder a vantagem deste:

O Sr. Dr. Ramos esforçou-se o quanto pôde para machucar o Sr. Távora e o conseguiu de modo a produzir sensação nos espectadores. Estão, portanto, justificados aqueles que censuraram a nomeação do Sr. Távora para um cargo importante, que requer um homem feito de saber inquestionável. É pena, porém, que no Sr. Dr. Ramos não atuasse o sentimento da justiça e sim o de despeito[18].

Como era de esperar, nos dias subseqüentes, surgiram outras repercussões pela imprensa. Todos os jornais dedicaram destaque ao assunto, mas nenhum o fez com tanta ênfase como *O Conservador* que, através de longos e intermináveis editoriais, publicados durante vários dias, sob o título cla-

---

17. *Idem*, p. 15.
18. *O Conservador*, Recife, 23 de maio de 1868.

ramente pejorativo de *Tavorada*[19], atacava com veemência a pessoa do Diretor-Geral da Instrução Pública e, inclusive, a sua obra literária.

O mais evidente sinal de parcialidade, todavia, apareceu no mesmo jornal que, como sempre vinha fazendo, preferiu desconhecer os aspectos sérios da questão e divulgou apenas as matérias que punham em ridículo a imagem do deputado Franklin Távora. Então, em vez de publicar com imparcialidade os fatos reais, estampou um folhetim, em forma de cordel, anônimo, antecedido da seguinte nota explicativa, toda ela marcada por uma pesada e despropositada ironia:

As belezas do interessantíssimo e eloqüentíssimo e sapientíssimo discurso do Sr. Franklin Távora sobre a liberdade do ensino fizeram estremecer as cordas de minha lira que jazia num canto enferrujada e muda. E cantei, a bom cantar, porque a inspiração de meu espírito até aos meus últimos escaninhos (se há escaninhos) foi uma verdadeira desgraça[20].

Todo esse longo entrecho aparecia em forma de manchete, em caixa alta, para, em seguida, vir o texto explicativo propriamente dito.

Há uma certa ordem de gente que em tudo descobre alusões e parece ter vindo ao mundo para comprometimento dos outros. Tenho o direito de falar assim porque fui vítima dessa raça de descobridores de mel de pão. Eis o caso: o Dr. Franklin

19. *O Conservador* dedicou amplos espaços ao assunto, principalmente nas edições dos dias 3 de junho de 1868, 27 de junho de 1868, 11 de julho de 1868 etc.
20. O jornal *O Conservador*, de 3 de junho de 1868, a propósito do discurso de Franklin Távora sobre a liberdade de ensino na Assembléia Provincial publicou um longo e ofensivo "Cordel", sem divulgar o nome do autor, mas com um claro deboche ao retrato de Távora como revela esta quadra:

Sobe o orador à tribuna
De picinez ao nariz
E logo a casa ressona
Com a sua voz de sanfona
O seu grande discurso diz.

No mesmo jornal, na edição de 20 de junho de 1868, apareceu outro cáustico cordel contra Távora que finalizava assim:

Glória, orador sublime,
O renome já é certo
Há de ter por seu trabalho
Sobre um tronco de carvalho
Uma estátua no deserto.

Távora proclamou na Assembléia Provincial a necessidade de escolas no deserto. Achei a idéia grandiosa e sublime, porque na realização dela vi a instrução de toda a bicharia que formiga pelos matos e então pintei do melhor modo que pude o momento de uma escola no deserto. Daí a necessidade de falar de diversos futuros estudantes da escola do Dr. Távora, isto é, os gandulos, os calangros, as cutias, os macacos, os tamanduás, as guaribas, as raposas. E, por liberdade poética, fui até buscar para os desertos de cá os leões do deserto desse mundo d'além mar. Pois bem, reproduziram o meu folhetim a uma espécie de aparelho fotográfico e de cada bicho do mato que nele havia fizeram um retrato, dando a cada um deles o nome de um bicho da cidade. Não há mais comprometimento. Maldito seja o discurso do Dr. Franklin Távora, como *maldita* era a sua *trindade*[21].

As cobranças políticas dos conservadores continuaram aparecendo na imprensa, mas sem o entusiasmo dos mais atuantes figurões desse partido. Por que temiam dar prosseguimento a tais estocadas? O próprio dr. Silva Ramos, por manter interesses junto à Companhia Pernambucana, entidade que cuidava da implantação e administração do transporte ferroviário do grande Recife, silenciou e sequer mandou publicar seu discurso e debates ocorridos na Assembléia Provincial, quando contendeu duramente com Franklin Távora. Insinuou-se na própria imprensa conservadora que ele estaria temendo a simpatia que o presidente da Assembléia Provincial, dr. Augusto Leal, um dos mais influentes na Companhia Pernambucana, mantinha pelos Távoras.

Por sua vez, no *Jornal do Recife* o tio de Franklin Távora, o também deputado João Borges da Silveira Távora, veio a público em defesa dos pronunciamentos do sobrinho deputado. Em resposta, o jornal *O Conservador* limitou-se a dar uma nota em que afirmava, entre outras coisas, que o Partido Progressista parecia um pardieiro velho que desabava, assim mesmo, alimentando campanha infame contra os conservadores. E acrescentava:

> Faz vergonha pertencer a um partido que tem por chefes os diretores e escritores – os Távoras, os Alves de Britos, Machados etc. E consta-nos que grande bomba vai estourar entre eles no correr desses dias. Os males por si se destroem. E que faz o Sr. Barão de Vila Bela? Coitado, vai levado pela torrente como um pedaço de cortiça[22].

21. *O Conservador*, Recife, 20 de junho de 1868. Na edição do dia 3 de junho do mesmo ano neste jornal saiu publicado um "folhetim cordel", mais uma vez sem indicação do nome do autor.
22. *O Conservador*, Recife, 20 de junho de 1868, ano II, número 24.

Neste mesmo jornal aparecia uma nota sobre a importante reunião que o conselho diretor do Partido Conservador realizara com o objetivo de impedir que as juntas conservadoras do interior decidissem assuntos que competiam ao conselho. Era uma tentativa de acabar com as constantes brigas e intrigas que, muitas vezes, quebravam o sentido da hierarquia do partido. E ali compareciam os principais integrantes: os senhores visconde de Camaragibe, barão de Vera Cruz, Ney Ferreira, Melo Rego, Pinto de Campos, dr. Aguiar, Correia de Oliveira, Henrique de Souza, Moscoso, Portela, Barros Barreto, Souza Leão, Souza Reis etc.

Eis os atores de um cenário por onde transitou o escritor Franklin Távora, talvez pensando, como sempre sonha algum jovem, que fizera uma carreira política. Logo, porém, a experiência serviria apenas para mostrar-lhe que o seu reino não pertencia àquele mundo. E se retirou dele. Antes, porém, através do jornal *A Consciência Livre*, fundado por Numa Pompílio, redigiu inúmeros artigos críticos contra as forças políticas e religiosas que lhe haviam feito tanta oposição durante a sua experiência política de deputado provincial e Diretor da Instrução Pública de Pernambuco. As respostas eram impessoais, mas dirigiam-se a endereços certos, como, por exemplo, às confrarias do jesuitismo:

> Deus nos ajudará a aniquilar o demônio da intolerância, da impiedade, ou melhor, do comércio sacrílego, que por aí vai; desse jesuitismo indecente que principia vestido de sotaina, sufocando o espírito tenro às crianças nos colégios, e depois, pelo contágio, transmite-se à casaca do preceptor graduado, nos Ginásios e nas Faculdades, isto é, em estabelecimentos públicos de instrução superior. Fora para desejar que fossem estes vigiados pelo governo com outra solicitude; mas qual! Neles a seita abominável de Ignácio de Loyola assenta sem o menor embaraço sua oficina de desmoronamento e de absorção. Quanto ao lar doméstico, mais de uma família começa a compreender, desgraçadamente tarde já, quão mal se houve permitindo ingresso franco em seu seio à hidra da hipocrisia, sempre lesta para lançar botes contra a boa fé e fazer vítimas![23]

As estocadas, dentro de pouco tempo, provocariam efeitos visíveis. Quando os ânimos da chamada "Questão Religiosa" encontraram bons ventos no Recife, no começo da década seguinte, Franklin Távora, então, estaria intelectualmente preparado para enfrentar os mais destacados e ardorosos defensores do jesuitismo, além de outros representantes ultramontanos do catolicismo, os quais já o olhavam com desdém por ser um "escritor progressista". Só lhe faltava a excomunhão.

---

23. *A Consciência Livre*, Recife, 1 de julho de 1869, pp. 4-5.

16. Sob o Fogo das Primeiras Polêmicas

> *Mexeriqueiros covardes e suspeitos, porque são anônimos não têm voto líquido no tribunal do espírito público.*
> FRANKLIN TÁVORA, *Resposta ao Partido Conservador.*

Desde os primeiros dias de sua assunção aos cargos públicos de Diretor-Geral da Instrução Pública e de Deputado à Assembléia Provincial que Franklin Távora decidira não vir, com freqüência, aos jornais para responder acusações oriundas de inimigos de outros partidos políticos. Isso, com certeza, provocara em seus amigos alguma preocupação, porque, se bem que todos soubessem que ele era dono de um temperamento tolerante, calmo, cordato, quando se sentia ferido injustamente, transformava-se num homem capaz de praticar ações corajosas ou ousadas para recuperar a imagem ferida ou, ainda, afirmar sua personalidade.

No caso da vivida experiência política, suas ações práticas, no final das contas, terminaram confirmando um comportamento contrário ao esperado. Até diante dos descabidos e insinuantes ataques que sofrera durante os debates sobre a liberdade de ensino por parte de seu colega deputado, dr. Silva Ramos, foi demasiado prudente, mesmo diante das vias de fato desencadeadas pelo adversário que perdeu o fio das argumentações verbais e partiu para a agressão física.

Até a imprensa, num dado momento, como se tentasse dizer que ele não tinha nem vontade de defender-se, chegara a reclamar:

Depois que todos os jornais da Província, sem exceção, condenassem a péssima direção que tem dado o Sr. Távora aos negócios da Instrução Pública, sem que este produzisse uma palavra sequer em sua defesa, por mais positivas e graves que tenham sido algumas acusações...[1]

Afastado, portanto, de dois cargos públicos – Deputado Provincial e Diretor-Geral da Instrução Pública – ambos vinculados à política, restavam-lhe apenas as atividades de jornal, a banca de advocacia que voltara a restaurar em virtude da recente nomeação que recaíra em seu nome para as funções de Curador Geral dos Órfãos do Recife e, por fim, o sonho, sempre adiado, de recolher-se para escrever, com tranqüilidade, um romance.

Os seus inimigos políticos, mesmo diante da demissão que lhe foi imposta do cargo de Diretor-Geral da Instrução Pública e do término do seu mandato de deputado provincial, não lhe perdoaram nem lhe esqueceram. Queriam mais represálias. Se possível, humilhá-lo publicamente.

Assim, após três meses de atividade como Curador Geral dos Órfãos começou a notar que os desentendimentos com o juiz desembargador Francisco de Carvalho Soares Brandão não se davam em virtude de eventuais desencontros que qualquer desempenho funcional acarreta. Não. Neles havia o disfarçado rancor político alimentando as discórdias e tentando, a todo custo, antecipar o desenlace desonroso e prejudicial para ele.

Não esperou, porém, que fosse disparado o laço da armadilha e, quando menos esperavam, pediu demissão.

Outra vez ficava apenas com a pena e a banca de advocacia que não lhe traziam solução para seus problemas.

Dessa feita, no entanto, a fleuma do polemista começava a acender-se. Já não ouvia os conselhos dos políticos mais velhos, a exemplo do seu tio João Borges da Silveira Távora. Era-lhe chegado o tempo de afirmar-se.

E, logo após a abrupta resolução que tomara de abandonar a direção da Curadoria Geral dos Órfãos, ousou dar, pela imprensa, aproveitando-se de uma ocasião propícia, quando discutia a questão servil, a escravidão no Brasil e no mundo, uma estocada incisiva àqueles que o haviam forçado a abandonar o seu último e único emprego. Sim, porque, outra vez, a ele voltavam concretamente as mesmas necessidades imperiosas de sustentar a sua família: a mulher, os irmãos, a avó e os demais de casa.

O golpe desferido pela imprensa, que rompia os limites de um simples desabafo, na verdade, tinha um endereço certo, pois alcançava não só os covardes detratores que se escondiam em pseudônimos (Z, do jornal *O Conservador*, e *Certus*, do *Opinião Nacional*), mas dirigia-se a todos os outros que, direta ou indiretamente, acusaram-no sem provas. Já no final do texto, disse:

---

1. *Opinião Nacional*, Recife, 27 de junho de 1868, Seção "Publicação Solicitada", assinada pelo pseudônimo *Certus*.

Ademais, tenho 26 anos de idade e desde a idade de 5 anos que vivo nesta Província, ou melhor, nesta Capital. Há, pois, razão de sobra para se conhecer se sou estúpido, se criminoso (que parece é só o que me falta imputar), se sou charlatão que impinge pôr minhas drogas à arena. O público dirá. A arena não é das mais vastas e os figurantes estão bem visíveis. O público aponta mesmo os tiranos e os histriões.

Em seguida, após tecer um duro mas procedente juízo sobre o comportamento dos políticos que se vendem por qualquer vantagem em detrimento da dignidade e da honra, acrescentou:

Depois o torpe esforço dos escrivinhadores dissolutos não terá o poder de desvairar a sempre avisada e cauta e reta justiça da opinião. Ela me assinará o lugar que me competir. Mexeriqueiros covardes e suspeitos, porque são anônimos e não têm voto líquido no tribunal do espírito público. Não se cansem os algazarreiros conservadores. As suas proezas não inspiram-me sequer indignação. Lamento somente que pensem lá para si que a força de martelarem conseguiram abafar os merecimentos e os serviços dos adversários que os tiver. Néscios, truões de quinta essência que nem ao menos se apercebem de que perdem o seu tempo. Contudo não receiem que os vá eu caluniar em represália, não. Tão certo é que ainda não sinto exaustas em mim as doces fontes da honra e do temor de Deus para ir banhar-me de tal baba no charco de paixões nefandas, em que se refocilam.

E no mesmo artigo, em continuação, pela primeira vez, resolveu falar, ainda que de passagem, sobre a indignação que lhe assaltava o fato de ter se decidido a pedir demissão da Curadoria Geral dos Órfãos:

Quanto à mais depravada violência que cometeram na questão da Curadoria Geral dos Órfãos, questão em que se me tiver um pouco de brio na face, um lampejo de razão na cabeça, um pedacinho de sentimento de eqüidade esplêndida, há justiça do meu lado[2].

Este seria apenas o prenúncio de muitas outras polêmicas que apareceriam no caminho do escritor Franklin Távora.

Ainda durante aquele mês de fevereiro de 1869, os leitores do jornal *Opinião Nacional* tomaram conhecimento de que o grande escritor francês Victor Hugo escrevera uma tremenda carta sobre a escravidão e que a mesma fora dada à publicidade por conta e risco de Franklin Távora. Os con-

---

2. Franklin Távora, "Resposta ao Partido Conservador", *Diário de Pernambuco*, 6 de fevereiro de 1869. Este artigo foi republicado na íntegra pelo jornal *Opinião Nacional*, que então dirigia Aprígio Guimarães, na edição de 14 de fevereiro de 1869.

servadores ficaram alarmados e escandalizados, mas, de qualquer maneira, armava-se o cenário para a discussão do tema da libertação dos escravos entre nós.

17. Victor Hugo e a Libertação dos Escravos

> *Julgo prestar com isso um serviço à propaganda humanitária da emancipação do elemento escravo no Brasil.*
>
> FRANKLIN TÁVORA, *Elemento Servil.*

Victor Hugo, atendendo a pedido de um amigo espanhol, publicara no jornal *Courrier de l'Europe*, de 5 de dezembro de 1868, uma carta aberta à Espanha, exortando-a a extirpar de suas instituições o infamante regime da escravidão.

A carta, em virtude da importância do jornal que, então, circulava por todo o mundo, logo chegou ao Recife.

Se, por um lado, a mensagem da carta, de imediato, feriu os brios escravocratas dos países que acolhiam em seus ordenamentos jurídicos o estatuto da escravidão, como era o caso do Brasil, por outro, estimulou os liberais e progressistas a falarem sobre o tema nas praças públicas, na imprensa, nas câmaras e nas assembléias.

Na apresentação da carta, intitulada por Hugo simplesmente de "À Espanha", Aprígio Guimarães escreveu algumas considerações em torno do gesto de Franklin Távora, que tomou para si a iniciativa de traduzi-la, poupando-lhe o trabalho, pois, como alegou, já estava "com a pena para traduzir a carta de Victor Hugo à Espanha sobre a escravidão, quando o nosso inteligente amigo, o Sr. Franklin Távora, mimoseou-nos com uma tradução...[1]

---

1. *Opinião Nacional*, Recife, 28 de janeiro de 1869. A tradução da carta de Victor Hugo, feita por Franklin Távora, foi publicada como editorial. Recebeu o título de *Elemento Servil*. Trazia dois preâmbulos: o primeiro de Aprígio Guimarães e o segundo de Távora. No final este acrescentou uma dura resposta ao *Diário de Pernambuco*.

O importante nessa tradução de Távora, intitulada *Elemento Servil*, foi que, além do conteúdo da carta em si, as suas palavras iniciais ao texto de Victor Hugo criaram uma curiosa polêmica com o *Diário de Pernambuco*. Nessas palavras ficaram marcadas de maneira clara a sua posição em favor da libertação dos escravos e também da República.

Távora, no seu pequeno preâmbulo, usou de um curioso artifício, quando induziu o leitor a alterar o seu ponto de vista. Um leitor menos interessado ou não acostumado a interpretar e analisar em profundidade os textos, via de regra, poderia apenas passar por cima do assunto ou, quando muito, imaginar algo sobre as aludidas comunidades da Espanha – Corunha, Oviedo, Salamanca, Barcelona, Sevilha, Saragoça, além de algumas características especiais, como, por exemplo, os vinhos, os ciganos, os touros, as danças folclóricas etc. Mas, não. Ele fez uma provocação direta. Queria ver os embates das lutas realizadas pelas bases do Comitê Democrático organizadas naquelas comunidades e controladas desde Madri pela iniciativa do líder Emílio Castelar.

Távora, no entanto, fez mais. Preferiu chamar a atenção do leitor para um espetáculo dramático da escravidão que se desenrolava próximo ou mesmo ao lado do próprio leitor, talvez na intimidade de seu lar. Ele queria que aquelas palavras enérgicas e convincentes escritas pelo autor de *Os Miseráveis* tocassem o coração e a razão dos brasileiros. Por isso, ele se dirigiu aos nossos escravocratas, como a dizer-lhes que aquela carta fora escrita sobretudo para eles:

> Meditem na carta de Victor Hugo os tristes conservadores deste Império que querem fazer do escravo uma condição da Monarquia e da felicidade do Império e que já têm mandato por seus polichinelos do exilado Napoleão III, aquele rei da conspiração que é cidadão do mundo inteiro. [...] Meu serviço, porém, seria como se não existisse aqui uma folha bastante independente que pudesse se defrontar às iras dos atuais dominadores publicando a carta, e, por isso, recorro à *Opinião Nacional* cujo patriotismo vai sendo posto à prova indubitável[2].

A carta, apesar de escrita num tom bombástico, no qual se notava um colorido romântico com acentuadas figuras de retórica e um poder de persuasão extraordinário, de fato, preenchia os requisitos indispensáveis a um manifesto contra a escravização do homem em qualquer parte do planeta. A Espanha parecia ser apenas o motivo detonador.

Assim falava Victor Hugo:

2. *Opinião Nacional*, Recife, 28 de janeiro de 1869.

A Espanha que, de uma só sacudidela acaba de extinguir todos os velhos opróbrios, fanatismo, absolutismo, cadafalso, direito divino, ficará conservado de todo esse passado o que lhe tem de mais odioso: a escravidão? Digo: não. Abolição e abolição imediata. Tal é o dever. Haverá lugar em hesitar? Será isso possível? O que a Inglaterra fez em 1838 e o que a França fez em 1848, não o faria em 1868 a Espanha? Quer ser uma nação libertada e ter sob os seus pés uma raça escravizada? Que contra-senso: ter luz em si e dentro de si trevas? Ter em casa justiça e fora de casa iniqüidade? Cidadão aqui, negreiro acolá? Fazer uma revolução que teria um lado de glória e um lado de vergonha? Que, depois de abatida a realeza, incólume a escravidão haveria perto de vós um homem que seria vosso, que seria coisa vossa? Tereis sobre a cabeça um boné de liberdade para vós e não na mão uma cadeia para ele? O chicote do feitor não menos que o espectro do rei ingênuo e desdoirado? Quebrado um, cai o outro. Uma monarquia com escravos não é lógica. Uma república com escravos é cínica. O que realça a monarquia, desonra a república. A república é uma virgindade. Ora, desde já e sem esperar volta alguma, vós sois república. Por quê? Porque sois a grande Espanha. Espanhóis, não podeis substituir os grandes senão com a condição de ficardes livres. Ora, a liberdade é inteira. Ela tem a sombra e a emulação de sua grandeza e de sua pureza. Nenhum compromisso, nenhuma concessão, nenhuma diminuição. Ela exclui acima a realeza e em baixo a escravidão. Ter escravo é merecer ser escravo. A escravidão abaixo de vós justifica o tirano acima de vós. Há na história dos séculos um ano hediondo: 1768. Neste ano, o máximo do crime perpetrado, a Europa roubou à África 104 mil negros que vendeu à América. 104 mil! Nunca se viu tão horrorosa cifra de venda de carne humana. Foi isso há cem anos precisamente. Pois bem, celebrai este centenário pela abolição da escravidão que a um ano infame corresponda um ano augusto e mostrai que entre a Espanha de 1768 e a Espanha de 1868 há mais que um século, há um abismo, há uma insuperável profundeza que separa o falso do verdadeiro, o mal do bem, o injusto do justo, a abjeção da glória, a monarquia da república, a servidão da liberdade.

Precipício sempre aberto por detrás do progresso, quem recua cabe nele. Um povo argumenta por todos os homens que ele liberta. Sede a grande Espanha completa. O que vos falta é Gibraltar de mais e Cuba de menos. Uma última palavra: na profundeza do mal, despotismo e escravidão se encontram e produzem o mesmo efeito. Nenhuma identidade mais tocante. O juízo do escravo é mais sobre o senhor do que pelo escravo. Qual dos dois possui o outro? Questão: é um erro crer que este é o proprietário do homem que se compra ou que se vende. É o seu prisioneiro. Sua rudeza, sua grosseria, sua ignorância, sua brutalidade vos deveis partilhá-la, pois, senão, vos horrorizareis de vós mesmos. Este negro vós julgais vosso, mas sois vós que pertenceis a ele. Tomastes o seu corpo, ele tomou vossa inteligência e vossa honra. Estabeleceu-se entre vós e ele um misterioso nível. O escravo vos castiga de serdes o senhor. Tristes e justas represálias tanto mais terríveis contra o escravo, vosso sombrio dominador tem consciência; seus vícios são nossos crimes e suas desgraças tornar-se-ão vossas catástrofes. Um escravo em uma casa é uma alma feroz que está convosco e quer estar em vós. Ela vos penetra e obscurece. Lúgubre envenenamento! Oh, não se comete impunemente este grande crime: a escravidão. A fraternidade desconhecida torna-se fatalidade. Se sois um povo brilhante e ilustre a escravidão aceita como instituição vos faz abominável. A coroa na fronte do déspota, o gancho no pescoço do escravo é o mesmo círculo e vossa alma de povo está ali encerrada, a mancha negra. O escravo impõe a vós suas trevas, vós não comunicais a civilização e ele comunica a barbárie. Pelo escravo a Europa inocula em si a África. Oh, nobre povo espanhol, está nisto para vós a segunda libertação. Livraste-vos do déspota. Agora, livrai-vos do escravo[3].

É de perguntar: qual a realidade política da Espanha por volta de 1868?

Assinada em Hauteville, aos 22 de novembro de 1868, esta carta de Victor Hugo, publicada mais tarde, aparecia num importante momento histórico para a Espanha. Era a época em que fenecia a ação dos moderados, daqueles conservadores que, temendo a ação do tempo sobre o espírito dos homens, resolviam, a fim de não perderem o poder, introduzir pequenas e tímidas reformas institucionais. Em regra, porém, a timidez explicava-se pela impossibilidade prática dessa classe social de romper com os privilégios conquistados, quase sempre, de maneira a deixar na indigência a maior parte da população.

As lideranças políticas da Espanha imediatamente anterior aos cataclismos políticos de 1868, capitaneadas por Bravo Murillo, não conseguiram levar a bom termo os objetivos da Constituição de 1845, traduzidos, sobretudo, por um forte e convincente discurso que, em tese, falava muito em princípios básicos de recuperação econômica, mas, na prática, nunca os executava. As conseqüências mais conhecidas dessa política moderada ocorreram justamente no ano de 1868, quando os políticos insatisfeitos com o destino da Espanha, sob a bandeira da chamada União Liberal, fizeram a revolução, dissolvendo os últimos redutos do regime mantido pela Rainha Isabel II. Esse movimento revolucionário, ainda que se fundasse em sadios princípios que vinham já desde os tempos das Cortes de Cádiz, que preconizavam, a exemplo das palavras de ordem da Revolução Francesa – liberdade, milícia nacional e soberania do povo – viu-se dividido entre duas frentes em acirrada disputa pelo poder: os liberais e os progressistas.

Foi exatamente o momento da culminância dessa Revolução de 1868 que chamou a atenção do mundo e provocou a comovente e até romântica carta de Victor Hugo sobre a escravidão que, de modo inexplicável, os agentes que promoviam toda essa comoção revolucionária deixavam incólume. É preciso dizer, também, que esse movimento revolucionário não estourou na Espanha da noite para o dia. A sua gestação nasceu das violentas

---

3. Victor Hugo, *À Espanha*, carta publicada originalmente no jornal *Courrier de l'Europe*, em 5 de dezembro de 1868.

manifestações estudantis na noite de São Daniel de 10 de abril de 1865 e arrastaram-se até 1868.

No final das contas, porém, os historiadores registrariam essa realidade política e social da Espanha que bem expressava a impossibilidade que havia no ânimo dos liberais em realizar as profundas reformas populares exigidas pelos progressistas, como a época dos sistemas efêmeros[4]. E esse clima estendeu-se até 1874, quando, de fato, se consolidaram ações efetivas que trouxeram ao povo um clima de restauração política e social. Sentiu-se o desenvolvimento de um programa de governo com a conseqüente renovação do poder, a participação com liberdade dos trabalhadores nas mais importantes reformas da sociedade, animação intelectual e reconquista, no cenário internacional, da perdida imagem da Espanha.

Aqui no Recife, por sua vez, as reações foram enormes. Todos os conservadores que se habituaram a perseguir Franklin Távora sentiram-se ofendidos e agredidos com os termos daquelas palavras. Palavras violentas do escritor "socialista" francês e provocações descabidas do escritor "progressista" brasileiro.

Assim, o *Diário de Pernambuco*, em sua edição de 6 de fevereiro de 1869, afirmou, entre outras insinuações, que a tradução do escritor Franklin Távora fora um simples plágio de uma outra que aquele jornal já havia publicado no dia 31 de dezembro do ano anterior. Para rebater essa acusação Távora voltou a publicar no *Opinião Nacional* um veemente protesto contra o que afirmaram a seu respeito na coluna que ele dizia estar "a serviço do Partido Conservador". E desabafou:

> Como protesto à imputação de plagiário, que assenta tão bem a muita gente de lá [do *Diário*], ocorreu-me fazer um cotejo entre a tradução que publiquei no *Opinião Nacional* e a que publicou o *Diário* e depois confrontá-las com a que vem inserta no *Courrier de l'Europe*. Desse cotejo conhecer-se-á a toda luz que não me servi de semelhante tradução, que dela não poderia servir-me em caso algum, porque não está isto a meu caráter, posto que vivo muito acima de tal infâmia. E, ademais, é tão pouco cobiçável essa tradução que ainda quanto viessem dizer-me que o *Diário* a fora buscar em fonte estranha dificilmente eu acreditaria; furta-se o ouro e o brilhante, mas não uns pedaços de ferro que para nada prestam.

A seguir, depois de assinalar uma grande quantidade de trechos em que, comparando as duas línguas, indiscutivelmente, a melhor tradução era a sua e não a do desconhecido do *Diário de Pernambuco*, Távora acres-

---

4. José Luis Comellas, *História de España moderna y contemporanea*, Madrid, Ediciones Rialp, 1983, p. 312.

centou uma longa imprecação contra o seu difamador, mas, atingindo, também, aquele jornal.

Não assino o *Diário* desde muito tempo, por isso só o leio quando precisamente quando recomendam-mo em atenção a alguma preciosidade da natureza de que se trata. [...] Eis aí a verdade. Se tivera tido notícia da aludida tradução, embora mesmo enxertado aqui o pensamento, mutilado ou colado ao fecundo dizer do autor, terme-ia poupado o trabalho de o copiar do francês, ao qual só submeti-me contando com a indenização de ver circular neste nosso mundo idéias tão puras que nunca me passou pela mente que fosse o *Diário* tão monarquista como sói inculcar-se o primeiro a dar-lhe curso na população. Agradável desengano, porém. A luz vai se fazendo e suavemente vai se infundindo nos espíritos mais intrépidos, tão poderosa e tão caudal das idéias liberais e tão certo há de ser o seu final triunfo sobre os velhos sistemas cariados e pútridos a que unicamente é lícito atribuir o descalabro, a ruína e a desolação deste País.

Sobre as considerações de natureza política que o autor do artigo ousou diminuir, negando validade aos anseios libertários defendidos pelas idéias de Távora, que considerava um mal para o povo brasileiro, assim retrucou o autor de *Lourenço*:

Um mal fazem eles a si próprios, pois que sem se aperceberem vão propagando idéias que são a negação absoluta da causa deles; vão movendo opinião de convergir suas mais sérias atenções para esta carta, que é todo um ingente brado de amor à moral e de reivindicação do ser humano com este que se acha representado no escravo, no rosto e no dorso pelo chicote do senhor, pelo cidadão confundido nos seus mais sagrados direitos políticos e civis pela clava do déspota. É ainda o excelso direito da irrisível influência da razão liberal[5].

Com esse protesto, pelo menos pela imprensa, o assunto ficou encerrado.

Esse brado hugoano, porém, dado no final de 1868 em direção à Espanha, tomaria outras direções e continuaria a encontrar ressonância em muitas mentes já tocadas pela necessidade de extirpar entre nós a ignomínia da escravidão. E a juventude esclarecida era o principal destinatário dessas mensagens alvissareiras. Por aquela época dois jovens, quer direta, quer indiretamente, manifestavam através de seus atos e de suas obras um compromisso com a causa: Castro Alves e Joaquim Nabuco.

Castro Alves, que se tornara amigo de Franklin Távora e de Joaquim Nabuco, por várias injunções do destino, mudara-se para São Paulo, onde

---

5. *Opinião Nacional*, Recife, 14 de fevereiro de 1869.

concluiria o curso de Direito. Joaquim Nabuco, ao contrário, deixaria São Paulo para, no Recife, sua terra natal, estudar os dois últimos anos do curso na sua tradicional Faculdade de Direito. Tanto aqui como em São Paulo, neste mesmo ano de 1869, os dois jovens, cada um a seu modo, curiosamente, produziram suas primeiras obras em favor da causa da libertação dos escravos.

Castro Alves, sobretudo influenciado pelo incêndio que provocava o verbo do genial Victor Hugo, escreveria no rosto do poema *O Século,* que abria o livro *Os Escravos,* este verso do escritor francês – "o século é grande e forte".

Além do mais, talvez por aproximação ou afinidade temática, dois dias antes de o *Opinião Nacional* publicar a carta de Victor Hugo, traduzida por Franklin Távora, apareceu no mesmo jornal o poema *Vozes d'África,* de Castro Alves. É possível, portanto, que este poema tenha sido publicado pela primeira vez aqui no Recife[6].

Por sua parte, quando Joaquim Nabuco voltou ao Recife para cursar o quarto ano de Direito, em 1869, com certeza, não só tomou conhecimento dos versos de Castro Alves, mas também da referida carta de Victor Hugo.

Aliás, foi no Recife que Nabuco recebeu o primeiro batismo na luta pela libertação dos escravos. O episódio vem contado pela sua biógrafa, a filha Carolina Nabuco:

Afrontando os princípios da sua época e da sua roda, Nabuco se apresentou perante o júri do Recife para defender um escravo assassino e "lutar corpo-a-corpo contra a escravidão e a pena de morte" como disse no livro que estava a escrever[7].

O caso parecia juridicamente perdido, porque o escravo Tomás, ofendido por ter sido açoitado na praça pública, matou o seu senhor com um tiro a queima-roupa. Mais tarde, ao saber que fora condenado à morte, fugiu da cadeia, matando um guarda. Cercado pela polícia num dos quarteirões centrais do Recife, defendeu-se durante vinte e quatro horas, pondo a cidade em pé de guerra e sobressalto. Preso outra vez, foi ao segundo júri. Desta feita, então, encontrou um jovem acadêmico chamado Joaquim Nabuco como o seu advogado de defesa. E este, num determinado momento de suas argumentações, bradou:

6. *Opinião Nacional,* ano II, n. 80, p. 4 (Recife, 12 de fevereiro de 1869). O poema *Vozes d'África,* de Castro Alves, foi escrito em São Paulo, com data de 11 de junho de 1868.

7. Carolina Nabuco, *A Vida de Joaquim Nabuco,* 5. ed., Rio de Janeiro, Livraria José Olympio Editora, 1979, pp. 28 e ss.

– Não era mais um homem, era um tigre.

E no desenrolar do julgamento, eis que Nabuco usou as mesmas idéias e os mesmos argumentos que Victor Hugo escrevera na carta aberta *À Espanha*, quando dissera:

> Um escravo em sua casa é uma alma feroz que está convosco e quer estar em vós. Ela vos penetra e obscurece. Lúgubre envenenamento! Oh, não se comete impunemente este grande crime: a escravidão[8].

Nabuco, concluindo a defesa do escravo Tomás, disse: – "Não cometeu um crime: removeu um obstáculo!"
O público presente vibrou de emoção e os jurados entenderam e aceitaram os seus argumentos. Tomás escapou da morte e recebeu a menor pena que se podia aplicar àqueles casos: prisão perpétua[9].
Confirmavam-se os primeiros resultados de uma campanha que estava apenas começando e à qual todos tinham uma contribuição a dar.
Franklin Távora havia dado a sua.

---

8. Cf. *Opinião Nacional*, Recife, 28 de janeiro de 1869.
9. Carolina Nabuco, *op. cit.*, p. 34.

18. A Morte do General e o Amor do Bispo

> Debruçado ao bordo desta campa, ainda nos parece ouvir o velho animado da sólida ciência a desbaratar como o raio as cidadelas da impostura e do crime. Chegastes a supor que íamos esquecer-vos? Por que vos repudiaríamos? Não, meu mestre. Não, meu amigo. Não, amigo afetuoso do meu falecido pai. Vós nos ensinastes a ser livres.
> FRANKLIN TÁVORA, diante do túmulo do general Abreu e Lima.

O general e escritor José Ignácio de Abreu e Lima foi um dos amigos de Franklin Távora que mais o influenciaram como homem de pensamento e de ação. Morreu aos 75 anos de idade no Recife, em 8 de março de 1869, a mesma cidade onde nascera aos 6 de abril de 1794.

Quem foi este homem que, até depois de morto, provocou triste e comovente polêmica com o bispo de Olinda e Recife, Dom Francisco Cardoso Ayres?

A vida do general Abreu e Lima é difícil de ser resumida em poucas linhas, tantas as façanhas de sua carreira militar e também as qualidades de sua obra de escritor, vez que foi um pertinaz estudioso de variados temas de nossa História, além de filosofia e religião.

A sua cuidadosa instrução, concluída em Olinda por volta de 1811, foi ministrada pelos mais afamados mestres da época. Estudou latim, filosofia, retórica, francês e inglês. Como reforço, continuava estudando literatura e grego com o seu pai, o padre José Ignácio Ribeiro de Abreu e Lima, de origem nobre, conhecido por todos pela alcunha de Padre Roma, enquanto, ao mesmo tempo, fazia o curso de artilharia militar.

Em 1812 ingressou na Academia Real Militar do Rio de Janeiro, recebendo, quatro anos após, a patente de capitão em artilharia, sendo, então, destacado para servir em Angola (África).

Apesar de toda essa movimentação, em 1817 o jovem capitão aparecia envolvido num motim contra o Ouvidor de Olinda, sendo preso, processado e condenado a cumprir pena na fortaleza de São Pedro, em Salvador, Bahia. Nesse mesmo ano, ao rebentar em Pernambuco no dia 6 de março a Revolução, figurou como um dos principais chefes o seu pai, o Padre Roma, que, após a vitória dos legalistas imperiais, foi preso na Bahia, considerado culpado e, por fim, condenado à morte. A sentença, como costumava acontecer nesses casos de sublevação, não comportava pedido de revisão e a execução ocorreu logo após o julgamento, isto é, no dia 28 de março. E, por ironia do destino, como o seu filho, que tinha quase o seu mesmo nome (menos o apelido Ribeiro), nessa época, achava-se preso naquela fortaleza militar, foi obrigado a presenciar a brutalidade do arcabuzamento do infortunado pai.

Conta-se que o Padre Roma, diante do filho e dos algozes, enfrentou a situação com elevação e nobreza, gritando para os soldados que apontavam as armas contra o seu peito: "Camaradas, eu vos perdôo a minha morte: lembrai-vos na pontaria, que aqui (*pondo a mão sobre o coração*) é a fonte da vida; atirai!"[1]

Meses depois, auxiliado pela maçonaria a que pertencera o pai, o jovem oficial livrou-se da cadeia e exilou-se nos Estados Unidos da América, a partir de outubro de 1817. Viajando por alguns países sul-americanos na condição de comerciante, um dia, encontrou-se com o general Bolívar e sua tropa que vinham de uma fragorosa derrota em Caracas. Alistou-se, então, como oficial de artilharia, merecendo, em pouco tempo, não apenas a confiança e a amizade de seus companheiros, mas a do próprio conquistador e herói maior da libertação das Américas, o general Simón Bolívar.

Suas habilidades como militar e a demonstração de sólidos conhecimentos intelectuais logo o colocaram nas mais elevadas posições de mando no estado-maior das forças revolucionárias do general Simón Bolívar. Após várias batalhas pelas comunidades principais da Grande Colômbia, conquistou a patente de general. O reconhecimento dos seus méritos lhe proporcionou a concessão dos primeiros títulos: o de Libertador da Nova Granada e o de Membro da Ordem Militar dos Libertadores de Venezuela, aos quais, mais tarde, iriam somar-se muitos outros. A seguir, passou a exercer as funções de maior importância dentro do contexto da guerra de libertação das Américas, inclusive missões diplomáticas que lhe foram atribuídas perante os Estados Unidos da América e alguns países da Europa. Ocorrendo, de modo inesperado, a morte

---

1. Pe. Joaquim Dias Martins, *Os Mártires Pernambucanos*, Recife, Typ. de F. C. de Lemos e Silva, 1853, p. 256. (Ed. fac-similada da Assembléia Legislativa do Estado de Pernambuco, s.d.)

de Simón Bolívar, em 1830, o general Abreu e Lima mudou-se para os Estados Unidos da América e depois para a Europa.

Advindo a abdicação de Dom Pedro I, em 1832 retornou ao Brasil, fixando residência no Rio de Janeiro.

Habilmente ligou-se a grupos de políticos e de escritores, participando de atividades culturais, o que lhe facultou a obtenção da imediata recuperação de seus direitos políticos e civis.

Reabilitado, coberto de glórias militares e de prestígio intelectual e político, resolveu voltar ao Recife em 1844, de onde jamais se ausentaria.

Escrevendo vários livros, mas sem perder o interesse pela atividade política, terminou envolvido nos acontecimentos que culminaram com a Revolução Praieira de 1848, sobretudo pela participação como dirigente e redator dos jornais *Diário Novo* e *A Barca de São Pedro*, órgãos divulgadores dos ideais dos praieiros.

A publicação de parte de seus livros ocorreu a partir do momento em que se fixou definitivamente no Recife. Destacaram-se, entre outros, *Compêndio da História do Brasil*; *A Resposta ao Cônego Januário da Cunha Barbosa*; *Sinopse ou Dedução Cronológica dos Fatos mais Notáveis da História do Brasil*; *História Universal desde os Tempos mais Remotos até Nossos Dias*; *A Cartilha do Povo*; *O Socialismo*; *As Bíblias Falsificadas ou Duas Respostas ao Rev. Cônego Joaquim Pinto de Campos*; *O Deus dos Judeus e o Deus dos Cristãos* etc.

Vivendo sozinho numa casa-grande recifense, solteiro, dedicado a escrever e à leitura de seus livros prediletos, em 1853, teve a residência assaltada, quando lhe roubaram roupas, dinheiro e jóias. Entre esses objetos estava uma caixa revestida de couro que continha as suas condecorações andinas. O *Diário de Pernambuco*, de 4 de agosto de 1853, dava a notícia, descrevendo com detalhes as condições e a discriminação dos objetos roubados. O general Abreu e Lima, avisando que tais bens não tinham mais do que valor de estimação, fez, pelo jornal, este curioso apelo:

> A pessoa em cujo poder se encontram os objetos anteriormente relacionados, pode mandá-los à casa de seu dono ou à Livraria números 6 e 8 da Praça da Independência, onde se gratificará e se guardará o segredo.

Era o primeiro golpe que atingia o general Abreu e Lima, àquela altura, quase sexagenário, exposto a uma vida solitária e aos ladrões. Sua solidão referia-se apenas ao convívio familiar, posto que, vivendo solteiro, preferia a companhia de seus livros e de muitos amigos que o visitavam com freqüência, inclusive escritores, jornalistas e jovens acadêmicos. Vivia modestamente, o que era de chamar a atenção porque, na verdade, fora um homem que nascera rico, pertencendo a uma das mais nobres famílias brasileiras, além de ter recebido uma educação de príncipe. Apesar de viver sempre solicitado para freqüentar os mais disputados salões da sociedade pernambucana, suas conversas, de uma certa maneira, convergiam para conclusões que desapontavam os princípios estabelecidos pelos temperamentos mais conservadores que o ouviam. Era um liberal esclarecido e avançado em todos os aspectos da sociedade. O que mais empolgava os seus ouvintes talvez fosse dispor entre eles, naqueles momentos de boa prosa, de repente, de uma figura tão rara, com uma vida tomada por fatos extraordinários que parecia haver saído de outro mundo. As suas façanhas falavam de parentes e amigos íntimos, a começar de seu pai, o Padre Roma, além de outros que se chamavam Simón Bolívar, o general conquistador e libertador das Américas, seus generais José Antonio Páez, Francisco de Paula Santander, Antonio José de Sucre, Carlos Soublette etc. Em seguida, chegava a vez de reis e imperadores, como os casos de Luís Filipe, de França, Pedro I e Pedro II, do Brasil, ministros, embaixadores, príncipes e princesas, políticos etc.

Meses antes de morrer, porém, ao falar sobre assuntos religiosos, envolvendo temas que dominava a partir de longos e interessantes ensaios que escrevera, dando ênfase ao ecumenismo, passou à prática, visto que era um homem essencialmente de ação. Mandou buscar em Londres vários exemplares do Novo Testamento e os distribuía a pessoas que lhe eram gratas. Esse gesto provocou uma tremenda ira do padre e deputado monsenhor Joaquim Pinto de Campos, que, dotado de um rude comportamento nas polêmicas, veio a público dizer pelos jornais que aquelas bíblias eram "falsificadas e venenosas".

Após vários embates, a polêmica entre o monsenhor e o general começou a crescer, resolvendo este escrever um livro – *As Bíblias Falsificadas ou Duas Respostas ao Sr. Joaquim Pinto de Campos pelo Cristão Velho*[2] – no qual a discussão saía de aspectos pessoais tocados por parte do monsenhor Joaquim Pinto de Campos e ganhava os meandros de história secular, sendo a reforma protestante vista como uma espécie de proclamação dos tempos modernos. Aliás, essa visão de Abreu e Lima, em muitos aspectos, antecipava-se aos juízos feitos pelo sociólogo Max Weber. Foi mais além

---

2. J. I. de Abreu e Lima, *As Bíblias Falsificadas ou Duas Respostas ao Sr. Joaquim Pinto de Campos pelo Cristão Velho*, Recife, Typ. Commercial, 1867. Além desse livro, Abreu e Lima publicou outro: *O Deus dos Judeus e o Deus dos Cristãos*, também de 1867, na mesma tipografia. Em seguida, o monsenhor Joaquim Pinto de Miranda replicou os argumentos do general com o pequeno volume intitulado: *Polêmica Religiosa: Refutação ao Ímpio Opúsculo que Tem por Título "O Deus dos Judeus e o Deus dos Cristãos" sob o Pseudônimo de Cristão Velho*, Recife, Typ. Mercantil, 1868.

o autor de *O Socialismo*. Discutiu e afirmou pontos de vista pessoais sobre vários temas que por aqui estavam incólumes, verdadeiros tabus, como, por exemplo, a questão da inquisição, distinções entre as idéias sobre o que se deve entender por universalismo e romanismo dentro da história da Igreja Católica, reforma e contra-reforma, avanços e recuos das concepções defendidas no Concílio de Trento etc. Ademais, teceu curiosos argumentos, arrimados na sua lógica de profundo conhecedor dos temas que abordava, sobre as vantagens do retorno a um cristianismo primitivo que devolvesse os princípios advogados por Santo Ambrósio, São João Crisóstomo, São Gregório de Nicéia etc.

A resposta de monsenhor Joaquim Pinto de Campos foi surpreendente. Afirmou que processaria o general Abreu e Lima pelos tribunais, acrescentando que, no entanto, preferia chicotear-lhe a cara, "a exemplo do que já havia feito ao finado capitão Manuel Joaquim do Rego Barros na freguesia do Monteiro, em plena luz do dia...[3]

A ofensa atingia de forma desleal a um homem já velho, com 75 anos, impossibilitado de locomover-se de seu leito, tomado por várias enfermidades, mas intelectualmente lúcido.

Após quatro meses de crises e agravamentos da saúde, o general Abreu e Lima, já próximo da morte, um dia, recebeu em seu quarto a visita de frei Fidelis, enviado pelo bispo Dom Cardoso Ayres para obter a retratação do velho general escritor. Não poderia haver emissário mais inoportuno. Porque este frade, em que pese ao gesto do jovem bispo Dom Cardoso Ayres, recém-chegado da Irlanda, cheio de idéias novas para com o bispado que assumia, era um homem ligadíssimo aos conservadores, inimigos irreconciliáveis dos liberais. O resultado, portanto, não podia ser outro: o general Abreu e Lima, ferido no seu amor-próprio, recusou-se a fazer a retratação de seus ideais sobre o liberalismo religioso e também aos de natureza política.

Morto o general em 8 de março de 1869, eis que a cidade, de repente, despertou para uma realidade inusitada: o bispo Dom Francisco Cardoso Ayres negara sepultura cristã ao general Abreu e Lima.

Os liberais, os maçons, os ateus, os progressistas, os intelectuais, os professores, os jornalistas e escritores, os jovens poetas e acadêmicos mobilizaram-se em manifestações pela cidade. O bispo, porém, não cedeu. O impasse só foi resolvido no dia seguinte, quando a direção do British Cementery decidiu acolher o corpo do general. Este cemitério, então, locali-

---

3. *Diário de Pernambuco*, Recife, 29 de outubro de 1867, na seção "Comunicado".

zado num lugar despovoado e ermo, ainda hoje situado na estrada que vai do Recife a Olinda, é chamado de Cemitério dos Ingleses.

O enterro aconteceu às 11 horas da manhã do dia 9 de março num clima de profunda emoção e de exaltados gestos de protestos populares.

Aprígio Guimarães, num de seus editoriais, escreveu no *Opinião Nacional*:

> Depois dos justiçados de 1817 e 1824 pela glória do direito divino de D. João VI e Pedro I, cremos que é a primeira recusa que aqui se faz de sepultura em chão católico. Estava isto reservado a um pernambucano, por mais de um título, varão estimável por suas virtudes privadas, brasileiro que ilustrou a sua Pátria dentro e fora do País. E, por quê? Por quem? Santo Deus! O pai não teve sepultura católica porque foi justiçado na Bahia. O filho, santo Deus, no século XIX, quando estão sendo chamados os dissidentes ao convívio, o Sr. Bispo Diocesano, depois de sua posse, não falou aos seus diocesanos que, sem dúvida, já não é verdade o dito de São Paulo: – *Fides exauditi* – mas acaba de falar eloqüentemente para os olhos.
>
> Todos viram o general Abreu e Lima conduzido ao cemitério protestante. Agora que o Sr. cônego Campos está despreocupado, que o general Abreu e Lima já está no Cemitério Inglês, pensamos fazer um bom serviço lembrando ao Sr. Campos e ao Sr. Bispo o seguinte: aqui há um livro assinado por Ephrain, que dizem ser mil vezes pior do que o do general Abreu e Lima. E até judaico, segundo nos consta. A ele, Sr. Cônego, não deveis parar em vosso apostolado e o Sr. Bispo já deve expedir suas ordens para o caso de morte do autor.
>
> Que terra, gente! Descanse em paz o general Abreu e Lima. O Deus da misericórdia não faz distinção dos cemitérios. Uma só é a terra que nos há de consumir a todos[4].

No mesmo jornal aparecia uma convocação assinada por alguns amigos do general Abreu e Lima:

> Os abaixo assinados, amigos do ilustre finado General José Ignácio de Abreu e Lima, convidam, em nome da religião cristã, a todos os parentes e amigos desse venerando pernambucano para a visita da cova, hoje, 14 do corrente, pelas 7 horas da manhã, no Cemitério Inglês. Assinados: José Ernesto de Aquino Fonseca, Eduardo de Barros Falcão de Lacerda, João Franklin da Silveira Távora[5].

A visita ocorreu sem maiores transtornos. Na hora aprazada, um numeroso público representante de todos os níveis da sociedade local ali compareceu e reverenciou a memória do ilustre e saudoso morto. Foi uma espécie de missa de sétimo dia.

4. *Opinião Nacional*, Recife, 14 de março de 1869.
5. *Idem*.

Túmulo do General Abreu e Lima, Cemitério dos Ingleses, Recife. Bico de pena de M. Bandeira, 20,3 x 21,5 cm

Um dos jornais recifenses assim registrou o acontecimento:

Para começo da obra os corvos esperam prudentemente que o vivo fosse cadáver. A nós cumpre não dar ganho de causa a uma sentença proferida sobre o morto que nunca foi admoestado, ouvido nem convencido. O próprio Deus, no mérito do Éden, citou, ouviu e condenou Adão. Para nós, Abreu e Lima, que nunca foi ouvido, convencido e julgado, morreu no seio da Igreja Católica como dizem todos os indícios de sua morte, como diz a fé que sempre manifestara em sua aflitiva enfermidade, como dizem as últimas recomendações que fizera. O ilustre velho faleceu sem a mínima suspeita do golpe que armaram ao seu cadáver[6].

Os presentes, após um longo silêncio, ouviram as orações do professor da Faculdade de Direito, sr. Vasconcelos Drummond, que exaltou os aspectos biográficos e da ortodoxia intelectual do morto. Por fim, disse o escritor Franklin Távora as seguintes palavras:

Meus senhores: Já não receio que um dia a posteridade abra as páginas da História em que se acha lançado o assento de óbito do general José Ignácio de Abreu e Lima.
Muito obrigado, meus senhores, aos que aqui compareceram, em nome de uma grande glória que sumiu na pequena ara de uma campa. Ali está o povo, leão enorme, uma magnanimidade de fortalezas descomunais; ali estão os homens sérios, notável porção do bom senso ilustrado pela experiência e pela reflexão madura; aí está a mocidade que anda bravia e vertiginosa do deserto, com todos os seus entusiasmos e com todas as suas voluptuosidades pela liberdade. Já não tenho apreensões pelo futuro. Oh, de certo a posteridade, o juiz terrível e implacável, não dirá que o presente deixou de vir descobrir-se diante do túmulo do eminente velho, como faziam os mancebos de Esparta ao passarem pelos anciões.
Nesta visita de piedosos cumprimentos a um ilustre morto que há de ver o impulso torrencial da opinião independente e esclarecida da Província. Oh, mil vezes muito bem Pernambuco! que tão dignamente sabe festejar suas glórias; aqui estamos, meu velho e respeitável amigo. Eis-nos a trazer-lhe a santa lágrima da piedade cristã e a prece dos amigos fervorosos. Chorar sobre o túmulo é preciso ter todos os ritos, como dar sepultura aos mortos é viver todas as religiões.
Chegaríeis a pensar um só momento que nós vos abandonaríamos neste mudo isolamento, neste plácido retiro de um tranqüilo repouso? Não. Aqui estamos. É a Província representada neste concurso de todas as classes que vêm cumprimentar neste dia os vossos restos venerandos. Somos nós, a mocidade corajosa que arrosta com todas as conseqüências por bem da razão. Somos nós que recebemos os fluxos de vossas luzes que vos educastes nos vossos exemplos de moral pura e sã; somos nós que estamos aqui a saudar os despojos preclaros

6. Idem.

do militar afamado que ilustrou com o seu nome a Pátria no estrangeiro; o literato exímio que enriqueceu o patrimônio das letras nacionais; o patriota mais de uma vez definido, que sofreu inclemência e martírio pela grande idéia da liberdade.

Nós vos visitamos hoje, como vos visitamos ontem após a conquista de um novo e ruidoso triunfo que fazeis com vossa pena que será sempre um serviço ao gênero humano.

Debruçado ao bordo desta campa, ainda nos parece ouvir o velho animado da sólida ciência a desbaratar como o raio as cidades da impostura e do crime. Chegastes a supor que íamos esquecer-vos? Por que vos repudiaríamos? Não, meu mestre. Não, meu amigo. Não, amigo afetuoso do meu falecido pai. Vós nos ensinastes a ser livres; sê-lo-emos; vós nos ensinastes a ser fortes; sê-lo-emos; razão e liberdade, eis a religião de Cristo, porque a religião de Cristo e a religião da Humanidade não pode ser outra.

Não vos abandonaremos. Enquanto neste recinto solitário se permitir o ingresso de admiradores e amigos, e amigos de um excelso merecimento, aqui estaremos manos venerandos.

Ainda bem que vivemos em um país civilizado, onde os cadáveres não ficam insepultos no meio da rua, expostos aos cães e aos corvos, porque mãos generosas os recolhem. Estas mesmas correrão aos fechos daquele portão e darão entrada aos amigos do general Abreu e Lima sempre que estes quiserem pedir inspiração ao seu túmulo como outrora o povo pediu inspiração ao cadáver de Mirabeau na frase de Lamartine[7].

Era por essa época que Franklin Távora escrevia um romance que se chamou *Um Casamento no Arrabalde*, no qual d. Emília, ao conversar com o bacharel Túlio, em tudo parecido com o autor do livro, dava a seguinte explicação sobre os preparativos do casamento que se avizinhava:

– Mas, voltando aos proclamas, esta é a maior dificuldade que se me apresenta, porque o bispo não tem permitido dispensa de proclamas a ninguém.

– Isto é verdade; mas não quer dizer que ele os dispense absolutamente.

– Formo idéia muito desfavorável destes bispos que vêm agora de Roma. Olhe, eu sou uma mulher bem singular. Enfim, não lhe posso dizer tudo o que penso do novo bispo.

Meses depois destas palavras, o dito bispo proibiu que o cadáver do general Abreu e Lima, ilustre pelas suas letras e posição, tivesse sepultura sagrada[8].

Esse era um evidente sinal de que as idéias dos sacerdotes ultramontanos, jesuítas ou não, mais tarde, encontrariam no romancista um corajoso polemista. E foi o que se deu quando surgiu no Recife a "Questão Religiosa".

---

7. *Idem.*
8. Franklin Távora, *Um Casamento no Arrabalde,* Rio de Janeiro/Paris, H. Garnier, Livreiro-Editor, 1903, p. 18.

19. Um Casamento no Arrabalde

> *O livro não há de ser um beijo, mas também não será uma explosão. A dinamite está longe de minha índole, conquanto esteja no caráter das cortes.*
>
> FRANKLIN TÁVORA, prefácio a *Um Casamento no Arrabalde*.

A política adotada pelos progressistas terminou determinando o afastamento do Presidente da Província, conselheiro Francisco de Paula Silveira Lobo. Em conseqüência, assumiu o cargo o vice-presidente, o sr. Francisco de Assis Pereira Rocha, que, na ânsia de alcançar maior consenso entre os deputados conservadores, ofereceu-lhes o cargo da Diretoria-Geral da Instrução Pública. Dessa forma, consumou-se a demissão de Franklin Távora.

Após alguns meses e concluído, em fins de 1868, o seu mandato de deputado perante a Assembléia Provincial, o desencanto com a vida política logo o convenceu de que deveria retornar às letras e, na medida do possível, cumprir os encargos de Juiz dos Órfãos da Capital.

Aquele não era o seu mundo. Esse sentimento, aliás, ele o fixaria precisamente naquela época, quando escreveu num dos jornais recifenses:

> De minha parte conheço muitos caramujos políticos, burlequeadores mercenários que andam por aí apregoando de encomendas com as mais finas madrepérolas do Ceilão[1].

Este, era, sem dúvida, um julgamento preciso, mas talvez excessivamente mordaz, sobre a hipocrisia ou a falsa moral que imperavam no am-

---

1. Franklin Távora, "O Cajueiro do Frade", *Ilustração Brasileira*, Rio de Janeiro, n. 21, 1 de maio de 1877, p. 334.

biente que ele tão bem conhecera por tê-lo freqüentado durante cerca de dois anos.

Estava enojado e por isso decidiu não mais aceitar o retorno à vida política.

Além do mais, aquele ano de 1869 iniciava-se com muitas novidades: sonhava escrever mais um romance e o seu casamento com a jovem Alexandrina Guilhermina dos Santos Teixeira era uma coisa consumada.

Atuante e decidido pela atividade jornalística, chegara à conclusão de que era a única que se casava, sem problemas, com a literatura. Mais do que nunca sentia necessidade de escrever, desenvolver os projetos que se acumulavam, fundar um jornal, ingressar na maçonaria, dar continuidade aos seus trabalhos, sempre adiados.

Por essa época, após passar uma temporada na praia de São José da Coroa Grande, aonde ia com freqüência, ao voltar ao Recife foi morar de vez "em um sítio da Estrada de João de Barros, no qual há um cajueiro a que chamam, desde tempos imemoriais, o *cajueiro do bispo*"[2].

Um dia, o sr. Paulo Monteiro, que editava um almanaque de prestação de vários serviços, inclusive literários, desejou incluir a publicação de um romance original, de autor da terra, que fosse capaz de rivalizar com os que, até então, publicavam os jornais mais importantes. E, desde logo, lembrou-se de Franklin Távora. O almanaque circularia no ano seguinte, isto é, 1870.

Feito o convite, Távora aceitou-o de bom grado e ainda ficou com a liberdade de, se fosse o seu desejo, publicar o livro que dali nascesse onde quisesse, inclusive como folhetim na imprensa diária do Recife. E foi o que se deu.

Pensado e escolhido o assunto do romance, Távora preferiu escrever sobre algo que conhecia de perto. E não apenas conhecia, mas vivia ou vivera. O tema estava em suas mãos e ao seu dispor, portanto. Não precisava dar voltas à imaginação para encontrá-lo. Qual o tema? Um casamento no arrabalde.

O casamento poderia muito bem ser o seu próprio. O arrabalde, o seu querido e sempre lembrado bairro de João de Barros, às cercanias da velha igrejinha de Nossa Senhora da Conceição, a Conceiçãozinha. A história, a do tempo. O estilo, o de casa. Esse romance era, sem dúvida, a sua história, o seu tempo, o de sua própria casa.

E para confirmar essa afirmativa bastará ler as primeiras palavras do livro:

2. *Opinião Nacional*, Recife, 14 de fevereiro de 1869.

Vou contar uma história para quem não tiver que fazer.
A falar a verdade, foi uma história acontecida, e não inventada[3].

A crítica, atenta à obra e à vida do autor de *O Cabeleira*, chamou a atenção para o aproveitamento de algumas situações familiares no corpo de sua obra[4].

Se isso foi verdade, não constitui nenhuma novidade na história das literaturas, já que a ficção, na maioria dos casos, termina sempre imitando a vida real. E vice-versa.

Em *Um Casamento no Arrabalde*, porém, as semelhanças são demasiadamente fortes para deixar-se de lado esse aspecto curioso do processo imitativo da própria vida como ficção no corpo dessa obra literária.

A principal personagem que, desde logo, ele chamou de d. Maria, numa rápida aproximação, muito se parece com a sua mãe, por coincidência, também chamada Maria, cujo nome completo era Maria de Santana da Silveira, mais tarde, na velhice, carinhosamente conhecida como d. Maria Távora. Foi essa senhora, aliás, a pessoa que lhe contou muitas histórias do folclore e do cancioneiro geral, pois possuía, como ninguém, o dom da boa conversação. Assim como ocorreu à sua homônima do romance, d. Maria Távora viveu nas proximidades da igrejinha de Nossa Senhora da Conceição, em João de Barros, com o filho escritor e o restante da família.

Além do mais, d. Maria Távora, como se deu com a d. Maria do romance, era viúva, posto que o seu real marido, o capitão Camilo Henrique da Silveira Távora, cognominado o *Indígena,* já havia falecido.

Na caracterização de d. Maria, a do romance, Távora assim a descreveu:

Ao primeiro personagem que devo tratar, chamarei d. Maria. É viúva de um bravo capitão do exército, tão bravo que se lhe poderia dar a denominação de herói; foi um tipo importante da rebelião praieira de 1848[5].

---

3. Franklin Távora, *Um Casamento no Arrabalde*, 3. ed., Rio de Janeiro, H. Garnier, Livreiro-Editor, 1903, p. 1.
4. Vinicius Barros Leal levanta a hipótese de que, em virtude de declarações de Manuel Pinheiro Távora (*Revista do Instituto do Ceará*, tomo LXXXV, de 1971), Franklin Távora era filho *ilegítimo* de Camilo Henrique da Silveira Távora. Se for a afirmativa confirmada, "vem esclarecer certas particularidades do comportamento do autor de *Lourenço*". Não esclarece, porém, o autor da *História de Baturité* quais, por exemplo, seriam essas particularidades. (Cf. Franklin Távora, "A Dimensão Nacional de um Regionalista", *Revista da Academia Cearense de Letras*, ano LXXXIII, 39, 1978, p. 123.)
5. Franklin Távora, *op. cit.*, p. 2.

Feitos os paralelos, será fácil de constatar que o autor, na prática, falava do próprio pai, o capitão Camilo Henrique, o destemido combatente da Revolução Praieira, já nosso conhecido de capítulos anteriores, sobretudo dos que trataram dos preparativos e da eclosão propriamente dita da Revolução Praieira.

O restante dos personagens, em muitos aspectos, também se aproximou da família Távora, que, de fato, por aquela época, morou no mesmo bairro descrito pelo romancista. Era um arrabalde

> pacífico, silencioso, solitário e ainda pouco povoado, não obstante ficar junto do Recife. Para chegar ali, quem vai da cidade, tem de caminhar alguns minutos na direção do ocidente, assim como quem vai para o sertão; mas o sertão fica muito longe, muito longe ainda, muitas léguas além. [...] Lá nos fins da estrada aparece, a um lado, a modesta ermida, sob a invocação de Nossa Senhora da Conceição[6].

As evocações, tomadas de um realismo de quem viveu por ali e sentiu de fato as benesses desse arrabalde recifense já perdido nas voltas do tempo, foram feitas dez anos após a criação do romance, no Rio de Janeiro, quando Távora relembrava, ainda, o lugar como um dos mais queridos recantos em que ele vivera no Recife. E, rendido às reminiscências, apesar da distância geográfica e temporal, diria quase a mesma coisa que antigamente escrevera no romance:

> Perto da casa de d. Maria vê-se uma casinha de três janelas fronteiras, e portão de madeira ao lado, com um pedaço de terreno aos fundos, cortado obliquamente em forma de latina. Reza uma tradição ter estado aí recolhido o desembargador Nunes Machado, algumas horas antes de cair morto de bala, a 2 de fevereiro de 1849, por ocasião do assalto dos praieiros à capital[7].

Não ficaram por aí as semelhanças. Túlio, o bacharel, simplório e sonhador, viveria as mesmas inquietações que o bacharel Franklin Távora enfrentara quando, por volta de 1869 (o ano de aparecimento de *Um Casamento no Arrabalde*), também de modo um tanto precoce e aventureiro, retirou da casa de seus pais a menina-moça Alexandrina Teixeira, com apenas 14 para 15 anos, para casar-se na igrejinha de Nossa Senhora da Conceição. Alexandrina, a primeira esposa de Franklin Távora, na vida real, em muito se parecia com a personagem central do romance, a Lucila, a professorinha, filha de pais abastados, também uma jovem que encontrara uma tre-

6. *Idem.*
7. *Idem.*

menda resistência dos pais em relação ao noivo pobre e de origem inferior. E sobre essas diferenças sociais, Pedro, o noivo rejeitado pelos pais de Lucila, os quais representavam o pensamento e a vivência de uma família patriarcal pernambucana, pensava como o bacharel Túlio, seu fiel amigo, aliás, o protótipo do autor de *Um Casamento no Arrabalde*:

> Tudo isso só há de tomar caminho quando triunfar absolutamente a democracia pura da aristocracia gasta – causa dos males que nos afligem. Ora, deixemos de politicar.

E o autor, na prática, vivendo o papel do narrador da história, o bacharel Túlio, falava como poeta, dono da audácia do talento, da mocidade e do patriotismo:

> A igualdade e a fraternidade em todo o coração humano – eis o seu constante sonho. Ver os pobres subir, e os ricos descer, para ficarem todos no mesmo nível – eis a sua primeira aspiração. Utopias, utopias! Dirão os cortesãos de César. Lá se avenham eles com Túlio[8].

E a seguir ofereceu um retrato mais preciso de Túlio, o bacharel, que, sem exagero, aplicar-se-ia bem ao próprio auto-retrato do romancista:

> É entusiasta do espírito, como da virtude, e não menos do trabalho. Ama a liberdade com os estremecimentos dos corações juvenis. É assim que se ama nos primeiros anos uma pulcra mulher, perfeição nas formas, virtude na alma, liberalidade no sentimento, lhaneza no caráter, nobreza no ânimo.
> Em traços rápidos mas exatos está aqui o bacharel Túlio. Ele é isto, nem mais nem menos[9].

Mais tarde, já residindo no Rio de Janeiro, em 1879, rememoraria esses dias em que trabalhou sem descanso na elaboração do romance:

> Lembrou-me também de *Um Casamento no Arrabalde* que, como bem pondera, estava inteiramente esquecido do próprio autor. Escrito em menos de uma semana para ser publicado no rodapé de uma das folhas diárias, por circunstâncias que não vem ao caso referir, fora editado por um livreiro, e saíra a lume em 1869[10].

Ainda que o autor tenha declarado que não tomou muito a sério este terceiro romance, tudo leva a crer que foi o primeiro livro bem realizado

---

8. *Idem*, p. 6.
9. *Idem*, p. 7.
10. Posfácio em forma de carta que responde à do escritor Rangel de S. Paio. Cf. *Um Casamento no Arrabalde, op. cit.*, pp. 92-93.

e o que ganhou, de imediato, boa aceitação da crítica e do público. Nesse sentido as palavras que Franklin Távora escreveu no prefácio da segunda edição (1789), e preservadas nas duas cartas que aparecem em forma de posfácio na terceira (1903), são, com efeito, um testemunho interessante que confirma, sempre, a impossibilidade de o autor ser o melhor crítico de sua própria obra. A escolha, nem sempre, coincidirá com aquela obra que, ao longo do tempo, será consagrada pelo gosto dos leitores ou da crítica.

Chamando o livro de "romancete, brinco da minha pena quando ela ainda queria borboletear", na verdade, Távora exercitava, após dez anos de sobrevivência do romance, uma espécie de crítica literária ou de juízo não muito positivo. Desconfiava mesmo das várias opiniões que os críticos haviam dado sobre aquele pequeno romance.

Entre essas opiniões destacavam-se os nomes de Rangel S. Paio e Aprígio Guimarães. Este, aliás, manifestara-se ainda quando Távora vivia no Recife, logo após o aparecimento do livro em sua edição príncipe. O julgamento de Guimarães, dado o rigor de seu gosto e por possuir autêntico talento de escritor consagrado ao ensaio, foi importante para sua carreira. Favorável mas também severo num aspecto que, de fato, o romancista não poderia mais pecar, teve também a sincera virtude de contribuir para o aperfeiçoamento das futuras obras do autor:

O Dr. Távora promete uma história de tempo em estilo de casa e cumpre cabalmente a palavra. Conta uma história que se pode dizer sabida de todos, mas de tal sorte aflora a singela narrativa que a leitura do seu livrinho é um verdadeiro prazer. Conta em seu estilo de casa, despretensioso, é verdade, mas com um cunho de bom português. E neste ponto deu-nos o Dr. Távora uma prova irrecusável de seus grandes progressos como estilista[11].

A aludida referência à severidade do crítico apareceu na observação em que Aprígio Guimarães falou sobre a tendência de o autor dar nomes franceses a personagens em detrimento de outros mais adequados à nossa língua e à tradição local.

Em verdade, no caso de Franklin Távora essa observação procedia, porque já nos debates sobre a liberdade de ensino, vimos como a opinião do romancista fora no sentido de deixar de lado um certo deslumbramento pelas coisas oriundas da velha Europa, sobretudo as da França. Devíamos, bradava o então deputado provincial, nos preocupar mais com as americanas, as nacionais ou as regionais, aspectos que melhor se afinavam com as preocupações.

11. *Opinião Nacional*, Recife, 7 de novembro de 1869.

Aliás, é oportuno adiantar, desde logo, que essa mesma questão marcaria de maneira definitiva a sua linha de escritor voltado para um regionalismo que fixasse as cores e os costumes da terra, dando origem a uma literatura mais coerente e viva, que ele chamou, com insistência, de "literatura do Norte".

E por falar em França, vale lembrar a circunstância de que já no referido prefácio a *Um Casamento no Arrabalde*, o de 1881, firmado nas Laranjeiras, no Rio de Janeiro, Távora, talvez recordando a observação do seu ex-professor na Faculdade de Direito, Aprígio Guimarães, voltava a referir-se à restrição que os escritores da Corte sempre faziam às suas idéias em particular e aos que escreviam nas províncias em geral:

[...] há cinco para seis anos (ele, Távora) anda falando em um novo gênero cujo nome – *literatura do Norte* – não pode soar bem em um mercado onde tanto abundam produtos franceses e lusos que vários tomam por modelo para sua indústria, com prejuízo da indústria nacional que não pode assim desenvolver-se e prosperar[12].

A opinião de Rangel de S. Paio apareceu num momento de muita dúvida e angústia intelectual de Távora. Vivendo no Rio de Janeiro, já sem muitas esperanças pela chamada glória literária, talvez acossado pelo mal que o libertaria precocemente, um dia recebeu de Paio uma comovente carta. Sincera porque era mais uma carta de amigo do que de um desconhecido crítico. Comovente, porque o crítico, possuidor de elevado senso de responsabilidade intelectual, não precisava mais, na altura de sua idade, de incensar vaidades alheias em troco de amizades frágeis, dúbias ou passageiras. E essa carta, prenhe de considerações válidas, de um julgamento que invadia os mais amplos traços da síntese biográfica da obra literária de Távora, com efeito, sensibilizou o escritor. Vivendo no mais solitário recôndito de suas possibilidades criativas e também lutando não só contra o fantasma do silêncio dos que faziam a Corte movidos por interesses imediatistas, mas, sobretudo, contra dois monstros provocadores de desespero e temor – a pobreza material e a enfermidade progressiva que lhe roubava as energias físicas – enfim, acreditou no amigo, embora duvidasse de si mesmo.

Na carta dizia o crítico e escritor Rangel de S. Paio:

E pensando em tantos e tão belos talentos estiolados nas estufas da imitação dos Musset, ontem, e Baudelaire, agora, recordei-me que José Soares de Azevedo

---

12. Franklin Távora, *op. cit.*, p. VII.

empreendera a poesia popular. Procurei a sua lenda poética sobre as *Mangas de Itamaracá* a fim de ver se conseguia por minha vez identificá-la com alguma divindade indo-européia, afiliá-la a algum de seus mitos.

Era trabalho capaz de extinguir, de curar o mais feroz *spleen* anglo-saxônico. O meu, pois, estava morto.

Encontrando o folheto da lenda, deparei também com *Um Casamento no Arrabalde*, e, em vez de entregar-me, como projetava, ao labor interpretativo, fiz a leitura do seu romancete.

Acredita? Aquela simplicidade, aquela despretensiosidade, aquela naturalidade, pareceram-me de sabor tão *balzachino* que conquistaram-me mais aplausos que o seu *O Cabeleira*[13].

A opinião de Rangel de S. Paio, portanto, provocou em Távora um ânimo tão forte que ele, saindo da apatia, da inércia, partiu para a reedição do romance perdido. Perdido inclusive para o próprio Távora que, para revê-lo e dá-lo à segunda edição, constatou que não dispunha em sua biblioteca de nenhum exemplar. Teve, então, que pedir emprestado o de Rangel de S. Paio, como diria mais tarde, manifestando a sua absoluta inapetência pelo afã editorial:

Eu não possuía, de fato, nenhum exemplar de *Um Casamento no Arrabalde*; fora este como uma nota solta, perdida por entre a folhagem da pitoresca estrada, teatro do drama singelo que lhe dera existência; nunca mais ressoara ela aos meus ouvidos: era uma vibração do meu cérebro de todo extinta.

Há de lembrar-se – continuaria Távora falando ao amigo – que depois de receber a sua carta, lhe pedi o seu exemplar para reler a obra.

E que resultou da releitura, do reencontro do pai com o filho já com quase dez anos de vida?

A nova leitura não me animou muito, conquanto a singela produção naquele tempo fosse bem recebida pelo público do Recife[14].

A história da literatura brasileira, porém, registrou uma fortuna crítica, sob muitos aspectos, invejável para *Um Casamento no Arrabalde*. Apesar disso, curiosamente, há um extraordinário abismo entre essas duas correntes de recepção desse romance de Távora. Ou melhor, entre o que disseram os críticos e a real receptividade do romance entre os leitores. Porque, se, por

---

13. Rangel de S. Paio, Carta-Posfácio *in* Apêndice a *Um Casamento no Arrabalde*, *op. cit.*, p. 75.
14. Franklin Távora, *Um Casamento no Arrabalde*, *op. cit.*, pp. 93-94.

um lado, a crítica sempre lhe foi favorável, inclusive por parte daqueles que se colocaram numa posição de declarada prevenção contra a obra e a pessoa de Franklin Távora (como foi o caso de Lúcia Miguel-Pereira), por outro, até 1903, data da terceira edição, foi um livro estimado e lido pelo público. Como explicar o posterior esquecimento desse livro? Será que existe um completo desconhecimento das casas editoriais brasileiras da existência desse livro?

Seja qual for a causa, tudo isso é muito estranho, porque, afinal de contas, todos os ingredientes que dão vida e perenidade a uma obra literária alicerçam a existência de *Um Casamento no Arrabalde*.

Vejamos, em resumo, alguns juízos críticos publicados pelos mais conceituados e respeitados historiadores de nossa literatura.

Escreveu José Veríssimo:

> A sua língua mais simples, menos enfeitada, atingindo mesmo às vezes, como em *Um Casamento no Arrabalde*, uma singeleza encantadora, livra-o da retórica sentimental que Alencar nem sempre evitou. Este último romance é no seu gênero um dos melhores de nossa literatura, um daqueles em que a vida burguesa provinciana, e não só nas suas exterioridades, mas nos seus caracteres intrínsecos e essenciais, se acha mais fiel e artisticamente reproduzida. *Um Casamento no Arrabalde*, como a *Inocência*, de Taunay, é um romance de um realista espontâneo, para quem o realismo não exclui por completo a idealização artística, que é como o sopro divino que lhe anima a feitura. Algo deste caráter realista se nos depara em todos os romances de Távora, o que faz dele, como do seu contemporâneo Taunay, um dos reatores contra a romântica aqui ainda então prevalecente, um dos precursores, portanto, do naturalismo[15].

Já Sílvio Romero, apesar de achar que a obra-prima de Távora é *Lourenço*, viu em *Um Casamento no Arrabalde* um romance com mais movimento e personalidade, comparado com os dois anteriores. E, especificamente sobre o trabalho do autor, acrescentou:

> Os méritos de Franklin Távora consistem na acertada intuição que teve de fazer das classes populares no passado e no presente, máxime no passado, a base de seus romances; no peculiar carinho com que despertou a atenção para aquelas populações que melhor conhecia, as do Norte, que vieram a constituir o assunto predileto de seus trabalhos de escritor; no cunho naturalista que infundiu nas cenas, tipos e caracteres que descreveu; na dramatização enérgica com que articulou suas narrativas.

---

15. José Veríssimo, *História da Literatura Brasileira (De Bento Teixeira (1601) a Machado de Assis (1908)*, 4. ed., Brasília, Editora Universidade de Brasília, 1963, pp. 238-239.

Sílvio Romero (Sergipe, 1851 – Rio, 1914).

Destarte, se não tem tanta imaginação quanto Alencar, tem mais do que ele o faro psicológico e a firmeza das tintas; se não possui o talento da análise psicológica em dose igual à de Machado de Assis, sobreleva-o na vibração realística das impressões e do estilo[16].

Lúcia Miguel-Pereira, num dos capítulos de sua história da literatura brasileira, denominado de "Ecos Românticos, Veleidades Realistas", apesar de sempre ter dado ênfase aos defeitos da prosa de Távora, reconheceu ser *Um Casamento no Arrabalde* o seu melhor momento.

A chamada "literatura do Norte", preconizada por Távora, iniciou-se em 1869 com esse romance, do qual Lúcia Miguel-Pereira, após o qualificar de novela, diz que

sem emparelhar com as *Memórias de um Sargento de Milícias*, lhe segue todavia a linha. O interesse da narrativa está muito menos – e isso constituía certamente uma novidade – nos fatos que evoca do que na conduta das personagens e no quadro social que as condiciona. [...] Talvez transpareça nela a pessoa do seu criador, o que em certos momentos a prejudica, mas a simplicidade da linguagem quase sempre disfarça e atenua as intervenções do autor. [...] A vivacidade dessa novela, cuja importância está sobretudo nos novos rumos que delineia, nunca mais a encontraria Távora[17].

Num dos mais equilibrados capítulos sobre a história da literatura brasileira, intitulado "O Regionalismo como Programa e Critério Estético: Franklin Távora", Antonio Cândido, após examinar o conjunto da obra do autor de *Lourenço*, reconhece:

A sua obra-prima é contudo uma novela, *Um Casamento no Arrabalde* (1869), cujo singelo encanto já fora destacado por José Veríssimo como traço de realismo e, segundo Lúcia Miguel-Pereira, é o único dos seus livros que subsiste. E, não há dúvida, uma ilhota de elegância e equilíbrio entre os demais escritos, e pena foi que Távora houvesse perdido a fórmula dessa narrativa, que reputava de somenos em relação às outras. Talvez por não defender tese alguma, nem depender da elaboração requerida pelos romances históricos, pôde beneficiar de um momento feliz de inspiração, tratando com harmonia uma despretensiosa visão dos costumes pernambucanos[18].

16. Sílvio Romero, *História da Literatura Brasileira*, 7. ed., Rio de Janeiro/Brasília, Livraria José Olympio Editora/ INL-MEC, 1980, vol. 5, pp. 1487-1488.
17. Lúcia Miguel-Pereira, *História da Literatura Brasileira (Prosa de Ficção de 1870 a 1920)*, 2. ed., Rio de Janeiro, Livraria José Olympio Editora, 1957, pp. 44-45.
18. Antonio Cândido, *Formação da Literatura Brasileira*, Belo Horizonte, Editora Itatiaia, 1981, vol. 2, p. 305.

Wilson Martins, ao escrever sobre a época do aparecimento de *Um Casamento no Arrabalde*, não hesitou em dar primazia a este romance dentre todas as produções de Távora e argumentava:

> Na ficção, como nos demais gêneros, a mudança da guarda se manifestava não apenas pelo aparecimento de uma nova temática, mas, também, pelos prestígios crescentes de alguns jovens escritores, com Franklin Távora (1842-1888), paralelo e simétrico ao "cansaço" evidente dos veteranos, como Joaquim Manuel de Macedo. [...] Trata-se, com efeito, de um romance liberal, igualitário e feminista, no qual o autor foi simultaneamente "historiador, crítico, político e filósofo". [...] Em matéria de estilo, fluência narrativa e unidade de concepção, *Um Casamento no Arrabalde* é, como ficou dito, a melhor novela de Franklin Távora, para o que concorre poderosamente o tom bem-humorado com que foi escrita[19].

Como sugerimos, é inconcebível que o livro *Um Casamento no Arrabalde*, desde 1903, nunca mais tenha sido reeditado no Brasil.

Temístocles Linhares, ao escrever uma das mais importantes obras sobre o romance na literatura brasileira, chegou a afirmar não lhe ter sido possível ler este romance de Franklin Távora[20], tamanha a falta de preservação de obras raras em nossas prestigiosas bibliotecas, para não insistirmos na falta de sensibilidade de alguns editores brasileiros que, em muitos casos, fecharam os olhos para obras dessa natureza desde 1903.

---

19. Wilson Martins, *História da Inteligência Brasileira*, São Paulo, Editora Cultrix/Edusp, 1977, vol. III, pp. 300-301.
20. Temístocles Linhares, *História Crítica do Romance Brasileiro*, Belo Horizonte/São Paulo, Editora Itatiaia/Edusp, 1978, vol. 1, p. 154.

20. Cartas a Cincinato

> *Ora, nunca me empenhei em tais lutas – verdadeiros exercícios bárbaros. De meus pais, de meus mestres, da boa sociedade, da civilização (da nossa civilização que não babuja, como a de Sênio), aprendi a pleitear com as armas do pensamento – pela palavra, esse escudo sonoro, e pela pena, essa tersa lança do brioso lidador.*
>
> FRANKLIN TÁVORA, *Cartas a Cincinato*.

O ano de 1869, por fim, estava terminando com um bom acontecimento para a trajetória literária de Franklin Távora: a edição do drama *Três Lágrimas* e a reedição do romance *Os Índios do Jaguaribe*.

A publicação do drama fora feita pela Tipografia Mercantil, de propriedade de C. E. Muhlert & Cia., do Recife. É de se supor que a edição tenha sofrido a interferência do próprio Franklin Távora quanto a detalhes de diagramação, utilização de cores, tipos etc., já que ele era dotado de profundos conhecimentos sobre a arte tipográfica.

Há registros de encenação do drama *Três Lágrimas* na imprensa recifense, nos quais, de um modo geral, a crítica foi parcimoniosa, mas deixou constância da validade do trabalho como obra de arte. Um deles estampou a seguinte nota:

Três Lágrimas é o título de um drama de autoria do Sr. Franklin Távora que já foi apreciado em nosso Santa Isabel. Falta tempo e espaço para uma crítica a esse trabalho do nosso inteligente e talentoso provinciano. Se tem defeitos consideráveis o trabalho do Sr. Távora, tem beleza e alguns primores que lhe confirmam a reputação de um literato esperançoso.

Agradecendo o exemplar da mais nítida edição que tem saído dos nossos prelos, aqui deixamos essas linhas como prova de apreço do nosso distinto colega[1].

---

1. *Opinião Nacional*, Recife, 14 de dezembro de 1869.

Nesse mesmo final de ano também ficou pronta a segunda edição do romance *Os Índios do Jaguaribe*, desta feita não em forma de folhetim, como da primeira vez, isto é, no ano de 1862, mas em volume autônomo. Desde o primeiro momento que o autor anunciara o desdobramento da história completa em quatro volumes, mas só se conhece a primeira parte no volume reeditado.

Ao contrário do que se deu com o drama, esse romance não alcançou a receptividade esperada pelo autor. Como era costume entre os escritores, havia a troca ou intercâmbio de livros. Geralmente o que mais os estimulava era contar com a opinião favorável, se possível, do colega mais afamado, melhor situado nas letras.

Os leitores primordiais dessa edição de *Os Índios do Jaguaribe*, isto é, aqueles que o receberam em primeira mão, a rigor, não se manifestaram na direção esperada pelo autor. Ou se algum o fez, os termos não surgiram dentro do entusiasmo que situações dessa natureza proporcionam ao autor da obra.

Távora, sem dúvida, com o passar do tempo, começava a sentir que não lograra um bom resultado com aquela empreitada, mas, como em tudo na vida é a esperança a última que morre, no íntimo aguardava que algum nome importante, sobretudo os que haviam tratado de temas próximos aos seus, como fora o caso do seu conterrâneo, também romancista, mais velho do que ele, e já renomado – José de Alencar – escrevesse algo a respeito do livro. O silêncio, porém, não só da parte de Alencar, mas de outros, continuou durante todo o decorrer do ano de 1870.

Sem que ele o suspeitasse, na gênese temática deste romance e no rastro de sua existência, situaram-se dois acontecimentos: a primazia de ser o autor do primeiro romance cearense e o nascimento de uma dura polêmica contra José de Alencar que ficaria assinalada para sempre em sua vida de escritor.

Franklin Távora, ainda por essa época, morava no arrabalde de João de Barros, nas proximidades da igrejinha de Nossa Senhora da Conceição, no Recife. Com freqüência viajava para a praia de São José da Coroa Grande, onde a família mantinha um rancho bem situado. Ali se refazia das atividades do foro e da vida cultural recifense, procurando, sempre que a inspiração lhe chegava e crescia de maneira insuportável, compor algum trabalho mais demorado.

Justamente numa dessas estâncias, quando tentava curar-se de uma longa enfermidade que o prostrara por cerca de quatro meses, fora atraído para curiosa polêmica que interessava os leitores do Rio de Janeiro. O escritor português José Feliciano de Castilho, irmão do célebre Antonio Feliciano de Castilho, mantinha na imprensa uma dura e ácida campanha contra as ações políticas de José de Alencar. Tanto que mais tarde, já sob o calor da polêmica a que ele aderira, adicionando mais uma vertente à guerra contra Alencar – a literatura – numa das cartas que escrevera ao escritor luso, radicado no Rio de Janeiro, avisava-lhe o seguinte:

> Acabo de chegar do arrabalde, onde a minha deteriorada saúde me deteve cerca de quatro meses. Tranqüilize-se, porém; estou disposto e preparado para a esgrima[2].

Diante disso, o jovem romancista, aqui no Recife, empolgou-se e, sem conhecer as intrigas da Corte do Rio de Janeiro, achou que a atitude do polemista português era movida pela sinceridade e honestidade intelectual. Estava equivocado.

Na verdade, desconhecia totalmente o outro lado da questão: os interesses políticos em jogo. José de Castilho aliara-se aos inimigos políticos de José de Alencar, já antes da culminância da polêmica literária a que aderira Távora, segundo os mais comprovados pronunciamentos, para obter certas vantagens ou facilidades, já que estes políticos, em geral, no final das contas, procuravam agradar ao Imperador, que não tolerava Alencar. E essa malquerença vinha desde os dias em que Alencar, de maneira acerba, quando mais jovem, travara com Gonçalves de Magalhães polêmica sobre *A Confederação dos Tamoios*.

Curiosamente Franklin Távora desconhecia muitos detalhes que inclusive foram publicados pelo jornal *A Reforma*, do Rio de Janeiro, mas que, com certeza, não circulara pelo Recife. O padre Joaquim Pinto de Campos era o mesmo sacerdote ultramontano que, havia dois anos, na capital pernambucana, comandara os ataques contra o general Abreu e Lima, desrespeitando, inclusive, a agonia dos dias finais de vida do ilustre general e escritor já imobilizado em seu leito, além de culminar com a ação do arcebispo que lhe negou a sepultura católica. Este sacerdote, representante de Pernambuco na Câmara dos Deputados, aliara-se a José Feliciano de Castilho. Ambos trabalhavam na redação do projeto de lei do Ventre Livre e desfrutavam de profunda amizade com o conselheiro João Alfredo.

Fora numa das reuniões do parlamento que José de Alencar, num dia de extraordinária felicidade como talentoso orador, no que, aliás, era naturalmente vocacionado, disse a famosa frase no sentido de que o intrigante escritor luso, que estava presente, não passava de uma *gralha imunda*[3].

---

2. Franklin Távora, *Cartas a Cincinato*, estudos críticos de Semprônio sobre o *Gaúcho* e *Iracema*, obras de Sênio (J. de Alencar), 2. ed., Pernambuco/Paris, J. W. de Medeiros, Livreiro-Editor, 1872, p. 128.
3. Luís Viana Filho, *A Vida de José de Alencar*, Rio de Janeiro, Livraria José Olympio Editora/MEC, 1979, pp. 230 e ss.

Franklin Távora desconhecia, portanto, esses detalhes que só o convívio com a Corte podia oferecer. Se ele, por aquela época, tivesse tomado conhecimento de que, de alguma maneira, Castilho era íntimo e colaborador do padre Joaquim Pinto de Campos, com certeza, não se teria empolgado com a empreitada. O respeito e a consideração que ele alimentava pela memória do general Abreu e Lima o deixaria de sobreaviso a respeito dos verdadeiros objetivos almejados pelo polemista luso, então radicado no Rio de Janeiro. Tal não ocorreu, porém. Embevecido pelas jactâncias do escritor polemista português contra José de Alencar, que já não lhe caía como um homem atencioso para os jovens que lhe enviavam livros, viu, nas famosas *Questões do Dia*, a oportunidade de afirmar a sua existência. Nesse momento venceu a vaidade à prudência.

As conseqüências vieram de imediato. Apressou-se e remeteu a José Feliciano de Castilho uma carta de apoio. É preciso dizer que, de fato, as observações críticas de Távora sobre o romance *O Gaúcho*, de Alencar, aparecido em 1870, existiam antes de que no Rio de Janeiro se armasse o cenário para a publicação das cartas por iniciativa de Castilho. Isso prova, como disse Sílvio Romero, a boa-fé de Távora em promover as críticas.

Recorde-se, ainda, que antes das *Cartas* apareceram artigos críticos estampados no jornal *A Verdade*, semanário publicado no Recife por Távora, estudando duas obras de Alencar: *Sonhos d'Ouro* e *Filhos de Tupan*. A conclusão do crítico – que se escondia sob o pseudônimo de *Diogo Bernardes* – era pessimista e apontava para o que ele chamava de "progressos da decadência do escritor". Nesses artigos ele não ostentava as intenções rigorosas que se fizeram sentir, mais tarde, nas críticas firmadas por *Semprônio*, o mais conhecido pseudônimo de Távora[4].

Anos depois, já em 1904, Clóvis Beviláqua traria mais luz ao episódio, contando a versão que lhe dera Araripe Júnior, amigo de Távora e primo legítimo de Alencar:

Araripe referiu-me o caso por este modo. Tendo Alencar recebido o romance de Távora, lera-o com muita curiosidade e interesse, anotando à margem os trechos que lhe haviam merecido maior reparo, no intuito de responder ao novel escritor, agradecendo a oferta e dando-lhe a sua opinião sobre o valor do trabalho.

Essa resposta, no entanto, por motivos que não desconhecem os que têm ocupações literárias, demorou-se mais do que era de esperar. Susceptível, como todo artista, o autor de *Os Índios do Jaguaribe* sentiu-se do silêncio e não tardou em transformar

---

4. Franklin Távora, *A Verdade*, n. 19, Recife, 12 de outubro de 1872, sobre o romance *Sonho d'Ouro*; no mesmo semanário, números 15 e 16, aparecem publicados os artigos sobre o poema *Filhos de Tupan*.

essa mágoa em irritação, quando um amigo lhe informou que o glorioso cearense lhe havia desapiedadamente analisado a obra, resumindo o seu parecer num dito cáustico: "Tais índios precisam ainda ser descascados".

A intriga era caluniosa – prossegue Araripe falando para Beviláqua – mas produziu a explosão das *Cartas de Cincinato* e de artigos em jornais em que, noticiando as produções do grande romancista, se tentava mostrar os "progressos da decadência do escritor"[5].

Com esse gesto, ficava claro, falava mais forte, do âmago do seu inconsciente, sem o conseguir sublimar, o despeito de ver que o insigne e famoso escritor cearense, seu conterrâneo, como ele apaixonado pelos temas indígenas, dava o silêncio como resposta em relação ao livro *Os Índios do Jaguaribe* que lhe enviara. Chegara, então, a hora de jogar-lhe um dardo sobre o manto de sua vaidade.

Vale transcrever o trecho em que Távora, justamente após haver criticado em várias cartas o romance *O Gaúcho*, de Alencar, dava início às epístolas onde criticava *Iracema*. Nessa carta, ficou patente que os dois escritores – Alencar e Távora – realmente, antes de chegarem àquele beco sem saída, haviam travado um diálogo de mudos ou de surdos. Alencar, até então, por acúmulo de trabalho, não dissera nada sobre o romance que havia recebido do Recife, mas, diante da ferina crítica de que estava sendo alvo, resolvera falar. E o fez através de trechos que Távora, assustado, mas revelando uma aparente tranqüilidade, resolveu comentar como assunto principal da primeira epístola crítica que dedicou à *Iracema*. Ei-lo:

> Mal pensava eu, quando tive de escrevê-las, que Sênio, em resposta e sem ter em consideração a excelência do intuito, nem o comedimento e seletos modos de minha compostura, viria, arrojado e infrene, assacando-nos fidalguíssimas amenidades: "*Tomo, para começar, a primeira carta em que Cincinato, à laia de amigo, se dirige a um Semprônio, AMBO FLORENTES, não na idade, pois que o de lá está ainda na espiga e o de cá já chegou ao sabugo, mas com certeza ARCADES AMBO; e bom será que se saiba que há diversas espécies de ARCADES, sendo estes dois daqueles de que trata Juvenal, sat. VII, v. 160: QUOD LAEVA PARTE MAMILOE SALIT JUVENI ARCADICO, quando faz alusão a certos ORELHUDOS de bom volume que pastavam à relva da Arcádia*"[6].

A essas mordazes referências de Alencar, Távora, na mesma carta, à continuação, assim respondeu:

---
5. Clóvis Bevilaqua, "Franklin Távora", *Revista da Academia Cearense de Letras*, Fortaleza, Ceará, n. IX, 1904, p. 21.
6. Franklin Távora, *op. cit.*, p. 128.

Diz uma autoridade em letras: Quando a alma é elevada, as palavras vêm do alto e a expressão nobre acompanha sempre o nobre pensamento. Faze a aplicação. *Orelhudo* só pode ser filho de *burra*. Ora, desta espécie de animal nunca figurou, que eu saiba, na minha, posto que plebéia, estirpe. Para onde se voltou, pois, Sênio, quando quis achar a finíssima alusão?[7]

Seguindo o mesmo tom de zombaria às ironias de Sênio, Távora resolveu, então, falar no ponto fundamental que mais lhe doía: o manifesto silêncio que Alencar fizera sobre os *Índios do Jaguaribe* e que, só agora, diante das estocadas que recebera contra *O Gaúcho* ousara pronunciar-se:

Ora, Sr. Semprônio! Vá esbrugar os seus índios do Jaguaribe e quando lhes tiver tirado o cascão... etc.[8]

Ao juízo de Alencar, Távora não respondeu com empáfia de escritor consagrado. Sequer manifestou um sentimento de frustração ou de fracasso reconhecido. Falou mais a humildade do que qualquer outro sentimento de vaidade ou orgulho. Mas estava ferido e magoado. O tiro fora demasiado certeiro. Eis as suas justificativas:

Boa dúvida! Grande achado!
Que os tais índios tinham cascão, e do mais espesso, foi o autor o primeiro que o declarou, alto e bom som. Leiam a nota primeira no final do volume primeiro.
Semprônio, provinciano bronco e obscuro, nunca pretendeu ser tido por grande cousa, por formador de escola, literato inatacável, filólogo inerrante, sábio iluminado. De tais veleidades não se acusa. Escreveu, garatujou aquilo por mero desenfado. E ficará em excesso agradecido ao pio leitor, ao próprio Sênio, se dignar indicar-lhe os erros, porque não sendo eles irremediáveis, promete tentar emendá-los conforme puder na terceira edição, caso resolva dá-la. Chateaubriand, dócil às lições dos críticos, nunca se desprezou a de corrigir suas obras. É ele mesmo quem nos confessa que, sendo reimpressa a *Atala* onze vezes, se confrontassem essas onze edições, apenas encontrariam duas inteiramente similares. É que, pelo menos dez vezes, a *Atala* teve cascão. Antes quero pensar com Chateaubriand do que com Sênio (perdoe-me ele a preferência), que emperrou, emperrou[9].

A opinião de Franklin Távora, não resta dúvida, baseava-se num momento de absoluto convencimento pessoal. Talvez até um tanto exagerado, porque, seguindo a sua linha de argumentação, afirmou reconhecer um juízo,

7. *Idem.*
8. *Idem,* p. 131.
9. *Idem,* p. 132.

em seu desfavor, escrito por um crítico, o sr. Silva Maia, publicado no jornal a *República*, do Rio de Janeiro, que disse não o conhecer. Eis o que dizia o crítico sobre o romance de Távora:

> É esta por ventura um pouco arrastada e longa, e interrompida não poucas vezes por incidentes, talvez alheios ao seu movimento e desenvolvimento etc.

A esse juízo acrescentou Franklin Távora, chamando-se, ele mesmo, de Semprônio:

> Semprônio toma o livro, folheia-o, medita, e conclui confessando à sua consciência, como ao público o declara agora, que o Sr. Silva Maia tem carradas de razão. Eis aí.

Mas, do seu canto de escritor provinciano, da sua posição de homem comum, argumentava em claro crescendo como se desejasse dizer a José de Alencar, o grande escritor e político respeitado, que a crítica e a verdade não são qualidades opostas e irreconciliáveis.

> Aceitar com reconhecimento e gáudio salutares instruções e advertências, por mais elevada que seja a posição que se ocupe, sempre foi próprio do escol dos espíritos. O que me parece triste, e das mediocridades desabridas, é preservar voluntária e obstinadamente no erro por amor de preconceitos vãos[10].

E aqui ele se sentia, com efeito, na mesma altura, falando de escritor para escritor, proclamando a igualdade e o direito de dizer o que pensava:

> O mundo é uma escola, onde se pratica, não o elogio, senão o ensino mútuo, com esta circunstância porém – que não há *magister super omnes*. Firme nestes princípios é que Semprônio irá também esbrugar e dissecar *Iracema* e a *Diva*. [...] Sênio precisa mais de ter quem lhe diga certas verdades proveitosas do que de pão para a boca. Hei de dizer-lhas, apoiado na minha boa fé, em meu desenvolvido espírito de retidão[11].

Entre o aparecimento das cartas sobre *O Gaúcho* e as que Távora começava a escrever sobre *Iracema* havia passado quase um ano. As primeiras foram dadas à publicidade em fins de 1870 e as segundas no decorrer de 1871. Nesse espaço de tempo, muitas foram as conseqüências. Houve mo-

10. *Idem.*
11. *Idem*, p. 133.

mentos de entusiasmo e dúvida por parte de Távora. As adesões e as críticas alternavam-se, mas, no final, preponderaram os estímulos e constantes cartas que Castilho, que usava o pseudônimo de *Cincinato*, o seu fiel correspondente lhe enviava. Por isso, na primeira epístola que endereçou sobre "a virgem dos lábios de mel", após várias considerações, deu-se ao luxo de mandar recados diretamente a Alencar, instigando-o, provocando-o, já que ele se mantinha indiferente às críticas:

Sei que de tudo isso tem Sênio notícia.
Repito: estou plena e profundamente convencido de que, procedendo assim, presto serviço ao Brasil. A crítica, que se preza de justa e independente, é inquestionável agente do progresso; põe diques (deixem lá falar) aos extravasamentos das imaginações superabundantes, alimenta e aguça os estímulos produtivos, apura o licor das boas fontes sem estancá-las[12].

Essa afirmativa de Távora, na verdade, funcionava como um preparativo para desaguar na declaração de que o que passava o autor de *O Guarani* no começo de sua maturidade literária nada mais era do que o mesmo dissabor que experimentara Gonçalves de Magalhães quando sofrera a demolidora crítica por parte de um jovem que começava a vida de escritor no Rio de Janeiro chamado José de Alencar.

Quando J. de Alencar, simples neófito nas letras, escrevia desabridas *cartas* contra um brasileiro, em todos os sentidos ilustre e respeitável, verdadeira glória do Brasil, o conselheiro Gonçalves de Magalhães, alguém o chamou de *iconoclasta de imagens da terra*? Pelo contrário: houve de sobra quem o aplaudisse e acoroçoasse. É que há homens que nascem sob um signo inteiramente feliz: J. de Alencar é destes.
Pois bem: não faço mais do que seguir o edificante exemplo de J. de Alencar[13].

A história dessa polêmica teve, ainda, uns lances curiosos, mas fiquemos por aqui. É preciso, agora, tecer algumas considerações em torno do mérito da crítica desenvolvida por Franklin Távora sobre os dois livros alencarinos – *O Gaúcho* e *Iracema*.

Em primeiro lugar, é preciso assinalar que Franklin Távora declarou munir-se do que havia de mais moderno sobre o assunto a abordar. A temática do gaúcho, que na época ele denominava de "temas americanos", já fora tratado por alguns escritores e, portanto, não era original. As fontes

---

12. *Idem*, p. 134.
13. *Idem*, p. 135.

existiam e foram reveladas com segurança e responsabilidade intelectual. Casos buscados em várias literaturas atestavam os exemplos da língua inglesa, destacando-se Walter Scott, Mistris Grant, Burns, Bacon, Allan-Ramsay, Buchanan, Macpherson, Irving Washington, Penn, Cooper, Brockden Brown, Audubon, John Crevecoeur etc.; os de língua francesa – Chateaubriand, Aimard, Viardot, Lessage, d'Orbigny, Buffon, Balzac, Saint-Pierre etc.; os espanhóis – Guevara, Cervantes, Lope de Vega, Calderón, Diego Hurtado de Mendoza etc. A essa bibliografia Távora acrescentou, ainda, um agradecimento a seu amigo, o jovem Francisco Magarinos de Souza Leão, que lhe emprestara mais de "50 volumes de autores conceituados que têm escrito sobre os costumes e os povos de ambas as Américas"[14].

Há umas insistentes considerações críticas de Távora no que respeita ao romance *O Gaúcho*, de Alencar, que se reputam como valiosas, quando o objetivo era o de afirmar certas tendências históricas da crítica brasileira: trata-se da oposição entre a imaginação ou inspiração e a observação. Essas tendências do processo da criação literária, ou mesmo crises e hesitações manifestadas por este ou aquele autor, poderão ser bem notadas em obras críticas como as deixadas por Távora sobre Alencar, porque nelas, depois, identificaram-se os germes do que havia passado e das novidades que se avizinhavam. Resultou, daí, que *Cartas a Cincinato*, ainda que eivadas dos vícios ou defeitos da época assimilados e cristalizados pelo pensamento de Franklin Távora, têm o seu valor histórico.

O argumento de que a Alencar faltava a observação e abundava a imaginação não pode ser considerado como um defeito insanável na concepção da obra de arte. Nem tanto ao mar nem tanto à terra. Mas sobre esse aspecto o crítico Távora radicalizava:

Por que não foi (Alencar) ao Rio Grande do Sul, antes de haver escrito *O Gaúcho*? A literatura é uma religião e tem direito de merecer tais sacrifícios de seus sinceros cultores[15].

A comparação de Távora tomou como medida a obra de Fenimore Cooper e Alencar. O escritor norte-americano teria feito literatura baseada numa viva experiência, onde a observação funcionava como autêntica fotografia, enquanto o brasileiro pecara pelo excesso de imaginação. Ora, o paralelo não procedia como medida. Aqui o autor de *O Cabeleira* exagerava. O que fizera Alencar aparecia como defeito em Cooper. A imaginação que

14. *Idem*, p. 118.
15. *Idem*.

recria a realidade, dando-lhe vida, tem a mesma virtude da observação que valoriza o mundo circundante que deve, sempre, na obra ser transfigurado e reafirmado como um elemento indispensável à visão de mundo.

Vários aspectos sobressaíam-se da crítica de Franklin Távora. Nela há, além de um notado ressentimento contra Alencar, também um valor literário, sobretudo em relação a *Iracema*, de tal modo que, segundo notou Manuel Cavalcanti Proença, José de Alencar, na segunda edição, chegou a fazer mudanças "pressionado pela crítica – a de Franklin Távora, talvez (virulenta) – ou por ter compreendido a inanidade de seu esforço isolado para mudar designação toponímica"[16].

Procedia, assim, a observação feita por Távora de que Alencar tinha uma verdadeira mania pelas notas e por escrever palavras pouco comuns, alterando nomes consagrados etc. Por isso, afirmou:

> Sênio tem a mania das notas. Não há volume seu, dentre os últimos que assinalam a sua precoce decadência literária, que não seja acompanhado de alguns desses enxertos, que em sua maioria só servem para desabonar o autor[17].

Uma das principais testemunhas do *affaire,* o escritor Araripe Júnior opinou de forma a esclarecer a questão, porque falou numa posição de imparcialidade, pois, como já afirmamos, além de amigo pessoal de Franklin Távora, era primo e admirador incondicional de José de Alencar:

> Homem medíocre, simplesmente notável por uma memória de *carnets,* o irmão do poeta dos *Ciúmes do Bardo*, que, pelas suas relações econômicas e prestabilidade comercial, iniciara-se por toda parte e conhecia todos os escaninhos da grande cidade, começou a explorar as desafeições do ex-ministro, e de um modo revoltante. Era impossível que isso ficasse sem uma réplica. José de Alencar perdeu, então, a calma e, um dia, em pleno parlamento, vendo meter-se ali como piolho por costura, atirou por cima do ombro uma dessas frases de desprezo, que obriga o homem mais glacial a cometer assassinatos[18].

Araripe Júnior, conhecendo de perto as intenções de Távora, à continuação, referiu-se ao amigo escritor de modo indireto. Sua referência, porém, serviu mais para reforçar a culpa do intrigante luso do que para tornar desconfortável a posição do autor de *O Cabeleira*. E por isso disse:

---

16. Manuel Cavalcanti Proença, *Estudos Literários*, Rio de Janeiro, Livraria José Olympio Editora/MEC, 1974, p. 82.
17. Franklin Távora, *op. cit.*, p. cf. 128.
18. T. A. Araripe Júnior, *Perfil Literário de José de Alencar*, Rio de Janeiro, Livraria José Olympio Editora/Academia Cearense de Letras, 1980, p. 227.

José Veríssimo. Caricatura de J. Carlos.

Muitos, mesmo, fizeram coincidir as indisposições ou desabafos com a gana do crítico mal-intencionado; alguns, talvez, até tivessem o direito de exagerar a frase. Estavam em sua casa, no lugar onde, sem reparo, podiam lavar a roupa suja com vantagem. O que, porém, não podia passar despercebido era a pretensiosidade do estrangeiro, cuja *arte* seria, provavelmente, desconhecida aos que não encaravam o ataque das *Questões do Dia* do verdadeiro e único ponto de vista[19].

Sílvio Romero anotou:

As cartas de Semprônio (Távora) têm valor literário; mas foi um erro da parte do romancista de *O Matuto* o haver se juntado ao intrigante português, que, no debate, era movido por empreitada política dos desafetos de Alencar, de um lado, e, do outro, por patriotada lusa, desejosa de deprimir a primeira figura literária brasileira do tempo. Mas a boa fé de Távora era completa; ele residia então no Recife, donde enviava as suas cartas, e não estava bem a par das tramóias de José Feliciano[20].

A posição do crítico José Veríssimo sobre a polêmica Távora-Alencar pareceu-me a mais acertada, porque a situou com imparcialidade. O crítico paraense não deixou de manifestar a sua afeição à obra de Távora porque gostava também da de Alencar. Sempre achei que as admirações literárias não devem buscar a exclusão. Ou, antes, fechar-se totalmente numa direção, como fez Antonio Sales que, se referindo à crítica de Távora, limitou-se a dizer que "*Iracema* não se analisa, admira-se, recita-se, eu ia dizer – reza-se"[21]. A prevenção, em tudo, sem conhecimento de causa, sempre é um expediente perigoso. Contra esse tipo de perigo assim escreveu Veríssimo:

Ainda banindo da literatura e da vida, como devem ser, quaisquer estreitas prevenções nacionais, de todo impertinentes na ordem intelectual, essa obra de Franklin Távora, aliás apreciável como crítica e como estilo, era uma má ação. Fossem quais fossem os defeitos da de Alencar, não eram tais que o desclassificassem do posto que ocupava nas nossas letras. Determinava-a ademais uma verdadeira vocação literária, como a inspirava uma sincera e nobre ambição de promover a literatura nacional. E em verdade o fazia com honrado labor e engenho no momento incomparável. Ao mesmo empenho, aliás, se consagrava Franklin Távora, encetando a sua atividade literária com livros da chamada "literatura brasileira". *Os Índios do*

---

19. T. A. Araripe Júnior, *op. cit.*, p. 228.
20. Sílvio Romero, *História da Literatura Brasileira*, Rio de Janeiro, Livraria José Olympio Editora/MEC, 1980, vol. 5, p. 1486.
21. Antonio Sales, "José de Alencar e Machado de Assis", *in Alencar 100 Anos Depois*, Fortaleza, 1977, p. 102. Homenagem da Academia Cearense de Letras ao escritor José Martiniano de Alencar, no centenário de sua morte.

Jaguaribe, *O Cabeleira*, *O Matuto*, *Lourenço*, que são as suas obras típicas como indianismo ou regionalismo pitoresco, não se diferenciam essencialmente dos romances de Alencar da mesma inspiração, e menos ainda os excedem em merecimento. São-lhes antes somenos como imaginação e estilo. E era a um escritor estrangeiro que se fizera aqui o negador sistemático ou o instigador da negação sistemática, do nosso engenho e capacidade literária, que Franklin Távora tomava por parceiro nesse jogo de descrédito do escritor que com tanta bizarria, e não sem sucesso, se empenhava no fomento da literatura nacional. Mas na vida literária não há maior satisfação nem melhor prêmio, de que ver-nos seguir-nos os passos os mesmos que nos contestam e nos atacam. Se Alencar fosse um homem de espírito, a investida de Franklin Távora, acompanhada de seus "romances brasileiros", devia rejubilá-lo[22].

R. Magalhães Júnior, um dos biógrafos de José de Alencar, sustentou que muitos autores mal informados, talvez porque não tenham lido as críticas de Távora reunidas em *Cartas a Cincinato* e os artigos de José Feliciano de Castilho publicados sob o título de *As Questões do Dia*, fizeram certas críticas sem nenhum fundamento. Ora atacavam a Castilho por haver sido um simples mercenário a serviço do Imperador Pedro II, ora a Távora por ter se ligado com ânimo exclusivo de fustigar o autor do *Tronco do Ipê* por mero despeito literário ou maldade.

Em relação ao primeiro ponto desconheciam a trajetória literária de Castilho. Um simples mercenário, sem nenhum talento, não seria capaz de sustentar o fogo que assestou contra uma fortaleza da dimensão de José de Alencar. Mais do que um assalariado seria necessário reunir na figura desse português que adotou o Brasil como sua segunda Pátria a assertiva exclusiva da presença da pecúnia, como, aliás, fora feita por Afrânio Peixoto.

Sobre o segundo, como já se disse, moveu a Távora um imperativo de sinceridade de realização de crítica literária que, em última análise, foi desvirtuada e utilizada por Castilho. Este preferia alimentar políticos interessados em ferir Alencar, valendo-se das letras no âmbito de suas disputas, também a opção própria do romancista ofendido.

Sobre o assunto escreveu R. Magalhães Júnior:

> Dupla inverdade, pois Castilho estava no Brasil há mais de vinte anos. Chegara ao Brasil em 1847 e foi diretor da revista *Iris*, além de figura influente no meio literário. [...] Quanto ao Imperador, tem sido acusado com injustiça, pois não se achava no Brasil por ocasião de tais ataques. Fazia sua primeira viagem à Europa e nada teve com o caso. João Ribeiro, examinando a polêmica, por ocasião do centenário

---

22. José Veríssimo, *História da Literatura Brasileira*, Brasília, Editora Universidade de Brasília, 1963, p. 237.

do nascimento de Alencar, disse que "Castilho era homem de erudição muito segura, mas escritor sem muito relevo, prolixo e fatigante, que aqui viveu com duvidoso emprego de suas letras, redigindo relatório para ministros ignorantes ou que desejavam parecer corretos quanto à vernaculidade de seus míseros aranzéis oficiais". Depois de dizer que a agressão durou um ano inteiro, de 1871 a 1872, nos cinqüenta números do panfleto, [Magalhães Júnior] considerou a crítica de Franklin Távora] "injusta e sem razão, maligna, desproporcionada e inepta", mas diz que a de José Feliciano quando tocava nos fatos da linguagem, "pareceu a única proveitosa"[23].

As questões políticas, com efeito, doeram menos a Alencar do que as duras críticas literárias feitas por Franklin Távora. Por aqueles dias não apenas Távora tocou criticamente na obra de Alencar. Outros vieram ao combate, como, por exemplo, Cujácio, Fabrício, Pitt e Blackstone, que, sob pseudônimos, escreveram umas tantas críticas ocasionais e, sobretudo os dois últimos, umas versalhadas em torno da obra do romancista.

O que Wilson Martins escreveu sobre as *Cartas a Cincinato* dá bem a medida dos equívocos e acertos do crítico Franklin Távora em relação às duas obras de José de Alencar – *O Gaúcho* e *Iracema*.

No que concerne a este último, pode-se dizer que Franklin Távora o tresleu completamente, tomando-o por epopéia e verificando, com toda a justeza, que não respondia às regras e à definição do gênero; tomou-o também por um romance histórico, o que, não sendo criticamente mais correto, desautorizava implicitamente as críticas anteriores; e, deseja, afinal, que fosse um romance realista e de costumes, o que invalida as críticas referentes aos dois aspectos anteriores, assim como aquelas tornam estas últimas sem sentido. Em outras palavras, Franklin Távora não critica *Iracema*, mas aquilo que justamente e deliberadamente o que a novela não era; não pode haver demonstração maior de obtusidade crítica; declarando que escrevia para o futuro, lançou um desafio que a posteridade decidiu contra ele. [...] Contudo, ele percebeu claramente o tema da aberração sexual em *O Gaúcho*, o que o deixava moralmente indignado e torna ainda mais surpreendente que nada haja compreendido do desfecho; é sobretudo por esse motivo que condena o romance; julgando-o uma obra inferior e defeituosa, ele acaba acertando pelas razões erradas e por motivos inteiramente diversos do que imaginava[24].

Numa recente abordagem crítica feita por José Maurício Gomes de Almeida sobre as diversas correntes da tradição regionalista do romance brasi-

---

23. R. Magalhães Junior, *José de Alencar e sua Época*, Rio de Janeiro, Civilização Brasileira, 1977, p. 294.
24. Wilson Martins, *História da Inteligência Brasileira*, São Paulo, Editora Cultrix/Edusp, 1977, vol. III, pp. 371-372.

leiro[25], coube às *Cartas de Cincinato* uma rigorosa análise da qual resultou a clara posição de Franklin Távora frente à questão. Apresentamos, a seguir, um resumo dos principais pontos levantados por Gomes de Almeida, que revelam as bases de uma tendência do romance brasileiro seguidas, na época, sobretudo por Franklin Távora, Visconde de Taunay e Machado de Assis, os quais se constituíram numa espécie de geração intermediária que abriu caminho às hesitantes novas idéias em sacrifício das formas gastas e em decadência da prosa romântica. Essas tendências, é bom não esquecer, são detectadas nas *Cartas a Cincinato*:

– a presença de indecisões, conflitos ou contradições na exposição de novas idéias;
– preocupação com uma reflexão estética e filosófica, nem sempre especificadas com clareza;
– desprezo pela inspiração ou imaginação e valorização exacerbada da observação, num claro apego ao novo (realismo) e abandono do velho (romantismo);
– o descompasso entre o enfoque do criador perseguido por Alencar (que preferia a imaginação à observação direta ou documental) e a eleição crítica de Távora que prestigiava a experiência sistemática como fonte principal da obra romanesca;
– o equívoco, não notado por Távora, de querer adotar a observação direta como meio idôneo de assimilar fatos remotos da História, quando o normal seria falar de tratamento de fontes documentais com o objetivo de representá-las objetivamente, adequando-as à realidade social contemporânea; e,
– a preocupação de Távora, e de todos os demais integrantes da sua geração (1870), no sentido de oferecer uma visão idealizante do belo e do ideal unidos sempre à Natureza.

De tudo isso, porém, o importante é concluir que o papel jogado por Franklin Távora teve a sua importância. Não fora o lamentável dissabor que tanto feriu os brios de José de Alencar, sem dúvida, um dos maiores e mais importantes escritores de nossa literatura, igualmente, não se pode deixar de valorizar as *Cartas a Cincinato* como um documento literário que foi e será sempre uma fonte para estudar as crises de uma estética idealista romântica no curso da formação da literatura brasileira a partir de 1870.

Uma última palavra sobre aqueles que, talvez desinformados sobre o alcance ou a importância de certas críticas perante a evolução dos ritmos da história de cada literatura, preferiram quedar-se numa posição de lamento superficial ou derramando lágrimas piedosas em favor do injustiçado José

---

25. José Maurício Gomes de Almeida, *A Tradição Regionalista no Romance Brasileiro*, Rio de Janeiro, Achiamé, 1981, pp. 71-85.

de Alencar e, em contrapartida, ficaram a espezinhar ou a detratar Franklin Távora.

Em primeiro lugar, no território da literatura há lugar para todos, com suas virtudes e seus defeitos. O lugar dos homens sem defeito ou dos semideuses é outro. Távora errou muito e, com certeza, exagerou nas suas críticas, mas Alencar, apesar de sua genialidade, não foi um escritor sem defeitos. Ademais, não seria de todo descabido perguntar aqui: por que tanta prevenção contra o autor de *Lourenço* quando se sabe que outros atacaram, na mesma década, o grande Alencar? Até Tobias Barreto, em 1872, ano em que Távora escrevia as *Cartas a Cincinato*, também do Recife, assim se referiu à obra de Alencar num ensaio sobre o romance brasileiro:

> Os escritos do Sr. Alencar não têm bastante força de resistência contra a ação do tempo. Se esta não se fez ainda sentir, a razão está logo em cima: é que não houve a mínima alteração nas predisposições do espírito público. O poder do tempo é o mesmo poder das circunstâncias que se transformam, dos meios que se modificam. Não vivemos em uma primavera eterna de ilusões e devaneios pueris. À estação das flores nunca sucedeu a estação dos frutos. O senso estético e literário de hoje, considerado em geral, é idêntico ao da quadra na qual o Sr. Alencar, pela primeira vez, se deu a conhecer como escritor. Nenhum progresso, nenhum desenvolvimento. Daí a falta de critério, com que se continua a deificar esse pobre autor e alguns outros seus dignos irmãos em merecimento. [...] O que sai da pena desses homens é sempre bom. E como o *plágio* no gênio tem alguma coisa de análogo à *rapacidade* na águia, podem eles até apropriar-se das idéias alheias; ninguém lhes pergunta por isso. O Sr. José de Alencar é um dos felicíssimos desse quilate[26].

Joaquim Nabuco foi mais longe. Talvez mais do que Franklin Távora no arroubo feroz com que partiu em 1875 para demolir ou desqualificar a obra gigantesca de José de Alencar. A polêmica publicada a partir de setembro teve seguimento sempre aos domingos, quando Nabuco escrevia no *Globo* e, às quintas, Alencar o replicava no mesmo jornal. Os densos e cáusticos artigos de Nabuco chegavam num momento de declínio da própria saúde do autor de *Iracema*, que, triste e desolado, duvidando até do juízo que fariam os pósteros de sua obra, morreria dois anos após (1877). E o empenho do trabalho crítico de Nabuco sempre foi no sentido de negar qualquer mérito à obra alencarina. Chegou a escrever num de seus artigos, em tom de soberbia, que, às vezes, caía num soturno pedantismo, afirmações

---

26. Tobias Barreto, *Crítica de Literatura e Arte*, Rio de Janeiro, Record/MEC, 1990, pp. 66-67.

dessa ordem: "Do nome do Sr. José de Alencar tem-se dito tudo, de suas obras, porém, nada se disse"[27]. Ou essa outra opinião: "Não reconhecemos ao autor de *Mãe* uma só qualidade de dramaturgo e nada há mais penoso do que assistir à queda de um escritor de talento que se obstina em lutar contra sua vocação"[28].

Se o problema fosse, por fim, arrependimento, tudo estaria resolvido, porque Franklin Távora, em 1876, quando ainda vivia José de Alencar, retratou-se na carta-prefácio que escreveu para *O Cabeleira*:

> Não me é lícito esquecer aqui, ainda que se trate do romance do Sul, um engenho de primeira grandeza, que, com ser do Norte, tem concorrido com suas mais importantes primícias para a formação da literatura austral. Quero referir-me ao exmo. sr. conselheiro José Martiniano de Alencar, a quem já tive ocasião de fazer justiça nas minhas conhecidas *Cartas a Cincinato*. Quando, pois, está o Sul em tão favoráveis condições, que até conta entre os primeiros luminares das suas letras este distinto cearense...[29]

Essa retratação, porém, para muitos parece que de nada adiantou. O curioso é que aqueles que se manifestaram sobre o assunto, geralmente, apiedaram-se do romancista José de Alencar, lembrando-o como vítima e Franklin Távora como o seu único "algoz". Houve outros críticos mais exaltados que até o qualificaram como detrator. Via de regra, no entanto, nesses momentos, nenhum deles recordou os nomes dos outros que exerceram o direito de criticar a obra alencarina, tais como Joaquim Nabuco, Tobias Barreto e tantos outros. Por quê?

---

27. Joaquim Nabuco, *A Polêmica Alencar-Nabuco*, organização e apresentação de Afrânio Coutinho, Rio de Janeiro, Edições Tempo Brasileiro, 1965, p. 44.
28. Carolina Nabuco, *A Vida de Joaquim Nabuco*, Rio de Janeiro, Livraria José Olympio Editora/MEC, 1979, p. 45.
29. Franklin Távora, "Prefácio do Autor", in *O Cabeleira*, São Paulo, Editora Três, 1973, p. 28. Coleção "Obras Imortais da Nossa Literatura".

José de Alencar (Ceará, 1829 – Rio 1877).

21. A Questão Religiosa

> *Um bispo, que compreende sua missão, é uma das maiores fortunas dos povos que pastoreia; porque um tal bispo, para proceder assim, tem necessidade de saber e de exercitar a caridade; porque um tal bispo não admite em seu coração a mais mínima sombra de ódio, e só possibilita a entrada nele à humildade, à modéstia, aos mais delicados afetos paternais; porque de todos estes predicados só se podem originar grandes e edificantes benefícios para os crentes, e particularmente para os pobres.*
>
> FRANKLIN TÁVORA, *O Cabeleira*, p. 52.

Os lances decisivos aconteceram no Recife. Um dos principais personagens, depois de Dom Vital, sem dúvida foi o romancista Franklin Távora. Entre os anos de 1872 e 1874 fundou e foi redator-chefe do jornal *A Verdade*, que combateu ativamente as idéias de *O Liberal* e, logo depois, *A União*.

O periódico *A Verdade* não teve a sua origem exclusivamente ligada à questão religiosa, conforme registrou Sacramento Blake[1], que teria sido fundado após a chegada do bispo Dom Vital a Pernambuco[2]. Não. O jornal nasceu em 22 de junho de 1872, impresso na Tipografia do Comércio e com sede no número 7, da Rua Duque de Caxias, no centro do Recife, em virtude de ampla reunião dos maçons, à qual compareceram mais de trezentos, sob a presidência do venerável da Loja Regeneração, como "manifestação das diversas lojas maçônicas do Recife contra o ato menos pensado do Bispo do Rio de Janeiro suspendendo o Padre Almeida Martins"[3].

---

1. Sacramento Blake, *Dicionário Bibliográfico Brasileiro*, vol. III, p. 443.
2. Dom Vital Maria Gonçalves de Oliveira nasceu em 27 de novembro de 1844 no Engenho Aurora, Itambé, Pernambuco, e morreu em Paris a 4 de julho de 1878, após padecer longo processo de enfermidade provocada por envenenamento, segundo as mais autorizadas versões.
3. Luiz do Nascimento, *História da Imprensa de Pernambuco*, Recife, Imprensa Universitária, 1970, vol. 5, pp. 335-340.

Tinha o formato de 38 x 28, a três colunas de 14 cíceros, e circulava com quatro páginas. Durante os quase três anos de vida andou por várias ruas do centro do Recife: 1º de Março, 23; Duque de Caxias, 9, e, finalmente, Pátio de D. Pedro II, 2, primeiro andar. A chefia da redação coube a João Franklin da Silveira Távora, integrando os outros cargos – revisão e colaboração – os maçons: Ayres de Albuquerque Gama, dr. Malaquias, Franco de Sá, Castelo Branco e V. Chaves Júnior. Foi tesoureiro o sr. Pinto de Magalhães[4].

Sob o lema de ser um semanário consagrado à causa da Humanidade, traçou, no primeiro editorial, a linha de conduta a seguir: "Esta folha vem alistar-se nas fileiras da intrépida milícia que combate o erro clássico, seja em matéria de fé, seja em matéria de razão". E seguia, num tom enérgico, ferindo as idéias do jesuitismo, como o "hóspede sinistro, maléfico e malévolo", ressaltando, porém, a maçonaria como "a mais útil e salutar das humanas instituições"[5].

Dentre as várias seções – religião, ciências, literatura etc. – os mais atuantes eram Franklin Távora, dr. Malaquias e Aprígio Guimarães.

O Católico fora fundado em 1869 pelo bispo Dom Francisco Cardoso Ayres, tendo como principal redator o professor da Faculdade de Direito, dr. Pedro Autran da Mata e Albuquerque, que, de modo estranho, fazia questão de divulgar no próprio jornal que ele era "o único responsável por todos os artigos nele publicados"[6].

Por essa época houve um aceso combate com a folha *A Consciência Livre*, fundada e dirigida por Franklin Távora. Com o fim deste periódico, continuou a polêmica pelo *Jornal do Recife* e, mais tarde, pela folha *A Verdade*.

Ao começar o ano de 1872 *O Católico* passou a ser dirigido pelo dr. José Soriano de Souza. A partir de agosto, transformou-se no periódico *A União*, que nascia sob o império de novos tempos para a religião e a fé que se inauguravam com a chegada do bispo Dom Vital[7], prometendo combater com fervor as idéias dos maçons.

Quais as discordâncias que originaram a questão religiosa entre o Estado e a Igreja Católica?

Os antecedentes históricos dessa questão, em princípio, ligavam-se à própria história da relação da Igreja Católica Apostólica Romana com os vários estados da comunidade internacional. A seguir, apontaremos aqui

---

4. *Idem.*
5. *A Verdade*, Recife, 22 de junho de 1872.
6. Luiz do Nascimento, *op. cit.*, vol. 5, p. 301.
7. *Idem*, pp. 342 e ss.

alguns acontecimentos que sinalizaram para o inevitável desfecho de uma solução para o impasse no Brasil.

Na Europa, desde os remotos tempos, repetiam-se as palavras – *episcopus a foris* – atribuídas a Constantino, já com o sentido de delimitação de poderes entre o mando divino e o temporal. São conhecidas as discussões de Felipe II, rei da Espanha, com o Papa, nas quais o monarca apresentava os dogmas e as demais normas religiosas como decorrentes de seu poder advindo diretamente de Deus. O rei, então, era o próprio administrador da vida espiritual. Durante muito tempo, na França o poder judicial obedeceu como lei divina aos mandamentos sagrados que ditassem os teólogos do rei. E em Portugal, numa época bem próxima de nossos tempos brasileiros, D. José I, o rei que teve como primeiro-ministro Marquês de Pombal, principalmente nas questões religiosas que desencadeou contra a Ordem de Santo Inácio de Loyola, manteve posições extremamente radicais, chegando a desafiar e superar as leis e as regras ditadas por Roma.

No Brasil, desde os primórdios de sua organização social e política, foram adotadas nas questões relacionadas com o Estado e a Igreja as mesmas regras existentes no ordenamento jurídico português.

Uma delas dizia respeito ao *padroado,* sistema de tácita aceitação da Igreja que concedia ao Estado o direito de indicar e nomear os sacerdotes que deveriam servir nos principais cargos eclesiásticos espalhados por todo o Império brasileiro. Em virtude dessa interferência, os padres e clérigos eram pagos pelos cofres do Governo, pelo que se constituíam numa espécie de funcionário público.

Apesar disso, com a promulgação da Constituição de 1824, surgiu o primeiro sinal de índole liberalizante no sentido de que esse privilégio da Igreja Católica poderia deixar de existir. Isso, no entanto, dependeria de uma prática social que, na verdade, foi chegando com lentidão. A regra constitucional admitia que a religião oficial era a Católica, mas excepcionalmente permitia a confissão de outro credo. Nunca os choques entre credos ou entidades religiosas durante o primeiro reinado chegaram a níveis de deterioração. Registram-se, apenas, começos de conflitos sobre o celibato sacerdotal e os privilégios do clero, nos anos de 1827 e 1838, mas os respectivos gabinetes lograram conduzir os fatos com prudência e parcimônia, objetivando não provocar qualquer mal-entendido entre o Brasil e a Santa Sé[8].

Com esse mesmo tato andou Nabuco de Araújo logo nos primeiros anos do Segundo Império, quando atuou como autor de normas regimentais para conventos e seminários que agiam sem diretrizes uniformizadas, des-

---

8. *Idem,* vol. 2, 1966, p. 106.

conhecendo, alguns deles, a própria existência do Estado. Com isso, não evitou, porém, que, vez por outra, acontecessem desentendimentos de pequena monta entre as relações da Igreja com o Estado.

Daí, surgiu a imperiosa necessidade de que fosse praticada a política do regalismo, impondo-se a Roma o chamado *placet,* que consistia no reconhecimento oficial por parte do Governo Imperial das bulas e breves papais. Essa forma de administrar o problema, na verdade, criava um outro maior. Como poderia o Vaticano aceitar de bom grado a placitação se ele sempre estivera ditando suas bulas e breves para toda a Humanidade, numa posição extra-humana até, com outorga de poderes divinos que não passavam obviamente pela vontade de governantes de longínquos países como o Brasil? O Estado, por sua vez, não poderia deixar de prever e adotar critérios de conduta para os seus súditos, sob pena de renunciar aos princípios maiores da sua própria soberania.

Disso tudo, o costume e a prática diária dos atos religiosos fundados na própria origem do povo brasileiro fizeram com que o Governo fechasse os olhos para os pontos que refletiam assuntos de natureza dogmática. O alcance de sua esfera chegaria a temas civis. Apesar desse silencioso consenso, as partes envolvidas, nos limites de suas atividades, olhavam-se com desconfiança. A Igreja Católica sabia já, por experiência própria, que o Estado sempre se arvorava no direito de impor normas e princípios religiosos, éticos, morais, legais etc. A Itália e a França eram exemplos recentes. Aquela, em 1870, durante a conquista de Roma, invadiu os espaços físicos do território do palácio do Vaticano, reduzindo o Sumo Pontífice a um prisioneiro, e esta quebrou, durante os vendavais de 1789 e 1848, as bases históricas de sustentação da Igreja Católica nas comunidades francesas.

Ainda sobre os desencontros da Igreja com o Estado, apareceram, nas diferentes fases da História, terceiras forças capazes de alterar as regras do jogo. Na Inglaterra os anglicanos proclamaram a independência religiosa e a Reforma gestada e vitoriosa na Alemanha indicou o exclusivismo da Igreja Católica, que mais tarde seria rompido.

Além desses elementos de intranqüilidade para a hegemonia da Igreja Católica no Ocidente, havia que se levar em conta a força da maçonaria, organização que, embora não cogitasse em suas normas de preferência religiosa, revelou-se capaz de interferir nos destinos de nações e até de grupos delas. Exemplo disso foi o papel desenvolvido pela maçonaria nos movimentos de independência da América Espanhola, liderados pelo general Simón Bolívar, o libertador. Entre os anos de 1810 e 1830 atuaram com tanta eficiência que chegaram a influenciar no crescimento dessa organização em território brasileiro, sobretudo a partir de 1821.

Foi durante essa época que o movimento de independência, liderado por José Bonifácio de Andrada e Silva, contou com pálida ajuda da maçonaria, quando pontificava na condição de grão-mestre. Dela também fez parte D. Pedro I, mas, após romper com Andrada e seus seguidores, determinou o seu fechamento. A maçonaria só retornou durante a regência trina, quando o imperante voltou para Portugal, mas, mesmo assim, fracionada e sem ostentar a novidade e a força das décadas anteriores. Foi por esse tempo que a maçonaria assumiu caráter mais beneficente, deixando de lado os afiliados e a pugna por assuntos político-partidários.

Em 1864 o mundo assistiria à promulgação da encíclica *Quanta Cura*, assinada pelo Papa Pio IX, dando ciência e orientando os fiéis para as ações consideradas como erros, os chamados *Syllabus*, condenados e punidos pela Igreja. Entre uma enorme lista de casos ou atitudes erradas que não podiam ser praticadas pelos católicos, aparecia a filiação a sociedades secretas, tais como a maçonaria. Isso gerou uma grande celeuma, porque as sociedades secretas, em princípio, para estabelecerem-se no território brasileiro teriam que atender a certos requisitos legais. Elas não poderiam funcionar de forma ilegal, desobedecendo às leis nacionais. O conflito, portanto, era evidente. Esse fato poderia ter dado origem a um dos germes que silenciosamente preparavam nos ânimos de muitos a emulação de obstáculos tão abstrusos.

Quando o parlamento aprovou a Lei do Ventre Livre, sancionada pela Princesa Isabel no dia 28 de setembro de 1871, logo após ocorreu no Rio de Janeiro uma festa organizada pela maçonaria em homenagem ao Visconde do Rio Branco, o articulador vitorioso daquela lei, Presidente do Conselho de Ministros e também grão-mestre da Maçonaria, na Loja do Grande Oriente do Lavradio. O Visconde ouviu, naquela ocasião, o padre Almeida Martins orar com entusiasmo num púlpito que não era o seu.

Ao tomar conhecimento da presença do sacerdote na festa dos maçons, o bispo do Rio de Janeiro, D. Pedro Maria de Lacerda, exigiu que o padre se retratasse e publicamente abjurasse seus laços com a maçonaria. Tal não ocorreu. Mesmo assim, os maçons condenaram a atitude do bispo e passaram à ofensiva.

No ano seguinte, após o assunto ter ganhado as páginas da imprensa em todas as capitais do País, os maçons, em amplas reuniões, deliberaram promover uma campanha nacional denunciando as perseguições da Igreja. Estava, portanto, criado o impasse.

Enquanto isso, em Pernambuco, no dia 24 de maio de 1872, Dom Vital Maria Gonçalves de Oliveira chegava procedente do sul do País a bordo do vapor *Ceará*, sendo entronizado como Bispo de Olinda. Era, então, um jovem frade capuchinho com apenas 28 anos de idade[9].

A festa de posse ocorreu na Sé de Olinda, às 8 horas da manhã, quando cantaram um *Te Deum*. Estavam presentes todas as autoridades civis e militares da Província, inclusive Dom Antonio Macedo Costa, bispo do Pará, e o Ministro Conselheiro João Alfredo Correia de Oliveira.

Havia uma grande expectativa local. Os católicos esperavam reformas nas instituições que integravam a estrutura da diocese, inclusive nas irmandades a elas vinculadas. Os maçons, temerosos de que o novo prelado representasse os interesses mais ultramontanos da Igreja, aguardavam, apenas, primeiros passos para começar a agir.

Dom Vital, porém, foi parcimonioso em suas ações, ficando, segundo escreveu frei Olivola, "alheio a certos acontecimentos, e, para não espalhar o fogo lançado pelos jornais perversos, agiu secretamente"[10].

Tomou, ainda, algumas providências indispensáveis: organizou o palácio onde morava; chamou padres jovens para o auxiliarem, preparados intelectualmente e tidos como sábios; reuniu todos os padres da Diocese para conhecê-los e expor-lhes seu pensamento; cuidou de ordenar os trabalhos de ensino e funcionamento do Seminário Maior de Olinda, dotando-o de lentes doutos e seguros pela fé e moral, fiscalizando pessoalmente, pelo menos, duas vezes por semana. Talvez pensando nos embates que se avizinhavam, fundou a Associação Brasileira Ortodoxa, recrutando jovens dispostos a lutarem pela fé. Reorganizou o serviço de imprensa da Arquidiocese, sobretudo os jornais *O Católico*, impresso nas oficinas do Colégio Jesuíta, mais tarde, transformado em *A União*, redigido especialmente pelo dr. José Soriano. Nessas gráficas ou tipografias também foram rodados milhares de folhetos e avisos logo espalhados pela cidade durante a campanha, sempre em defesa da religião e dos interesses do prelado, pois, segundo escreveu frei Olivola, "o século XIX, filho legítimo da Revolução Francesa, foi rico das palavras *liberdade, igualdade, fraternidade*, mas só para enganar os simples, destruir os tronos e abater a Igreja Católica"[11].

Referindo-se à questão, para concluir que um católico não podia ser maçom, frei Luiz de Gonzaga descreveu alguns fatos que dizia terem ocorridos na Loja Maçônica Conciliação, do Recife, na sessão de 17 de agosto de 1867:

---

9. J. Pandiá Calógeras, *Formação Histórica do Brasil*, Rio de Janeiro, Biblioteca do Exército Editora, 1957, p. 349.
10. Frei Felix de Olivola, *Um Grande Brasileiro – D. Frei Vital Maria Gonçalves de Oliveira, Bispo de Olinda*, Recife, Imprensa Industrial, 1936, p. 68.
11. *Idem*, p. 73.

A maçonaria cristã, escreve o manual dos maçons, seria um círculo quadrado; ela está mais perto do paganismo e do satanismo. Ali o culto é dirigido a Satanás que às vezes presidia as sessões; nem poderia ser mais satânico e horrendo o juramento que fazem os altos adeptos, escrito com o seu sangue: "Guerra sem fim contra a Igreja, o Papado, os Reis..."[12]

Essas afirmações davam bem a medida das tensões que os dois lados guardavam no âmbito de seus membros mais ativos e adictos.

Ao introduzir aquelas reformas que julgava necessárias às paróquias e irmandades, o Bispo ficou surpreso ao constatar que começavam a aparecer algumas resistências lideradas por dois padres. E não teve dúvida: chamou-os à ordem e os exortou a renunciarem a suas filiações maçônicas. Eles se recusaram a formalizar tal expediente.

Diante da recusa, repetia-se a mesma coisa do Rio de Janeiro. Os maçons, já açodados pela campanha suscitada pela questão religiosa, entraram em conflito, terçando as armas próprias ao debate: as palavras faladas nos púlpitos e as escritas nos jornais.

Dom Vital suspendeu de ordem dois religiosos e determinou, através de avisos, que todas as paróquias e freguesias tomassem a iniciativa de apontar, através de seus responsáveis, os nomes daquelas pessoas que professassem a maçonaria, citando-as que renunciassem a tais práticas, sob pena de serem expulsas e excomungadas.

Uma das irmandades do Recife negou-se a obedecer à ordem do prelado. A crise, então, assumiu proporções alarmantes. Os maçons intensificaram as gestões e organizaram-se em todos os níveis de atividades.

Os maçons, utilizando-se do poder de convocação que lhes era peculiar nessa situação, e, diante das medidas do bispo, que os ameaçava expulsar das irmandades e da Igreja, anunciaram nos diários do Recife que no dia 29 de junho fariam rezar uma missa de ação de graças em favor da maçonaria na tradicional igreja de São Pedro. Na semana seguinte, a 3 de julho, aparecia outro convite na imprensa para que todos comparecessem à missa que os maçons mandavam rezar em sufrágio da alma de um irmão falecido. A esses atos, os seguidores de Dom Vital respondiam com artigos e comentários diretos ou indiretos.

Em virtude de uma reunião organizada pela Arquidiocese do Recife, no dia 19 de julho, na igreja de Nossa Senhora do Carmo, a que esteve presente Dom Vital, um dos padres oradores teceu várias considerações em

---

12. Frei Luiz de Gonzaga, *Une page de l'histoire du Brésil – Monseigneur Vital (Antoine Gonçalves de Oliveira) – Frère Mineur Capucin, Éveque d'Olinde*, Paris, Librairie Saint-François, vol. I, 1912, p. 408.

Frei Dom Vital Maria Gonçalves de Oliveira, Bispo de Olinda e Dom Antonio de Macedo Costa, Bispo de Belém.

torno da questão religiosa e, sobretudo, a propósito das ações dos "nefastos maçons" e sobre alguns aspectos das leis vigentes.

A resposta viria no dia seguinte no editorial de *A Verdade*, dirigido por Franklin Távora:

> Há dias projetamos dizer algumas palavras a respeito da liberdade religiosa. Chegou a ocasião hoje em face do fato de haverem bradado do alto da tribuna sacra dos sacerdotes, sem dúvida para se fazerem agradáveis ao Sr. Bispo que os ouvia, contra o art. 5, da nossa Constituição. Já se está vendo que o exemplo desse audacioso padre jesuíta que primeiro em Pernambuco ousou trovejar pupilos contra a referida disposição constitucional, começa a produzir seus efeitos[13].

Aprígio Guimarães, escritor e professor da Faculdade de Direito e amigo de Franklin Távora, utilizando o pseudônimo de Orígenes, começou a publicar em *A Verdade* uma série de artigos sob o título de *Cartas ao Bispo de Pernambuco*. Meses depois ainda se veria que o bispo Dom Vital e seus auxiliares pensavam que as missivas eram da lavra de Franklin Távora.

A primeira delas, datada de 19 de outubro, trazia uma epígrafe que, por si só, já feria profundamente a sensibilidade do prelado. Dizia:

> O jesuitismo é uma máquina de guerra, deve ter sempre um inimigo a combater, sob pena de se perderem as suas prodigiosas combinações[14].

Todo o raciocínio desenvolvido nessa primeira carta era para perguntar, afinal, a Dom Vital por que, se desde os tempos de D. João VI os fiéis e o clero viviam em tanta paz e, repetia, por que só agora passou Pernambuco à metrópole da impiedade?

Na semana seguinte, publicada no mesmo jornal de Távora, Orígenes veio com outra carta mais agressiva, porque, desta feita, tocava num assunto melindroso: as rendas dos colégios, hospitais e casas de caridade do Recife mantidos por irmãs e irmãos católicos de vários tipos – que pertenciam ao mesmo tronco – a Igreja Católica. E, no final, indagava:

> Fique por hoje assentado que o jesuitismo e suas filiais prosperam a grande nesta terra e que apesar de tudo é grande o seu descontentamento. Armam burlas todos os dias nos púlpitos. Vêm à imprensa com as mais cínicas insolências, não escolhendo lugar nem ocasião para agredir. E não respeitam a ninguém. Fora do jesuitismo não há salvação. Insolentes carcamanos, que no Ceará já prometem ca-

---

13. *A Verdade*, Recife, 20 de julho de 1872.
14. *Idem*, 19 de outubro de 1872.

cetes aos adversários e ainda acham brasileiros que se põem ao seu lado. Até onde iremos?[15]

Aprígio Guimarães, curiosamente, talvez para ressaltar o aspecto grotesco da questão religiosa, conseguiu escrever, ao mesmo tempo, para os dois jornais em conflito, isto é, enquanto mandava para *A Verdade*, sob o pseudônimo de Orígenes, as cartas contra o Bispo, também remetia para *A União* artigos usando outros pseudônimos, tais como Agrippa e Fábio Rústico. Este episódio, que só mais tarde, ao ser revelado, assumiria um misto de zombaria e de humor, foi assim resumido pelo historiador Luiz do Nascimento:

> Não parou mais de publicar cartas, artigos e comunicados de adesão à causa do prelado; e divulgou: a partir de 17 de setembro, o folhetim "Ricardo ou a Maçonaria", e de 08 de outubro, a série de quatro "Cartas a Fábio Rústico", assinadas por *Agrippa*, acontecendo que este era o pseudônimo do professor Aprígio Guimarães, o mais rancoroso antijesuíta. Nessas cartas-pastiches, o caricatureiro *Agrippa* procurava destruir os pontos de vista do *Agrippa* real, que publicara dois livros contra o jesuitismo, assinando-se *Fábio Rústico*. Em notas redacionais, *A União* fazia crer que os dois pseudônimos eram de pessoas diferentes, "defendendo" o jornalista Aprígio Guimarães de antijesuitismo[16].

Diante de inúmeras cartas e dos mais variados temas abordados, acusações e defesas de lado a lado, um acontecimento ganhou importância. Os integrantes da Irmandade da Soledade preferiram desacatar as ordens de Dom Vital e eleger como seu Presidente um maçom, amigo de Távora e colaborador do jornal *A Verdade*, o dr. Ayres de Albuquerque Gama. Isso não poderia ser suportado pelo prelado.

O Bispo, então, veio a público com um Aviso longo e minucioso expondo os pontos de sua defesa, alegando que os inimigos da fé e de Deus ousaram

ferir e ultrajar o que no catolicismo há de mais doce, mais suave, mais consolador e sobretudo caro a todo o coração católico: a *Santíssima e Imaculada Virgem Maria*, nossa terna Mãe do Céu! Chegaram ao ponto, diletíssimos irmãos, de negar à nossa Mãe Santíssima, uma das prerrogativas que é o mais precioso brilhante de sua coroa de glória; negaram a sua virgindade perpétua!!!

E continuava:

---

15. *Idem*, 26 de outubro de 1872.
16. Luiz do Nascimento, *op. cit.*, vol. 5, p. 345.

Quem diria que na católica cidade do Recife... uma folha houvesse tão ímpia, a ponto de atrever-se a estampar em suas colunas tamanhas injúrias e tão horríveis insultos...[17]

A matéria considerada pelo bispo Dom Vital injuriosa à virgindade de Maria aparecera nos números 23 e 24 de *A Verdade*[18].

O efeito da condenação do Bispo foi profundo na consciência religiosa dos fiéis. Como poderia um jornal ofender à virgindade de Nossa Senhora? Para que não ficasse a dúvida perante os leitores de *A Verdade*, atribuindo a passagem ofensiva à Virgem à pena de Franklin Távora, veio ele a público esclarecer a origem de tal artigo. E o fez respondendo através de uma carta aberta a um amigo da Corte do Rio de Janeiro que lhe indagara sobre a veracidade de tal afirmação:

Tomo o seu conselho que para mim equivale a uma ordem. Respondo-lhe pela imprensa. É falso o que lhe disseram, sem dúvida, desafetos meus de cá. Desafetos por diversidade de idéias políticas, ou pelo fato de haver eu trabalhado na maçonaria desta Província, na razão das minhas forças, porque ela quase na sua totalidade, se declarasse como se declarou, aderente e unida, de preferência, ao restaurado Oriente de Lavradio. Não são de minha pena os artigos publicados em *A Verdade* sobre a virgindade de Maria, nem tais artigos zombam desta virgindade, nem de outros mistérios e dogmas cristãos. Não foi nominalmente contra mim o que disse o prelado desta Diocese, publicado recentemente numa pastoral. É tudo inexato. E para melhor provar o desmentido que neste momento levanto contra todas as falsidades, que esses desleais e gratuitos adversários procuram expor aqui em altos círculos o meu despretensioso nome. Envio-lhe pelo vapor os números 23 e seguinte da folha *A Verdade*, documentos autênticos e que submeto à sua esclarecida apreciação[19].

A carta era longa e aparecia perpassada por justificativas prenhes de sinceridade religiosa, mas também de afirmativas que denunciavam um forte apego aos princípios da liberdade de culto para ele e os demais. No fundo, portanto, a peça constituía um documento de defesa e, ao mesmo tempo, de acusação. Continuava:

17. Antonio Manuel dos Reis, *O Bispo de Olinda – D. Fr. Vital Maria Gonçalves de Oliveira – perante a História*, Rio de Janeiro, Tipografia Gazeta de Notícias, 1878; cf. à p. 387 a "Circular Dirigida ao Clero, Exortando-o que Profligue os Erros da Imprensa Ímpia".
18. *A Verdade*, Recife, 9 de novembro de 1872 e de 16 do mesmo mês e ano (ano I, números 23 e 24).
19. Franklin Távora, "Carta a meu Amigo", Editorial, *in A Verdade*, Recife, quarta-feira, 1º de janeiro de 1873.

Declaração contida sob o título *São Mateus* na seção "Fatos Locais", do número 23, verá que tais artigos foram traduzidos de um autor francês, Félix Boulanger, por um amigo que, obsequiosamente me remeteu para ser publicado em *A Verdade*, folha maçônica e por isso de absoluta tolerância de opiniões. No topo dos próprios artigos vem declarado o nome do autor, como terá ocasião de averiguar. Além disso tendo sido eles dados à estampa sobre rubrica de controvérsia religiosa, de modo nenhum podia ser considerado, por quem tivesse laivos de boa fé, como representando uma opinião formada e assente da redação da folha. Quem diz controvérsia diz disputa ou antes dúvida. E em todo caso, coisa que se discute e que se não tem por líquida. Se a opinião da redação se casasse com a do escritor, certamente esses artigos teriam sido dados à luz na seção "Religião", que se vê na mesma folha. Mandei-os, porém, para a seção de "Controvérsia", para onde mandarei quantos vierem contra o sentido dos artigos de Boulanger.

Até aqui as explicações de Távora referem-se aos artigos que provocaram tanta revolta no bispo Dom Vital, por ofensivos à virgindade de Maria. A seguir, o articulista insistia, com ênfase, em testemunhar suas idéias sobre a questão e manifestar a sua inocência:

Não oculto que sou o mais convencido "panegirista" da liberdade de culto. A abolição de uma religião de Estado ou de uma religião que se impõe e que se obriga a crer, é mais um jeito e palpitante reforma de exigir dos mais altos poderes competentes. Sem a liberdade religiosa, que traz como conseqüência lógica a livre emulação, entre todas as religiões, o nosso clero amolecido pelo privilégio oficial, em vez de se regenerar, irá à queda, degradando-se cada vez mais. O privilégio enerva e deteriora ao passo que a liberdade estimula e edifica, ensinando a cada um esperar tudo de sua iniciativa. Quando no País todas as crenças religiosas forem permitidas; quando os sacerdotes de crença souberem que têm necessidade de desempenharem com zelo, normalidade e fervor os deveres, porque, sem esses requisitos, serão preferidos os que melhor os preencherem, então, sim, terá o catolicismo milícia digna da sua luta, alta magnitude que lhe fará honra. Teremos cristianismo como o instituiu Jesus Cristo e qual viveram os apóstolos. [...] Então, o cristianismo falava em nome da liberdade, que considerava, com razão, um elemento de vida; hoje quer a Igreja o despotismo, a intolerância, o anátema e até a guilhotina em falta das fogueiras da inquisição. Se penso assim, declaro-lhe ainda mais que na esfera de minhas diminutas forças trabalharei incessantemente para que a minha Pátria usufrua, o quanto antes, os salutares benefícios da liberdade religiosa; creia, contudo, que tenho bastante bom senso para não arrostar opiniões recebidas e menos zombar da crença individual de cada um. Crença que eu desejo que respeitem todos em mim, em princípio, da organização moral da consciência humana[20].

20. *Idem.*

Temendo que suas palavras fossem entendidas como uma velada retratação ou prova de que recuava diante de seus princípios, reagiu com as seguintes ponderações:

Isto que deixo dito não importa numa retratação, apresso-me em declará-lo em alto e bom som. Nem haveria de que retratar-me eu ou a maçonaria de Pernambuco, se as opiniões de Boulanger a respeito da virgindade houvessem sido dadas em *A Verdade*, com o cunho de editoriais, em modo nenhum deixaria eu, na qualidade de principal redator desta folha, de aceitar inteira, plena e irrestrita responsabilidade, a despeito de mil odiosas pastorais de um ou de mil prelados. A consciência de meus atos e das minhas crenças, hei de morrer com eles e, sobretudo, jamais abrirei mão do pundonor, que aquele para quem a sustentação de todo o transe, de toda a idéia, mais do que um dever é um ponto de honra [...][21].

A carta de Franklin Távora, tornada pública, de nada adiantou. Atiçou mais o ânimo do Bispo, porque o processo de expulsão e excomunhão do dr. Ayres de Albuquerque Gama, que fora eleito presidente da Irmandade de Soledade, teve começo e tramitou com rapidez. A medida era extensiva a todos que ousassem permanecer filiados à maçonaria.

Para complicar as coisas, o jornal *A Verdade* conseguiu ter acesso ao Aviso-Circular que o Bispo mandara reservadamente para todas as paróquias e irmandades e o publicou no editorial do dia 4 de janeiro. O aviso foi publicado com destaque, tendo como chamada para a matéria, a modo de epígrafe, a seguinte nota:

"O abismo tem a sua sedução, e para o seu Bispo chegou cedo a crise da vertigem." Leia o leitor este importante documento:

Palácio da Soledade, 28 de dezembro de 1872.
Constando-me que o Sr. Dr. (*aqui o jornal, por questão de respeito ao nome do Dr. Ayres de Albuquerque Gama, omitiu o seu nome*), notoriamente conhecido por maçom, e membro da Irmandade de (*também aqui omitiu o jornal o nome Soledade*), e pesando sobre os indiciados na maçonaria a excomunhão, maior punição lançada por diferentes Papas, mandamos que V. Revma., sem perda de tempo, dirija-se ao juiz daquela Irmandade e ordene-lhe em nosso nome, que exorte instantaneamente o dito irmão a abjurar esta seita condenada pela Igreja.

Se por infelicidade esse não quiser retratar-se, seja imediatamente expulso do grêmio da Irmandade, ficando, portanto, de tais instituições excomungado. Da mesma sorte se proceda com todo e qualquer maçon porventura membro de qualquer irmandade existente na freguesia de V. Revma.

21. *Idem.*

Aguardamos a comunicação de que as nossas ordens foram cumpridas. Deus guarde a V. Revma.
Frei Vital
Bispo Diocesano.

Retrucaram os redatores do jornal com uma longa imprecação, finalizando assim:

[...] o que lhe deixamos dito, nos sobe ao bico da pena, do fundo do coração, donde graças a Deus, ainda não imigrou o sentimento da caridade. Diz cá o nosso catecismo (de um jesuíta) que é obra de misericórdia aconselhar os que erram[22].

As marchas e as contramarchas seguiram durante vários meses, sempre se dando a polêmica entre a imprensa católica (*A União*), dirigida pelo dr. José Soriano, e o jornal dos maçons (*A Verdade*), que tinha como redator-chefe o escritor Franklin Távora.

Com base no interdito que Dom Vital expediu contra as irmandades da Boa Vista, a questão religiosa ganhou o caminho da Justiça. As irmandades interditadas pelo Bispo de Olinda promoveram ações contra Dom Vital, por implicar a matéria competência do Estado e das infrações cometidas decorrerem responsabilidades a serem definidas pela Justiça. A tramitação do processo andou relativamente rápida e chegou ao Conselho de Estado, no Rio de Janeiro, ensejando a expedição dos mais intrincados pareceres de jurisconsultos convocados pelas duas facções em conflito. O assunto, como era natural, ganhou notoriedade, e, praticamente, todos os políticos, divididos em dois grupos, assumiram suas posições, enquanto aguardavam o veredicto do Conselho.

No dia 12 de junho, reunido o Conselho de Estado para julgamento do processo, a decisão foi no sentido de que o Bispo Dom Vital levantasse o interdito contra as Irmandades do Recife. Os maçons, liderados pela folha *A Verdade*, cantaram vitória. Houve manifestações no centro da cidade, as quais, por pouco, não degeneraram em prática de violência, tão exaltados estavam os ânimos dos grupos enfrentados.

Sobre o julgamento informou Joaquim Nabuco, ao dar ênfase a participação de seu pai, Nabuco de Araújo, nessa contenda, na qualidade de juiz conselheiro que

---

22. *A Verdade*, Recife, 4 de janeiro de 1873.

a maioria do Conselho de Estado (São Vicente, Souza Franco, Inhomirim, Bom Retiro, Caxias) é pelo processo; Abaeté que negava provimento ao recurso, aderia, no caso de vencer a opinião contrária, e do Bispo não cumprir a decisão, ao processo de responsabilidade; Muritiba, Niterói, Sapucaí e Jaguari eram opostos a qualquer coerção; Nabuco, contrário ao processo, era voto único a dar como existentes as antigas temporalidades[23].

Intimado Dom Vital a cumprir a sentença, inexplicavelmente, desobedeceu-lhe. Na verdade, o que fazia o prelado era não tomar conhecimento de normas de direito ditadas pelo Governo. Ele só obedecia às normas oriundas da Santa Sé. Negava, assim, ao Governo o direito de intervir em suas funções espirituais. E daí não alterou a sua posição.

A reação do Governo Imperial foi apelar ao Supremo Tribunal, renovando as mesmas acusações contra o prelado de Olinda. Notificado para defender-se perante a Corte Suprema, Dom Vital foi ao Rio de Janeiro e ali, no dia da sessão, perante os ministros, nada respondeu, limitando-se a dizer, por insistência do interlocutor, a célebre frase:

– *Jesus autem tacebat!*

Nesse dia (21 de fevereiro de 1874), Dom Vital foi condenado a quatro anos de prisão com trabalhos e a 1° de julho o bispo do Pará, Dom Macedo Costa, recebeu a mesma pena.

Por esses dias o Recife viveu intensas agitações sociais. A surpresa e a desorientação dos católicos contrastavam com a alegria e a satisfação dos maçons. Houve tiragens extraordinárias de todos os jornais, e, inclusive, tentativas de empastelamento de *A Verdade*.

Anos depois, vivendo no Rio de Janeiro, Franklin Távora recordaria esses dias com estas palavras:

O Recife mal dormia as noites. Logo muito cedo, o artista, o negociante, o empregado público, o homem de letras, o jovem, o ancião, a moça, a matrona, a velha, estavam lendo o jornal. Nunca vi excitação igual no espírito público, tendo as raízes no lar doméstico. Mas não deve causar admiração aquele constante alvoroço: tratava-se da questão religiosa.

Os que eram pelo Bispo queriam ver como os maçons e os que seguiam a estes respondiam aos atos episcopais do dia precedente; os outros queriam conhecer os novos golpes que a maçonaria desfechava contra o episcopado que campeava fulminando

---

23. Joaquim Nabuco, *Um Estadista do Império*, Rio de Janeiro, Editora Nova Aguilar, 1975, p. 818.

excomunhões, mandando expulsar das irmandades os da seita condenada, negando os últimos socorros espirituais aos que não abjuravam a maçonaria, proibindo sepultura sagrada aos que em vida, ou na hora extrema não tinham riscado o seu nome dos quadros maçônicos, ou consentindo que os seus diplomas fossem queimados.

Recordo-me ainda do que ocorreu por ocasião de publicar-se a pastoral do Bispo que proibia "sub-grave" a leitura de *A Verdade*. Resolveu a redação deste periódico fazer o que em casos semelhantes é uso: anunciou pelas folhas diárias que distribuiria grátis ao povo o número seguinte. Quando chegou a ocasião de distribuir-se o anunciado número, as proximidades do escritório cobriram-se de gente; e pelas escadas subia e descia o povo que parecia carreiro de formiga. Em poucas horas esgotou-se uma edição de 5 mil exemplares. Para o Recife, onde *A Verdade* tinha grande circulação, aquele extraordinário consumo da folha amaldiçoada indicava grande favor público.

E como as reminiscências o transportassem para um Recife que jamais retornaria, acrescentava:

> Tenho saudade desse tempo de febre nos espíritos, de excitação nos centros nervosos da grande cidade; a excitação por uma grande causa ateia a chama da vida. Formávamos no Recife, não só uma grande cruzada contra o obscurantismo, mas também um Congresso Literário, do qual nasceu a "União do Norte", que foi de pouca duração, porque o assunto religioso, novo, cheio de atualidade, absorvia os ânimos quase exclusivamente[24].

A partir de dezembro de 1873 o jornal maçônico *A Verdade* deixara de circular, embora Franklin Távora, desde setembro, já estivesse afastado da responsabilidade de redator-chefe. A missão estava cumprida.

Como o clima entre as duas facções – maçons e católicos – estava excessivamente exaltado, Távora terminou aceitando o convite que lhe fora feito pelo presidente da Província do Pará, dr. Francisco Maria de Sá e Benevides, para ocupar uma das secretarias de governo e para lá viajou nos primeiros dias de setembro.

O seu instinto de homem polêmico não estava adormecido. Ficara ligado e interessado nos acontecimentos da questão religiosa do Recife, sobretudo os referentes à condenação de Dom Vital, que culminaram na prisão e na mobilização nacional por sua anistia. E não só os acompanhava, como também, logo ao chegar ali, passou a colaborar na imprensa paraense, sobretudo aquela mais liberal e de índole maçônica. Numa série de artigos, propôs-se a contestar os seguidores do Bispo de Olinda, e, especialmente, a rebater os termos da última pastoral, que, de maneira indireta, aludia às suas

---

24. Franklin Távora, "Carta-posfácio" *in Um Casamento no Arrabalde*, op. cit., pp. 91-92.

ações e interferências quando dirigira o jornal *A Verdade*. E de Belém advertia Távora:

> Desde, porém, que o Sr. Bispo achar conveniente mexer no borralho, soprarei eu a fogueira; havemos de ter a luz e se os vampiros fugirem dela espavoridos, só por conta do Sr. Bispo corra a culpa de tamanha abominação...[25]

Os últimos atos da questão religiosa comprovavam que a medida punitiva adotada pelo Governo Imperial contra Dom Vital e o bispo do Pará, Dom Macedo Costa, não fora do agrado da população nem de Roma. A solução do impasse só viria mesmo com a anistia dos bispos que lhes foi concedida em 17 de setembro de 1875 pelo Imperador D. Pedro II. Solução, acrescente-se, entendida apenas na perspectiva dos católicos, porque mais do que uma queda de braço entre a Igreja e o Estado pela manutenção de maior fatia de poder, desde os primeiros embates, um terceiro grupo viera à liça: os republicanos. Estes, como se veria depois, aproveitar-se-iam da "Questão Religiosa" para difundirem suas idéias. A propósito, como lembrou José Ramos Tinhorão, "os jornais do Partido Republicano, representando o pensamento das camadas médias das cidades, ateavam fogo à fogueira"[26]. Por isso, em 1889, quando o Imperador foi retirado do poder, quase que pacificamente, a Igreja nada lamentou. Essa atitude foi um indício claro de que os republicanos não viam nela nenhum perigo a temer.

Franklin Távora, porém, demorou poucos meses nas funções de Secretário do Governo do Pará. Em meados de 1874, voltando ao Recife, decidiu-se a fixar definitivamente residência no Rio de Janeiro. Acabara a fase da província daquele que combatera, sem tréguas, os que viviam ensimesmados na Corte. A luta, agora, seria travada dentro do próprio território dos cortesãos.

À Corte ele não chegaria de mãos vazias. Levava consigo a família, a obra literária em franca realização, a frutífera atividade no jornalismo, a passagem pela vida política e, sobretudo, por experiência própria, sabia que não lhe assustavam mais as polêmicas que lhe aparecessem pela frente. Em terra alheia, porém, convinha andar com cautela.

Tudo isso era pouco para quem possuía sérios encargos de família. Por via das dúvidas, levou no bolso do paletó uma carta de recomendação para o conselheiro João Alfredo Correia de Oliveira, então ministro de uma das secretarias do Império.

---

25. Idem, *A Maçonaria na Questão Religiosa*, Artigos publicados a partir do dia 25 de setembro de 1873 no jornal *O Liberal*, de Belém, Pará.
26. José Ramos Tinhorão, *A Província e o Naturalismo*, Rio de Janeiro, Editora Civilização Brasileira, 1966, p. 30.

Imperador Dom Pedro II. Desenho de Lucas.

22. A Vida na Corte

> [...] achava um centro (o Recife) em que se vivia mais para as letras do que, como aqui (Rio de Janeiro), para a vida das ruas onde tanto tempo se gasta sem proveito, onde depressa se envelhece, e mais depressa ainda se descrê de tudo, e desconfia de todos, ainda dos mais íntimos.
>
> Carta-posfácio de *Um Casamento no Arrabalde*.

Tomaram o navio no Recife, mas todos sofriam, porque não era fácil aceitar com indiferença o brusco rompimento das raízes com ânimo definitivo. Essa, porém, fora a decisão de Franklin Távora.

O percurso foi realizado sem maiores transtornos e dentro do prazo previsto chegaram ao Rio de Janeiro. A chegada de barco deve ter impressionado à família Távora, porque não há sensibilidade humana que não se deixe animar pela natural curiosidade de chegar à Corte. Antes dessa satisfação, porém, surgia uma mais avassaladora, inevitável, inesquecível: a festa que a paisagem do Rio de Janeiro provocava aos olhos do visitante que o via pela primeira vez.

Esses caprichos naturais que a geografia concentrava nessas paragens cariocas eram deslumbrantes, principalmente se a chegada ocorria pelo mar.

As saudações da natureza fluminense manifestavam-se, em primeiro lugar, para quem vinha do Norte, a rigor, ao transpor o navio a Ponta de Itaipu, nas imediações do Morro da Andorinha, ainda nas águas do Estado do Rio. E se a viagem prosseguia por entre os acidentes que a tradição ainda nomeia como as Ilhas da Menina, do Pai e da Mãe, após vencer algumas milhas, ainda de longe, na altura das águas do Atlântico, insinuava-se a enseada de Copacabana que, ao passo de algum tempo, ia perdendo-se por trás dos morros do Leme e da Babilônia.

Depois, descortinavam-se horizontes e visões impressionantes: a Praia Vermelha, a Urca, o Pão de Açúcar e, a seguir, aproximava-se a Ponta de São João.

O visitante via-se enredado em descobertas curiosas, porque, inevitavelmente, associava antigas imagens perdidas às novas formas que a Natureza lhe oferecia. Além disso, invadiam-lhe os efeitos de uma profusão de cores que dá à paisagem matizes singulares. E eram únicos, porque variavam de acordo com as horas do dia e as condições meteorológicas.

E até que o navio chegasse ao porto final, o desfile de praias, de pontas, de cabos, de enseadas e demais acidentes geográficos multiplicavam-se de tal sorte que era forçoso ao observador ser rápido para não perdê-las. Havia muitas outras coisas para ver. Ali, a bombordo, estava o ilhéu da Laje. Algumas pessoas curiosas procuravam descobrir sob as ondas do mar as sombras ou sinais da velha fortaleza submersa, que, possivelmente, com ela, levara também um punhado da história das origens dessa cidade. Outro mostrava a enseada de Botafogo, informando que mais acima vislumbrava-se já o Morro da Viúva.

Em seguida, viriam a Praia do Flamengo, o Morro da Glória. Adiante aparecia o velho Cais Pharoux. Bem próximo do navio e da terra firme surgia a Ilha Fiscal, e, um pouco mais distante, a das Cobras. Ali estavam recolhidos os Bispos de Olinda e do Pará.

Soberbo erguia-se o Mosteiro de São Bento, representando um sólido partido arquitetônico que denunciava a presença de um tempo colonial já distante. Junto dele, ao alcance de poucas braças, avantajavam-se casas, sobrados, palácios, edifícios. Era o Rio de Janeiro, que, como algo vivo, dava a impressão de que nunca jamais conheceria a tranqüilidade.

Era a esse mundo estranho, mas aliciador, que Franklin Távora chegava com sua família para dar continuidade à vida. A mudança com a família para o Rio de Janeiro obedecia a vários fatores. Dois deles, porém, foram os mais preponderantes: a impossibilidade de continuar vivendo no Recife, após a condenação de Dom Vital, com um bom número de inimigos gratuitos, e a atração natural que a metrópole cultural do Brasil exerce sobre as províncias, fenômeno que crescia de ano para ano.

O seu forte apego aos familiares e o fato de tê-los levado consigo para a metrópole, a partir de então, apesar de dar relativa tranqüilidade também lhe redobravam as preocupações. Era preciso, o quanto antes, conseguir um trabalho para remediar o quadro. Teriam que tomar casa, arranjar escola para os filhos menores e, ele próprio, dar prosseguimento às suas atividades de escritor e jornalista. Na questão da acomodação da vida doméstica a sua mãe, por todos chamada de dona Maria Távora, revelou-se uma mulher extraordinária. Desinibida, desfrutando de extraordinária estima entre os parentes e amigos, concorreu para que a adaptação não se desse com maiores traumas. Dona Alexandrina, a esposa de Távora, ao contrário, era mais retraída e, possivelmente, foi quem mais sentiu os efeitos da mudança, inclusive com dificuldades de aclimatação para sua saúde, que era débil.

A primeira providência tomada por Franklin Távora, após chegar ao Rio de Janeiro, foi ir ao encontro do conselheiro João Alfredo que ocupava o cargo de ministro da Secretaria do Império. Com efeito ali foi nomeado e admitido no cargo de Oficial de Gabinete.

Resolvido o trabalho na Secretaria do Império, uma das coisas fundamentais para a sua própria sobrevivência e também da família, Távora foi morar com a família numa casa localizada no Engenho Novo (hoje Meier, Rua Lucídio Lago). A casa era agradável, com as dependências mínimas necessárias e situada numa posição privilegiada, quase de esquina, de onde, do lado direito, via-se a estação ferroviária. Por trás, não muito longe, corria um denso e profuso bosque, com árvores centenárias, que terminava num parque, onde as famílias, às horas mais suaves da noite, costumavam conversar e passear tranqüila e despreocupadamente.

Ainda que os primeiros meses fossem de adaptação com as viagens diárias do Engenho Novo ao centro do Rio, sentindo a grandiosidade da cidade e seus problemas monumentais, se comparados aos do Recife, além dos que decorriam da vida familiar, pouco a pouco, Távora ia informando-se da movimentação política e cultural da cidade.

As alterações urbanas surgiam com rapidez. Com a chegada dos bondes a velha paisagem das barcaças, a vapor ou não, interligando vários arrabaldes, impunha um novo ritmo, novos caminhos e uma certa animação no rosto das pessoas. Ganhava-se mais tempo para fazer outras coisas. As barcaças, por exemplo, que partiam do Saco do Alferes, ali nas aproximações da Gamboa, chegavam a Botafogo com grande demora. Agora, utilizando-se o bonde, a viagem ficara rápida e sem perigos de afogamento ou enjôo. Ademais, a passagem para uma pessoa calçada custava apenas 100 réis; soldado pagava 120; pessoa descalça ou escravo, 80. A arroba de carga custava 30 réis. Ou então, usavam-se as gôndolas e as diligências, movidas aquelas por homens e estas por cavalos. Os pontos principais delas ficavam na antiga Praça da Constituição (hoje Largo Tiradentes), no Largo de São Francisco e no velho Largo do Moura, onde está a Praça Quinze.

As atividades burocráticas na Secretaria do Império, no começo, tiveram os atrativos inerentes a tudo o que fosse novidade, mas logo se tornaram um empecilho à realização de coisas prioritárias dentro de seus interesses pessoais imediatos. Um deles era entrar em contato com políticos, escritores e gente de jornal. E, por isso, o posto que ocupava, de certa maneira, deu-lhe algumas oportunidades para realizar esses contatos, mas o Rio de Janeiro era bem maior do que a Secretaria do Império.

Naquela altura do ano, alguns acontecimentos importantes ligados à vida política, cultural e literária já marcavam época. Alguns constituíam assunto de obrigado comentário desde o ano anterior. Um deles chamava-se Visconde do Rio Branco.

Vivia-se a era do fastígio de Rio Branco. Todas as decisões importantes pareciam passar por suas mãos. O gabinete por ele presidido, de natureza conservadora, estava no poder desde 7 de março de 1871 e duraria quatro anos ininterruptos. Além do mais, acumulava pastas importantíssimas para a tomada de decisões políticas e consecução prática dos mais significativos projetos nacionais: a Fazenda e a Guerra. A última importante batalha que ele ganhara, quase que num golpe de mão de habilidade parlamentar, constituíra-se no assunto diário: *a Lei do Ventre Livre*. A repercussão fora tamanha que já sabemos de uma das conseqüências imediatas, que, da noite para o dia, se alastrara por quase todo o Brasil.

No plano das realizações materiais, de projetos que alteravam substancialmente a forma de vida da população, aparecia a construção de estradas de ferro ligando as várias capitais brasileiras com as cidades mais prósperas econômica e geograficamente a elas vinculadas, como fora o caso de São Paulo a Santos.

As alterações provocadas pela chegada dessas novidades, que todos insistiam em chamar de progresso, conheciam, também, outras facetas: o protesto popular. Principalmente no centro do Rio o povo começava a tomar pulso de algumas situações e se manifestava com facilidade sobre os mais variados temas. Até os relacionados com a vitória da democracia liberal na sempre sofrida e angustiada Espanha, que vivia, então, há anos, um pesadelo de indecisão política, provocando a manifestação de pronunciamentos de solidariedade internacional de escritores, poetas e artistas, como foi o caso de Victor Hugo. De repente, o centro do Rio de Janeiro viu-se tomado de um ar festivo como se aquilo tivesse ocorrido entre nós. Eram as vozes de lideranças políticas do movimento republicano que gritavam palavras de ordem sobre a "inquieta Península Ibérica"[1]. A reação apareceu da forma mais desconcertante e brutal com o apedrejamento do prédio onde se situava o jornal que mais divulgava os novos ideais republicanos no Rio de Janeiro: *A República*. E todos que assistiram na Rua do Ouvidor às cenas ficaram

---

1. Nestor de Holanda, *Itinerário da Paisagem Carioca*, Rio de Janeiro, Editora Letras e Artes, 1965, pp. 54-55. Edição comemorativa do IV Centenário do Rio de Janeiro.

assustados e certos de que a polícia nada fizera para desestimular os ataques violentos. A imprensa liberal protestara e sempre que era possível recordava, anos após, aqueles incidentes como um importante marco na luta pela República. E escreviam:

Se não partiu dos agentes policiais o apedrejamento feito contra o edifício de A República, por que não interveio a polícia para acalmar os ânimos? Por que prestou-se um delegado de polícia à triste irrisão de proclamar, em altas vozes, que o motim era feito pelo povo irritado contra as idéias republicanas?[2]

Outros acontecimentos ligavam-se, ainda, à Questão Religiosa. Esses fatos, pouco a pouco, iam assumindo sua importância e os seus desdobramentos eram absorvidos por outros. A vida social e política da cidade, porém, de repente, descobriu que os bispos de Olinda e do Pará achavam-se presos no Rio de Janeiro. A Questão Religiosa, outra vez, provocou as mais curiosas reações em todos os meios sociais. Houve, até, em alguns locais, perseguição a padres, seculares e regulares, por parte de pessoas que o sr. Ludgero Gonçalves da Silva, chefe de polícia da cidade, chamou de "taverneiros, rapazes inconsiderados e sem educação"[3].

A imprensa não cessava de falar sobre o tema da Questão Religiosa, sobretudo aqueles jornais mais adictos a certas correntes, isto é, os católicos e os maçons, os dois grupos que encontravam maior número de representantes dentro do Governo Imperial. Mesmo assim, a verdade é que Franklin Távora não mais se envolveu diretamente com o assunto. Já dera a sua contribuição na Província. Havia algo imediato a fazer: dar-se a conhecer na Corte com um romance que marcasse de maneira definitiva a sua presença.

Apesar de sua vida de burocrata, dividindo o tempo entre as demoradas viagens diárias do Engenho Novo ao centro do Rio, onde se situava a Secretaria do Império, sempre que possível, comparecia a algum ato cultural. Faltavam-lhe, porém, meios adequados para participar com maior freqüência da vida social. Quase todos os eventos ocorriam nos clubes, nas sociedades e nos teatros. As livrarias, principalmente as situadas nas imediações da Rua do Ouvidor, tais como a Universal, a Garnier, que era também editora, além de outras, como a Econômica, A Universal, a Luso-Brasileira, a Luso-Britânica, a de Nicolau Alves, a do Largo do Paço, a de Cruz Coutinho e a do Martins, que tinham fama de serem as mais sortidas, funcionavam como pontos de encontro para leitores e escritores de todas as idades que

2. *Diário do Rio de Janeiro*, de 2 de março de 1873.
3. *Idem*, de 17 de setembro de 1873.

ali compareciam com a finalidade de intercambiar opiniões sobre os mais diversos assuntos.

Alguns clubes – Anjos da Meia-Noite e Anjos Terrestres, além do Clube dos Velhos Esponjas, Cavaleiros do Luar e Panela de Bronze – ofereciam grandes bailes. Neles havia uma boa quantidade de boêmios de vários gêneros, poetas, romancistas, músicos, políticos, estudantes, professores, quase todos noctívagos sem cura. Outros preferiam os clubes que, de alguma forma, se organizavam em torno de atividades específicas, como o Clube Mozart, onde aconteciam tertúlias musicais quinzenalmente, incluindo concertos e recitais, até à meia-noite, quando se servia o chá e em seguida vinha o baile, que varava a madrugada. Já no Clube Fluminense as festas eram mais requintadas e, via de regra, ocorriam grandes bailes por ocasião de passagem de datas importantes ou de eventos esporádicos como o que fizeram nesse ano para comemorar a inauguração do cabo submarino do telégrafo que ligou o Brasil à Europa.

Era normal que os políticos, por algum motivo que julgassem importante, dessem festas nos clubes ou hotéis. A esses bailes e outras festas de natureza cultural Távora passou a comparecer com maior freqüência, seguindo a moda, vestindo o seu paletó-saco, os fraques de pano azul e calças e coletes em cores.

A temporada dos teatros no Rio de Janeiro por essa época ocupava quase todas as salas de espetáculo. Havia o São Luiz, o Pedro II, o Lírico Francês, o São Pedro de Alcântara (onde atuava Martins, um dos mais conhecidos e admirados atores do Rio de Janeiro), o Teatro do Ginásio, o do Cassino etc. A novidade, porém, ficava com o Teatro Vaudeville, recentemente inaugurado.

Uma pequena querela entre José de Alencar e o empresário Heller tomou conta do noticiário da época. É que o empresário mandara fazer uma adaptação cênica para montar *O Guarani* sem autorização do autor. Alencar veio para os jornais e protestou, alegando, entre outras razões:

> Pretendo pugnar pelo meu direito. Os tribunais decidirão se neste país do monopólio há ou não uma propriedade literária e se aos teatros dessa Corte é lícito viver dos remendos de obras alheias remidos em farsas e cachorriches[4].

Alencar, ademais dessa campanha em defesa de seus direitos, ainda achava tempo para atuar com firmeza no parlamento e escrever livros de vários gêneros. Em maio foi anunciado o lançamento do livro *O Garatuja*,

---

4. *Jornal do Comércio*, 19 de abril de 1874.

no qual apresentava crônicas dos tempos coloniais. Era, sem dúvida, um escritor de capacidade de trabalho fora do comum.

Passados os primeiros meses de adaptação, o Rio de Janeiro já não constituía nenhum mistério para Franklin Távora. As coisas ocorreram melhores do que ele imaginara. Já fizera muitos amigos e aproximara-se de alguns que atuavam na imprensa diária e periódica, principalmente os que faziam vida literária.

Num dos primeiros dias de janeiro de 1875 compareceu a uma concorrida reunião literária na Sociedade Brasileira de Ensaios Literários, que comemorava os seus quinze anos de fundação. Para ali iam os poetas, romancistas, jornalistas e até políticos. A maior novidade fora a presença de Fagundes Varella com quem Franklin Távora havia feito boa amizade no Recife, na década passada, quando ele estudava na Faculdade de Direito juntamente com Castro Alves. Nessa festa, além do discurso feito por Fagundes Varela, que impressionou a todos os presentes, ocorreram outras coisas curiosas. Uma delas foi a notícia de que a *Semana Ilustrada*, que durante 16 anos publicara sobretudo textos humorísticos, estava com os dias contados e seria ressuscitada por Carlos e Henrique Fleiuss. E a esse projeto se uniu Franklin Távora trazendo a sua experiência. Estava retomada a sua atividade na imprensa.

A surpresa, porém, veio poucos dias depois, com a morte prematura de Varela, vítima de uma congestão cerebral. Isso impressionou profundamente a Franklin Távora que, desde então, passou a ler e a reler a obra do infeliz amigo com a intenção de escrever um ensaio crítico de alcance mais amplo sobre sua poesia[5].

O convite que recebera de Henrique Fleiuss para trabalhar na nova revista que nascia – *Ilustração Brasileira* – encheu-lhe de entusiasmo. A ele coube a responsabilidade de resenhar livros, além de cuidar de vários outros assuntos ligados à literatura. O projeto editorial realmente prenunciava bons êxitos, porque trazia no seu bojo umas inovações que, para o Rio de Janeiro daquele tempo, significavam a concretização de uma revista nos moldes da *Ilustrated London News*, inclusive no que se referia ao formato, diagramação tipográfica, riqueza de ilustrações etc.

Circulando nos primeiros dias do ano de 1876 a revista *Ilustração Brasileira* apareceu primando, sobretudo, por uma roupagem editorial digna de

---

5. *Diário do Rio de Janeiro*, 27 de janeiro de 1875. O ensaio sobre Fagundes Varela foi sempre adiado, mas Franklin Távora terminou realizando uma extensa análise crítica sobre *O Diário de Lázaro* publicada na *Revista Brasileira*, vol. V, 1880, pp. 357-390, mais tarde incluída como prefácio à primeira edição das Obras Completas de Fagundes Varela, Rio de Janeiro, Garnier, 1886, vol. I, pp. 5-43.

Illustração Brasileira. Folha de rosto do Primeiro Volume.

nota. Editada pelo Imperial Instituto Artístico, logo na capa afirmava o editor que a revista era a

mais lisonjeada e procurada publicação deste estabelecimento sem rival e incontestavelmente a que tem sido unanimemente elogiada pelos jornais do antigo e do novo Mundo e principalmente dos de Portugal e do Brasil e tem merecido a alta e distinta recomendação, cuja simples reprodução dispensa-nos de mais amplas explicações[6].

Não ficavam por aí os méritos apontados pelo editor, repetidos em todas as capas de vários números que se seguiram. Ao insistir na qualidade editorial utilizada, acrescentava que o Imperial Instituto Artístico encarregara-se de

todos os trabalhos tipográficos, litográficos, autográficos, cromolitográficos, xilográficos etc. que exigem nitidez e perfeição e principalmente de todas as publicações ilustradas do melhor gosto e iguais às que a França, Inglaterra, Alemanha, Estados Unidos etc.[7]

Essas observações sobre as qualidades tipográficas da revista *Ilustração Brasileira* tinha uma razão de ser, pois era um assunto da especial estima de Távora: o cuidado na feitura do livro, da revista ou do jornal. Foi exatamente nas oficinas do Imperial Instituto Artístico, que possuía os mais modernos equipamentos da arte tipográfica no Brasil de então, que Franklin Távora, em 1877, já sob o fulgor de suas atividades na revista, cuidou da reedição de sua peça *Um Mistério de Família*, revista e aumentada. O zelo dado à feição gráfica, sem dúvida, denunciava a interferência do antigo revisor de provas do *Jornal do Recife*.

A sua colaboração na *Ilustração Brasileira* foi intensa. Ele não se limitou a preparar, para cada número, resenhas críticas de livros. Ali entraria em contato com os mais significativos escritores da época, inclusive com Machado de Assis, com quem travou logo sólida amizade. Os artigos de Machado eram assinados sob o pseudônimo de *Manassés*.

Uma das primeiras publicações de textos críticos de Franklin Távora, que alcançou boa receptividade, foi a apresentação escrita para a famosa novela *Flor de Aliza*, de Lamartine, anunciada com o mesmo destaque que a revista deu ao *Dicionário Marítimo Brasileiro*.

6. Cf. Primeiro número de *Ilustração Brasileira*, Rio de Janeiro, 1876.
7. Cf. Folha de rosto já referida de *Ilustração Brasileira*.

A tradução fora confiada a "uma jovem brasileira", que só os íntimos sabiam ser a sra. Tereza Pizarro, esposa de João Cardoso de Menezes e Souza, o conceituado Barão de Paranapiacaba.

As resenhas de Távora, às vezes, constituíam-se em verdadeiros ensaios, porque, por temperamento, como faria mais tarde, ao escrever para outras revistas de igual importância, sempre atuava com elevado senso de responsabilidade profissional, revelando-se um autêntico homem de imprensa. Não era capaz de escrever de maneira apressada, de improvisar temas ou alinhavar assuntos sem maiores balizamentos bibliográficos ou juízos arrimados em razões plausíveis. Por essa época já lhe havia dominado a tortura pela busca de um estilo. Além do mais, em virtude das constantes anotações que vinha tomando para a conclusão do seu mais recente romance, habituara-se ao detalhe, ao trabalho contínuo e sem trégua. Normalmente vivia submetido a profundas e permanentes meditações, dando voltas com os seus personagens. Trabalhava muito e dormia pouco.

23. O Ano de O Cabeleira

> *É tempo de cumprir a promessa extorquida pela amizade. [...] Essa natureza brilhante e móvel estava a cada instante convidando o meu desânimo a romper o silêncio a que vivo recolhido desde que cheguei do extremo Norte do Império.*
>
> Prefácio do autor a *O Cabeleira*.

O ano de 1876 foi de grande importância para a carreira literária de Franklin Távora, porque conseguiu, por fim, dar-se a conhecer na Corte com o romance *O Cabeleira*, um projeto que alimentara ainda quando vivera no Recife.

No limiar do meado dessa década, no Rio de Janeiro, mais do que em qualquer outra fase, dominava as pessoas uma verdadeira febre por um crescente ritmo de progresso. Essa sofreguidão pelo novo, dia a dia, fazia-se notar nos mais variados campos das atividades. A imprensa, porém, chamava a atenção pelo nível de pujança com que se firmava entre os seus leitores. Como jornais mais atuantes podiam ser apontados *O Globo*, o *Jornal do Comércio*, *A Nação* e o *Diário do Rio de Janeiro*.

Durante essa época começou a circular a *Ilustração Brasileira*, que viveria até 1878. Ainda encontravam extraordinária acolhida os *folhetins*, razão por que os jornais os mantinham com destaque. Uma rápida pesquisa realizada por um desses jornais revelou, sem surpresas, que os assuntos preferidos pela imprensa eram basicamente a religião, a política e a questão social[1].

As produções literárias ofertadas pelas diversas editoras e livrarias dividiam-se naturalmente entre livros importados e autores nacionais. Havia uma quantidade extraordinária de títulos estrangeiros, sobretudo de autores franceses, ingleses, espanhóis e portugueses.

---

1. *Diário do Rio de Janeiro*, 3 de dezembro de 1876.

O destaque para os nacionais recaía nos nomes de Machado de Assis e José de Alencar. Facilmente eram encontrados alguns livros de Machado de Assis, tais como *Ressurreição*, *Histórias da Meia-noite*, *Contos Fluminenses*, *Crisálidas* e *Falenas*. A Garnier, neste ano, anunciou e lançou *Americanas*. O editor chamava atenção para este livro de Machado de Assis, que já contava 37 anos de idade, com as seguintes palavras:

> Quando o nome de Machado de Assis apareceu pela primeira vez em público disseram todos: é um jovem escritor que promete muito. E promete mesmo. E o que mais raro acontece se bem prometia, melhor cumpria[2].

A principal obra de Machado surgida nesse ano só viria aparecer em agosto. Tratava-se de *Helena*. A princípio aparecera em forma de folhetim no rodapé do jornal *O Globo*, de Quintino Bocaiúva. Na verdade fora um pedido desse amigo de Machado, o que não impediu que o romance fosse também negociado com L. B. Garnier, alcunhado de o *Bom-Ladrão*.

O romance *O Sertanejo*, de José de Alencar, fruto de sua mais recente e última viagem ao Ceará, que, na verdade, aparecera no final de 1875, somente ganharia algum espaço na imprensa no decorrer do ano seguinte. Ainda que o romance tenha sido uma espécie de canto do cisne de Alencar, duas profundas angústias o martirizavam: a enfermidade que o aniquilaria em breve e a impiedosa crítica contra sua obra desfechada no jornal *O Globo* por Joaquim Nabuco.

Apareceram, ainda, as obras reunidas de Castro Alves (*Paulo Afonso*, *Espumas Flutuantes* e *Gonzaga ou a Revolução de Minas*). De Bernardo Guimarães foi editado *Cantos da Solidão* e mais um volumoso romance (556 páginas) de Manuel Antonio de Macedo, intitulado *A Baronesa de Amor*, que mereceu interessante artigo de Franklin Távora publicado na *Ilustração Brasileira*.

Foram tantas as novidades literárias, tantas as atenções do público leitor para com as boas obras literárias que o *Jornal do Comércio* aproveitava o momento para divulgar alguns produtos medicinais, vinculando suas qualidades à imaginação dos nossos escritores:

> Escritores: não mediteis tanto, não afeteis tanto o cérebro, esperando ser inspirados com uma linda idéia. Tomai *Hesperidina*, de Bagley e sereis senhores de todos estes dotes[3].

---

2. *Jornal do Comércio*, Rio de Janeiro, 5 de maio de 1876.
3. Edição de 25 de julho de 1876.

No plano da política os liberais e os conservadores procuravam tirar proveito das situações que iam surgindo. Uma delas se referia à viagem do Imperador D. Pedro II para assistir à Exposição Internacional de Filadélfia, na América do Norte. Recomendado a comparecer à exposição pelo gabinete dos conservadores que se achavam no poder, os liberais afirmavam que o momento não era propício para que o Imperador se ausentasse do país. E acrescentavam do parlamento: a lavoura precisa de auxílio; é gravíssima a situação das finanças e a política externa vive momentos de baixa do câmbio e há problemas com a dívida externa. E mais do que nunca as palavras de ordem dos políticos pareciam resumir-se nesse clamor surdo que eles não diziam, mas que sempre refletia as atitudes que assumiam na primeira oportunidade:

– Apeia-te do poder que eu quero subir.

Enquanto isso a Maçonaria, a que Franklin Távora freqüentava com interesse, reorganizava-se diante das grandes questões que enfrentara, notadamente contra a Igreja na propalada Questão Religiosa. No mês de julho os maçons promoveram um extraordinário encontro no salão do Grande Oriente Unido do Brasil, no qual apareceu um orador jovem, bacharel baiano, com apenas 27 anos de idade, chamado Rui Barbosa, que empolgou os presentes pela sua capacidade de persuasão.

Ao mesmo tempo, sem que ninguém desse a mínima importância, começavam a acumular-se nas redações dos jornais telegramas com notícias vindas da Bahia sobre a existência de um indivíduo chamado Antonio Conselheiro, natural da cidade de Quixeramobim, no Ceará, que, andando de cidade em cidade, levava atrás de si uma fiel multidão de gente humilde e crédula formada de todas as origens sociais.

Um dos telegramas, divulgado pelo *Diário do Rio de Janeiro*, laconicamente informava que seguira preso "ontem, no vapor Pernambuco, a fim de ser apresentado ao Sr. Chefe de Polícia do Ceará, o indivíduo de nome Antonio Vicente Mendes Maciel, conhecido por Antonio Conselheiro". Acrescentava, em poucas palavras, que este Conselheiro era um sujeito que aparecera em vários lugarejos, de cabelos longos, andrajoso, falando como um demente[4].

A vida do carioca seguia com muitas novidades em todos os campos das atividades políticas, econômicas, sociais, literárias, artísticas e musicais. Não é fácil resumir o que se passou nesse ano, mas um dos seus mais importantes e atentos observadores, que testemunhava diariamente os principais fatos ocorridos no Rio de Janeiro, sob o pseudônimo de Nec, com

---

4. *Diário do Rio de Janeiro*, 11 de julho de 1876.

um estilo bem próximo ao de Machado de Assis, já no final de dezembro, assim o sintetizou:

O 76 deixou-nos sem deputados... Porém tivemos os gafanhotos. Em seu reinado houve duas Companhias Líricas, sem contar a do Cassino... e duas comissões sanitárias, sem falar na junta de higiene. Apertaram-se as saias das senhoras – mas alargaram-se as calças dos homens. Foram anuladas as eleições primárias – e inaugurou-se a tauromaquia fluminense. Desentupiram o canal do *mangue* e entupiu-se a questão social. Morreu muita gente em baixo dos *bonds* mas escaparam outros tantos por cima das notas falsas[5].

Até aqui tivemos uma rápida retrospectiva do que fora 1876, o ano do aparecimento de *O Cabeleira*. O livro só chegou às livrarias no final do mês de outubro, circunstância que fez com que a repercussão mais imediata passasse ao ano seguinte, como se deu com o romance *O Sertanejo*, de José de Alencar.

No começo do ano Franklin Távora mudara-se do Engenho Novo para a enseada do Botafogo. Agora ele não mais viveria lamentando-se das viagens diárias ao centro do Rio. Botafogo era bem mais próximo.

Essas viagens, via de regra, irritavam-no sempre e, no fim do dia, terminavam afetando o ânimo do romancista, ainda que ele aproveitasse, quando lhe era possível, o tempo para corrigir ou rever textos, a sua ocupação permanente.

A nova casa ficava na enseada do Botafogo, bem mais perto do local de trabalho e também do centro de gravitação de todos os acontecimentos importantes da cidade.

A mudança, sem dúvida, provocara-lhe alguma alegria, porque as primeiras palavras que colocou no prefácio que acompanhou *O Cabeleira* referiam-se exatamente à nova circunstância. Tanto que, ao escrever o prefácio em forma de carta a um amigo que vivia em Genebra, avisava-lhe tomado de júbilo:

Meu amigo:
A casa, onde moro, está situada ao lado de uma rua de bambus, em um dos cantinhos mais amenos da bacia de Botafogo.
Vejo daqui uma grande parte da baía, os morros circunstantes, cravando seus cumes nas nuvens, o céu de opala, o mar de anil.
Infelizmente este belo espetáculo não é imutável[6].

5. *Idem*, 31 de dezembro de 1876.
6. Franklin Távora, *O Cabeleira*, Prefácio do autor, *op. cit.*, p. 21.

E como se desejasse transmitir ao amigo uma grande novidade para quem, vivendo na distante Suíça, desconhecia as bruscas variações do clima austral, particularmente as imprevistas variações do tempo carioca, informava-lhe:

De súbito o céu se torna brusco, e só descubro cabeços fumegantes em torno de mim; ribomba o trovão nos píncaros alcantilados; a chuva fustiga as palmeiras e casuarinas; a ventania brame no bambuzal; a casa estala. Parece que tudo vai derruir-se.
Estas tormentas duram horas, noites, dias inteiros, e reproduzem-se com mais ou menos freqüência.
Quando elas têm passado de todo, o céu mostra-se mais puro e belo, o mar mais azul, as árvores mais verdes; a viração tem mais doçura, as flores mais deliciosos aromas.
Pelas faces das pedreiras correm listões d'água prateada, que refletem a luz do sol, formando brilhantes matizes. Cobertas de frescas louçanias, a natureza sorri com suave gentileza depois de haver esbravejado e chorado como uma criança[7].

As serenas imagens arranjadas por Távora para pintar o novo bairro que o acolhera já indicavam um forte apego amoroso do romancista pela cidade. Nas primeiras palavras de um livro que tratava de uma história onde o cenário era o Recife e os seus arredores num tempo em que o cangaço e o banditismo grassavam e amedrontavam as almas daquelas paragens praieiras do Nordeste do Brasil, a sua pena dedicava as primeiras emoções à deslumbrante enseada do Botafogo, à natureza, que "chorando como uma criança" exibia-se toda, sem disfarces, por inteiro, nua, arrebatadora. Na verdade, isso era apenas o sintoma de que o homem que assim falava já se adaptara.

Os dois primeiros anos de vivência no Rio de Janeiro foram suficientes para que Távora avaliasse bem a extensão de suas possibilidades. E a primeira tentativa fora feita pela imprensa. A vocação para a carreira burocrática, ainda que levando em conta a condição de bacharel em direito, sabia ele, morrera para sempre. A burocracia exercida perante a Secretaria do Império absorvia o seu tempo, mas não poderia abandoná-la, porque falava mais alto a responsabilidade específica de dar condições de sobrevivência à família. Essa sensação de inutilidade e de perda de tempo que lhe causava a burocracia oficial fora algo que chegara a proclamar todos os dias como um rosário de angústias que lhe atormentava a vida. Falava disso aos amigos, pessoalmente ou através de cartas, e também chegou a manifestar de maneira ostensiva no prefácio já mencionado. Quando disse, com claros laivos de modéstia, que escrevera *O Cabeleira* "sem ordem, sem arte, sem

7. Idem.

se atender o ideal...", na verdade, desde logo, acusou o outro lado da moeda que mais lhe molestava: a impossibilidade de usar todo o seu tempo exclusivamente para as letras. E foi por isso que logo acrescentou que escrevera o romance aproveitando os "momentos vagos e incertos de uma pena que pertence ao Estado e à família"[8].

Havia, ainda, em 1876, uma grande tendência de nossos autores imitarem sobretudo as obras francesas. Um gosto ditado mais pela quantidade de livros europeus aqui consumidos talvez impusesse esse hábito do leitor na hora de buscar o livro para ler. O próprio Távora por essa época escrevia a um amigo criticando o que ele chamava de "paladar cortesão que não está acostumado a comidas simples, mas a iguarias, manjares à francesa, com a sua mostarda, o seu sal, o seu vinagre, enfim, certa combinação de ingredientes apurados, apimentados e excitantes".

E, depois de dar a receita do que era usual e corrente, opinou sobre o que gostaria de ver servido na sua mesa de leitor e de autor:

> Eu neste ponto, como em vários outros, sou muito provinciano, gosto do que é simplesmente doce e se parece com o suco da cana chupada na casa do engenho, ou a deliciosa mangaba sorvida ao pé da árvore que a produz, em região agreste e virgem[9].

O romance *O Cabeleira* pretendia ser um grito, um brado, ainda que eivado de muitas matérias estranhas ao aproveitamento literário, privilegiando detalhes colhidos diretamente da tradição popular. Essa maneira de aproveitar o que o povo cantava e tomava como padrões de suas façanhas e admirações, em certa medida aquilo que se poderia chamar de herói popular, vinha, no caso do bandido Cabeleira, desde o século passado, incorporado no inconsciente coletivo como o próprio grito de rebeldia, de valor social firmado, mas assistemático. Faltava à literatura nacional a assimilação temática dessa realidade assombrosa, o banditismo e o cangaceirismo, as aventuras e desventuras dos matutos sem lugar certo e quase sem rosto na identidade nacional. Os dramas desses homens, a vida amorosa e as vicissitudes de seus caracteres, as dimensões éticas e morais passavam no caso de Franklin Távora a constituir a sua matéria-prima. E no trabalho de romancista, por uma concepção que não invalida de todo a urdidura de suas narrativas, lançou mão de muitos ingredientes, inclusive de elevada dose de elementos históricos.

---

8. *Idem*, p. 22.
9. *Idem*, Carta-posfácio in *Um Casamento no Arrabalde*, Rio de Janeiro, H. Garnier, Livreiro-Editor, 1903, p. 95.

A estrutura básica do romance *O Cabeleira*, como quis e pensou o autor, tomou a história como suporte fundamental. Não a história oficial, mas a própria voz do que corria no cancioneiro popular, vulgarizada pelo cordel que, desde o século XVIII, cantava a história do bandido Cabeleira que assustou e agitou a pacata cidade do Recife e seus arredores.

Uma das primeiras manifestações críticas sobre *O Cabeleira* surgiu na revista *Ilustração Brasileira*, de 15 de outubro, assinada por Nemo, um pseudônimo, num tom reconhecidamente favorável:

> Começamos falando de um romance brasileiro e terminaremos este boletim dando notícia do aparecimento de outro. Seu autor é o Sr. Dr. Franklin Távora, um nome ilustre na república das letras, de uma reputação consolidada como crítico de gosto e de erudição.
>
> Estreando no romance, e dando-nos *O Cabeleira*, veio o Sr. Dr. Távora mostrar que tem capacidade para todas as empresas literárias.
>
> O seu romance é o primeiro de uma série, que pretende escrever, estudando os nossos costumes, usos, e sobretudo a nossa natureza.
>
> E é prova que levará por vante tão belo intento, *O Cabeleira*, livro riquíssimo de descrição de nosso interior, e do modo de viver do nosso povo.
>
> A pintura dos tipos, a sustentação dos caracteres, a exposição dos quadros, e a urdidura da ação dramática, tudo é artístico e apurado no romance do Sr. Dr. Franklin Távora, que, além de outras qualidades que possui, é estilista de boa escola e ótimo pintor paisagista quando penetra pelos nossos sertões, e vê as magnificências de nosso solo.
>
> Tão auspiciosa estréia merece ser saudada com calorosas palmas a fim de que não desanime o talentoso escritor, e possa completar a série que promete e que a curiosidade pública fica aguardando com interesse[10].

Havia por parte do crítico absoluto desconhecimento da passada vida literária de Távora no Recife. Ao dar *O Cabeleira* como o seu livro de estréia, deixava de lado, nesse registro, pelo menos, quatro livros de prosa já publicados na Província. Franklin Távora, portanto, não era um estreante, mas já um experimentado romancista. Esse equívoco comprovava cabalmente o desinteresse que revelavam os escritores da Corte pelo que se passava nas províncias. E essa circunstância, com certeza, deve ter irritado mais ainda o temperamento já advertido de Távora contra esse vezo tão arraigado no comportamento de grande parte dos escritores situados no Rio de Janeiro. Exatamente por isso, cinco anos mais tarde, em 1881, quando instigado por um amigo, fez um rápido prefácio para a reedição

---

10. Nemo, *Ilustração Brasileira*, n. 8, Rio de Janeiro, 15 de outubro de 1876, p. 127.

de seu romance *Um Casamento no Arrabalde*, publicado pela primeira vez em 1869, no Recife, desabafara contra a cortina de silêncio que os da metrópole (talvez uns, inconscientes, outros, com medida decisão) costumavam ignorar a literatura brasileira criada nas províncias. Assim ironizou: "...quando ainda residia entre os selvagens e era um deles – província"[11].

Essa defesa que Távora começava a fazer com certa veemência referia-se às idéias que ele já alimentava desde sua formação na Faculdade de Direito do Recife e que as chamava de "literatura do Norte". E no mesmo prefácio acrescentava que não agia levado por sentimento de retaliação contra os escritores da Corte, mas por atender à verdade cronológica.

Segundo observou Clóvis Beviláqua a crítica fluminense a respeito desse livro de Távora foi divergente, escrevendo José Feliciano de Castilho no *Jornal do Comércio* com aplausos, enquanto outros, preferindo recordar o rigorismo do crítico de Alencar, davam-se por frustrados, porque esperavam uma obra que se impusesse ou pela concepção grandiosa ou pelo deslumbramento da forma.

Singela narração – continuou o jurista e escritor – sem empolgantes lances dramáticos e sem aprimorados requintes de estilo, embora de linguagem fluente e pura, estava *O Cabeleira* bem longe de corresponder a essa expectativa antes hostil que benévola[12].

Em seguida, na mesma *Ilustração Brasileira*, de 1º de novembro de 1876, aparecia uma longa crítica ao romance *O Cabeleira* assinada por F. D'Aguiar. Em forma de carta dirigida a Franklin Távora, sob o título geral de "A Propósito do *Cabeleira*", na primeira das cinco partes do trabalho começava o crítico tecendo um seguro comentário sobre as variedades do cenário do Norte, que ele, como filho de Pernambuco, conhecia tão bem e por isso o exaltava com ufanismo de bairrista. Numa clara referência às idéias nortistas de Távora, apoiava as peculiaridades da "literatura do Norte", mas sem a intenção de manifestar qualquer ofensa "aos filhos do Sul. Notar diferenças, insistia o Sr. Aguiar, não é estabelecer preeminências, nem proclamar... ia dizendo, preferências..."[13]

---

11. Franklin Távora, *Um Casamento no Arrabalde*, 3. ed., Rio de Janeiro, H. Garnier, Livreiro-Editor, 1903, p. VII.
12. Clóvis Beviláqua, "Franklin Távora", *Revista da Academia Cearense de Letras*, Fortaleza, Ceará, n. IX, 1904, p. 24.
13. F. Aguiar, "A Propósito do *Cabeleira*", *Ilustração Brasileira*, n. 9, Rio de Janeiro, 1º de novembro de 1876, p. 135.

As palavras do Sr. Aguiar, na verdade, não se limitaram ao longo do artigo crítico apenas a exaltar ou elogiar as qualidades literárias do romance de Távora. Na última parte, com procedentes observações, pediu licença para apontar dois reparos:

Não vás, entretanto, pensar que estou dominado pelo entusiasmo ao ponto de não ver uma mancha no sol, uma nuvem escura no céu azul[14].

E após algumas curiosas observações sobre os sentimentos nobres da personagem Luizinha, afirmou que ela não poderia, de plano, de imediato, no primeiro golpe de vista, ter apaixonado-se perdidamente pelo homem que matara brutal e violentamente a sua mãe. E aconselhava a Távora:

[...] peço-te que, se houveres de dar outra edição a *O Cabeleira*, prolongues a sua repugnância pelo assassino de sua mãe, e a luta para chegar a amá-lo outra vez[15].

O segundo reparo dizia respeito à psicologia do matuto. Com o intuito de enaltecer a figura do homem do Norte, o crítico afirmava que o matuto, via de regra, não matava para roubar e que, por essa razão, o tipo pintado por Távora como assassino frio e desalmado, capaz de matar por qualquer razão, inclusive para roubar, não constituía a generalidade do caráter do matuto, mas a exceção. E arrematava:

O matuto do Norte, porém, em geral, não mata para roubar. Princípios de honra exagerados, brios às vezes mal entendidos, bazófias de valentia, maior confiança na vindita privada do que na ação da lei, e, principalmente, a defesa da reputação e da honra da família, são os móveis que levam os matutos à perpetração de grandes crimes[16].

Assinado por Maciel Pinheiro, que então vivia no Rio de Janeiro, surgiu no Recife, no *Diário de Pernambuco*, um estudo sobre o romance de Franklin Távora. Ainda que a análise do articulista voltasse mais para o aspecto da "literatura do Norte", tema realmente abordado com certa insistência no prefácio do autor do romance, reivindicava para Pernambuco a própria primazia daquela história que privilegiava a cor local da sociedade em cujo meio ocorrera. Defendia a tese de que servia, ainda, o livro para revelar, de maneira incisiva, os traços mais expressivos que tornavam essa parte do Brasil uma região única e especialíssima. Continuava Maciel Pinheiro:

14. *Idem*, p. 138.
15. *Idem*.
16. *Idem*.

A vida no Norte do Brasil tem cunho diverso da do Sul. Tradições, hábitos, índole, meios de subsistência constituíram uma sociedade com feições diferentes. E o autor de *O Cabeleira* identificou-se com o viver e com as tradições dessa sociedade e dessa natureza também particular. Nos seus trabalhos reflete-se essa vida e essa natureza. [...] *O Cabeleira*, além de romance rigorosamente histórico, traz a cor local da vida agreste dessa parte do Império, onde se deram os acontecimentos memorados pela crônica ali[17].

Ainda no Recife surgiriam vários registros e manifestações favoráveis ao romance de Távora, merecendo destaque um longo e entusiástico poema com o título *A Franklin Távora*, assinado por Pellico Guedes. Esses versos, carregados de forma nítida romântica, continham uma atmosfera de sentida admiração pelo autor de *O Cabeleira*, além de apelar para o mundo do sertão, quase como se fora uma pátria já perdida ou esquecida. A última estrofe dizia assim:

Ah, meu Deus, fazei que eu goze
Inda o momento dos sonhos
Celestes, meigos, risonhos
Da minha quadra infantil!
Eu quero morrer cantando
O berço dos meus amores,
Oh céu, oh campos, oh flores
Do sertão do meu Brasil![18]

O romance de Franklin Távora inspirara, ainda, o poeta Ângelo S. Paio a escrever o *Canto do Cabeleira*. O poema, constando de 130 versos, dividido em quatorze estrofes, com vários metros, pretendia recontar as peripécias do bandido famoso, sem, contudo, livrar-se da influência episódica alcançada pela narrativa de Távora. Eis o começo:

Bem no seio da mata, amenizada
Pelo Jaboatão sereno e límpido,
Em troncos ou na relva reclinados,
Grupos de homens havia, armados todos,
Todos de olhar sinistro, traje inculto.
Acercavam-se ativos dizimando
Restos de caititu, assado há pouco,

17. L. F. Maciel Pinheiro, "Literatura", *Diário de Pernambuco*, Recife, 11 de outubro de 1876.
18. Pellico Guedes, "A Franklin Távora", *Ilustração Brasileira*, Rio de Janeiro, n. 37, 1º de janeiro de 1878, pp. 216-217.

Em fogueira que ao lado crepitava,
E pousada em folhas de taioba,
Entre cheios coités com cor de alva
Recendente de aroma inebriante[19].

Muitas outras críticas ou referências ao romance *O Cabeleira* vieram depois. Entre muitos podem ser destacados os nomes de Sílvio Romero, José Veríssimo, Tobias Barreto, Araripe Júnior etc. Machado de Assis, que sempre parco e comedido na afirmação de prognósticos globalizantes dos nomes e das obras daqueles que poderiam simbolizar a existência da literatura brasileira, escreveria no ensaio intitulado *Notícia da Atual Literatura Brasileira – Instinto de Nacionalidade*, publicado no jornal *O Novo Mundo*:

O romance, sobretudo, apoderou-se de todos esses elementos de invenção, a que devemos, entre outros, os livros dos Srs. Bernardo Guimarães, que brilhante e ingenuamente nos pinta os costumes da região em que nasceu, J. de Alencar, Macedo, Sílvio Dinarte (Escragnolle Taunay), Franklin Távora e alguns mais.

José Veríssimo, um dos grandes amigos de Távora, quando ainda vivia no Pará e apenas se correspondiam, não se conhecendo pessoalmente, portanto, "sequer de retrato", como lamentou o crítico paraense, soube compreender, valorizar e rejeitar o que havia de exagero na obra de Távora. Ao tomar conhecimento da publicação de *O Cabeleira*, mostrou-se bastante interessado, não apenas pela história em si, mas pelo conteúdo da questão que aquela literatura suscitava e provocava nos seus leitores: a "literatura do Norte". Talvez estejam nas observações críticas de Veríssimo as páginas mais sinceras e capazes de interpretar com fidelidade o pensamento de Franklin Távora. Viu nas cartas de Távora, publicadas nos começos e finais de seus romances,

documentos interessantes para a vida literária da época, aqui do Rio de Janeiro, contra o qual Franklin Távora parece ter conservado sempre os seus preconceitos provincianos, nos quais de regra se misturam, procurando aliás esconder-se, uma admiração ou gosto exagerado da nossa Capital e a desconfiança do matuto[20].

Exatamente por isso a crítica de Veríssimo, sempre rigorosa e responsável, terminou colocando Távora, sobretudo a partir do momento em que ele despontava com *O Cabeleira* e afirmava literariamente o que prometera no prefácio

---

19. Ângelo S. Paio, "Canto do Cabeleira", *Ilustração Brasileira*, Rio de Janeiro, n. 40, 15 de abril de 1878, p. 276.
20. José Veríssimo, *Estudos de Literatura Brasileira*, 5ª série, Belo Horizonte/São Paulo, Editora Itatiaia/Edusp, 1977, p. 74.

a este livro, numa dimensão semelhante àquela que intuiu Machado de Assis. Essa visão crítica de José Veríssimo apareceu no capítulo "O Modernismo", de sua *História da Literatura Brasileira*, quando afirmava que:

> O romance romanesco e nimiamente sentimental de Alencar, Macedo ou Bernardo Guimarães, quando já o naturalismo francês não era uma novidade, acabara por, ainda em antes deste movimento, ceder o passo ao de Taunay, Machado de Assis e Franklin Távora, únicos dos romancistas sucessores daqueles que fizeram uma obra equivalente à sua. Esta, porém, salvo no segundo, era ainda, como a dos românticos, intencionalmente nacionalista, e em Franklin Távora até propositadamente regionalista[21].

Já Sílvio Romero, que diria mais tarde que a obra-prima de Franklin Távora era o romance *Lourenço* (que só apareceria em 1881), saudou *O Cabeleira* com estas palavras:

> O estilo torna-se apurado e mais firme; a figura do protagonista, o célebre Cabeleira, bandido, como muitos outros que têm infestado várias regiões centrais do Brasil, se destaca com nitidez.
> As cenas de costumes, tomadas ao vivo, multiplicam-se.
> É um belo livro sem sombra de dúvida[22].

Acrescentando, ao final, a carta-posfácio dirigida ao mesmo amigo que vivia em Genebra, Távora afirmou que havia, ainda, uma série de trovas matutas e sertanejas, episódios dramáticos e anedotas em torno da vida do Cabeleira. E prometia solenemente:

> Esta parte, por assim dizermos, cômica da vida do notabilíssimo bandido, será assunto de outro livro[23].

Esse livro nunca foi escrito.

Também a profecia que Távora fez, na mesma carta, no sentido de que entre a posteridade e ele se interporia o "esquecimento, prêmio natural das produções mínimas"[24], não aconteceu justamente em virtude da perenidade que alcançou na literatura brasileira o romance *O Cabeleira*.

---

21. Idem, *História da Literatura Brasileira de Bento Teixeira (1601) a Machado de Assis (1908)*, Brasília, Editora Universidade de Brasília, 1963, p. 257.
22. Sílvio Romero, *História da Literatura Brasileira*, Rio de Janeiro, Livraria José Olympio Editora/INL-MEC, 1980, vol. V, p. 1487.
23. Franklin Távora, *O Cabeleira*, op. cit., p. 195.
24. *Idem*.

24. A Literatura do Norte

> *Convém notar, que por esta palavra (literatura do Norte) quero significar, não que exista uma literatura nortista formada, próspera, florescente; isto seria paradoxal; mas que existe uma tendência, uma feição vasta, que não é o simples matiz provinciano...*
>
> Carta de Franklin Távora a José Veríssimo, em 1.11.1881.

Durante a década de 1870 era possível identificar em grande parte da sociedade brasileira uma inquietação pela adoção de novos padrões artísticos e literários vigentes na Europa, os quais já haviam influenciado boa parte dos escritores de Portugal, provocando as querelas literárias que ficaram conhecidas na história literária portuguesa como a *questão coimbrã*, liderada por Antero de Quental.

Aqui no Brasil a inserção desses novos elementos veio no bojo de uma crise bem mais ampla. Em todos os sentidos da vida social as vozes reclamavam por reforma e mudança. A passagem operou-se lentamente, alongando-se por vários anos, como foi o caso da política, em que os republicanos tiveram de esperar por mais de duas décadas para verem assentadas, na prática, as regras institucionais do novo jogo político.

No plano das idéias, os escritores e intelectuais mais atuantes e responsáveis pela produção de obras literárias, ou de fixação de padrões europeus em que preponderavam novas visões filosóficas e estéticas, realizaram-nas num tempo bem menor.

Bastaria verificar que, nas oscilações da política brasileira, algumas insatisfações pessoais deixavam de ser atitudes isoladas e, somadas a tantas outras, assumiam um caráter de organização partidária, funcionando como as primeiras sementes da campanha republicana. E, com efeito, esses frutos derivariam e fortaleceriam de maneira vertiginosa as bases do *Manifesto*

Republicano, lançadas em dezembro de 1870. Após esse acontecimento, pouco a pouco, as novas idéias invadiriam quase todas as capitais das províncias, arregimentando adeptos e fomentando, sobretudo na imprensa, a ampliação da luta.

Ao mesmo tempo, várias idéias paralelas – abolicionismo, separação da Igreja do Estado, a liberdade de ensino etc. – seriam posturas políticas encaminhadas pelos republicanos como forças adicionais de sua campanha, aparentemente dissociadas, mas que, no final das contas, concorriam de maneira decisiva para enfraquecer a resistência dos defensores da situação e do imobilismo institucional.

Já nos embates ideológicos, identificáveis nas produções literárias, nessa mesma época, a nova geração de escritores pensava e agia movida pelas idéias que chegavam dos centros mais adiantados da Europa.

O velho mecanismo que fizera com que o ideal romântico embriagasse as gerações anteriores, no decorrer da década de setenta, era acionado para mudar apenas o resultado final das relações: a morte do velho para a chegada do novo.

O novo, como têm repetido os nossos historiados pela voz de Afrânio Coutinho, era

o predomínio das idéias de materialismo, cientificismo, laicização, anticlericalismo, procedendo-se a uma vasta revisão de valores e postulados, que colocou em primeiro plano o pensamento "moderno": as doutrinas positivistas, de Comte e Littré, o biologismo de Darwin, o evolucionismo de Spencer, o determinismo de Taine, a concepção historiográfica de Buckle, o monismo de Kant, Schopenhauer, Haeckel[1].

Essas reações seriam notadas, principalmente, no seio da geração que atuava na Faculdade de Direito do Recife, originando o conjunto de obras e atitudes intelectuais que se convencionou chamar de Escola do Recife. E dela participaram desde os primeiros momentos os colegas de geração de Franklin Távora, tais como Tobias Barreto, Sílvio Romero, Castro Alves, Fagundes Varella, Aprígio Guimarães, Martins Júnior, Maciel Pinheiro etc. Claro que Távora não atuaria no ensaísmo de cátedra, mas através de sua prosa, nunca deixando de recorrer às idéias básicas que animavam os companheiros de geração.

Vale lembrar aqui o trecho de uma carta de Franklin Távora enviada ao seu amigo, o crítico José Veríssimo, no qual constavam impressões de

---

1. Afrânio Coutinho, *A Literatura no Brasil*, Rio de Janeiro, Sul-Americana, 1968-1971, 3º vol., pp. 19 e ss.

leituras e os conseqüentes laivos de admiração por escritores e filósofos franceses que corroboravam tais preocupações:

> As minhas idéias sobre o romance atual resumem-se em pouco: banimento da retórica, descrições naturais; princípios de utilidade prática e social.
> Não tenho grandes leituras de Balzac ou de Zola; mas sinto que estes dois analistas do coração e da vida humana são os que me devem servir de guias, feitas as restrições que o meu ideal artístico exige. Por isso, agradeço ao colega, como já agradeci ao Rangel de S. Paio o ter-me aconselhado o estudo deles.
> Com a sua carta posterior àquela, recebi o folheto que dedicou ao estudo de E. Littré.
> Muito me agradou a leitura deste folheto pelo estilo em que está escrito, pelas suas reflexões e pelas notícias sobre o biografado.
> A ser-se positivista, deve-se pertencer ao grupo Littrerista, cuja filosofia é natural e congruente.
> Apreciei também muito o ensino que deu à *Boa Nova*, que, conquanto se diga *nova,* não passa de muito *velha.*
> Eu não sou verdadeiramente um positivista; mas tudo me diz que para lá me encaminho e folgo de ver que o colega é o primeiro aí a promover o desenvolvimento da filosofia positivista de Littré[2].

Até no Ceará, os integrantes da "Academia Francesa", fundada em 1872, composta na maior parte por jovens que haviam passado pela Faculdade de Direito do Recife ou a ela viriam ainda ou dela recebiam influências, também não ficariam imunes a essa nova tendência.

No campo específico da prosa, como notou o ensaísta José Maurício Gomes de Almeida,

> na geração que inicia sua produção novelística por volta de 1870 – Franklin Távora, Taunay e Machado de Assis – a assimilação de novas tendências é mais perceptível, embora ainda se realize de forma incompleta, conflitiva. A visão do mundo subjacente à obra dos três escritores permanece nesta fase, em sua essência, romântica. O traço inovador será, como verificaremos na análise das idéias de Franklin Távora, a ênfase crescente na *observação* da realidade como fator primacial da criação romanesca, corrigindo a hipertrofia que o conceito de *imaginação* sofrera na estética romântica[3].

Como já se tem assinalado, essas novidades estéticas não afetariam a trajetória romanesca de José de Alencar ou de Bernardo Guimarães, por

---

2. Carta de Franklin Távora a José Veríssimo, de 8 de janeiro de 1882. Cf. Coleção do Arquivo da Academia Brasileira de Letras.
3. José Maurício Gomes de Almeida, *A Tradição Regionalista no Romance Brasileiro (1857-1945),* Rio de Janeiro, Achiamé, 1981, pp. 70-71.

exemplo. Mas calavam fundo nas reflexões estéticas de Franklin Távora que, abandonando os primeiros devaneios românticos, vivenciados ainda na fase recifense, a partir de 1871, resolveu disparar contra *O Gaúcho* e *Iracema* uma severa e exaustiva crítica, à qual já nos referimos em capítulo anterior. Era o prévio sinal de que ele assimilara novas concepções que iriam cristalizar a sua estética literária.

Franklin Távora, porém, não ficou apenas limitado à aceitação das novas idéias. Estava convencido de que havia um conjunto de fatores sociológicos, políticos, geo-econômicos, religiosos etc., que interferia mais além das obras literárias. Não só das suas, insistia ele, mas da própria literatura brasileira.

Quando ele decidiu incluir o prefácio e o posfácio no texto do seu romance *O Cabeleira*, ambos em forma de cartas remetidas a um amigo recifense que, então, vivia em Genebra (Suíça), além de uma copiosa lista explicativa de termos ou expressões no final do livro, na verdade, abria, de maneira um tanto abstrusa e fora do lugar próprio, uma trincheira para discutir questões não só de estética literária, mas até de história e de economia política.

A qualquer observador seria fácil notar que esses temas poderiam dizer respeito, direta ou indiretamente, ao romance, mas o objetivo primordial que motivava o leitor a ter nas mãos aquele livro era, antes de mais nada, viver ou reviver a história do bandido Cabeleira. O livro poderia prescindir daquelas explicações.

No entanto, não se pode ignorar que aos escritores, romancistas ou não, sempre se lhes agradou dar opiniões, juízos ou explicações sobre o alcance de suas obras. E quando elas não aparecem explicitamente, surgem dentro do próprio corpo do texto, às vezes ostensivas, quebrando o ritmo da narrativa. Esse procedimento, porém, não deve ser tomado como um dos maiores defeitos de um romance.

As idéias sobre literatura brasileira defendidas por Franklin Távora, vistas isoladamente e na frieza da distância histórica, poderiam provocar, como de fato têm provocado, alguns equívocos. No entanto, análises acuradas e apoiadas numa visão mais ampla das inquietações políticas, sociais, econômicas, religiosas, morais etc. da época, como, por exemplo, as feitas por José Veríssimo que com ele trocou idéias sobre o assunto, ofereceram, sem dúvida, a possibilidade de visualizar um quadro de contingências que concorreram de forma articulada na composição da realidade da sociedade em que viveu Franklin Távora (que foi quase a mesma do crítico paraense).

Isso tudo, somado ao temperamento e à sensibilidade de um escritor como Távora, terminaria levando-o a não perder qualquer oportunidade de difundir as suas idéias sobre a estética literária vigente. Por isso que ele, a partir daquele romance, nunca mais deixaria de pôr notas, cartas, prefácios ou posfácios nos sucessivos livros que publicaria, sempre insistindo na validade e importância das idéias básicas sobre a "literatura do Norte".

As opiniões e as convicções do autor de *O Cabeleira*, no entanto, não nasceram exclusivamente da teimosia ou de capricho pessoal, como alguns críticos insistiram em repetir. Suas intuições, na maioria dos casos, foram confirmadas pela história da literatura. A principal delas – predominância do regionalismo na prosa brasileira – realizou-se até com certa rapidez em relação às principais obras das gerações de romancistas que vieram depois. Essa constatação reservou-lhe o lugar de precursor ou algo antecipador, profético, que bem poderia ser compartilhado com José Veríssimo, por sua agudeza de crítico e de ensaísta.

Além do mais, não é de desprezar a circunstância de que havia, embutida nas suas afirmações, principalmente naquelas que enfeixavam os pontos básicos do que ele chamou de "literatura do Norte", uma espécie de ideário não manifesto, mas que, do fundo mais recôndito de sua própria obra, aflorou, antecipando algumas questões ou problemas que se constituíam em tabus, proibições, atitudes subversivas. Ou, numa palavra, em manifestações *progressistas* que funcionavam como sinônimo de rebeldia, motivadas pela própria efervescência intelectual da década. Algumas delas poderiam ainda ser rotuladas de questão social, reforma da educação ou liberdade do ensino, luta contra a escravidão, idéias republicanas etc.

É preciso também não perder de vista a amplitude dessas inquietações políticas, sociais, econômicas, religiosas etc., que incidiam ou eram refletidas diretamente no enfoque fundamental de seu mais novo romance. Ainda que elas não surgissem apenas como decorrência do plano da obra literária de Távora, isto é, como algo que se gerasse em sua índole de escritor, a força da carga histórica do próprio Nordeste ou Norte, como ele classificava, seria suficiente para chamá-lo a um maior protagonismo. É bom lembrar que no Nordeste e, de forma particular, em Pernambuco, berço de sua formação e de suas vivências nunca olvidadas, desde o século anterior falavam alto os sentimentos nativistas de movimentos sociais como a Revolução dos Mascates (1710) e as três explosões do século XIX – as Revoluções de 1817, 24 e 48. E não só em relação a ele, mas a todos quantos meditassem no alcance desse amplo painel da problemática história brasileira.

Seria ilustrativo tocarmos, aqui, ainda que brevemente, em dois pontos curiosos de situações que se convergiam para a temática esboçada nas cartas, quase manifestos, escritas e inseridas por Távora em seu romance *O Cabeleira*.

Eis o primeiro. Publicou o *Diário de Pernambuco*, na mesma época em que Távora insistia na defesa de suas idéias sobre as diferenças entre o

Norte e o Sul do Brasil, um artigo de Maciel Pinheiro sobre *O Cabeleira*, no qual se lia o seguinte:

> Influências de ordem política têm concorrido para que mais se caracterize e acentue a diferença entre o Norte e o Sul do Brasil. No Sul está o governo, a cujo influxo imediato tudo se anima e desenvolve, a cujo contato vivificam-se as indústrias, com cujo fomento as forças naturais fazem a riqueza do país. Como quem está mais perto do fogo melhor se aquece, tem o favor do governo levantado no Sul empresas de melhoramento que desenvolvem a iniciativa e a fortuna[4].

E o articulista, conhecedor profundo de nossa realidade e também pertencente à mesma geração que com Távora passara pela Faculdade de Direito do Recife, seguia, quase que passo a passo, as ponderações feitas na carta-prefácio de *O Cabeleira*, em alguns pontos, porém, tornando-as mais claras e abrangentes por levá-las a campos que só de longe Távora sugerira:

> No Norte o sol é o grande agente da felicidade dos povos. Vive-se a vida tradicional e rotineira, e faz-se a cultura do solo como ela era feita antes de todo o progresso que a indústria tem feito nos outros países com o auxílio dos novos processos, de aparelhos e máquinas, que aumentam a produção e a tornam melhor e mais barata. Não podendo competir com os produtores dos outros países, que cultivam a mesma espécie, os poucos capitais ficam inativos. E todavia as leis do imposto são gerais; tanto paga ao fisco o capital improdutivo e morto do Norte do Império, como o do Sul, que se reproduz com rapidez pela assistência do governo[5].

As comparações e ilações de índole econômica, severas, desproporcionais, prosseguiam pela pena de Maciel Pinheiro, sempre tomando como paradigma as diferenças. Até no campo das vantagens do processo escravista, enquanto lucro e dividendos para quem da massa de homens oprimidos auferia, o resultado era prejudicial para os que aqui laboravam:

> E o fato é que o Norte morre enquanto o Sul prospera. O levantamento dos quebra-quilos é o brado de uma população faminta e miserável, que há de ainda fazer-se ouvir mais fortemente.
> O Norte vende a escravatura, o instrumento inútil do trabalho, e o Sul, que lha compra, multiplica a sua riqueza[6].

---

4. L. F. Maciel Pinheiro, "Literatura", *Diário de Pernambuco*, Recife, 11 de outubro de 1876.
5. *Idem*.
6. *Idem*.

A perspectiva econômica dessa pretendida questão do Norte, requerida para a república das letras, como fez Franklin Távora, não era, portanto, uma problemática sua, exclusiva, pessoal. Quase todos os analistas a notavam e os mais corajosos e exaltados vinham a público proclamá-la.

Foi o que fez, por exemplo, no mesmo jornal, poucos meses depois, nas *Publicações a pedido*, o Sr. Herculano Cavalcanti de Sá e Albuquerque, proprietário de terras na comarca dos Palmares, quando remeteu inúmeros artigos tratando da disparidade entre o Sul e o Norte do Império. E, em suas palavras que deviam refletir o sentimento de uma grande parcela dos homens de sua condição, havia sinceridade, mas, sobretudo, indignação:

> Magoado e insultado no meu mais nobre orgulho de agricultor e nortista, não posso concentrar em mim o dissabor que causou o ato do governo geral, ou por outra do governo pessoal, convocando um congresso dos agricultores do Sul do Império, para tratarem de indagar os meios de ainda mais fazer realçar a próspera e grande lavoura daquele lado; por isso venho à imprensa patentear as minhas idéias a respeito, e soltar desde logo um brado de indignação contra a afronta ou bofetada, que nos imprimiu o chefe da nação, por intermédio de seus ministros, mesmo de um ministro nortista, que menosprezando o insulto recebido, sancionou aquela acintosa liberação, que só exprime o escárnio ou a má vontade, que o Sul vota ao Norte do Império[7].

Essa insatisfação de natureza política que corria pelas várias províncias do Nordeste, num certo sentido, alcançava também as preocupações de ordem estética. Possivelmente Franklin Távora tenha sido o escritor que mais assimilou e levou às últimas conseqüências a fixação de alguns princípios estéticos que, de fato, já não se conformavam com a base romântica estabelecida.

Daí que na carta-prefácio de *O Cabeleira*, após dizer ao amigo que escrevera o romance mais por causa de uma imposição dele do que mesmo por vontade própria, vez que suas forças já se apresentavam diminuídas, afirmou, ainda, o seu "afastamento das coisas literárias de nossa terra".

Esse recurso de proclamar a debilidade e o isolamento foi, porém, quebrado, quando, entrando no que interessava, disse que o livro pertencia "a Pernambuco, objeto de legítimo orgulho para ti, e de profunda admiração para todos os que têm a fortuna de conhecer essa refulgente estrela da constelação brasileira". E a exaltação à província, traduzida no livro, mais do que simples histórias, continha estudos, os quais "não se limitarão somente aos tipos notáveis e aos costumes da grande e gloriosa província, onde tiveste o berço".

---

7. Herculano Cavalcanti de Sá e Albuquerque, "O Sul e o Norte do Império", *Diário de Pernambuco*, 10 de julho de 1878.

Essa afirmação, de fato, coincidia com as suas preocupações de autêntico observador do entorno social. Contava uma história, mas dela também se poderiam entrever muitos estudos. Tanto que, a seguir, adentrando-se num inesperado discurso que, em tudo, parecia ser a introdução de um interminável ensaio, divagava por regiões grandiosas, das quais só podem ser bons exemplos as próprias imensidades do Pará e do Amazonas.

Os avanços e recuos entre o Recife, o gigantesco Norte brasileiro e a distante Suíça, mais do que uma preocupação com as situações episódicas vividas pelo autor – a sua vida recifense, a ausência do amigo e, por fim, a sua ida a Belém – parecem significar o estabelecimento de um paralelismo, de objetivos quase ocultos ou não revelados, entre as potencialidades daquela região nortista e o progresso que já vivia o Sul do Império.

Havia nesse manifesto de Távora afirmações que se perdiam ou se diluíam nas vibrações de um certo ofuscamento, quando, sem dúvida, o que lhe movia era levar o leitor a compreender tão interessante conflito entre o Norte e o Sul. Disse ele a certa altura:

Vi o Pará, e adivinhei-lhe as incalculáveis riquezas ora ocultas no regaço de um futuro que, se não anunciou ainda a época precisa de sua realização, não se demorará muito, segundo se infere do que apresenta, em traduzir-se na mais brilhante realidade.

E que direi do Amazonas, incompreensível grandeza, que tem a índole da imensidade e a feição do escândalo?

Qual era o escândalo? Seria, aos olhos do romancista, ter o Brasil no Norte uma região tão exuberante e inexplorada e em contraste o Sul que progredia? Ou seria um dia ver aquele outro mundo brasileiro com indústrias, comércio, cidades, atingindo ou superando os níveis de progresso das grandes metrópoles, chamando a atenção de todos para suas potencialidades?

E durante longos parágrafos ele refazia um passeio que levara a cabo pela região amazônica, para, em seguida, quase despertando de um sonho panteísta, voltar à plena luz do dia, abrir os olhos e exclamar:

Mas por onde ando eu, meu amigo, em que alturas vou divagando nas asas da fantasia? Venhamos ao assunto desta carta.

E neste ponto, efetivamente, enumerou os fundamentos que, segundo suas concepções, em síntese, justificariam a existência da "literatura do Norte": um certo caráter geográfico para as letras; feição primitiva, pureza e genuína expressão do Norte ainda não afetadas pela invasão dos imigrantes estrangeiros como se dava no Sul; e, por fim, falta de construção de um edifício literário ou de uma biblioteca especial do Norte voltada para o romance[8].

Esse programa, timidamente esboçado, talvez pela oportunidade que dava a crítica de ver numa passagem a pugna pela divisão do Brasil em dois – o do Norte e o do Sul – impressionou tanto que alguns viram nele um perigo separatista, um ditame literário que seria capaz de dividir as raízes da literatura brasileira. Ei-las:

> As letras têm, como a política, um certo caráter geográfico; mais no Norte, do que no Sul abundam os elementos para a formação de uma literatura propriamente brasileira, filha da terra[9].

Ora, isso, na verdade, era apenas uma opinião. Opinião que aparecera com a mesma conotação, sem a insistente referência às diferenças Norte/Sul, no pensamento e na obra de José de Alencar, principalmente em *Sonhos d'Ouro* e *O Sertanejo*. Sobretudo neste, logo na primeira página, após exaltar a terra do Ceará, Alencar reclamava:

> Esta imensa campina, que se dilata por horizontes infindos, é o sertão de minha terra natal. [...]
> De dia em dia aquelas remotas regiões vão perdendo a primitiva rudeza, que tamanho encanto lhes infundia[10].

A ênfase de Távora, como provou a evolução da história da literatura brasileira, salientava uma tendência arrimada na própria evolução dos feitos sociológicos e econômicos afirmados nas decisões ou indecisões dos políticos governantes. Tanto que as suas próprias palavras – *em que alturas vou divagando nas asas da fantasia?* – retiravam o caráter programático e caíam no mero comentário.

Uma das mais lúcidas interferências críticas, a modo de reparo sincero e sem a manifesta vontade de golpear e demolir as intenções de Távora, surgira nas importantes cartas que José Veríssimo, então residindo em Belém do Pará, a partir do aparecimento de *O Cabeleira*, passou a trocar com Franklin Távora, já radicado no Rio de Janeiro.

---

8. Franklin Távora, "Carta-prefácio", *O Cabeleira*, Rio de Janeiro, Editora Três, 1973, pp. 27 e ss.
9. *Idem*, p. 27.
10. José de Alencar, *O Sertanejo*, Rio de Janeiro, Livraria José Olympio Editora/MEC, 1977, vol. 5, p. 161.

Esse assunto, em grande parte, já constituía interesse do crítico paraense. A prova disso estava numa conferência que ele proferira no Congresso de Literatura, realizado em Lisboa, no dia 24 de setembro de 1880. Nesta oportunidade fez referência ao romance de Távora, alegando que a literatura brasileira começava a abandonar o caminho do idealismo romântico, inspirado na temática do indianismo, e passava a caminhar em direção a novas idéias. E citou, como um dos exemplos, *O Cabeleira*.

Franklin Távora, tomado de satisfação, escreveu para o crítico paraense nestes termos:

Tive a satisfação de ler no *Jornal do Comércio* (desta Corte), de 9 do mês corrente, o discurso que V. Sia. proferiu a 24 de setembro último no Congresso Literário de Lisboa por ocasião de se tratar da propriedade literária.

Foi V. Sia. tão justo e tão verdadeiro nas idéias que expendeu sobre as coisas literárias do Brasil, que tenho por homenagem devida dos merecimentos no patriotismo em dar-lhe os parabéns e valendo-me da ocasião agradecer-lhe ter-se lembrado do meu nome para dar testemunho da existência de uma literatura brasileira desprendida do *indianismo*, filha legítima dos sentimentos e costumes reinantes no Brasil depois de realizado o cruzamento das três raças concorrentes na formação do brasileiro atual.

V. Sia. deve folgar de ter ocasião de defender tão conscientemente, com simplicidade e não sem elegância, os literatos seus compatriotas da imputação de concorrência para a contrafação das obras portuguesas.

O que disse sobre os vilões é exatíssimo.

O Garnier, a quem se há feito tanto gabo, não edita obra recentíssima de autor brasileiro. Vemos aqui publicar traduções de Julio Verne que aí são oferecidas por moços pobres *a quem ele paga pela hora da morte*[11].

Durante vários anos Franklin Távora manteve José Veríssimo informado de suas pretensões literárias, projetos, vitórias e fracassos editoriais e até dos azares ou naturais problemas da vida familiar. Além disso, quase sempre, levava ao conhecimento do amigo o projeto de publicação do seu livro intitulado *O Norte*, que nunca realizou na totalidade. Era uma espécie de ilustração que ele considerava indispensável à compreensão da "literatura do Norte". Ainda em 1881, escrevia, em resposta ao amigo paraense, com muito otimismo:

[...] prometo para breve a publicação do primeiro tomo de uma obra intitulada – *O Norte* – no qual examinarei especialmente a *tendência* (grifo nosso) literária, dife-

---

11. Carta de Franklin Távora a José Veríssimo, de 11 de novembro de 1880. Coleção do Arquivo da Academia Brasileira de Letras.

rente da do Sul, que apresentam várias produções nortistas inspiradas nos costumes, paixões, natureza física etc. de várias províncias do Norte.

Esta divisão, que não é filha do meu arbítrio ou de vaidade, mas de observação e exame que se me afiguram verdadeiros, não agrada, por motivos que são óbvios, aos escritores do Sul, em geral imitadores de literaturas estrangeiras, e por isso mesmo fracos desde que se trata de apurar as contribuições que mais fielmente representam o meio nacional[12].

Esse fundado temor de Távora referia-se às observações que lhe fizera Veríssimo diante da publicação de *Lourenço*, o novo romance que integrava o ciclo da "literatura do Norte", embora a questão de fundo fosse a mesma inicialmente dada a conhecer nas cartas publicadas em *O Cabeleira*. E continuou:

> Conjeturo, por isso, que o meu livro (*Lourenço*) suscitará aqui a grande polêmica e que sobre mim especialmente cairão os maiores golpes.
> Plenamente convencido dessa divisão natural, e tendo por mim a ciência moderna que assinala um papel importante ao meio físico, às origens históricas e a outros grandes fatores, sustentarei com a energia de que sou capaz a *literatura do Norte*[13].

Até aqui, podem ser notadas a pertinácia e a convicção crítica do devenir histórico, mas nunca as ilações que muitos estabeleceram e assacaram-lhe como pecado imperdoável: a divisão sistemática do Brasil ou quase um grito de separatismo.

E as palavras que ele, a seguir, na mesma carta, endereçou a José Veríssimo, salvo melhor juízo, são claríssimas:

> Convém notar, que por essa palavra (*Norte*) quero significar, não que exista uma literatura nortista formada, próspera, florescente; isto seria paradoxal; mas que existe uma tendência, uma feição vasta, que não é o simples matiz provinciano, que existem espécimens inspirados nesta feição; que o estímulo entre letras do Norte e do Sul é o único meio de aproveitarem os escritores do Sul, as riquezas que deixam pelos produtos estrangeiros, e de formar-se no país, um rico patrimônio de produções originais[14].

Neste ponto da carta Távora indagou ao amigo crítico:

---

12. Carta de Franklin Távora a José Veríssimo, de 1º de novembro de 1881. Coleção do Arquivo da Academia Brasileira de Letras.
13. *Idem*.
14. *Idem*.

Estará o colega de acordo com estas idéias?
Se estiver e quiser auxiliar-me com as suas luzes, que aproveitarei naquele livro, muito empenhará a minha gratidão. *Res nostra agitur*[15].

Curiosamente José Veríssimo aceitou a troca de idéias sobre assunto tão polêmico e de forte teor agitacionista. Os argumentos de Veríssimo sobre a "literatura do Norte", que mais tarde seriam reunidos em livro, poderiam ser resumidos nos seguintes pontos:

> Nesta concepção de Franklin Távora há, parece-me, com uma parte mínima de verdade uma ilusão de bairrista e de romântico. A preponderância que na primeira colonização e organização do Brasil teve o Norte, as lutas e guerras que, nos séculos XVI e XVII, sustentou, [...] concorreram fortemente para dar ao Norte uma feição que foi achada, e a si mesma se achou, mais "brasileira", e ao nortista uma certa "arrogância", ou mais exatamente, um sentimento de vaidade bairrista, menos individual, porém, que regional, que achou representação no canto dos poetas, como no – *Sou bravo, sou forte, / Sou filho do Norte* – de Gonçalves Dias, o grande idealizador da bizarria nortista, e em expressões que glorificavam essa região ou alguma das suas partes, como a de "Leão do Norte" aplicada a Pernambuco, ou a de "Terra da Luz" aplicada ao Ceará. Para a diferença em que Franklin Távora assentou o seu conceito de fracionamento da literatura brasileira em setentrional e meridional, além daquelas razões de ordem histórica e social, há a razão geográfica, a que ele aludiu. Geograficamente, Norte e Sul são distintos, e talvez, ao contrário do sentimento bairrista de Franklin Távora, sob o aspecto da beleza e do pitoresco, com vantagem do Sul[16].

Ora, os argumentos de Veríssimo, embora fossem coerentes aos de Távora, entreviam uma pequena distinção que o situava sempre contrário ao risco de ser acusado de fomentar o nefasto *separatismo*. Quanto aos demais pontos, a coincidência era completa. E buscou, inclusive, exemplos procedentes e válidos noutras literaturas:

> Esta diferença de tipo físico, que não convém entretanto exagerar, pois a raça do indivíduo, os cruzamentos de que ele procede a atenuam muito, encontra-se também nos costumes, usos, terminologia industrial e doméstica, sotaque, hábitos sociais e mais feições da vida das duas porções do Brasil. Mas diferenças idênticas existem, verificam-nas todos os viajantes, assentam-nas nos seus romances todos os romancistas, nos mais unos dos velhos países europeus, como a França, apesar de

---

15. Carta de Franklin Távora a José Veríssimo, de 1º de novembro de 1881.
16. José Veríssimo, *Estudos de Literatura Brasileira*, 5ª série, Belo Horizonte/São Paulo, Ed. Itatiaia/Edusp, 1977, pp. 74-75.

quinze vezes menor que o Brasil, de quatorze séculos de trabalho de unificação e da extrema facilidade de intercurso de seus habitantes, todos por assim dizer convizinhos. E ali também cada uma das suas regiões, cujo particularismo a revolução procurou acabar com a sua repartição em departamentos, tem os seus romancistas especiais, que lhe descrevem a vida, procurando fazer-lhe sobressair as originalidades ou singularidades. Quem, fora do provençalismo, que tem língua especial, pensa em dividir a Literatura Francesa consoante a diferente viver, costume ou paisagem que ela representa[17].

Esse raciocínio de Veríssimo, a rigor, tinha a finalidade de servir de alerta tanto para os que acusavam Távora de idéias abstrusas e separatistas, como para o próprio autor de *Lourenço*. A ambos a afirmação aproveitava, portanto. E, mais adiante, Veríssimo daria a sua opinião sobre a questão, firmando posição:

Sou dos que não têm medo dessas pacíficas e úteis invasões. Todas hão de acabar fatalmente por fazer corpo com o país, como povo brasileiro; todas, apesar de nossa fraqueza, hão de ceder às influências do clima, dos nossos costumes, do conjunto de condições que, quaisquer que sejam as nossas falhas, já fazem de nós uma nacionalidade.
Outra causa que me parece o erro de Franklin Távora – prosseguia o autor de *História da Literatura Brasileira* – e que foi geralmente de toda a crítica brasileira, sem excluir a parte somenos que nela tenho, é a sua concepção do que é Brasil e do que é brasileiro. Segundo essa concepção romântica, só é Brasil e brasileiro o que, em qualquer das nossas feições nacionais, deriva imediatamente da mestiçagem, física e moral, do português com o índio e com o negro. Que o Brasil é um país mestiço e de mestiços é uma verdade por todos os que o têm estudado reconhecida, e que a estatística, se tivéssemos estatística, confirmaria.
Mas se o Brasil foi, e ainda é isso, ou sobretudo isso, como com Martius averiguaram todos os estudiosos de coisas brasileiras, não pode ser só isso[18].

Todas essas considerações e muitas outras mais, José Veríssimo respondeu a Franklin Távora em carta de 7 de dezembro de 1881 com a mesma sinceridade que anteriormente servira para consolidar a amizade entre os dois escritores. E, prontamente, Távora respondeu-lhe:

Devo grande satisfação à sua carta de 7 do mês próximo findo, na qual se manifesta sobre as minhas idéias em literatura com uma franqueza e precisão que tenho por muito dignas.

17. *Idem*, 1973, p. 75.
18. *Idem*, 1973, p. 76.

Em presença de sua manifestação, sou levado a concluir que estamos quase de pleno acordo no modo de entendermos as letras, ou se trate do romance *naturalista* ou *experimental*; ou se trate da *literatura do Norte* que eu não tenho por fundada, mas julgo uma a fundar-se.

Sou o primeiro a reconhecer que nos meus escritos, ainda naqueles em que mais procuro fugir da retórica romântica, *sempre a minha boca aparece torta;* mas, conquanto não sinta as minhas simpatias inclinadas pelo naturalismo cru que, segundo me parece, nunca há de fundar escola perdurável, talvez que em trabalhos sucessivos aquele defeito vá aparecendo menos[19].

Apesar da modéstia e da proclamada *boca torta*, as obras de Franklin Távora, sobretudo a partir de *O Cabeleira*, rompiam com o lado mais dominante do idealismo romântico.

Quanto aos "temores separatistas" que, de fato, ele nunca defendeu, andou com a razão José Maurício Gomes de Almeida quando registrou que

a *Literatura do Norte* teria que esperar pelos romancistas realistas, que a partir dos anos noventa começam a surgir no Nordeste, notadamente Oliveira Paiva e Domingos Olimpio. Mas é inegável que cabe a Franklin Távora a primazia na elaboração de um *programa* de literatura regionalista. Em uma visão retrospectiva, conhecendo o quão fecunda será esta corrente na ficção brasileira, seu mérito de precursor não pode ser minimizado[20].

E, com o passar do tempo, nada se abrasileirou mais do que a índole temática dos romances regionalistas oriundos da parte Nordeste do Brasil. Távora errara no atacado, mas acertara no varejo.

---

19. Carta de Franklin Távora a José Veríssimo, de 8 de janeiro de 1882.
20. José Maurício Gomes de Almeida, *op. cit.*, pp. 84-85.

25. As Lendas, as Tradições e o Matuto

> *Os tais editores são cruéis; eu quero dizer desprezíveis. Não colaboram, nem na grossura de uma linha com os autores no edifício de nossas letras. Eu não conto com eles para nada. Estou realizando absolutamente por conta minha a impressão dos meus livros. Imagine o colega com que sacrifícios não devo estar arrostando.*
>
> Carta de Franklin Távora a José Veríssimo, 1881.

O ano de 1877 foi de muito trabalho para Franklin Távora, não tanto pelas tarefas burocráticas que, rotineiramente, cumpria durante o expediente da Secretaria do Império, situada no velho prédio do Largo do Rocio, onde era oficial de gabinete, mas, pelo que, todos os dias, tinha de ler e escrever, mesmo sem dispor de tempo. O dia era curto para tantas ocupações. Eis uma de suas principais inquietações.

Nisso não vai nenhuma prevenção contra a atividade burocrática. Ela deverá ter sempre os abnegados funcionários que cumpram seus deveres com dedicação, espírito público, responsabilidade e zelo funcionais. Mas, também é verdade que, tanto no Brasil do século passado como no atual, houve um bom número de escritores que recorreram à função pública com a finalidade exclusiva de sobreviver materialmente. Aqueles aspectos meritórios pouco ou nada valem nas suas carreiras literárias.

Há evidentes exceções, como o caso de José de Alencar, que foi mais além em tudo que tentou. Jornalista, homem de negócios, jurista, político, deputado, senador, ministro e, acima de tudo, escritor prolífico durante toda a vida. Nunca reclamou de suas múltiplas atividades. Alencar, segundo dizem os seus biógrafos, foi excepcional em tudo.

Um outro caso parecido, porém de menores proporções, foi o de Machado de Assis que, vivendo uma situação difícil de ser conciliada, amou como ninguém a condição de funcionário público e a de escritor, unindo as duas com inexcedível responsabilidade e capacidade reconhecidas, a ponto de ter sofrido quando lhe chegou o tempo da compulsoriedade.

No entanto, de um modo geral, a burocracia tem sido um estorvo, um empecilho à vida do escritor e, paradoxalmente, um mal necessário.

Do primeiro ao último ano dos doze passados por Franklin Távora no Rio de Janeiro, nunca houve por parte dele uma manifestação de alegria funcional, um pronunciamento de satisfação pessoal pelo fato de servir na Secretaria do Império. Ao contrário, há fortes indícios de que jamais se acostumara à rotina do gabinete.

Aliás, em toda oportunidade manifestou indiferença e até a sensação de que ali perdia o seu tempo. Assim pensando, numa de suas cartas, desabafou:

Ando num torvelinho de ocupações. Com o Parlamento aberto, a Secretaria não se entende, tamanho é o número de requisições e reclamações e impertinências que urge satisfazer[1].

Anote-se, por exemplo, que o cumprimento das rotinas burocráticas a que se achava obrigado, para ele, que via o tempo irremediavelmente fugir sem realizar o que mais lhe agradava fazer – ler e escrever – não passava de "impertinências".

Por aquela época as suas mais importantes e urgentes tarefas resumiam-se na realização de projetos individuais, como o preparo dos *Boletins Bibliográficos* que, quinzenalmente, eram publicados na revista *Ilustração Brasileira*; redação final das *Lendas e Tradições Populares do Norte*, que escrevia para a mesma revista, já que Henrique Fleiuss, o seu diretor, as acolhera com agrado e, por fim, a conclusão do romance *O Matuto*.

Sobre este livro ele assumira, consigo mesmo, o compromisso de publicá-lo, se possível, até o final daquele ano. Era-lhe imperioso dar continuidade ao ciclo que, com insistência, vinha sendo chamado de "literatura do Norte".

Não era novo o desejo de dar início à publicação de uma série de histórias que praticamente estavam em vias de perder-se, caso não fossem recobradas das versões orais que o povo preservava.

Desde que ele escolhera temas como o do bandido Cabeleira, aproveitado do cancioneiro do Norte, cantado em versos de cordel pela gente humilde do interior, fixara o ponto de vista de que na oralidade poderia obter assun-

---

1. Franklin Távora, Carta a José Veríssimo, datada do Rio de Janeiro, em 6 de maio de 1882. Cf. Coleção do Arquivo da Academia Brasileira de Letras.

tos prenhes de emoção e moralidade ainda não toldados pelos novos costumes. E tudo com o objetivo de evitar que eles desaparecessem sob o acelerado ritmo das mudanças.

Quando ele vivera e andara em terras pernambucanas, recolhera casos das mais diversas origens, que ainda corriam, de boca em boca, em forma de conto, uns, com a força da *lenda,* outros, com acentuado gosto de *história popular,* aflorando, em ambos, o anedótico, convergindo a princípios e virtudes capazes de impressionar ao homem do povo, letrado ou erudito.

Via de regra, a moral desses contos prendia-se a um final indeciso, sobretudo quanto à revelação do mistério ou segredo, como se a eles não importasse nunca o porquê, mas os antecedentes que os compunham. Ninguém queria saber a razão pela qual fora possível chegar a dar-se, por exemplo, aquele inexplicável arrebatamento ao céu de uma criança, com roupa e tudo, em plena luz do dia, arrancada dos braços da mãe, quando era amamentada, história que o próprio Távora ouvira contada pelo Sr. Correia, um homem honesto e incapaz de reproduzir uma inverdade. O importante é que este seu amigo, como de resto ocorria com os demais moradores de Salgadinho, uma vila da mata sul pernambucana, admitiam com foros de veracidade e de assombro o sucedido. A criança, dias depois, aparecera morta. E o primeiro que tocou nela notou o corpinho ainda quente às margens do riacho.

Essas histórias e outras mais passavam-se no Norte, a região que, para ele, abrangia umas certas características especiais, bem diferentes das do Sul.

O Norte, tal e qual se achava grafado na prosa e nos ensaios de Távora, não era apenas a atual região política conhecida nos nossos mapas, isto é, Pará, Amazonas e os territórios hoje transformados em Estados, mas todo o extenso território formado pelo que se convencionou chamar de Nordeste e Norte. Em princípio, para ele, dentro de uma perspectiva não política, mas sociológica e assimilável na visão dos costumes e usos da gente brasileira. Era como se houvesse dois Brasis dentro de um só, o do Norte e o do Sul. Esse o significado da palavra Norte aqui utilizada.

As oito lendas e tradições recolhidas, portanto, ainda que consideradas como contos populares do Norte, vinham, quase todas, de Pernambuco. A intenção do autor fora recolher tipos e casos que, de forma indiscutível, simbolizassem um modo de viver e de interpretar os hábitos e costumes, das pessoas e dos demais seres, de maneira distinta da conhecida no resto do país.

No fundo, podia-se dizer, ainda, que essas lendas e tradições recolhidas por Franklin Távora, no máximo, significavam a abordagem literária de temas que ilustravam alguns pontos básicos dos argumentos que lhe davam amparo na justificativa do que ele chamou de "literatura do Norte".

Aliás, é oportuno dizer que o mesmo plano ele traçou e executou em relação ao ensaio, quando escreveu um livro focalizando, através de interpretação crítica e biográfica, as principais obras de vinte escritores considerados como bons exemplos do talento *nortista*. Esse livro foi por ele chamado de *O Norte*[2].

Num de seus artigos publicados na revista *Ilustração Brasileira*, intitulado "Um Verso Popular", Franklin Távora resumiu, com felicidade, a importância da identificação e do registro do fenômeno da criação e vulgarização do verso popular que a gente do Norte tem preservado através da oralidade. E argumentava:

Os versos que do litoral sobem ao sertão, e os que do sertão descem ao litoral, ao som das violas e guitarras, nas noites de luar e em madrugadas frias e perfumadas, dão testemunho do nosso gênio setentrional, e fazem certo que o Brasil, se ainda não tem de todo acentuado a sua estética particular, traz em si mesmo o germe da pessoalidade literária que o há de caracterizar no futuro gigantescamente.

O estudo das manifestações desse engenho é matéria que dá para um livro[3].

O curioso é que, a partir dessa afirmação, bastaria ele escrever as histórias que ouvira na infância, adolescência e mocidade em terras pernambucanas para que o livro sonhado fosse realidade. E, de fato, ele o compôs, ainda que o infortúnio da vida literária não lhe tenha permitido ver publicado em volume.

Sem perder de vista o valor do trabalho que propunha, prosseguiu expondo as idéias básicas, não esquecendo de denunciar, ao mesmo tempo,

---

2. Parte substancial deste livro, dado como perdido em algumas notas bibliográficas de Franklin Távora, foi recuperada pelo Autor deste ensaio a partir de publicações originais, traduzidas ao castelhano pelo Dr. Ernesto Quesada, na Argentina (*Nueva Revista de Buenos Aires, 1882-1883*), bem como outros capítulos publicados esparsamente em jornais, revistas ou livros, no Brasil, sobretudo a partir do importante trabalho bibliográfico que vem realizando o Dr. Israel Souza Lima sobre os patronos da Academia Brasileira de Letras, da qual Franklin Távora é o da Cadeira n. 14. É que os originais de *O Norte*, juntamente com outros ainda inéditos (ou grande parte deles), segundo informações de Sílvio Romero, que privou da amizade do romancista, sobretudo na fase em que ambos viviam no Rio de Janeiro, Távora os "pôs no fogo num momento de desespero, quando, pouco antes de sua morte..." (Cf. *História da Literatura Brasileira*, de Sílvio Romero, Rio de Janeiro, Livraria José Olympio Editora/INL-MEC, 1980, vol. 5, p. 1487).

3. Franklin Távora, "Um Verso Popular", *Ilustração Brasileira*, n. 35, Rio de Janeiro, 1º de dezembro de 1877.

os perigos e as ameaças que rondavam as fontes primeiras das manifestações puras do verso popular:

> Se não um livro, ao menos qualquer tentativa do exame da poesia popular brasileira se publicará algum dia, se antes disso a indiferença nacional, a cuja sombra a invasão estrangeira vai levando por diante impunemente a sua obra de alteração de nosso caráter, e da confusão de nossa essência literária, social e até política. Se nos der tempo, enfeixaremos em um todo mais permanente e duradouro, do que em jornal, os monumentos, de presente, soltos, espalhados, da musa do nosso povo[4].

O projeto era válido e ousado, mas o que, afinal de contas, ficou reunido sob o título genérico de *Lendas e Tradições Populares do Norte* foi apenas um pálido aceno diante da grandeza do cancioneiro popular que se encontrava espalhado pelo Brasil. A tentativa viria, com força e determinação, ainda que não globalizante, dos esforços de Sílvio Romero, que começava a escrever o ensaio *A Poesia Popular no Brasil*, que, logo mais, a *Revista Brasileira*, dirigida por Franklin Távora, publicaria no primeiro tomo aparecido em junho de 1879.

Nas *Lendas e Tradições Populares do Norte* encontram-se oito temas, aparentemente, simples, mas, todos, mesclados a uns delicadíssimos sentimentos, que, a modo de pérolas que se escondem na lama, tornaram-se assuntos prediletos da gente do Nordeste brasileiro.

De uma maneira brevíssima poderíamos resumi-las assim: *O Sino Encantado* fala dos mistérios que culminaram no achado de um enorme sino de bronze, tirado da torre da Matriz de Nossa Senhora da Apresentação, sob o leito do rio que banha a cidade alagoana de Porto Calvo durante a invasão holandesa, onde foi preso e executado na forca o Calabar; *A Visão da Serra Aguda* inicia o leitor no mundo dos malassombros de uma caverna existente no Sítio de São Francisco, nas proximidades do antigo Candéia, em Baturité, no Ceará, cenário da infância de Távora, descrito por sua mãe, Dona Maria Távora, uma extraordinária contadora de histórias; *O Tesouro do Rio* exalta as virtudes da pobreza diante da opulência, revelando, já no século XVII, o grotesco contraste existente entre as classes sociais que viviam nos mocambos fincados nos mangues recifenses e as dos palácios ou casas-grandes construídos nas áreas ribeirinhas do Beberibe e Capibaribe; *A Cruz do Patrão*, uma das mais belas páginas da literatura brasileira, conta em prosa, mas com um claro encanto poético, a incessante ação do tempo sobre a cruz do patrão, símbolo do medo e da morte, edificada em data que

---

4. Franklin Távora, *Um Verso Popular*, op. cit.

Cruz do Patrão, Recife. Bico de pena de M. Bandeira, 14,5 x 21,5 cm.

se perdeu na remota época da fundação da cidade do Recife a meio caminho do mar e da terra, texto que integrava as mais conceituadas antologias brasileiras, como as organizadas por Carlos de Laet e Fausto Barreto; *Choramenino*, história comovente sobre o raro sentimento da maternidade unido ao amor da pátria, onde o esforço da mãe pernambucana ultrapassou as tolerâncias do heroísmo durante os violentos combates contra os invasores holandeses ocorridos no conhecido arrabalde recifense do mesmo nome; *As Mãos do Padre Pedro Tenório* narra a presença do divino mistério mesclado à sabedoria popular, sobretudo quando esta categoria do conhecimento serve para aclarar as mais profundas convicções ou romper as fronteiras que separam a inocente fé da dúvida do pecado que pode advir da descrença; *O Cajueiro do Frade* é uma história típica de fervorosa dedicação ao próximo vivida por um frade ligado ao povo humilde, simbolizando a santificação popular, na qual a beatificação ou a canonização pouco ou nada valem para estabelecer convencimentos ou verdades; e, por último, *As Mangas de Jasmim*, a estranha força da multiplicação das mangas, que, chegando ao Brasil, pela primeira vez, na ilha de Itamaracá, dali frutificaram e invadiram todos os quintais do país. Foi uma história colhida na fonte do versejar popular através da veia poética do escritor e polígrafo José Soares de Azevedo, ilustre e renomado professor de várias gerações de pernambucanos[5].

Nesse meio tempo, em agosto de 1877, promoveu Távora a segunda edição do drama *Um Mistério de Família*, ocasião em que introduziu várias alterações, sobretudo porque a crítica havia apontado algumas incorreções[6].

Como resultado do trabalho realizado nos dois anos anteriores, em 1878 Franklin Távora publicou o romance *O Matuto*.

O seu objetivo, conforme anunciara mais de uma vez, com este novo romance, era dar continuidade ao ciclo da chamada "literatura do Norte".

Como aconteceu com *O Cabeleira*, Távora voltou a incluir nas primeiras páginas do romance *O Matuto* uma carta explicativa, curta, mas com a força de prefácio. Nela apareciam razões ou circunstâncias que ele resumia com precisão quase telegráfica.

5. Franklin Távora, *Lendas e Tradições Populares do Norte*, cf. *Ilustração Brasileira*, do Rio de Janeiro, onde foram publicadas as lendas e tradições referidas, respectivamente, nos números: 13, de 1º de janeiro de 1877; 14, de 15 de janeiro de 1877; 15, de 1º de fevereiro de 1877; 17, de 1º de março de 1877; 18, de 15 de março de 1877; 20, de 15 de abril de 1877; 21, de 1º de maio de 1877; e, 23, de 1º de junho de 1877.

6. *Idem*, *Um Mistério de Família*, drama em 3 atos, 2. ed., Rio de Janeiro, Typographia do Imperial Instituto Artístico, 1877. Por uma iniciativa de Balthazar Franklin Martins Távora, o mais novo filho de Franklin Távora, houve uma terceira edição, Rio de Janeiro, 1917.

A primeira delas justificava a demora que o livro sofrera para ser editado, posto que, segundo dizia, estava pronto há dois anos, isto é, desde 1876. A expressão usada – "circunstâncias que não vêm ao nosso caso revelar" – com certeza, ligava-se às mágoas que ele alimentara diante da recusa de algumas editoras em publicar o livro, principalmente a Garnier. E, como costumava acontecer à trajetória de muitos escritores, não seria a última.

Em virtude disso, ele procurou a Tipografia Perseverança, do Rio de Janeiro, e, por conta própria, contratou a edição do romance.

A empreitada representou uma verdadeira operação de alto risco, notadamente porque, como se sabia, vivia ele sempre em dificuldades financeiras. A família era grande e as despesas nunca se reduziam. Além do mais, as fontes de ingresso limitavam-se às funções de oficial de gabinete da Secretaria do Império.

O sacrifício fora enorme. Apenas para ter-se uma idéia do alcance dessa iniciativa editorial, bastará ler o que ele escreveu, em fins de 1880, quase três anos após a edição de *O Matuto*, ao seu amigo e confidente José Veríssimo:

> Tenho-lhe roubado muito tempo, mas ainda direi, para completar esta ordem de idéias, que o meu *Lourenço*, conclusão de *O Matuto*, há quase três anos, dorme no pó da minha gaveta por não ter um editor, *e eu ainda não me haver desembaraçado das despesas feitas com a publicação de* O Matuto. *Eis o que são as letras no Brasil* (grifo nosso)[7].

A pequena carta que ele publicara no início do romance *O Matuto*, aparentemente dirigida ao amigo que vivia em Genebra, na Suíça, na verdade, não tinha o objetivo de desculpar-se por não lhe remeter uma carta mais longa. O que pretendia mesmo era reafirmar suas idéias sobre a "literatura do Norte".

Ao tornar público *O Matuto*, pelo menos naquele momento, parecia dar a entender que, de fato, recuara da intransigente posição que, até então, vinha assumindo. Dizia:

> Fica fora deste livro a carta que escrevi, tendo à vista as objeções de amigos e inimigos à fundação, ou, antes ao reconhecimento de uma literatura que suponho, senão formada, em trabalho de formação, e a que denominei – *Literatura do Norte*[8].

    7. Franklin Távora, Carta a José Veríssimo, datada do Rio de Janeiro, em 11 de novembro de 1880. Cf. Coleção do Arquivo da Academia Brasileira de Letras.
    8. *Idem*, Carta-prefácio *in* "O Matuto". Edição do *Jornal do Brasil*. Rio de Janeiro, 1928.

Ora, vale lembrar que na própria justificativa da ausência da carta, mais do que sua omissão, na pequena carta que publicava, ressurgiam, com extraordinário rigor de síntese, as afirmações de seus pontos de vista. E isso eqüivalia dizer que aos olhos de seus amigos e inimigos emergiam os mesmos pomos da discórdia. No fundo havia sutilezas guardadas nos copos da espada pronta aos futuros golpes de ataque ou de defesa do polemista que ele era.

E não de todo satisfeito com os possíveis efeitos que poderia provocar. afirmando ali, naquele reduzidíssimo espaço, que a "literatura do Norte" não estava formada, mas em via de formação, acrescentava, em tom de aberta polêmica ou, pelo menos, de manifesto aviso, que estava atento à defesa de seus pontos de vista:

> Nessa carta, além de examinar as objeções, estudo à luz do critério histórico, que me pareceu mais natural e justo... [...] Para encurtar tempo e diminuir páginas, deixo a carta na gaveta com a continuação, já pronta, da presente história[9].

Essas palavras, sem dúvida, estavam endereçadas de modo especial àqueles que se opunham ostensiva e programaticamente às suas idéias. A continuação da história referia-se ao romance *Lourenço*, que, àquela altura, devia estar pronto ou em vias de revisão.

E por isso, Távora, experiente polemista desde os tempos de estudante, não perdia a oportunidade e os ameaçava com mais lenha na fogueira:

> Se me resolver, sairão a lume os dois escritos na mesma ocasião que, segundo suspeito, não tardará muito.
> Não prometo nada, para não me arriscar a faltar, como por vezes me tem acontecido.
> Tempo, circunstâncias, imprevisto – eis o tudo, ou pelo menos o essencial da vida[10].

A pouca atenção que a crítica, desta vez, dedicou ao romance incomodou profundamente à sensibilidade de Távora. Ainda que o fenômeno da indiferença da crítica e o pouco favor do público não fossem direcionados para sua obra, mas uma atitude relacionada com o próprio marasmo daqueles dias, ele não se conformava.

Surgiram algumas notas na imprensa registrando o aparecimento de *O Matuto*, mas era muito pouco para a expectativa que ele armara em torno

---

9. Franklin Távora, Carta-prefácio, *op. cit.*, 1928.
10. *Idem, ibidem.*

do livro. A mais expressiva publicou o *Jornal do Comércio* do dia 10 de abril.

Aliás, o próprio ano fora estéril em assuntos literários e artísticos. O que mais se falava na Corte era de política, economia, colonização e instrução pública.

O erário, como sempre, estava ameaçado de ruína. E todos os males quedavam creditados aos desastres do governo.

A imigração não respondia dentro da expectativa esperada por políticos e particulares. Por isso os contratantes reclamavam da má gestão da coisa pública.

Sobre a instrução pública os editoriais bradavam: "A civilização pode ser importada do mesmo modo por que se importa a vacina. Importemo-la". O articulista, então, exigia a pronta designação de uma comissão de entendidos para ir à Europa estudar os métodos de ensino de lá[11].

As perspectivas do cenário da vida nacional, portanto, não eram animadoras. Mas, o que dizer da movimentação literária? Távora não conseguia esconder o seu desgosto.

Diante de tudo isso, em carta, o seu amigo Rangel de S. Paio resolveu consolá-lo:

O silêncio sobre os seus livros é filho único e exclusivo da ignávia.
Dê o apreço que ele merece.
Sei que a impressão aqui é cara; publique em folhetins seus romances. Serão mais lidos.
Seja tenaz e vencerá.
Um Casamento no Arrabalde, pequenino como é, está no caso de ser o primeiro a encetar a publicação[12].

Talvez pela intensa capacidade de trabalho de que era dotado e não apenas pelo conselho do amigo sincero, que muito deve ter-lhe desanuviado a tensão emocional, jamais se deixou abater. Escrevia cada vez mais. Não descurava das colaborações literárias para a *Ilustração Brasileira* e, como se nada daquilo o houvesse abalado, cogitava de reunir forças para empreender novas edições. O desânimo não o vencera.

11. *O Cruzeiro*, Rio de Janeiro, 12 de abril de 1878.
12. Rangel de S. Paio, "Carta a Franklin Távora", datada de (Santa Tereza) Rio de Janeiro, em julho de 1878, publicada como posfácio juntamente com a resposta de Távora no romance *Um Casamento no Arrabalde*, Rio de Janeiro, H. Garnier, Livreiro-Editor, 1903, p. 88.

Mesmo assim, ao responder, através de uma longa carta, ao amigo Rangel de S. Paio, que o estimulara a reeditar *Um Casamento no Arrabalde*, apesar de ter aceito a idéia, revelava o sinal de um íntimo desencanto em relação à experiência com a recente edição de *O Matuto*:

O público dirá se o escritor (ele mesmo) não ganhou [...] caminho para a imortalidade, certo lhe encurtou o da sepultura[13].

A previsão era lúgubre e desnecessária para quem seguia com vivo interesse os caminhos das letras e já se preparava para empreender novas atividades. É que ele, por privar da intimidade do lar do seu amigo Henrique Fleiuss, proprietário da *Ilustração Brasileira*, por aquela época, fora informado de que a revista estava morta.

A reação de Távora não foi de desalento. Em verdade, na *Ilustração Brasileira* publicara os ensaios críticos e as *Lendas e Tradições Populares do Norte*. Sempre tomava os meios onde publicava os seus trabalhos como algo seu, assimilando-os com exagerado amor filial. Onde iria, a partir de então, editar os seus trabalhos?

Ele não se rendia e, afogado como estava em dívidas por causa da edição do romance *O Matuto*, eis que, dentro de poucos meses, as condições estariam mudadas. Afinal, ele terminou encontrando um meio para publicar os seus próprios trabalhos e os dos mais expressivos escritores do seu tempo.

Foi na própria Secretaria do Império, no seu gabinete que, juntamente com alguns colegas de trabalho, que, a rigor não eram ricos, mas um pouco mais remediados, e, interessados pela causa das letras, onde tudo recomeçou. A discussão evoluiu e da idealização ou de um sonho, partiram para a aventura, a prática. A idéia que vingou foi a de fazer renascer uma revista literária que deixara de ser publicada havia quase vinte anos chamada *Revista Brasileira*.

---

13. Franklin Távora, Carta-posfácio, *op. cit.*, p. 96.

Machado de Assis. Desenho de J. W. Rodrigues.

26. A Revista Brasileira

> [...] a Revista Brasileira, publicação que, se ainda não representa, ao menos se propõe representar, a literatura brasileira, independente e, quanto possível, viva.
>
> Carta de Franklin Távora a José Veríssimo.

Antes de mais nada, para se falar da história da *Revista Brasileira*, talvez fosse pouco repetir aqui as palavras de Afrânio Peixoto que a considerou "uma das mais interessantes revistas literárias que tem tido o Brasil"[1].

Em primeiro lugar, a *Revista Brasileira* conseguiu renascer, desde 1857, ano de sua fundação, pelo menos, seis vezes. Há, ainda, um dado importante a destacar: os responsáveis por esses ressurgimentos sempre lograram valer-se da colaboração efetiva dos principais escritores da época.

A primeira fase teve como fundador o matemático Cândido Batista de Oliveira (1801-1865), brasileiro formado em Coimbra, atuante catedrático da Academia Militar, sendo, mais tarde, diplomata e político. Cândido Batista, já com alguma experiência por haver fundado um jornal e uma revista, iniciou a *Revista Brasileira* publicando mais assuntos científicos do que artísticos e literários. Circulou até 1860, chegando ao terceiro tomo.

Em maio de 1879 coube a Nicolau Midosi (1838-1889), amigo e colega de Franklin Távora, também funcionário da Secretaria do Império, junto com outros amigos, a restauração, em segunda fase, da *Revista Brasileira*.

---

1. Afrânio Peixoto, *Indes*, cf. Artigo "A *Revista Brasileira* e suas Fases", *Obras Completas*, Rio de Janeiro, São Paulo e Porto Alegre, W. M. Jackson, Inc. Editores, 1944, vol. XXIV, pp. 331-342.

Os demais amigos de Midosi – Balduíno Coelho, Cândido Rosa e Moreira Sampaio – como ele, também colegas de Távora na mesma Secretaria.

Neste período a *Revista* pareceu mais artística e literária do que científica, ainda que tenha prestigiado a publicação de estudos históricos, geográficos, econômicos, filosóficos etc.

Esse período poderia ser denominado como o da Secretaria do Império. Foi no andar térreo da vetusta repartição do Largo do Rocio, onde Franklin Távora tinha sua mesa de trabalho. Durante essa época – de maio de 1879 a dezembro de 1881 – com seus colegas de burocracia, tendo à frente Nicolau Midosi, planejaram e executaram o ressurgimento da *Revista* e, mais tarde, viram-na fenecer. Ali, mais do que no seu escritório legal, à Rua Gonçalves Dias, 47, como estampou a folha de rosto do número inaugural, o editor Midosi atribuiu a Távora a responsabilidade de dar vida à *Revista*, outorgando-lhe a função de redator-chefe. Os outros colaboradores – Balduíno Coelho, Cândido Rosa e Moreira Sampaio – assumiram as demais atividades inerentes a um projeto daquela natureza.

Uma revista periódica não sobreviveria sem as colaborações específicas, atinentes aos objetivos colimados, porque, além disso, era indispensável observar o nível de qualidade. Nem toda colaboração poderia ser publicada. Urgia, pois, coligi-la entre os nomes mais expressivos da vida intelectual do país.

Ademais, como então lembraria Távora, uma revista que pretendesse ser "brasileira" não deveria ignorar os valores novos, quer do Rio de Janeiro, quer das demais províncias do país. Daí que ele começou a preparar, de próprio punho, cartas aos mais destacados nomes das letras, das artes, das ciências, aqueles que, de alguma forma, haviam dado a conhecer suas produções ou eram já boas promessas nas áreas de suas competências.

A título de exemplo, eis o teor da carta que Távora remeteu ao escritor Franklin Doria, de muito prestígio na Corte e seu ex-colega na Faculdade de Direito do Recife, dando-lhe conhecimento da fundação da *Revista* e encarecendo a colaboração:

Prezado amigo e colega Exmo. Sr. Dr. F. Doria:
No 1º de junho próximo futuro deverá sair a lume o primeiro número da *Revista Brasileira*, publicação quinzenal que eu e alguns amigos resolvemos realizar.
Não meteríamos ombro a tão arrojada empresa se não contássemos com o valioso concurso dos escritores nacionais que, por seus talentos e letras, mais têm ilustrado as do Brasil.
Venho por isso pedir-lhe para o sobredito número um artigo de crítica literária, única seção que está ainda por preencher.

Escusa declarar-lhe que nas páginas da *Revista Brasileira* terá por companheiros o seu nome alguns dos de mais simpática e clara nomeada nesta Corte.

Tomo a liberdade de lhe indicar o assunto para não suceder que vários pontos pudessem ser tratados por mais de um escritor, e outros por nenhum deles.

Até ao dia 24 do mês corrente o seu artigo, pelo qual aliás esperamos ansiosos, chegará afortunadamente.

Sou com a mais distinta consideração, de V. Excia. amigo e colega obrigadíssimo e afetuoso, Franklin Távora.

Rio, 21 de maio de 1879[2].

A vários escritores, previamente selecionados, Távora repetiu o mesmo convite, procurando, como era natural, cobrir os assuntos, para que não houvesse duplicidade de trabalhos.

Observe-se que a pretensão dos responsáveis pela *Revista* era promover a edição quinzenal, a exemplo de *Ilustração Brasileira,* como se lê na carta remetida ao escritor Franklin Doria. As demarches e as condições iniciais do grupo, porém, terminaram acomodando os impulsos editoriais a uma realidade bem mais modesta, pois a periodicidade indicada no final do primeiro número se referia aos meses de junho a setembro de 1879.

No copioso índice do primeiro tomo publicado, destacamos os seguintes colaboradores: Antonio Henrique Leal, Franklin Távora, Carlos Perdigão, E. Pitanga, Ramiz Galvão, Barão de São Felix, Machado de Assis, A. H. de Souza Bandeira Filho, Sílvio Romero, Sylvio Dinarte (pseudônimo de Taunay), Pacheco Júnior, Kossuth Vinelli, Bethencourt da Silva, Franklin Doria, Gama Rosa, Antonio Joaquim Ribas, Joaquim Teixeira de Macedo, Pereira da Silva, Valle Cabral, Manuel Jesuíno Ferreira, J. Z. Rangel de S. Paio, Aprígio Guimarães, Alfredo d'Escragnolle Taunay, A. J. de Macedo Soares, F. Conceição, Carlos de Laet, Visconti Coaracy, C. França e Alfredo Bastos.

O primeiro tomo da *Revista*, obedecendo ao formato de 14 x 22 cm, foi impresso na Tipografia de J. D. de Oliveira, situada à Rua do Ouvidor n. 141 e tinha 624 páginas.

Os textos, em princípio, não obedeciam a limites prévios, mas, a depender do quantitativo de páginas, poderiam ser divididos para publicação nos números supervenientes. Foi o que aconteceu com o espaço aberto à prosa, no caso dos romances *Sacrifício* e *Lourenço*, de Franklin Távora, *Memórias Póstumas de Brás Cubas,* de Machado de Assis, e *Um Estudo de Temperamento,* de Celso de Magalhães. Além disso, Távora publicava

---

2. Carta de Franklin Távora a Franklin Doria, datada do Rio de Janeiro, em 21 de maio de 1879. Cf. Coleção do Instituto Histórico e Geográfico Brasileiro do Rio de Janeiro.

as *Notas Bibliográficas,* uma seção que ele manteria em todos os números. Ali ele fazia resenhas de livros e crítica literária, valendo observar que, na prática, todas as suas intervenções culminavam num amplo enfoque ensaístico, tamanha a sua versatilidade no domínio desse gênero.

Machado de Assis, no tomo inicial, também publicou duas matérias: um soneto e, mais adiante, um interessante ensaio abordando duas figuras da dramaturgia universal – *Antonio José* e *Molière.*

Assim apareceu o primeiro momento poético da *Revista Brasileira,* sob a marca inconfundível da sensibilidade do soneto *Círculo Vicioso,* de Machado, datado de 1878:

> Bailando no ar, gemia inquieto vagalume:
> Quem me dera que fosse aquela loura estrela,
> Que arde no eterno azul, como uma eterna vela!
> Mas a estrela, fitando a luz, com ciúme:
>
> Pudesse eu copiar-te o transparente lume,
> Que, da grega coluna à gótica janela,
> Contemplou, suspirosa, a fronte amada e bela...
> Mas a lua, fitando o sol, com azedume:
>
> Mísera! Tivesse eu aquela enorme, aquela
> Claridade imortal, que toda a luz resume!
> Mas o sol, inclinando a rútila capela:
>
> Pesa-me esta brilhante auréola de nume...
> Enfara-me esta azul e desmedida umbela...
> Por que não nasci eu um simples vagalume?

O ensaísta A. H. Bandeira Filho também aparecia com dois trabalhos: um de crítica literária e outro sobre a filosofia aristotélica. Destaque também ganhava Sílvio Romero, amigo de Távora, que publicava os sete primeiros capítulos de seu livro sobre *A Poesia Popular no Brasil*[3].

No segundo tomo, publicado no trimestre de outubro a dezembro do mesmo ano, quase que se repetiram os colaboradores. Alguns deles publicavam mais de um trabalho, como era o caso de Sílvio Romero que aparecia com três temas diferentes e Machado de Assis com dois.

---

3. *Revista Brasileira,* tomo I, Primeiro Ano, 1879, pp. 623-624. Cf. Coleção completa da *Revista Brasileira do Arquivo Histórico Nacional,* Rio de Janeiro.

Franklin Távora compareceu com mais três capítulos do romance *Sacrifício* e nas *Notas Bibliográficas* escrevia um longo ensaio crítico sobre livros portugueses versando sobre bibliografia de títulos de história antiga[4].

Um dos mais interessantes temas estudados por Franklin Távora foi o das *Notas Bibliográficas* do tomo III, publicadas no trimestre de janeiro a março de 1880, que abordou o primeiro volume do livro *A Literatura Brasileira*, de Sílvio Romero[5].

Por ter Franklin Távora remetido ao seu amigo Tobias Barreto um exemplar da *Revista Brasileira* que publicava, entre tantos outros, o ensaio de Taunay sobre *Meyerbeer e a Ópera Os Huguenotes* (tomo II, ano primeiro, pp. 131 e ss.), sem jamais imaginar que o desagradaria, na verdade, sem querer, terminou dando motivo a que o solitário da cidade de Escada, na zona da mata atlântica pernambucana, remetesse à *Revista*, pedindo publicação, uma réplica duríssima e desproporcional ao que afirmara Taunay. Além do mais, desabonadora ao próprio grupo editorial da *Revista*.

Ao receber no Rio de Janeiro o texto da réplica, Távora espantou-se e aproveitou uma polêmica sobre "ditongos" surgida na *Gazeta de Notícias*, para, no número seguinte, explicar a razão pela qual não publicava o texto de Tobias Barreto, alegando que este, além de atacar duramente Taunay, aproveitava a oportunidade para também criticar os critérios da *Revista Brasileira* por ter dado guarida a ensaios daquela categoria.

Tobias Barreto não se conformou e recorreu ao *Jornal do Recife*, publicando ali vários artigos, todos demolidores, contra Taunay, a quem chamava em tom pejorativo de "o ilustre major literato". Abriu o primeiro da série dos artigos com as seguintes considerações:

A leitura de um longo e detalhado artigo sobre *Meyerbeer e a Ópera Os Huguenotes,* estampado na *Revista Brasileira*, de 15 de outubro de 1879, e cujo autor há nome Alfredo d'Escragnolle Taunay, a quem não tenho a honra de conhecer, foi para mim de um efeito extraordinário, quase maravilhoso. Eu conto o caso. Ao se me deparar aquela epígrafe, em aparência simples, mas no fundo pomposa e prometedora, atirei-me ao artigo com toda a voracidade de um leão em jejum, ou de um espírito afeiçoado a trabalhos de tal gênero, porém que a seu pesar não os encontra de boa qualidade nos grandes armazéns da jornalística pátria[6].

---

4. *Revista Brasileira*, tomo II, Segundo Ano, 1789, *op. cit.*, pp. 505-520.

5. Franklin Távora, "Notas Bibliográficas", *Revista Brasileira*, cf. Coleção do Arquivo Histórico Nacional, *op. cit.*, 1880, pp. 421-430.

6. Tobias Barreto, *Crítica de Literatura e Arte*, Rio de Janeiro, Record/MEC-INL, 1990, p. 221.

Taunay respondeu a Tobias através de artigo na *Gazeta de Notícias*, do Rio de Janeiro[7]. Tobias voltou ao *Jornal do Recife* com outros argumentos, mas sempre escorado em irônicas e ríspidas palavras:

> Advirto ao valente militar que puxe logo o seu frasquinho de cheiro para prevenir alguma síncope, pois agora vou começar a ser cruel com S. S.; cruel, como merece a sua posição, a sua boa estrela; cruel, como merece o seu orgulho, como merece a sua ignorância[8].

No tomo seguinte, o quinto, quase todos os colaboradores voltavam com novos assuntos. Machado de Assis, por exemplo, publicava capítulos de *Memórias Póstumas de Brás Cubas* e Franklin Távora trazia o ensaio *Os Patriotas de 1817 – Uma Sessão do Governo Provisório*.

Entre as diversas matérias vinham a lume, em grande destaque, os textos da homenagem, para comemorar o tricentenário de nascimento de Luís de Camões.

Abrindo as páginas especiais destinadas à homenagem a Luís de Camões, vinham as palavras de Sua Majestade, o Imperador D. Pedro II, afirmando que não hesitava em colocar o seu nome

> entre os dos meus patrícios, que, na grinalda de versos consagrada a Camões, o maior gênio da língua falada por dois povos irmãos, cantor das maravilhas da navegação, a que devemos o nosso Brasil, conseguiram simbolizar os mais generosos sentimentos, imitando a exuberância viçosa e bela de um só solo, cujas admiradas riquezas oferecemos cordialmente ao espírito industrioso de todas as outras nações. Estas palavras, escritas ao correr da pena, cingirão a formosa grinalda, ao menos, como laço de simpatia[9].

As festividades realizadas no Gabinete Português de Leitura poderiam ser simbolizadas pelos trabalhos apresentados por três escritores brasileiros: Nabuco, Machado e Távora.

Joaquim Nabuco porque proferiu a conferência oficial, expressando idéias que, ainda hoje, ecoam na memória da inteligência brasileira: "O Brasil e *Os Lusíadas* são as duas maiores obras de Portugal". Sobre essa feliz imagem, José Veríssimo diria que "será talvez a fórmula definitiva do glorioso epitáfio de Portugal"[10].

---

7. *Gazeta de Notícias*, Rio de Janeiro, 22 de fevereiro de 1880.
8. Tobias Barreto, *op. cit.*, 1990, p. 309.
9. Imperador Dom Pedro II, *Revista Brasileira*, tomo IV, Primeiro Ano, *op. cit.*, cf. Homenagem a Luiz de Camões, 10 de junho de 1880.
10. Carolina Nabuco, *A Vida de Joaquim Nabuco*, Rio de Janeiro, Livraria José Olympio Editora/MEC, 1979, p. 99.

De Machado de Assis foi representada durante as festividades a comédia *Tu, só, Tu, Puro Amor...*[11]

A seguir foi lido o estudo crítico sobre *Os Lusíadas*[12], de Franklin Távora.

Joaquim Nabuco, mais uma vez, exaltou Camões, destacando-se, entre os inúmeros poetas do seu tempo com o soneto intitulado *Apoteose:*

> Ele foi um Artista Soberano,
> E só teve na Arte um Ideal.
> Era a Pátria. Por isso Portugal,
> Que Ele amou com alma de Romano;
>
> A quem disse, mirando-o no Oceano:
> "Podes morrer, que eu torno-te Imortal",
> É hoje o vasto, o imenso pedestal
> Do vulto do Poeta sobre-humano.
>
> Nesse bronze que os tempos não consomem,
> Ele paga uma dívida de glória,
> – A maior que um país deveu a um homem –.
>
> E de joelhos no Chão de sua História,
> Lembrando-se da grande ingratidão,
> Pede ao deus dos *Lusíadas* – perdão[13].

Franklin Távora também deixou a sua contribuição poética através do poema *Camões e Portugal,* que assim terminava:

> Não foi, Camões, não foi Lisia madrasta;
> Se então não pôde coroar o filho,
> Hoje lhe rende uma homenagem vasta,
> Qu'inda reis não tiveram, tal seu brilho[14].

Como um dos mais importantes momentos editoriais da *Revista Brasileira*, por iniciativa de Franklin Távora, através do sr. Artur Barreiros, foi obtida a autorização para que ela publicasse o poema inédito *Diário de*

---

11. Machado de Assis, "Tu, só Tu, Puro Amor...", *Revista Brasileira*, tomo V, Primeiro Ano, 1880, pp. 31 e ss.
12. Franklin Távora, "Os Lusíadas", *Revista Brasileira*, tomo V, Primeiro Ano, 1880, pp. 131 e ss.
13. Joaquim Nabuco, "Apoteose" (Soneto), *Revista Brasileira*, tomo IV, Primeiro Ano. Cf. Homenagem a Luiz de Camões, 10 de junho de 1880.
14. Franklin Távora, "Camões e Portugal", *Revista Brasileira*, tomo IV, Primeiro Ano. Cf. Homenagem a Luís de Camões, 10 de junho de 1880.

Lázaro, de Fagundes Varella, começado no Rio de Janeiro e terminado em terras de São Paulo[15].

Para essa ocasião especial Távora escreveu um longo ensaio crítico, aproveitando o mesmo título do poema, publicado logo após o texto inédito do infeliz poeta. Távora concluía suas análises afirmando que Varella foi o "último reflexo de um sol gentil que desapareceu no poente e não surgirá mais"[16].

A publicação dos quatro primeiros capítulos do romance *Lourenço*, de Franklin Távora, ocorreram no sétimo tomo, correspondente ao trimestre de 1881.

Apareceu, ainda, neste número, uma curiosa carta dirigida a Franklin Távora e assinada por Sílvio Romero. O objetivo era apresentar um poeta do Norte.

Do teor da carta de Romero era fácil concluir que se tratava de uma resposta que o autor da *História da Literatura Brasileira* dava a Franklin Távora a propósito de informações que este lhe pedira sobre poetas do Norte. É que o autor de *O Matuto*, desejando dar prosseguimento ao projeto que, há anos, vinha acalentando reunir, pelo menos, vinte autores de expressão do Norte, para, a partir de ensaios críticos comparativos sobre suas obras e as que se criavam no Sul, publicar um livro intitulado *O Norte*.

Romero, então, após dizer na referida carta que não podia ajudá-lo, apresentou-lhe as poesias do sr. Francisco Altino de Araújo. Pelo nome não precisamos dizer que, até hoje, ainda é um poeta desconhecido. E o pior, sem nenhum escrúpulo, acrescentara o rigoroso crítico: "São poesias de um parente meu. [...] Não posso nem devo dizer nada a respeito de seu merecimento. Ouso, porém, acreditar que as poesias abaixo transcritas não lhe hão de desgostar"[17].

A leitura das poesias, porém, comprovava que, na prática, não passava de um presente de grego. Távora, sagaz, não dissera uma palavra sobre o valor do poeta do Norte, mas publicou, na íntegra, a carta do seu amigo Sílvio Romero.

Merece, ainda, registro o ensaio que Franklin Távora publicou no tomo oitavo, intitulado *As Obras de Frei Caneca,* que será melhor examinado no capítulo que abordará as principais produções críticas de Távora. Este en-

---

15. Fagundes Varella, "Diário de Lázaro", *Revista Brasileira*, tomo V, Segundo Ano, 1880, pp. 174 e ss.
16. Franklin Távora, "Diário de Lázaro", *Revista Brasileira,* tomo V, Segundo Ano, 1880, p. 390.
17. Sílvio Romero, "Carta ao Dr. Franklin Távora", *Revista Brasileira*, tomo VII, Segundo Ano, 1881, pp. 57 e ss.

saio, porém, era apenas um dos capítulos de um livro que o autor anunciava como inédito, mas já com título: *A Constituinte e a Revolução de 1824*[18].

No final de 1880, Franklin Távora remetera para José Veríssimo alguns tomos da *Revista Brasileira*, não só para que ela fosse conhecida pelos jovens do Norte, mas, de fato, porque queria animar o crítico a escrever algo para a revista.

Como Veríssimo chegara de pouco da Europa e punha em ordem a vida particular, demorou em responder ao amigo. No entanto, pela carta de 19 de maio de 1881, Franklin Távora respondeu a José Veríssimo, agradecendo a remessa do artigo e tratando de outros temas importantes:

> Acuso o recebimento do seu trabalho sobre a religião dos Tupis, o qual me deu grande satisfação.
>
> Sairá em qualquer dos próximos números da *Revista*, e fio que será muito bem recebido pelo público, e especialmente pelos nossos poucos homens de letras a quem assuntos semelhantes oferecem particular interesse.
>
> Por intermédio do Sr. Rodrigues Barbosa recebi alguns esclarecimentos biográficos sobre o colega. Por ditos esclarecimentos aproveitar-me-ei quando houver de escrever o artigo que lhe destino na série de rápidos estudos que há muito intento realizar sobre jovens escritores do Norte, aqui quase inteiramente desconhecidos.
>
> Infelizmente do colega não tenho nenhuma publicação, e somente por informações muito agradáveis no meu intento e a sua individualidade literária sei que tem publicada uma obra intitulada – *Primeiras Páginas* – de que farei aquisição, se houver, como presumo, nas livrarias desta Capital, exemplares à venda.
>
> Muito grata me foi a promessa de que provavelmente concorrerá com algum trabalho para as Conferências sobre história e geografia, que se devem inaugurar em setembro próximo vindouro[19].

O ensaio de José Veríssimo, intitulado *A Religião dos Tupi-guaranis*, saiu publicado no tomo nono, já no terceiro ano da *Revista Brasileira*, que abrangia o trimestre de julho a setembro de 1881.

Assim que a *Revista* saiu da tipografia, Távora lembrou-se do amigo distante e fez-lhe a remessa de alguns volumes, dando-lhe, ainda, as primeiras impressões na Corte:

> Agradeço a Vossa Senhoria o brinde do seu livro *Primeiras Páginas*, do qual tratarei oportunamente.

---

18. Franklin Távora, "As Obras de Frei Caneca", *Revista Brasileira*, tomo VIII, Segundo Ano, 1881, de 15 de junho. Cf. Coleção do Arquivo Histórico Nacional do Rio de Janeiro.
19. *Idem*, Carta a José Veríssimo, datada do Rio de Janeiro, em 19 de maio de 1881. Cf. Coleção do Arquivo da Academia Brasileira de Letras.

O seu artigo, publicado no fascículo da *Revista*, de 1º do mês corrente, produziu a melhor impressão na roda dos literatos.

A *Gazeta da Tarde*, ordinariamente incontestável, teceu-lhe justos elogios, dando-lhe as honras do primeiro daquele fascículo.

Fiquei satisfeito com este acolhimento devido, aliás, ao seu mérito e trabalho. Pouco a pouco a mentalidade do Norte vai ganhando, no primeiro plano das nossas letras, o lugar conspícuo que de há muito lhe pertence.

Espero que sempre que lhe for possível venha ilustrar com seus trabalhos que se caracterizam por uma afeição local e nacional de irrepreensível colorido as páginas da *Revista Brasileira*, publicação que, se ainda não representa, ao menos se propõe representar a literatura brasileira, independente e, quanto possível, viva.

Deseja-lhe tudo o que é bom o de V. Sa. colega e admirador obrigado, Franklin Távora[20].

Com o décimo tomo morreu a *Revista Brasileira*. Nele Távora escreveu apenas a seção *Diversas Publicações,* mas sem assiná-la. Os colaboradores de sempre compareciam. E, mais uma vez, Sílvio Romero dava continuidade à publicação da *Introdução à História da Literatura Brasileira,* além de aparecer com outro trabalho intitulado *Os Palmares.*

Um dos mais extensos ensaios publicados neste décimo e último tomo foi o de autoria de Araripe Júnior – *José de Alencar, Perfil Literário* –, que, no ano seguinte, apareceria num volume de quase 150 páginas.

Vale, mais uma vez, chamar a atenção para a circunstância de que a publicação desse ensaio de Araripe Júnior, conquanto fosse amigo de Távora e parente de Alencar, e fizesse referências à posição que aquele tomara quando escrevera as *Cartas a Cincinato*, no mínimo ensejava a pensar que desaparecera os ânimos de malquerença que porventura houvesse alimentado Távora pelo autor de *Iracema*. E além de não criar empecilho à publicação na *Revista Brasileira,* onde tinha poder de veto por ser o redator-chefe, no ano seguinte, quando respondeu a uma das cartas de José Veríssimo que lhe indagara sobre o valor dos livros surgidos naquele 1882. Respondeu ao amigo paraense:

A vida literária por aqui cada dia mais se reduz. O desaparecimento da *Revista* deixou um vácuo que todos reconhecem, mas poucos lamentam.
Ultimamente saiu a lume um livro de algum fôlego – *José de Alencar, Perfil Literário* – por T. de Alencar Araripe Júnior.
O colega deve conhecer quando todo esse estudo sair na *Revista.*

20. Franklin Távora, Carta a José Veríssimo, datada do Rio de Janeiro, em 19 de julho de 1881. Cf. Coleção do Arquivo da Academia Brasileira de Letras.

Além do aludido livro, o das *Fanfarras*, de Theóphilo Dias, nenhum outro que valha a pena mencionar-se[21].

Historicamente jamais poderá ser dissociada da ação e do fecundo trabalho material e intelectual desenvolvidos por Franklin Távora, sem desmerecer o apoio logístico e também material dos outros fundadores e diretores, sobretudo de Nicolau Midosi.

Rememorando as causas do desaparecimento da *Revista Brasileira* nesta segunda fase, Alfredo d'Escragnolle Taunay, ao proferir no Instituto Histórico e Geográfico Brasileiro, do Rio de Janeiro, o elogio fúnebre de Franklin Távora, explicou que a *Revista Brasileira* nascera "debaixo dos melhores auspícios [...], que constitui um dos mais valentes e bem encaminhados tentames, que temos até aqui podido ver realizados". Informou ainda que:

A introdução, escrita por Franklin Távora, era toda no sentido conciliatório e prometia a mais imparcial e plena hospitalidade a todos os escritores que para ela quisessem concorrer. [...] Franklin Távora, se não se colocou em pessoa à testa do movimento literário nortista contra os escritores do Sul, ou como tais a todo o preço considerados, por ele se deixou subordinar; e a folha que a todos prometera tão largo campo à liberdade de ação, foi gradualmente apertando o círculo dos seus colaboradores, caindo em poder de espíritos intransigentes e indisciplináveis, na frase de *Imitação de Cristo*, embora valentes nas crenças e agressivos no labutar; e assim, perdendo o interesse e o número de leitores pouco dispostos a acompanharem e darem alento a violentas e intermináveis polêmicas[22].

Dessa versão que, de fato, se aproximava da verdade histórica, discordou Clóvis Beviláqua, quando preferiu atribuir a morte da *Revista Brasileira* a motivos genéricos e não específicos. Escreveu o jurista e escritor:

Não me parece que seja esta a explicação (refere-se à de Taunay) do malogro da tentativa. A causa é mais profunda, mais geral, e por assim dizer, orgânica. O número dos leitores permanentes ainda não é bastante para dar às revistas literárias as larguezas de que necessitam para viver com independência e sobranceria[23].

---

21. Franklin Távora, Carta a José Veríssimo, datada do Rio de Janeiro, em 28 de maio de 1882. Cf. Coleção do Arquivo da Academia Brasileira de Letras.
22. Alfredo d'Escragnolle Taunay, "Discurso Fúnebre a Franklin Távora", *Revista Trimensal do Instituto Histórico*, Rio de Janeiro, tomo LI, 2ª, pp. 357-358. Cf. Coleção do Arquivo Histórico Nacional.
23. Clóvis Beviláqua, *op. cit.*, 1904, p. 25.

Essa justificativa do autor da *História da Faculdade de Direito do Recife*, na verdade, perdia-se nas generalizações. A falta de leitor sempre foi e continuará a ser, no Brasil, um dos principais motivos para determinar o fracasso ou o êxito de qualquer empreendimento editorial. Depois, o que, afinal de contas, ele chamava de "causa profunda e orgânica"? Ele não as explicou. A impressão que quis dar foi a de que a morte fora natural e que decorreu de algo congênito a todas as revistas que nasçam nesta parte do mundo. Nem todas as revistas brasileiras, porém, morreram afetadas por essa moléstia. Há outras razões.

E a razão exata do desaparecimento, naquele momento da história da *Revista Brasileira*, não foi nenhuma das apontadas por Taunay ou Beviláqua. Apesar das dificuldades, a *Revista* sobrevivia e poderia ter circulado mais alguns anos. A explicação foi dada pelo próprio Franklin Távora, que só agora divulgamos, através de uma das cartas que ele escreveu a seu amigo, o escritor José Veríssimo, ainda residente em Belém do Pará. Na carta, escrita em resposta a outra de Veríssimo junto à qual lhe enviara um conto para a *Revista*, dizia Távora:

Rio, 28 de janeiro de 1882.
Amigo e colega Sr. José Veríssimo:
Fica em meu poder o conto que me enviou como presente de festas para a *Revista Brasileira*, presente muito estimável sobre o qual me manifestarei adiante.

A *Revista* já se não publica. Desde setembro do ano próximo findo tinha-me eu retirado da respectiva redação, realmente pesaroso em deixar em mãos pouco zelosas esse ente que eu ajudara, com extremos de que sou capaz, a dar os primeiros passos na escabrosa estrada das letras. Desgostei-me por uma perfídia, e retirei-me.

Não costumo dar muita importância aos meus serviços, que na realidade, muito pouco devem valer, mas quem conhece a *Revista* pode avaliar quanto trabalhei sem faltar às minhas ocupações na Secretaria do Império, no Instituto Histórico e em outros centros literários, pela aquisição da nomeada que a *Revista* chegou a ter dentro de pouco tempo do seu aparecimento.

Eu previa que ela havia de deixar (de existir) pouco depois do meu afastamento. Não há nisto orgulho nem vaidade; há consciência do trabalho. Eu escrevia artigos de crítica, lia tudo quanto se enviava para dar notícias nas *Diversas Publicações*; escrevia cartas, pedindo artigos, aos moços de talento do país, escrevia romances, enfim...

Para que ir adiante? Desculpe-me este desabafo, e nem a mais ligeira sombra de exaltação própria veja em palavras que o descontentamento, a descrença, o enjôo me arrancam do íntimo da alma.

O seu conto é muito bonito, pelas notícias etnográficas, pelas descrições da natureza, pela divisão na narrativa, pela naturalidade nas cenas, e especialmente pelo término que, conquanto perfeitamente natural, chega de modo imprevistamente, e por isso nos põe uma interessante surpresa.

Peço-lhe me permita não devolvê-lo já. Talvez possa conseguir a sua publicação em outro periódico ou jornal onde ele apareça dignamente, como merece.

Além desta razão, tenho outra para retardar a devolução: quero tratar dele nas páginas que destino ao colega no meu livro – *O Norte*. Nestas páginas já me ocupei com os seus outros trabalhos ("Primeiras Páginas", *Gazeta do Norte*) em números de 20 a 22. Não são biografias, mas rápidas apreciações pelo modelo dos estudos de ocasião das *Diversas Publicações* da *Revista*; posto que algum tanto mais desenvolvidos. Se eu fosse pôr estudos literários dois tomos não chegariam. Além disso, o plano da obra não os admitiria. Desses 20 ou 22 escritores trato eu, vindo do Norte, por províncias, até Sergipe, em uma das 10 seções em que se divide o livro. Deve, portanto, caber a cada escritor umas 6 páginas, quando muito, em tipo *mignon* (*tipo 8*) no formato do *Lourenço*[24].

A perfídia doera-lhe profundamente. Tanto que diante de uma tentativa de retratação e restabelecimento das atividades da *Revista*, dera um "não" contundente. E foi o que, em 19 de fevereiro, em carta, contaria para José Veríssimo, amigo e confidente:

Um vislumbre de esperança apareceu-me ultimamente de dar-lhe publicação: vieram dizer-me que a *Revista* continuaria fora da Tipografia Nacional. [...] A *Revista* está definitivamente terminada[25].

E assim terminou.

Definitivamente para ele, pois a *Revista Brasileira* renasceria nas sucessivas gerações de escritores.

E para que o resumo de sua história não se limite à segunda fase, damos a seguir, com brevidade, os principais momentos que marcaram o ressurgimento da *Revista Brasileira*, na esperança de que ela não morra jamais.

A terceira fase renasceu, exatamente, com José Veríssimo (1857-1916), após a sua mudança para o Rio de Janeiro em 1891.

Desfrutando de bom relacionamento e da condição de amigo de Franklin Távora, a partir de 1895 deu à *Revista Brasileira*, como na fase anterior, predominância aos trabalhos literários e artísticos, sem descurar do aspecto científico, histórico e geográfico, pois, sendo Veríssimo já um escritor de prestígio, soube trazer os seus pares para a *Revista*, dando oportunidade a que todos – novos e velhos, amigos e inimigos – publicassem seus trabalhos. Durou até dezembro de 1899.

---

24. Franklin Távora, Carta a José Veríssimo, datada do Rio de Janeiro, em 28 de janeiro de 1882. Cf. Coleção do Arquivo da Academia Brasileira de Letras.
25. *Idem*, Carta a José Veríssimo, datata do Rio de Janeiro, em 19 de fevereiro de 1882.

No meado da década de 1930, o escritor e diplomata Batista Pereira restaurou pela quarta vez a *Revista Brasileira*, dando-lhe uma feição mais política e informativa do que literária e artística. As alterações dos formatos anteriormente adotados, as dificuldades surgidas com os acontecimentos políticos de 1935, obrigaram-na a desaparecer.

No começo da década de 1940 o quinto renascimento da *Revista Brasileira* coube ao escritor Afrânio Peixoto, que assim o resumiu:

> Literária principalmente, como a segunda e a terceira, mas também não passando ao largo da ciência, da arte, da informação, como as outras; traz, porém, uma novidade e transcendente, incluída aliás no seu nome. É uma revista, periódico literário, de ensaios, contos, críticas, estudos, como não os comportam os cotidianos jornais apressados. Destina-se a trazer o Brasil, todo o Brasil, dos Estados ou Províncias, a se encontrarem na Capital...[26]

Houve, em 1941, por iniciativa do Presidente da Academia Brasileira de Letras, sr. Levy Carneiro, um esforço no sentido de que a *Revista* fosse editada pela Academia, o que foi aprovado, mas, devido a várias razões, inclusive aos obscurantismos que atraíam os tempos de guerra, não funcionou como pensara Afrânio Peixoto. E por isso ele reclamaria sem conseguir esconder a sua profunda mágoa:

> [...] já não há periodicidade, virtude elementar das revistas, publicações "periódicas". Sai como pode, quando o número está pronto. Tem uma comissão de censura, os autos vão a vários juízes, que julgam, e condenam ou absolvem. As fases anteriores revelaram este ou aquele grande escritor: com tal critério não acontecerá a esta, submissa à inquisição, *nihil obstat...* Os acadêmicos não colaboram; o público se desinteressa... Disse La Bruyère: *C'est un métier que de faire un livre, comme de faire une pendule.* É preciso saber fazer. *Ne sutor...*[27]

E num tom desolado, o autor da *Esfinge* concluiu a síntese da quinta ressurreição da *Revista Brasileira* com essas palavras:

> Abortou a quinta *Revista Brasileira*, a da Academia, que tem bens, mas não teve bênçãos...[28]

Nos últimos anos desta década, a Academia Brasileira de Letras fez renascer a *Revista Brasileira*, em sua sexta fase, que ainda perdura.

26. Afrânio Peixoto, *op. cit.*, 1944, p. 341.
27. *Idem*, p. 342.
28. *Idem, ibidem.*

27. A Fase do Instituto Histórico

> *Temos em mente inocular sangue novo nas veias deste corpo que com semelhante reforço muita vida e robustez há de ganhar.*
>
> Trecho de carta a José Veríssimo.

A 28 de maio de 1880 Franklin Távora assinou a proposta como candidato a sócio do Instituto Histórico e Geográfico Brasileiro do Rio de Janeiro, anexando ao pedido, além do ensaio histórico *Os Patriotas de 1817*, o restante de sua obra.

A idéia não podia ser mais acertada, porque desde os primeiros trabalhos publicados aos mais recentes notava-se-lhe um forte pendor para o enfoque dos fatos ligados à história.

O seu primeiro romance – *Os Índios do Jaguaribe* – contava as aventuras e desventuras do português Pero Coelho, que, a partir de 1603, realizou a exploração das regiões hoje compreendidas pelo território cearense, ora combatendo os selvagens do vale jaguaribano, ora as naturais adversidades do meio.

Depois, a sua trajetória literária, até aquele momento, indicava predileção pelos temas pernambucanos, os quais sempre entravam de permeio em suas obras, quer na prosa romanesca ou nos contos, quer na ensaística.

A proposta inicial de admissão foi à Sala das Sessões em 18 de junho, recebendo parecer dos historiadores, drs. César Augusto Marques e Luiz Francisco da Veiga. Com o trabalho *Os Patriotas de 1817*, oferecido por Távora para fazer valer a sua condição de historiador, longe estava ele de supor que nas primeiras palavras escondia-se um ponto negativo que, por pouco, não o impediria de entrar para aquele grêmio de antiga tradição nos meios culturais do país.

A comissão, após examinar o ensaio, achou que o estilo não era de um *historiador*, mas de um *narrador*. Felizmente, ressalvava que o trabalho fora

[...] feito com bastante talento e critério, desses acontecimentos históricos promovidos em Pernambuco, nessa era, já pelo patriotismo, já pela imprudência ou impaciência e, já, finalmente, por diferentes apreciações sob prismas diversos de muitos de seus habitantes[1].

O mais curioso é que a comissão dava a impressão de vincular os fatos ocorridos naquele ano com os de 1817, achando quase irrelevante, portanto, o lapso de 63 anos que os separava daquele memorável movimento libertário pernambucano. E, com ênfase, expunha os argumentos da cautela como boa conselheira para a apreciação dos feitos históricos:

São, para assim dizer, lutas incandescentes de nossos dias, e por isso ainda não há a verdadeira calma e isenção do espírito para serem apreciadas, como é de mister. Tanto é verdade, que até hoje os diversos escritores desses fatos não são concordes em seus julgamentos[2].

Depois de um longo rodeio, a comissão afirmou "julgar ser de proveito aceitar todos os escritos e animar todos os autores, que descrevem esses tempos, onde inegavelmente brilha muito patriotismo, santificado até pelo martírio". Mas, em seguida, trazia à colação a inesperada ressalva que surpreendeu Távora:

Neste caso está o Dr. Franklin Távora, embora sinta a comissão dizer, que leu com profundo pesar as apreciações, por demais severas, que o mesmo senhor fez do nosso finado consócio o visconde de Porto Seguro, o douto e incansável Varnhagen, a quem o Instituto Histórico, o Brasil e especialmente a história pátria, tanto devem.

A Comissão alegava, ainda, que "um dia, não muito longe, o ilustre candidato, apreciando melhor este distinto brasileiro, seria o primeiro a concordar na justiça, que a comissão agora faz, não deixando passar despercebidas essas palavras"[3].

Quais foram, porém, as palavras usadas por Távora no seu ensaio *Os Patriotas de 1817* consideradas "por demais severas"?

---

1. *Parecer* da Comissão de História do Instituto Histórico e Geográfico Brasileiro, de 18 de junho de 1880, *Revista Trimensal do IHGB*, tomo XLIII, 2a., pp. 402-404.
2. *Idem*, p. 403.
3. *Idem, ibidem*.

Essas invectivas foram, a rigor, a base fundamental de sua tese. Animou-se a escrever precisamente por causa das "várias e discordes opiniões dos escritores que têm tratado da revolução de Pernambuco em 1817", conforme disse na primeira linha do seu trabalho. Se a proposta foi esta, como dispensar a primazia das discordâncias em relação a uns e das concordâncias para com outros? A Comissão, porém, melindrou-se com as palavras dedicadas a Varnhagen, seu consócio ilustre, mas ignorou o juízo esboçado por Távora em relação ao conselheiro Pereira da Silva. Ou este não fora sócio do Instituto Histórico?

As considerações de Távora buscavam mostrar os motivos pelos quais os historiadores revelavam-se tão hostis à Revolução de 1817, em Pernambuco. Após dizer que Armitage fora menos preconceituoso, afirmava que o mesmo não se dera com Varnhagen e o conselheiro Pereira da Silva. E acrescentava:

Estes escritores encontram flagícios e crimes onde vejo grandes afetos, meritórias intenções e irreparáveis sacrifícios. O que não tem para ela menosprezo, examina com o juízo, o discernimento sereno de que seria capaz cada um deles, se o quisesse, por sua inteligência e luzes. E mal andaria a causa da verdade, se as histórias que eles compuseram não tivessem podido menos que a fé pública, fundada nas tradições, ou antes na intuição, que é a primeira luz dos juízes populares. De feito, a revolução de 1817, mau grado os ódios e invectivas infundadas, é de há muito considerada pelo país como a raiz da montanha que cresceu entre Portugal e Brasil, e os separou definitivamente. [...] Varnhagen não oculta o seu desabrimento, a sua impaciência, e dificilmente retém a sua bílis perante a constância do espírito público em afirmar a legitimidade e grandeza da revolução de 1817. Um escritor que desse valor à reputação de sisudo e grave substituiria por outras estas palavras daquele iracundo historiador: "Sabemos que está de moda adular os anais dessa revolução" etc.[4]

Mais do que uma defesa de um temperamento bairrista, as palavras de Távora encontravam exemplos na própria posição do historiador Varnhagen que, com efeito, deixava de exibir as fontes documentais e partia para juízos subjetivos que assustavam o ensaísta e, por isso, colocava-se, cada vez mais, discordante dos outros historiadores. E ele continuou:

Riscaria, por descabidas e impertinentes, estas outras, em que com ostentação pouco comum se patenteiam parcialidade e ódio: "É um assunto para o nosso ânimo tão pouco simpático, que, se nos fora permitido passar sobre um véu, o deixaríamos fora do quadro que nos propusemos traçar". Parece que, escrevendo sobre o aludido

4. Franklin Távora, "Os Patriotas de 1817", *Revista Brasileira*, tomo IV, ano primeiro, 1880, p. 38.

assunto, não foi outro o seu intento senão o de dar oposta direção ao conceito geral. Parece que não foi pena brasileira a que lavrou sentença tão iníqua. Nem é preciso mais para que deva ser tido por suspeito[5].

As ponderações a propósito das prevenções de Varnhagen contra os revolucionários pernambucanos prosseguiram. Quase que com a mesma veemência Távora encetou também os mesmos comentários contra a posição do conselheiro Pereira da Silva que viu nos revolucionários pernambucanos de 1817 apenas

[...] entes ordinários, medíocres e desprezíveis muitos. Loucos outros, e raros os que tinham inteligência cultivada e valiosos talentos. Nenhum gênio figurou entre eles, que tenha direito a incitar entusiasmo. Mas acharam-se comprometidos também caracteres honrados e honestos que não devem passar desapercebidos. (*História da Fundação do Império*, tomo 4, p. 138.)

Nada mais injusto – continuou Távora – que as duas primeiras partes desta sentença. Nenhum homem desacreditado ou perdido no conceito público teve posição conspícua na revolução de 1817[6].

A Comissão de História do Instituto, porém, feito o reparo em defesa de Varnhagen, julgou que o ensaio de Franklin Távora, "escrito em boa linguagem portuguesa, revelava no autor estudo acurado, talento cultivado, conhecimentos colhidos com empenho, amor à sua terra natal, e propensão bem saliente para a ordem de estudos, de que se ocupa o nosso Instituto"[7].

Acrescentava, ainda, que não se contentara apenas com aquele ensaio, mas examinara também toda a obra do candidato. E citou os romances *Os Índios do Jaguaribe*, *O Cabeleira* e *O Matuto*, admitindo que o romance é uma forma mais agradável de transmitir conhecimentos às pessoas menos lidas.

No dia 27 de agosto o parecer foi apreciado pela segunda e última Comissão, a de admissão, formada pelos drs. Alfredo d'Escragnolle Taunay e Guilherme S. de Capanema, os quais, sob a presidência de Sua Majestade o Imperador Dom Pedro II, aprovaram-no, sob os seguintes argumentos:

A Comissão de Admissão de Sócios concorda com a de Trabalhos Históricos sobre o merecimento real da Memória do Sr. Dr. Franklin Távora, relativa ao movimento revolucionário de Pernambuco, e o considera, por essa prova promissora de outras muitas em quem cultiva com aplauso as letras, digno de pertencer ao

5. *Idem, ibidem.*
6. *Idem*, p. 40.
7. *Parecer, op. cit.*, p. 404.

Instituto Histórico, que muito deverá esperar dos esforços desse distinto candidato, já bem conhecido do nosso mundo literário[8].

Por essa época Franklin Távora também dirigia a *Revista Brasileira* e por isso as suas atividades, com o novo compromisso assumido, multiplicavam-se. Como se não bastassem as ocupações na Secretaria do Império, na *Revista* e agora no Instituto Histórico, havia ainda a própria efervescência natural do Rio de Janeiro. A chegada da penúltima década do século XIX trouxera consigo uma espécie de pressa nas pessoas. As mudanças da cidade do Rio de Janeiro ocorriam quase que a saltos. Todos os dias as principais novidades da imprensa giravam sempre em torno de assuntos urgentes e inadiáveis.

Os liberais e os conservadores que se revezavam na ocupação do poder disputavam as melhores frases, as mais sábias verdades, os mais significativos espaços da imprensa diária. No final, cada um a seu modo, ia acomodando as pretensões e as realizações ficavam inapelavelmente para o dia seguinte.

Os latifundiários e industrialistas, os homens que representavam as iniciativas que davam lucros, insatisfeitos e temerosos do futuro, exibiam as vantagens de suas atividades. Mas tanto estes como aqueles num ponto estavam de acordo: a brusca extinção do elemento servil significava para o Brasil uma atitude brutal, inoportuna, inadmissível, impatriótica, porque o governo não tinha como garantir financeiramente os seus interesses assumidos.

A esses clamores, a década começava com a perspectiva de um novo gabinete, vez que os liberais estavam no poder desde janeiro de 1878. Os debates no Parlamento acendiam-se nos gestos e nas palavras das figuras centrais de seus líderes: o deputado Zama era o novo *Mirabeau de Xiquexique* e Cansanção de Sinimbu recebia a alcunha de *Camalião de Sinimbu*.

Pesava sobre todos os sustos provocados pelo "Imposto do Vintém", mas não faltava quem viesse lembrar que o país não era só o Rio de Janeiro e a tudo isso deviam-se somar as outras mazelas das províncias.

Saldanha Marinho e Joaquim Nabuco combatiam verbalmente na Câmara. Marinho, exaltando as ações dos liberais, elevava às alturas as virtudes da liberdade de consciência, enquanto Nabuco, dono de dois tesouros extraordinários – o talento e a tradição familiar – retrucava dizendo que fazia votos para que aquele gabinete no poder não fosse uma garantia maior para o clericalismo como sempre fizera um governo conservador. Era o velho eufemismo, segundo o qual não havia nada mais conservador do que um liberal no poder.

---

8. *Parecer, Revista Trimensal do IHGB, op. cit.*, p. 453.

Enquanto isso, a Sociedade Brasileira contra a Escravidão e a Associação Central Emancipadora promoviam inúmeros atos, por toda a cidade, em favor da total libertação dos escravos, quase sempre, tendo como atração principal a palavra inflamada de José do Patrocínio.

A política e a diplomacia, da noite para o dia, foram abaladas com a morte do Visconde do Rio Branco, da qual se aproveitaram os maçons e os católicos para reacender suas admirações e reservas quanto ao passamento do grande político e diplomata. Felizmente as escaramuças, por pouco tempo, apenas suscitaram lembranças das antigas mágoas reprimidas na década anterior sobre a "Questão Religiosa".

No plano das artes, a volta consagradora de Carlos Gomes encheu a cidade de alegria, trazendo ao povo os concertos a céu aberto. Era o retorno do ilustre brasileiro que vencera. Vencer significava alcançar o triunfo na Europa.

A partir do momento em que Franklin Távora se viu como sócio do Instituto Histórico, na verdade, não utilizou a nova condição como mero meio para auferir distinção e prestígio social. Estava imbuído de um propósito determinado: o de trabalhar seriamente pela nova causa que abraçara – os estudos históricos e tentar dar um ar de renovação àquela venerável instituição. Para isso comparecia assiduamente às reuniões e nunca se revelou omisso no oferecimento de trabalhos, opiniões e ações concretas, práticas.

Diante de seu proclamado e demonstrado esforço, no final do ano, foi eleito membro da comissão de manuscritos com o Visconde de Taunay e Nicolau Joaquim Moreira. Iniciava, assim, uma promissora e fecunda carreira dentro da hierarquia do Instituto.

Em junho de 1881 apresentou o seu primeiro trabalho histórico, intitulado "Memória sobre o Frei Joaquim do Amor Divino Caneca", a qual, em seguida, apareceria publicada no tomo VIII da *Revista Brasileira*.

Como era muito assíduo às várias reuniões, terminou, em algumas delas, funcionando como secretário *ad-hoc*, o que serviu como uma espécie de treinamento para os cargos a que, efetivamente, mais tarde, seria sucessivamente eleito.

Durante os oito anos que passou como sócio do Instituto Histórico, seis dos quais na condição de orador oficial (1881-1887), foram inúmeros os discursos proferidos, principalmente os solenes, destinados ao elogio dos sócios mortos durante o decorrer do ano.

Em que pese ao caráter oficial e protocolar, na maioria dos casos, as suas ações eram dirigidas a alguns pontos que sinalizavam a vontade de inovar. Procurava, por exemplo, em seus discursos, na medida do possível, introduzir uma linguagem clara, objetiva, desprovida de excessiva retórica, vício que, além de propender a não fixar na mente dos ouvintes os dados mais expressivos e indispensáveis à biografia do homenageado, concorria, também, para fazer com que todos eles se parecessem. As singularidades de suas vidas buscadas para marcar as respectivas personalidades, no final das contas, ficavam ofuscadas pela abundância das palavras ociosas. O novo orador apegou-se corajosamente à crítica, exercendo com parcimônia, mas usando-a como meio de medir e separar qualidades não homogêneas.

Na história da passagem de Franklin Távora pelo vetusto e venerado Instituto Histórico, talvez o momento mais comovedor, e que serviu para firmar a sua fama de grande orador, ocorreu na sessão magna de encerramento do ano de 1881, quando foi indicado para substituir, interinamente, o orador oficial, o conhecido romancista Joaquim Manuel de Macedo, então enfermo.

Às sessões magnas de final de ano, sempre solenes, além das mais expressivas figuras da Corte, das mais diferentes áreas, comparecia S. M. o Imperador, constituindo-se, portanto, no principal evento literário, político, cultural e social do Rio de Janeiro.

Os elogios fúnebres daquele ano recaíram sobre os ex-sócios Miguel Maria Lisboa, Luiz da Cunha Feijó, Ludgero da Rocha Ferreira Lapa, Cândido Mendes de Almeida, Carlos Honório de Figueiredo, José Pedro Dias de Carvalho, Agostinho Marques Perdigão Malheiros e Felix Emilio Taunay, o Barão de Taunay.

Nessa sessão magna, porém, havia uma expectativa que alguns tratavam de, à boca miúda, difundir entre os presentes, para que a surpresa não lhes causasse maiores dissabores. É que um dos mortos a serem elogiados – Cândido Mendes de Almeida – fora o mais acerbo inimigo intelectual de Franklin Távora durante os episódios da chamada "Questão Religiosa". Cândido Mendes, como principal advogado de defesa do bispo Dom Vital na célebre audiência do Conselho de Estado no Rio de Janeiro, orientava o prelado a não responder aos juízes, desafiando-os com o silêncio, como fizera Jesus diante do Sumo Sacerdote Caifás.

O discurso de Távora andou durante longo tempo, como era de costume, e, pouco a pouco, o orador ia esgotando os aspectos relevantes de Cândido Mendes sem maiores novidades, até que, de repente, todos acordaram:

O nosso consócio mostra-se finalmente sob outro aspecto – o de escritor ultramontano – aspecto, que nos últimos tempos devia ganhar tão grande relevo, que chegou a prejudicar as outras feições desse eminente mestre das nossas letras históricas[9].

9. Franklin Távora, Discurso no IHGB, *Revista Trimensal*, tomo XLIV, Parte II, p. 468.

Nas palavras do orador, no entanto, não havia ressentimentos, mágoas, vontade de vingar-se de alguma diferença intelectual, de crença, de idéias políticas. Estava despido de ânimo de combate. Apenas fazia um preâmbulo, um tanto retrospectivo para, de alguma forma, revelar a imperiosa necessidade da clareza e da exatidão dos fatos e melhor situar os méritos daquele que tanto combatera quando pugnaram em campos opostos. E, por isso, relembrou:

> Ainda devem estar frescos na lembrança dos dignos consócios os episódios da célebre questão episco-maçônica, ou questão religiosa, como é vulgarmente conhecida e que passou à história. Quem não sabe que foi Cândido Mendes um dos corifeus mais esforçados da religião católica, apostólica, romana, posta em novas bases pelo *Syllabus*, essa declaração revolucionária de pretendidos direitos da igreja de Roma contra o progresso e a liberdade moderna, contra a civilização, contra a soberania das nações, a independência dos parlamentos, o poder civil nas suas bases e na sua autonomia e no exercício das funções, sem as quais lhe será impossível manter-se como poder independente e soberano?[10]

E seguiu, mas, em vez de desviar-se para a discussão do tema, de adentrar-se na crítica, como fizera outrora, limitou-se a justificar a posição ultramontana de Cândido Mendes em longo parágrafo, atribuindo-a à formação que o homenageado herdara dos monges. Depois, com segura lucidez e equilíbrio, arrematou:

> Senhores, não irei adiante em assunto, no qual nem de leve tocaria, em homenagem ao silêncio eterno do nosso consócio, se com a minha natural independência de convicções, que somente convicções mais lúcidas podem vencer, não tivesse sido um dos primeiros, que na província de Pernambuco, por ocasião do aludido conflito, combateram, com vivacidade pela imprensa os discursos de Cândido Mendes contra o poder civil no livre exercício dos seus direitos[11].

Os cinco mortos ilustres do ano de 1882 foram os ex-sócios Domingos Gonçalves de Magalhães, Joaquim Manuel de Macedo, Manuel de Valladão Pimentel, Diogo Teixeira de Macedo e Caetano Alves de Souza Filgueiras. O primeiro elogiado por Távora foi Joaquim Manuel de Macedo, escritor e orador oficial a quem ele substituíra no ano anterior e agora de forma definitiva.

Suas palavras iniciais foram de reverência aos dons de orador do morto:

> A cadeira que Macedo preenchia, há ano apenas impedida, hoje definitivamente erma, traja o luto da orfandade. Apartou-se dela para sempre o vulto que, por vinte

10. *Idem*, pp. 468-469.
11. *Idem*, p. 469.

e cinco anos, a dignificou pelo talento e pelo trabalho. Se não fora esse apartamento, poderiam ser amanhã resgatadas as imperfeições da informe obra de hoje[12].

A seguir, dizendo que a morte de Macedo ocasionou uma grande perda, quer para o Instituto, quer para o país, na verdade, não usava um jargão banal tão do gosto da velha retórica elegíaca, porque o discurso obedecia a estrutura simples, mas elegante.

Utilizando-se da circunstância de aparecerem dois grandes escritores – Macedo e Magalhães – um romancista e outro poeta – Távora aproveitou essa condição para fazer uma retrospectiva da evolução histórica da literatura brasileira, detendo-se com maior interesse nas origens e no desenvolvimento do romance histórico e, a seguir, em algumas questões básicas da poesia épica.

Sobre Macedo salientou o reconhecimento da glória em vida, dando-se o autor de *A Moreninha* ao luxo de escrever com sucesso para quase todos os gêneros. Quase, porque Távora, revelando que a crítica positiva e construtiva não deve ser apenas o elogio improcedente e desproporcional, afirmava:

> Quaisquer, porém, que fossem os artigos políticos de Macedo, quaisquer que fossem os seus serviços nesse ramo de labor nacional, eles não valem uma qüinquagésima parte dos literatos. A índole de Macedo não se dava com a luta, essência dos partidos[13].

Aludiu, de passagem, ao episódio das famosas *Cartas de Erasmo,* com que, então, o jovem escritor José de Alencar arremetera duras críticas ao poeta Gonçalves de Magalhães, quando fora publicada *A Confederação dos Tamoios.* E o curioso é que, pelo menos em relação a Távora com suas *Cartas a Cincinato* e a Alencar com as cartas já referidas acima, torna-se irrenunciável a comparação. Ambos, na juventude literária, atacaram a obra de um escritor mais velho. Esse expediente comparativo fica aqui salientado apenas para mostrar que é um fenômeno antigo e repetido em todas as literaturas, como se com isso a natureza apenas repetisse a infalível lei de que o velho será substituído pela chegada do novo. À lógica da crítica, portanto, caberá discernir o mero ataque do juízo de valor literário.

Será que as referências de Távora, naquele discurso, sobre a atitude de Alencar em relação a Magalhães, por acaso, não serviriam para ilustrar a sua própria situação quando fora o severo crítico de Alencar? Ouçamo-lo:

12. *Idem*, p. 507.
13. *Idem*, p. 515.

Com A *Confederação dos Tamoios* Magalhães não perdeu senão no conceito dos que julgam pelas impressões de outros, sem examinar se são filhas de nobre paixão. Se o autor das *Cartas* [Alencar] que então apareceram, única censura hostil à produção de Magalhães, contasse adquirir celebridade por outros meios, como lhe foi fácil posteriormente pelo trabalho incessante do seu deslumbrante engenho, não escreveria agressão em que os vindouros não podem encontrar idéias, mas somente artísticas declamações.

Reli essas cartas, senhores, depois de vinte anos da primeira leitura; reli-as há dez dias para tratar do poema. Deixaram-me penosa impressão em cuja análise eu entraria se trabalho tão ímprobo tivesse natural cabimento em uma solenidade destinada antes a avivar glórias que a reviver despeitos[14].

Os elogios fúnebres do ano seguinte recaíram sobre os ex-sócios Baptista Caetano de Almeida Nogueira, Pedro de Alcântara Cerqueira Leite, Barão de São João Nepomuceno, José Ildefonso de Souza Ramos, Barão das Três-Barras, o conselheiro Antonio Pereira Barreto Pedroso e Antonio Paulino Limpo de Abreu.

Na introdução desse discurso há umas afirmações que, sem dúvida, parecem responder, talvez inconscientemente, aos limites levantados pelos membros da comissão que examinaram a sua proposta de admissão ao Instituto Histórico, porque dizia com ênfase:

Se trata de história, vários são os pontos de a encarar, vários os métodos de a escrever. Este aceita os fatos na sua real expressão, estejam completos ou mutilados; aquele explica-os depois de os decompor e recompor; outros completa-os pela conjectura ou pela lógica. Tácito pertence à primeira escola, Thierry à segunda, Guizot e Macaulay à última. Se se trata particularmente da história do Brasil, como neste Instituto, é lícito perguntar ao historiador: Que teoria seguis – a de Martius, a de Buckle, a dos sectários de Spencer, a dos discípulos de Comte?[15]

No ano de 1884 faleceram os sócios Visconde de Itajuba, o desembargador José Bernardo de Loyola, tenente-general Ricardo José Gomes Jardim, dr. Manoel Jesuíno Ferreira e dr. José Maurício Nunes Garcia. Os elogios históricos ocorreram sem novidades para as letras e as artes, conformando-se aos limites dos trabalhos históricos que cada um dos lembrados realizou durante sua vida.

Em 1885, Távora fora nomeado membro da comissão de estatutos e foi o relator da reforma de alguns artigos. Um deles dizia respeito à admissão de sócios. Com o objetivo de valorizar o ingresso dos sócios, estimu-

---

14. *Idem*, tomo XLV, Parte II, p. 521.
15. *Idem*, tomo XLVI, Parte II, p. 658.

lá-los ao estudo e torná-los efetivos colaboradores, havia que aclarar a inteligência de certas expressões estatutárias. Lembrou Távora que em diversas instituições do gênero, a luta para entrar desencadeava certas disputas e dissabores de pretendentes excluídos, via de regra, provocadas por situações desfavoráveis. Essas circunstâncias geravam juízos negativos em relação ao Instituto, mas que, na maioria dos casos, não passavam de despeito. Mais uma vez, dizia Távora, confirmava-se o sentido dos versos de Fontenelle, um dos membros da Academia Francesa, que cunhou com precisão o espírito de insatisfação dos que desejam sem o conseguir ultrapassar os umbrais dessas entidades acadêmicas:

*Quand nous sommes quarante,
On se moque de nous;
Sommes-nous trente neuf,
On est à nous genoux.*

Neste ano a morte, mais uma vez, passou pelo Instituto levando vários de seus sócios, inclusive fora do Brasil. Faleceram El-Rei D. Fernando, de Portugal, os Barões de Teresópolis e o de Alhandra, conselheiros Tomás José Pinto de Serqueira e Antonio Mariano de Azevedo, escritores drs. Joaquim José Teixeira e Antonio Henriques Leal, e jornalistas conselheiro José Maria do Amaral e dr. Joaquim Francisco Alves Branco Moniz Barreto.

As primeiras palavras pronunciadas por Franklin Távora na Sessão Magna de final do ano de 1886 foram: "Não me é lícito trazer para este recinto a poesia da lágrima". É que entre os mortos a serem saudados naquele ano estava o Barão de Bom Retiro, que, durante toda a década anterior, presidira o Instituto. Os demais eram o Barão Schreiner, comendador João José de Souza Silva Rio, drs. Maximiano Antonio de Lemos, Francisco Manuel Raposo de Almeida e conselheiro Josino do Nascimento e Silva.

Ao comentar os principais acontecimentos históricos a que esteve envolvido o Barão de Bom Retiro, no começo de sua carreira política, Távora desceu a detalhes de alguns deles, como, por exemplo, os ligados à Revolução Praieira de 1848, em Pernambuco. Este foi um movimento político que sempre lhe trazia à lembrança recordações capazes de provocar emoção. Seu pai, Camilo Henrique, alcunhado de o *Indígena*, um dos comandantes de linha juntamente com Pedro Ivo e muitos outros amigos praieiros, como Carneiro Vilela e o general Abreu e Lima, nunca ficavam alheios a tais recordações. Ademais, trouxe muitas informações adicionais sobre os verdadeiros motivos que determinaram a morte inesperada e lamentável de Nunes Machado.

Ao terminar o discurso, porém, para surpresa de todos, após um pequeno silêncio, disse:

Eis terminada por hoje a tarefa com que há seis anos me distinguis.

Rogo-vos que vos digneis passar a outrem este honroso ônus para cujo desempenho não sou o mais competente nem pelas habilitações, nem pela posição oficial.

Sede justos e generosos.

Os homens de consciência clara e sã praticam grande sacrifício quando se incumbem de cargo que exige brilho e altura que lhes faltam.

Seja a minha última palavra pedir-vos desculpas de falar-vos em mim logo depois de ter falado em nomes que a pátria glorifica, e a glória ilustra[16].

Algo sério e profundo começava a minar-lhe as forças.

Ainda assim, na qualidade de orador oficial, por ocasião da Sessão Especial feita para comemorar o aniversário de S. M. o Imperador, ocorrida no dia 2 de dezembro de 1886, proferiu o seu último discurso de saudação ao Monarca, com estas palavras:

Senhor: São justas as manifestações que concorrem a saudar o aniversário natalício de V. M. Imperial. A sua explicação depara-se nos benefícios de que V. M. tem dotado o Brasil em longo período de paz interior, feição dominante no segundo reinado.

A crítica não pode deixar de reconhecer que na aplicação das forças nacionais, V. M. se dirige pelas leis do progresso evolutivo, que traz a prosperidade sem acidentes nem desastres.

O Instituto não tem outra orientação e, ligado ao Brasil pela mesma nacionalidade, confunde com as dele as suas próprias saudações ao Chefe do Estado e à Imperial Família.

Mas, além desse motivo, outro move o Instituto a exultar com a presente data. Apenas inaugurado, teve a satisfação de ver deferida a súplica que dirigira à V. M. para que fosse o seu Protetor. Este deferimento revelou-se mais vivamente nas palavras com que aprouve V. M. responder às congratulações apresentadas pelo Instituto por ocasião de ser V. M. declarado maior: "Pode contar com a minha proteção".

Desde esse momento, o Augusto Protetor não perdeu jamais de vista o seu protegido, e este, animado por incentivo tão poderoso, prosseguiu a sua tarefa com toda a confiança na promessa que fatos posteriores vieram revalidar.

Congratulando-se novamente com V. M. em nome do Instituto, o seu órgão deplora não poder dar todo o relevo à manifestação de sua gratidão[17].

Na Sessão da Assembléia Geral, realizada no dia 21 de dezembro daquele ano, para a eleição da nova diretoria do Instituto, Franklin Távora deixou o cargo de Orador Oficial, sendo eleito para substituí-lo o sócio e

---

16. *Idem*, tomo XLIX, Parte II, p. 539.
17. *Idem*, p. 483.

escritor Visconde de Taunay, então exercendo o cargo de Senador do Império[18].

Nessa mesma eleição Távora permaneceu como Primeiro Secretário e ainda foi eleito membro da comissão de estatutos e de redação. Isso significava que ele voltava, outra vez, a editar uma revista.

Essa nova missão recebida – Diretor da Revista – vinha aliviá-lo da mágoa e da lacuna que, apesar dos anos passados, ainda lhe pesavam. Desde o inesperado encerramento da segunda fase da *Revista Brasileira*, em 1882, apesar de encontrar-se envolvido com as atividades oficiais da Secretaria do Império e do Instituto Histórico, a verdade é que sentira o golpe. Ficara-lhe um profundo ressentimento. Daí que não seria exagero afirmar que havia, já, na sua índole uma espécie de excessivo amor aos projetos literários unidos a uma prática editorial. É que isso ele o fez com desmedida dedicação desde os tempos de estudante da Faculdade de Direito do Recife. Não só era homem de projetos, mas de levá-los à prática, quase que vivendo um sonho de visionário das letras. E suas atividades sempre se ligavam à literatura, fosse no trabalho de revisão de um texto para jornal, revista ou livro, fosse no empenho de levar adiante uma revista literária, ou animar o seu nascimento e a sua sobrevivência, escrever uma seção, um discurso etc. Tudo ele assumia com entusiasmo e alegria, logo tomando a ombros a tarefa como a primeira paixão.

Com o desaparecimento, portanto, da sua última experiência editorial – a *Revista Brasileira* – tudo se passava como se algo nele houvesse morrido. A partir daquele ano, não se sabe se por capricho ou pelas dificuldades financeiras que se abateram com freqüência sobre sua vida, praticamente abandonara o empreendimento editorial.

Eis que, sem esperar, a partir de 1887, surgia a oportunidade de dirigir a *Revista Trimensal do Instituto*. Voltavam todos os entusiasmos de antes.

Uma das suas primeiras preocupações foi dar um novo conteúdo à *Revista Trimensal*, buscando, dentro e fora do Instituto, outros colaboradores, a diversificação de temas e assuntos. Para tanto escreveu uma espécie de editorial, contando a história da *Revista* desde a sua fundação até àquele último tomo, o cinqüenta, que ele editara com carinho de pai extremoso. E finalizava:

> Assinalar estes fatos quando a *Revista* completa cinqüenta anos, pareceu-nos uma justa e merecida homenagem à memória dos fundadores do Instituto, e aos que, consubstanciados com eles no mesmo patriotismo, vieram acompanhando e

18. *Idem*, pp. 486 e ss.

mantendo esta existência, hoje semi-secular, mas ainda jovem e forte para prosseguir as suas lutas[19].

Preocupado em levar uma plêiade de novos nomes de reconhecida capacidade intelectual para os quadros do Instituto, estimulou e propôs a entrada de amigos, como foi o caso do dr. Paulino Nogueira Borges da Fonseca, que ofereceu os trabalhos históricos intitulados *Presidentes do Ceará*, *O Vocabulário Indígena* e *A Execução de Pinto Madeira perante a História*; de Capistrano de Abreu com a memória histórica *O Descobrimento do Brasil e o seu Desenvolvimento no Século XVI*. Mas não ficou nisso. Tentava, por todos os meios, abrir novos espaços para a difusão da *Revista Trimensal do Instituto*, remetendo-a para as mais diferentes províncias, dentro e fora do Brasil.

Essa fase poderia ser melhor esclarecida pelas suas próprias palavras dirigidas ao seu amigo, o paraense José Veríssimo, a quem queria não só como colaborador, mas como sócio do Instituto:

Meu caro amigo Sr. José Veríssimo:
Remeto-lhe com esta carta um exemplar da *Revista Trimensal do Instituto Histórico*.
Por ela há de ver que procura a nova comissão de redação, afastando-se da rotina, dar nova direção a tão benemérita instituição que tem prestado relevantíssimos serviços à nossa história – é verdade, mas bem pode prestar ainda maiores se acomodar ao progresso das ciências modernas.
Temos em mente inocular sangue novo nas veias deste corpo que com semelhante reforço muita vida e robustez há de ganhar.
Eu não podia esquecer o colega, tratando-se de letras, história, etnografia, lingüística etc.[20]

Naquela nova posição – de Primeiro Secretário do Instituto e Diretor de sua *Revista* – ele começava a dar os primeiros passos para a grande festa do jubileu. E a data seria o dia 21 de outubro de 1888, quando o Instituto Histórico completaria 50 anos de vida.

---

19. *Idem*, tomo L, p. XXI.
20. Carta de Franklin Távora a José Veríssimo, datada no Rio de Janeiro, em 10 de maio de 1887. Cf. Arquivo da Academia Brasileira de Letras.

28. Entre Rosas e Espinhos

> *Mas não desanimarei. Se existe idolatria pelos livros eu a tenho, pelas nossas letras, pelos moços talentosos que se dedicam a tão nobre e desinteressado comércio.*
>
> FRANKLIN TÁVORA

Há, na vida dos homens, em relação à alegria e à dor, uma espécie de movimento pendular. Ora estamos vivendo um clima de felicidade, ora de dissabores. A Natureza não age de outra forma. Bastariam as estações do ano com suas mutações para nos jogar de plano na expectativa de novos tempos. E como eles virão? Aí reside o mistério da vida. Alguns fatalistas chamam-no de destino. Aos crentes acena-lhes sempre a vontade de Deus.

Ainda que nos últimos tempos Franklin Távora tenha manifestado um crescente pessimismo, o resultado final, no que se refere à publicação de livros, o mais importante acontecimento na vida de um escritor, fora positivo.

Nos primeiros anos da década de oitenta, houve na sua vida uma verdadeira soma de atividades aparentemente incompatíveis, mas que de modo curioso pareciam desaguar no livro, na literatura.

Enquanto editava revista, escrevia ensaios críticos e estudos históricos; resenhava livros para diversas publicações; desenvolvia argumentos e dava forma a romances, contos; respondia a inúmeras cartas; escrevia os seus discursos, que foram muitos; cuidava ainda de organizar e encontrar espaço para publicar os trabalhos de seus amigos. E, por fim, comparecia com assiduidade religiosa ao expediente na Secretaria do Império, uma espécie de martírio funcional.

Como se tudo isso fosse uma rotina, arranjara tempo para meter-se como membro da comissão destinada a reexaminar a legislação e os respectivos regulamentos dos teatros nacionais, conforme se observava numa de suas cartas escritas ao seu colega e xará Franklin Doria, então em Pernambuco, datada de 29 de dezembro de 1880:

> Exmo. Amigo e Colega Dr. Franklin Doria:
> Tanto que cheguei, tratei de coligir os regulamentos relativos à administração dos teatros; mas fui sabedor na Secretaria de não existirem exemplares avulsos dos mesmos regulamentos.
> Convém talvez, para o fim que se propõe, ter à vista o Decreto n. 4666, de 4 de janeiro de 1871. Por este Decreto foi criado o Conservatório Dramático desta Corte, e bem pode ser aplicado, em alguns pontos, ao desta Província.
> Consta-me que pelo Ministério da Justiça se projeta qualquer reforma sobre os teatros. O colega sabe muito bem que a este Ministério, e não ao do Império, estão os teatros sujeitos, e que ao do Império somente compete resolver sobre o que entende com aquele Conservatório.
> A um dos redatores da *Gazeta de Notícias* comuniquei o que Vossa Excelência tem feito aí no intuito de ser Pernambuco bem representado na exposição de história promovida pela Biblioteca Nacional; e ao próprio bibliotecário, Dr. Ramiz Galvão tive já ocasião de dizer o que soube e o ouvi do colega sobre o modo lisonjeiro como Pernambuco havia de figurar na exposição. *A Gazeta*, em notícia rápida, referiu-se às comissões nomeadas por Vossa Excelência, à tradução do Dr. Higino Duarte e às biografias inéditas, ultimamente encontradas por diligências do Dr. Vitrúvio.
> Pelos jornais há de ter sabido que estou agora metido em uma comissão que tem intensa ligação com essa festa literária.
> Rogo-lhe apresente os meus respeitos à Excelentíssima Senhora e disponha do de V. Excelência amigo, velho colega e admirador Franklin Távora[1].

A participação de Franklin Távora nessa comissão redundou na efetiva e forte participação de Pernambuco nos festejos, pois ele sempre se apresentava como incondicional defensor da presença de valores do Norte nesses eventos.

E por falar em Pernambuco, a referência ao dr. Higino Pereira resultaria logo mais tarde no proclamado entusiasmo que Távora revelaria sobre os trabalhos desse historiador pernambucano. É que ao tomar conhecimento da sua luta por desvendar, diretamente nas fontes européias, os documentos que comprovavam o protagonismo de figuras destacadas em vários acontecimentos históricos, louvou aquela iniciativa, escrevendo um interessante ensaio sobre o assunto. E lembrava que eram muitos os frutos já alcançados, mas urgia fazer mais. E apontava algumas traduções do ingente investigador:

---

1. Franklin Távora, Carta a Franklin Doria, datada do Rio de Janeiro, em 29 de dezembro de 1880. Cf. Acervo do IHGB.

O Dr. José Higino não julga concluída a sua tarefa. Não parou ainda. Os que andam em lidas semelhantes, compreendem facilmente o poder desta grande lei de trabalho – um dos maiores sustentáculos do espírito.

Tem prontas para serem publicadas na *Revista do Instituto Arqueológico (de Pernambuco)* as traduções seguintes: 1) dos editais da Assembléia Legislativa convocada pelo conde Maurício de Nassau em 1640; 2) de uma monografia sobre a Paraíba, escrita por Elias Herckman; 3) do jornal da expedição de Matheus van den Broeck ao Ceará para exploração de minas[2].

Em função da análise dos resultados alcançados pelo dr. José Higino Pereira, principalmente no que se refere às traduções de documentos que traziam mais luz sobre a ocupação holandesa do território brasileiro, Távora animava-o e sugeria a trabalhar mais e a buscar outras curiosas fontes:

Precisamos agora de ver explicado à luz da verdadeira filosofia, o singular fenômeno de ser expulso do nosso solo um povo forte que, dirigido por Guilherme Taciturno, realizou, depois de grandes sacrifícios e perdas, a independência de sua pátria; que pela sua probidade e lealdade mereceu exceção honrosa no Japão, quando este país trancava os seus portos a Portugal e a outras nações; que, enfim, se mostrou sempre grande na luta com os homens e com os elementos, triunfando de todos eles pela sua energia constante e paciente, pela tolerância, e por muitos outros dotes nobilíssimos. O Dr. José Higino está no caso de escrever, guiado pelo moderno critério sociológico, a história do período holandês na sua província natal. Nós o exortamos que ponha a peito a este honroso encargo[3].

Apesar dessas atividades, Franklin Távora não perdia de vista o seu programa de trabalho. Era preciso dar continuidade à publicação do ciclo da "literatura do Norte". Não importava a que custo ou sacrifício.

Desde os percalços da edição de *O Matuto*, em 1878, quando, na prática, ficara sem condições de pagar a tipografia, enfrentando os mais angustiantes momentos de apertura financeira, somente após três anos conseguira reunir novas forças para lançar o terceiro livro da série "literatura do Norte", o romance *Lourenço*.

E diante dessa concreta possibilidade editorial, logo se apressou em comunicar a novidade ao seu melhor amigo, o escritor José Veríssimo: "Estou tirando em volume especial o *Lourenço*, conclusão de *O Matuto*. Oportunamente enviar-lhe-ei o seu exemplar"[4].

---

2. *Idem*, "Indicações Bibliográficas", *Revista Trimensal do IHGB*, Rio de Janeiro, tomo XLIX, 2ª Parte, pp. 245-260.
3. *Idem*, p. 260.
4. Franklin Távora, Carta a José Veríssimo, datada do Rio de Janeiro, em 19 de maio de 1881. Cf. Arquivo da Academia Brasileira de Letras.

Carta de Franklin Távora a José Veríssimo. Arquivo da Academia Brasileira de Letras.

Do ponto de vista editorial da época, na verdade, ele cometera um exagero, pois, se lhe fora difícil e desgastante vender a edição de *O Matuto*, como dar conta da de *Lourenço*, lançado em julho de 1881?

Claro, havia a seu favor a circunstância de que esta edição era diminuta: apenas duzentos exemplares. Mesmo assim, as dificuldades do comércio livresco, sobretudo no Rio de Janeiro, não se haviam desanuviado. Ao contrário, todos reclamavam, mas Távora parecia sentir que tudo se armava somente para os seus livros.

O romance fora impresso na Tipografia Nacional, à Rua da Guarda Velha, no Rio de Janeiro, em 21 de julho de 1881, trazendo em seu corpo todos os cuidados que só ele sabia dar ao acabamento de um livro. As despesas, que não foram pequenas, recaíram exclusivamente em sua conta. A sorte estava lançada.

Distribuíra o livro para as principais bibliotecas brasileiras, tomando certas cautelas nuns casos, noutros fazendo sugestões que revelavam o carinho do autor para com o livro oferecido. Foi o caso do volume que ele remeteu à Biblioteca Provincial do Recife (hoje do Estado), no qual escreveu, do seu próprio punho, que "fosse encadernado com a capa, visto não se repetir dentro o que ali se lê". No final rubricou o volume e fez numa das páginas uma correção tipográfica. Por força de seu cuidado de revisor e homem dedicado às artes gráficas, sempre descobria um erro no livro pronto.

Talvez não tivesse levado em conta a circunstância de que o livro, de alguma forma, já era conhecido, senão no todo, mas em parte, pelos leitores da *Revista Brasileira* que, a partir do tomo VII e até o IX, durante os meses de março a dezembro daquele ano, publicara o romance, dividido em três partes. Isso, com toda a certeza, concorreu para reduzir o número dos possíveis compradores.

Enquanto o livro aparecia nas livrarias, ao mesmo tempo muitos outros romances entravam na concorrência, mas sobretudo um, que tinha sabor de escândalo pelo caráter exagerado do realismo, ganhava os espaços de jornais e discussões. Tratava-se de *O Mulato*, de Aluísio de Azevedo.

Ao lado disso, segundo diziam alguns críticos, surgia também uma poesia que começava a ser notada e lida entre a geração dos mais novos como se fosse uma grande novidade. Nas esquinas, nos cafés e nas portas das livrarias, vez por outra, era possível ouvir a repetida declamação de alguns versos de poetas então desconhecidos, mas que poucos mencionavam seus nomes – Alberto de Oliveira, Raimundo Correia etc.

Havia mais novidades, sobretudo nas atividades políticas, além dos escândalos da sociedade. O mais importante, porém, era o telefone que começava a alterar os hábitos da cidade.

Logo após o lançamento de *Lourenço*, diante do silêncio enervante da crítica, que apenas se limitara a rápidos registros na imprensa, calara até o seu amigo José Veríssimo, sempre extremamente cordial e atencioso para com suas cartas. Aliás, era o seu único confidente apesar de não conhecê-lo pessoalmente e da enorme distância que os separava entre o Rio de Janeiro e Belém do Pará.

Távora, portanto, não se conformou e terminou interpelando-o com bons modos:

> Rio, 9 de outubro de 1881.
> Ilmo. Sr. José Veríssimo:
> Em fins de julho último enviei-lhe um exemplar do meu *Lourenço*. Por essa ocasião participei-lhe a boa impressão que produziu aqui o seu artigo publicado na *Revista*.
> Não tendo recebido depois disto carta alguma de V. Sia. venho saber se chegou ao seu poder a que lhe escrevi, seguida do indicado livro.
> Disponha sempre do colega e obrigado admirador, Franklin Távora[5].

Este reconhecimento que ele, como autor, esperava receber após a edição do romance, era natural e humano. No seu íntimo funcionava como uma salutar realização. O ciclo da criação literária inclui o ato de ser lido e amado. A esse justo sentimento, que outros mais exigentes ou severos podem também chamar de vaidade de artista, literário ou não, a contrapartida mínima de que desfruta qualquer criador é saber que não será olvidado de todo. Quem não ambicionar ser lembrado não precisa preocupar-se em criar.

Diante dessas adversidades, o seu ânimo editorial não se reduzia.

Mais do que qualquer outro ele sabia que aquele reconhecimento poderia chegar a muitos de forma falsa, enganosa, quando dependia de circunstâncias não literárias. Aliás, como se desejasse justificar o fracasso comercial de seus dois últimos romances, terminara desabafando no prefácio à reedição de *Um Casamento no Arrabalde*, em forma de resposta à carta que recebera de Rangel de S. Paio. Disse:

> Todavia, não é por dar prova de perfeita conformidade com os catecismos, ou por ambição de glória que meto nos prelos pela segunda vez esta minha produção.
> Sou um herege crônico e pelo que toca a nomeada literária, é muito secundária a importância que lhe dou, porque considero esta nomeada uma espécie de balão

---

5. Franklin Távora, Carta a José Veríssimo. Cf. Arquivo da Academia Brasileira de Letras.

que sobe se tem para a soprar uma roda de sujeitos de bons bofes, ou desce se lhe atiram um seixo da rua ou um arco de barril que acerte de fazer-lhe um rombo[6].

É possível que o seu sentimento em relação à receptividade dos dois romances anteriores estivesse ligada a essa imagem do balão. Essa convicção, porém, não o desanimou. Por isso que nessa época trabalhava com entusiasmo na redação dos capítulos do livro *O Norte*, que lhe enchia de entusiasmos.

Perduravam, ainda, os dissabores das conseqüências do desaparecimento da *Revista Brasileira*, porque fora ele que tivera de administrar os problemas administrativos naturais decorrentes da dissolução de uma revista daquela natureza, como, por exemplo, a devolução de matéria solicitada anteriormente para publicação.

Mesmo diante das dificuldades que enfrentava, ainda encontrava tempo para tentar, por todos os meios, publicar os trabalhos de alguns amigos, como se deu com um conto de José Veríssimo:

Devolvo-lhe com pesar o manuscrito que teve a fineza de remeter-me para sair a lume na *Revista Brasileira*.
Retardei a devolução por não ter até agora de todo perdida a esperança de fazê-lo aparecer como lhe disse na minha (carta) anterior, em qualquer publicação digna.
Eu contava com o *Globo Ilustrado* que ainda conhecia; mas posteriormente tive ocasião de reconhecer que o *Globo*, não porque não seja capaz, mas sim por ser insuficiente, não podia servir para a aludida publicação. O *Globo* tem 16 páginas, várias das quais tomadas com estampas e figurinos, alguns artiguinhos muito frívolos e fracos; numa palavra: meter ali o seu escrito era condená-lo a levar todo o ano a sair aos bocadinhos, o que certamente não lhe poderia ser agradável nem conveniente. Um vislumbre de esperança apareceu-me ultimamente de dar-lhe publicação: vieram dizer-me que a *Revista* continuaria fora da Tipografia Nacional. [...]
A *Revista* está definitivamente terminada.
Posto que sem este motivo, espero que não me privará da satisfação de receber letras suas sempre que não tiver assunto mais importante com que se ocupar.
Continuo trabalhando no meu *Norte*.
Disponha sempre do amigo, colega e admirador Franklin Távora[7].

Mesmo assim, José Veríssimo pedira a Távora para não se preocupar e, na primeira oportunidade, devolver o original. A amizade, porém, exigia maiores esforços. Por isso, Távora continuou tentando difundir o trabalho

---

6. Franklin Távora, Carta-prefácio *in Um Casamento no Arrabalde*, 3. ed., Rio de Janeiro, H. Garnier, Livreiro-Editor, 1903, p. VI.
7. *Idem*, Carta a José Veríssimo, datada do Rio de Janeiro, em 6 de maio de 1882. Cf. Arquivo da Academia Brasileira de Letras.

do promissor escritor do Norte, e, quando viu que não havia condições de publicá-lo, escreveu ao amigo:

> Em 18 de fevereiro último devolvi-lhe as partes das *Cenas do Amazonas*, intitulada "O Boto" que o colega tivera a fineza de enviar-me a fim de ser publicada na *Revista Brasileira*.
> Em data anterior dissera-lhe eu que, tendo desaparecido a publicação da *Revista*, ficara prejudicado o fim para que me remetera o indicado assunto; mas não me sendo difícil fazê-lo sair em qualquer publicação acreditada desta Corte, conservava-o em meu poder por algum tempo.
> Verificando porém depois, que "O Globo Ilustrado", onde eu tentava fazer publicar aquele trabalho, não tinha a altura que eu imaginava, tomei a resolução de devolver o manuscrito na sobremencionada data (18 de fevereiro).
> Pela sua carta última vejo que não o recebeu, o que só posso atribuir ao proverbial desleixo dos nossos Correios.
> Pois olhe: tive todas as preocupações que eram possíveis. Mandei pelo porteiro da Secretaria envolver os papéis em capa oficial com a etiqueta do Ministério do Império. De tudo ficou registrado no livro competente, conforme verifiquei depois de recebida a sua carta. O invólucro foi remetido ao Correio do Pará em 18 de fevereiro de 1882, sob o n. 291. Rogo-lhe o favor de reclamar desse Correio.
> Pelo que respeita ao cálculo para a publicação de um livro pelo modelo do *Lourenço*, peço-lhe perdão de não ter neste ponto satisfeito a sua carta. Não tenha a minha omissão por menosprezo. [...] Dentro de pouco tempo espero escrever-lhe com mais vagar sobre letras.
> Abraça-o seu amigo e colega admirador, afetuosamente Franklin Távora[8].

Mesmo assim, ele continuou trabalhando e procurando abrir novas perspectivas. Um dos seus trabalhos que mais lhe tomavam tempo e pareciam trazê-lo concentrado, sobretudo por já haver tentado dar à publicidade, era o livro *O Norte*, que reunia os estudos críticos e biográficos sobre a obra de vários escritores cuja temática estivesse ligada àquela região do Brasil. Por uma de suas cartas endereçadas a Veríssimo, na qual se vê que ele gestionava no Rio a edição de um livro do escritor paraense, ficamos sabendo que, por fim, Távora abrira uma nova possibilidade de publicação de seus trabalhos. E, sem perda de tempo, para lá remetera parte dos originais de *O Norte*:

> Rio, 17 de agosto de 1882.
> Amigo e colega Sr. José Veríssimo:

---

8. Franklin Távora, Carta a José Veríssimo, datada do Rio de Janeiro, em 17 de agosto de 1882. Cf. Arquivo da Academia Brasileira de Letras.

Pela sua última carta, vejo que intenta mandar imprimir em Lisboa o seu livro.

São realmente avultadas as despesas de impressão na Tipografia Nacional, e por esta razão ainda não tratei da publicação do meu *Norte*, que está pronto para entrar em composição.

Se porém a sua impressão (a do *Norte*) em volume especial está por ora sem andamento, uma das duas partes em que se divide o primeiro tomo, isto é, a que trata dos escritores, está saindo em uma revista estrangeira, a *Nueva Revista de Buenos Aires*, para a qual estou colaborando por muitas instâncias dos respectivos fundadores, os Drs. Vicente Quesada e Ernesto Quesada, escritores de reputação bem estabelecida.

Já remeti para ali as rápidas biografias dos Srs. Inglês de Souza, Santa Helena Magno, Júlio César, e a sua. A ordem seguida é a geográfica. O primeiro dos indicados escritores representa a província do Amazonas, e os três últimos o Pará[9].

E, como era do seu feitio, não guardou para si a oportunidade como algo exclusivo, mas participou a quantos se interessavam pelas letras no Brasil, inclusive a seu amigo Veríssimo:

A *Nueva Revista* é colaborada pelos primeiros escritores da América Latina. É uma das melhores produções do nosso continente. O Sr. Ernesto Quesada com quem me correspondo epistolarmente, é o tradutor dos meus escritos.

Se o colega quiser que seja publicado em tão importante revista algum trabalho seu, mande-me o que terei muita satisfação em transmiti-lo ao Dr. Quesada.

Já fiz ver a este a conveniência de remeter para o Pará a sua *Revista* a fim de ser aí conhecida[10].

E como havia remetido um dos estudos críticos com opiniões um tanto desfavoráveis literariamente a um amigo comum que muito prezava, na mesma carta cuidava de advertir a Veríssimo sobre as razões que o levaram a tomar aquela atitude:

Confesso-lhe aqui a puridade em pecado que me deixa grande pesar: quer parecer-me que a minha opinião sobre o nosso muito distinto e muito estimável Dr. Santa Helena Magno não lhe há de ser no todo agradável. Mas o que deveria eu fazer?

Terei grande pesar se as minhas palavras lhe parecerem serenas.

Eu não tenho serenidade para ninguém por cálculo. O meu alvo, de que não faço alarde, é a justiça.

A razão que tenho para imaginar que ele se descontentará é a de ter combatido a sua inspiração religiosa.

9. *Idem*.
10. *Idem*.

Para o colega formar uma remota idéia da *Nueva Revista*, junto à presente a capa da mesma Revista. Sempre, o amigo, colega e admirador Franklin Távora.
P.S. Ainda não li (!) as *Poesias* do Tobias[11].

O Tobias aqui referido era Tobias Barreto, seu amigo do Recife.

Essas eram as alegrias, as rosas da vida. Para cada uma delas era esperar que o destino não reservasse uma tristeza, os espinhos.

A sua esposa, d. Alexandrina Guilhermina Teixeira, não suportando os ataques repentinos a que passara a sofrer com dificuldades, começara a piorar a olhos vistos. Isso significou um grande transtorno familiar, porque a mãe de Távora, d. Maria Távora, apesar de ser uma pessoa cheia de vitalidade, agora, octogenária, já não se movia com a destreza de antes, pouco ajudando nos trabalhos de casa, sobretudo nos cuidados que exigiam os quatro filhos menores: Franklin, Raul, Maurício e Lucila.

O desenlace trágico ocorreu a 11 de dezembro de 1882, quando sua esposa foi tragada aos 26 anos de idade pela tuberculose, recebendo sepultura no Cemitério do Caju.

Mesmo assim, no dia 15 de dezembro, Franklin Távora não faltou à magna sessão do Instituto Histórico onde, tomado de pesar e com lágrimas nos olhos, fez a sua oração fúnebre sobre os outros mortos da instituição. O ano terminava sombrio e enlutado.

11. *Idem.*

29. A Associação dos Homens de Letras

> *Escrevo-lhe estas linhas tendo por fim, quase único, dizer-lhe que, com alguns amigos, trato de buscar a solução para o único problema que atualmente deve preocupar os homens de letras do Brasil – criar a profissão literária.*
> Carta a José Veríssimo, de 9 de outubro de 1883.

Quando Franklin Távora, em 1883, fundou a Associação dos Homens de Letras do Brasil, na verdade, estava pondo em prática um velho sonho pensado anteriormente por ele e outros amigos escritores.

Um dos antecedentes mais próximos ocorrera no dia do enterro de José de Alencar, a 14 de dezembro de 1877. Naquele dia, após os trabalhos fúnebres no Cemitério de São Francisco Xavier, ao qual Távora estivera presente, vários escritores reuniram-se ali mesmo num dos cantos do cemitério e decidiram fundar a associação dos homens de letras. Tanto que no dia seguinte a revista *Ilustração Brasileira* circulou com uma ampla notícia, redigida por Franklin Távora, destacando do acontecimento fúnebre precisamente a criação da associação:

Associação dos Homens de Letras – Com esta denominação assentou-se fundar uma associação em honra do literato que acaba de baixar à sepultura.
Por mais de um motivo, nos associamos a esta idéia para a realização da qual temos empregado os escassos e diminutos esforços, com que podemos contribuir.
Eis o que a semelhante respeito se lê no *Jornal do Comercio*, de 14 do mês corrente: "Ontem no cemitério de São Francisco Xavier, ao dar-se à sepultura o cadáver de José de Alencar, o Sr. Conselheiro Otaviano, comentando em conversação com alguns homens de letras, a falta de uma associação que lhe servisse de nexo, idéia que preocupava também o espírito do ilustrado finado, nestes últimos anos, propôs-lhes que ali mesmo, à beira daquela sepultura, e como homenagem a José de Alen-

car, se obrigassem a regularizar no mais breve prazo a referida associação, dando-a logo como fundada.

Os senhores Taunay, Serra, Machado de Assis, Conselheiro Almeida Pereira, Souza Ferreira e mais outros que formavam o referido grupo, são os colaboradores da bela idéia do Sr. Conselheiro Otaviano.

Oxalá não desanimem, quando se observa que os estrangeiros formam já entre nós grupos literários em gabinetes de leitura, lastima-se que os nacionais nada criem nesse gênero.

A república das letras em todos os países tem o seu regime particular. Na convivência dos homens de letras em sociedade, não lucra só a literatura nacional, lucram ainda as suas famílias e eles próprios, nos dias de adversidade, porque recebem de seus confrades apoio e proteção"[1].

Aquela primeira reunião em local tão impróprio para tomar uma decisão de profunda repercussão para a vida de todos os escritores brasileiros não surtiu nenhum efeito prático. Somente três anos depois, apareceu como fundada a Associação dos Homens de Letras, tendo na presidência o conselheiro Francisco Otaviano. A notícia não entusiasmou os mais velhos e conhecidos escritores, mas provocou hostilidades em grande parte dos *novos*, partidas sobretudo de um grupo que se reunia em torno da revista *A Gazetinha*.

Esse grupo que tinha como principais animadores Artur Azevedo e Fontoura Xavier começou a publicar textos ridicularizando a todos os que participavam da Associação, que eram poucos, ressalvando, em algumas ocasiões, apenas o nome de Machado de Assis. Num dos comentários dizia o articulista num evidente tom de menosprezo:

> A convite do Sr. Conselheiro Otaviano, fundou-se no Brasil a Associação dos Homens de Letras. É interessante isto! Associação dos Homens de Letras! Mas onde estão esses homens de letras? Porventura poderá apresentar-se como homem de letras um poeta que traduz Homero para a família? Não contestamos os méritos do Sr. Otaviano, porque os conhecemos esparsos nos jornais, em algumas traduções poéticas; mas a Europa tem o direito de perguntar que é S. Exa. como literato. Nunca o viu, nunca o leu, não pode conhecê-lo senão como um político. Pouco importa que S. Exa. seja um grande homem; não há um atestado, não há uma prova; qualquer um tem o direito de duvidar. E, depois, não é só isto. Quais são os outros homens de letras? Esta associação, ao que parece, é uma segunda edição do Instituto Histórico. O Sr. Machado de Assis foi roubado: escapou da primeira e caiu na segunda[2].

---

1. *Ilustração Brasileira*, Rio de Janeiro, n. 36, de 15 de dezembro de 1877, p. 125.
2. *A Gazetinha*, Rio de Janeiro, 11 de dezembro de 1880.

Não ficaram aí as notas humorísticas, as tentativas de achincalhes contra a Associação dos Homens de Letras do conselheiro Otaviano. Este, chocado com a insistência dos "desrespeitosos" termos de que fazia uso *A Gazetinha*, tomou a iniciativa de transformar o que na realidade não existia numa outra entidade chamada Sociedade José de Alencar, uma clara e direta homenagem ao grande escritor.

As ironias e as tiradas que raiavam os limites do ridículo publicadas em *A Gazetinha* tinham a marca pessoal de Artur Azevedo que, aliás, por aquela época, além de vizinho de Franklin Távora, também era seu colega de gabinete na Secretaria do Império. Artur Azevedo publicava os mais hilariantes textos, buscando, sempre, o lado divertido e engraçado, não respeitando ninguém, quando o objetivo era provocar o riso. Ria da vida e do mundo.

Sobre o escritor Melo Morais Filho, um dos mais queridos amigos de Távora e inclusive de sua família, Artur Azevedo escreveu trovas desse tipo:

> De escrever prosa cansado,
> Eu prosa não quero mais.
> O verso é mais delicado,
> Se não é de pé quebrado
> Como os do Melo Morais.

Estes versos que Artur Azevedo escrevia ao correr da pena, muitas vezes sobre a perna enquanto esperava ser servido no *botequim* do Torres, que ficava ao lado da Secretaria do Império, dava bem a medida da sua verve de humorista. Fora ali naquele modestíssimo *botequim* que ele recolhera para *A Gazetinha* um lembrete que o dono do negócio mandara escrever numa das dependências: "Sala reservada para famílias comidas frias. Deve ser bom".

Franklin Távora e Artur Azevedo, apesar de serem tipos diametralmente opostos em todos os sentidos e, sobretudo, no físico e no gosto literário, tinham uma coisa em comum: a indiferença pelo ambiente burocrático onde trabalhavam.

Em mais de uma ocasião, Távora publicou poemas de Artur Azevedo na *Revista Brasileira*, além de resenhar-lhe obras teatrais. E para que não se pense que ele era apenas um escritor de temas hilariantes, eis um de seus poemas estampados por Távora na referida revista:

> *Curiosidade*
>
> Perguntas a razão da minha mágoa?
> Não vês naquele sótão da janela
> Uma rosa de amor purpúrea e bela,
> Banhando o tenro hastil n'um copo d'água?

Se nos meus olhos do prazer que foge
Desejas ver brilhar um leve assomo;
Se queres que segundo e melhor tomo
Do brincalhão que fui torne a ser hoje;

Se não me queres ver tão misantropo,
Diz-me quem seja a pálida menina,
Dona gentil da rosa purpurina
Que banha o tenro hastil naquele copo[3].

Mesmo alterando a denominação para Sociedade José de Alencar, a Associação dos Homens de Letras não prosperou. A homenagem era justa, mas os esforços do conselheiro Otaviano não conseguiram sensibilizar os "homens de letras" e a idéia morreu, como logo depois também morreria *A Gazetinha*, de Artur Azevedo e seus amigos.

No começo de 1883 Franklin Távora, após alguma relutância, deu continuidade à sua intensa correspondência com José Veríssimo. Numa delas deixava transparecer um forte desencanto, sobretudo devido à morte de sua esposa, mas sem perder o entusiasmo pelas letras:

Meu caro amigo, Sr. José Veríssimo:
Tenho duas cartas suas a que venho responder.
Agradeço-lhe a impressão de mágoa pelo falecimento de minha prezada mulher. Com este golpe, de que ainda não me restabeleci, não vejo remédio, senão no tempo.
Agradeço-lhe também o convite para escrever para a *Revista do Amazonas*.
Hei de mandar-lhe, talvez pelo vapor de 10 de março p. vindouro, algum escrito para a indicada *Revista* a cuja redação folgo de pertencer. Aqui, na Secretaria já tenho um assinante para ela, o Sr. Joaquim Rodrigues Carneiro, Oficial da aludida Secretaria. Pode, portanto, fazer a remessa oportunamente.
De minha parte conte com tudo o quanto ver que está ao meu alcance e em favor da sua publicação. A minha pena é dos meus amigos, à colaboração destes, de tudo disponha.
Pode mandar-me, por ora, 10 números que passarei. Este número há que aumentar.
Só o que eu lamento é que as atuais condições do meu espírito sejam tão contrárias a assuntos e ocupações de semelhante natureza.
O seu rápido perfil que, há 3 ou quatro meses, está com o redator da *Nueva Revista de Buenos Aires* deve sair no fascículo de 10 de março (próximo). Já estão publicados os dos Srs. Inglês de Souza, Santa Helena (pobre amigo!) e Júlio César.

---

3. Artur Azevedo, "Curiosidade", *Revista Brasileira*, Rio de Janeiro, tomo V, 1880, p. 172.

Ao mesmo redator já escrevi comunicando-lhe as suas ordens quanto à assinatura da *Nueva Revista*.

Abraça-o seu amigo e admirador, Franklin Távora[4].

Nessa carta sobressaíam vários pontos marcantes de sua personalidade: o sentimento de saudade da esposa morta, através de uma síntese precisa e comovedora; a disposição de colaborar com a revista do amigo, mesmo estando psicologicamente destroçado, e a busca de assinantes, numa demonstração de que o amor à causa da literatura estava acima de qualquer adversidade.

Por essa época, antes do encontro que culminou com a nova fundação da Associação dos Homens de Letras, Távora inscreveu-se e disputou uma cadeira de Corografia e História do Brasil no Colégio de Pedro II, exatamente a que vagara em virtude da morte do escritor Joaquim Manuel de Macedo, a quem já substituíra como orador no Instituto Histórico.

Ainda que estivesse totalmente voltado para o objetivo de ganhar a cadeira, não deixava de estimular e ajudar o amigo distante que também tentava levar avante a idéia da revista naquela remota região brasileira:

Rio, 21 de abril de 1883.
Meu caro amigo Sr. José Veríssimo:
Escrevo-lhe às pressas visto estar nas vésperas de tirar ponto para a tese no concurso à cadeira de Corografia e História do Brasil no Colégio de Pedro II, para a qual me inscrevi.
Recebi os exemplares da *Revista Amazônica* que muito promete. Por ora tenho apenas dois assinantes, um dos quais o Sr. Joaquim Borges Carneiro, oficial na Secretaria do Império, já pagou a sua assinatura. O outro é o Sr. Luís Honório Viana Souto, amanuense na mesma Secretaria.
Mas espero completar as dez assinaturas.
No fascículo da *Revista de Buenos (Aires)* de abril corrente saiu a sua biografia.
O Dr. Ernesto Quesada pede-me encarecidamente lhe obtenha um agente aí. Será possível? Por falta de agente aí, ou aqui, não seguiu a coleção que o colega pediu. Remeto-lhe a citada carta do Dr. Quesada na qual se refere ao colega. Peço-lhe que ma devolva, visto que contém a autorização para a impressão dos meus escritos sobre os escritores do Norte.
Por ora nada posso fazer sobre a *Revista Amazônica*. Estou às vésperas de um concurso muito disputado, e que está atraindo muito a atenção do público. Imagine como ando.

4. Franklin Távora, Carta a José Veríssimo, datada do Rio de Janeiro, em 27 de fevereiro de 1883. Cf. Arquivo da Academia Brasileira de Letras.

Logo, porém, que passe esta crise, tomarei a peito a causa da sua *Revista*, à qual já me referi no segundo artigo a que me compeliu, no meio de minhas preocupações [...]"[5].

Vencido o prazo de inscrição, apareceram candidatos à vaga João Maria Berquó, Evaristo Nunes Pires, Feliciano Pinheiro Bittencourt, João Franklin da Silveira Távora e João Capistrano de Abreu.

Na verdade os candidatos mais fortes eram Távora e Capistrano. Ambos, além dos conhecimentos sólidos, possuíam razões plausíveis para concorrer. Por um lado, Capistrano, como sabiam seus amigos mais íntimos da Biblioteca Nacional, onde era funcionário, estava brigado e rompido com o Dr. João Saldanha da Gama, diretor da Biblioteca. Deixar, então, a Biblioteca Nacional seria uma boa solução para Capistrano. Por outro, Távora, ferido pela viuvez e acossado pelo limitado salário da Secretaria do Império, obtendo a cátedra, resolveria em parte a aflitiva situação financeira.

A obra oferecida por Távora foi a monografia *Os Patriotas de 1817*, enquanto Capistrano apresentou-se com *O Descobrimento do Brasil e seu Desenvolvimento no Século XVI*.

A comissão julgadora fora constituída por Sílvio Romero como juiz e os drs. Luiz Queiroz Matoso Maia e Manuel Duarte de Azevedo na qualidade de examinadores.

Observou José Honório Rodrigues "que dos examinadores, nenhum tinha competência específica para examinar, pois Sílvio Romero era estudioso de outros gêneros, Matoso Maia era um professor de nível secundário e Manuel Duarte, formado em medicina, fora nomeado professor de história antiga e moderna do Colégio de Pedro II"[6].

O viajante Karl von Koseritz que, por coincidência, esteve presente às provas daquele concurso, contou em livro a má impressão que lhe causou verificar que os examinadores desconheciam o assunto sobre o qual deviam argüir os examinandos e, sobretudo, Capistrano de Abreu superava a todos no domínio do tema que abordara: o descobrimento do Brasil[7]. A vitória do concurso, por fim, coube a Capistrano de Abreu.

Passada essa preocupação, Távora logo assumiu uma outra mais complicada: a fundação da Associação dos Homens de Letras.

---

5. Franklin Távora, Carta a José Veríssimo, datada do Rio de Janeiro, em 21 de abril de 1883. Cf. Arquivo da Academia Brasileira de Letras.
 6. José Honório Rodrigues, "Nota Liminar", *in* Capistrano de Abreu, *O Descobrimento do Brasil*, Rio de Janeiro, Civilização Brasileira/MEC, 1976, p. X.
 7. Karl von Koseritz, *Imagens do Brasil*, São Paulo, Biblioteca Histórica Brasileira, 1943, vol. 13, pp. 109-111.

Historicamente as duas tentativas anteriores – a do cemitério e a da posterior esvaziada presidência do conselheiro Otaviano – estavam unidas ao mesmo propósito, mas nenhuma delas chegou a demonstrar maior consistência como a terceira iniciativa que coube a Franklin Távora, na verdade, o passo inicial e concreto que redundaria mais tarde na criação da Academia Brasileira de Letras.

Houve, naturalmente, umas coincidências positivas que favoreceram a fundação da Associação. Há um certo tempo, como já sabemos, Franklin Távora vinha mantendo contatos com Vicente Quesada, diplomata, político, escritor, fundador da *Nueva Revista de Buenos Aires,* e Ernesto Quesada, também escritor, jurista e diretor da referida revista.

Ocorreu que o dr. Vicente Quesada foi nomeado embaixador plenipotenciário da Argentina no Brasil, com muito poder político. A essa condição histórica, somavam-se os fortes pendores de homem ligado às letras, às atividades culturais e políticas. Isso logo atraiu a simpatia de parte da sociedade do Rio de Janeiro, principalmente junto à imprensa e bom número de escritores.

Ademais, na qualidade de embaixador, também, desde que chegou à Corte, o dr. Vicente Quesada encontrou livre trânsito junto à Família Real brasileira.

Entre os constantes temas literários desenvolvidos pelos drs. Quesada, pai e filho, nos encontros que tiveram com Franklin Távora e outros escritores, foi destacada a falta de um maior intercâmbio entre os escritores latino-americanos. Cada país vivia fechado em si mesmo, desconhecendo suas obras mais expressivas, seus escritores e artistas.

Como no íntimo de Távora ainda ressoavam os ecos da fracassada Associação dos Homens de Letras do Brasil que fundaram seus amigos no dia do enterro de José de Alencar, ocorreu-lhe a idéia de utilizar a homenagem aos dois ilustres argentinos, animadores das letras e também escritores, realizada naqueles dias, para refundar a Associação. Possivelmente só assim atrairia a atenção de seus pares e das autoridades máximas do Brasil, inclusive a Família Imperial. O motivo concreto da homenagem apareceu: a volta para a Argentina do escritor Ernesto Quesada, filho do embaixador dr. Vicente Quesada.

Távora, então, tomou a iniciativa da festa e organizou uma comissão provisória para realizá-la, formada pelos srs. conselheiros Pereira da Silva, Franklin Doria, Ladslau Neto, Severiano da Fonseca e o próprio Franklin Távora.

A comissão distribuiu convites para os escritores, a imprensa, as autoridades de todos os níveis, ao corpo diplomático e aos próprios homenageados.

Eis os termos do convite formulado ao dr. Ernesto:

Rio de Janeiro, 20 de agosto de 1883.
Ilmo. Exmo. Sr. Dr. Ernesto Quesada:

São conhecidos nesta capital os serviços prestados por V. Exa. e seu digno pai, o Sr. Dr. Dom Vicente Quesada, como escritores, a fim de combater, pelo que toca às letras, a separação dos povos da América Latina.

Inspirando-se nesses mesmos sentimentos de confraternização, entendem os abaixo firmados que cumprem um dever de conveniência literária, promovendo, em homenagem a tão distinguidos homens de letras, uma reunião de nossos literatos, em um sarau de leituras que S. M. o Imperador se dignará honrar com sua presença e que se realizará no dia 30 do mês corrente, às 7 da noite, no Liceu de Artes e Ofícios.

Em dita ocasião se fundará a Associação dos Homens de Letras do Brasil.

O que temos a honra de comunicar a V. Exa. para que se digne comparecer.

Aproveitamos a oportunidade para repetir a V. Exa. a certeza do apreço com que somos de V. Exa. As) José Manuel Pereira da Silva, Franklin Américo de Menezes Doria, Ladslau de Souza Melo e Neto, General João Severiano da Fonseca e João Franklin da Silveira Távora[8].

Tão sensibilizados ficaram os drs. Quesada que, de imediato, o pai, o embaixador Dom Vicente Quesada, agradeceu o convite pela imprensa, conforme notícia publicada na *Gazeta de Notícias*, de 24 de agosto, nos seguintes termos:

Rio, 21 de agosto de 1883.

Acuso o recebimento do honroso convite que, como homem de letras, V. Exa. veio fazer-me para o sarau literário que se realizará em 30 do corrente, às 7 da noite, e em que S. M. o Imperador se dignará honrar com a sua presença.

Considero como a maior prova de benevolência e de fraternidade literária a distinção que V. Exa. me dispensa, tanto a mim, como a meu filho, certos de que isso excede a nossos merecimentos.

Reputando da maior importância a fundação da Associação dos Homens de Letras do Brasil e o auspicioso começo de mais francas e ativas relações literárias com os países vizinhos, me há de ser não só muito honroso, mas também sumamente agradável comparecer ao Liceu de Artes e Ofícios, donde se haverá de celebrar-se a festa.

Saúdo agradecido a Exa. Comissão pela notabilíssima iniciativa e aproveito a oportunidade para oferecer a V. Exa. as homenagens de minha mais alta consideração e estima.

Ass. Vicente Quesada.

Assim, não procede a informação de Raimundo Magalhães Júnior que atribuiu a Távora uma atitude de excessivo oportunismo, quando, valendo-se da festa do dr. Quesada e do interesse deste em fundar a Associação, marcou a festa literária para o dia 30 de agosto. Passemos a palavra ao ilustre biógrafo de Machado de Assis:

---

8. *Nueva Revista de Buenos Aires*, Argentina, tomo 8, Ano III, 1883, pp. 447-448.

O embaixador da Argentina no Brasil, Dr. Vicente Quesada, dera um banquete nas Laranjeiras a jornalistas e homens de letras, a 25 de agosto de 1883, para as despedidas de seu filho, Ernesto Quesada, que ia voltar para o seu país. Estiveram presentes representantes de todos os jornais do Rio de Janeiro e, em retribuição, o romancista Franklin Távora resolveu promover uma festa de agradecimento, no dia 30 do mesmo mês, no Liceu de Artes e Ofícios. Como Vicente Quesada exprimira o desejo de ver os intelectuais brasileiros reunidos numa associação, queria o escritor cearense valer-se da oportunidade para a criação de tal sociedade[9].

Ora, bastaria ver a data do convite acima transcrito para verificar-se que fora anterior à iniciativa do embaixador. Depois, quem agradeceu foi o embaixador e não Távora. Além do mais, o antigo sonho de fundar ou refundar a Associação era dos brasileiros, de Távora especialmente, e não dos argentinos, que apenas achavam positiva a idéia e a estimulavam. Se fosse procedente a informação do escritor Magalhães Júnior, é forçoso admitir que a expressão por ele empregada – "Como Vicente Quesada exprimira o desejo de ver os intelectuais brasileiros reunidos numa associação, queria o escritor cearense valer-se da oportunidade para a criação de tal sociedade" – deixou Távora numa situação incômoda, sobretudo porque não é a verdade histórica. A iniciativa fora, desde 1877, de brasileiros. Do contrário, poderá alguém dizer que as bases iniciais da Academia Brasileira de Letras dependeram dos esforços de dois argentinos?

Muito antes do propalado banquete, isto é, a 19 de agosto, a *Gazeta de Notícias* publicara o seguinte editorial:

Segundo nos informa está marcada para o dia 30 do corrente uma festa ou sarau de leitura em honra do ministro argentino, Dr. Vicente Quesada e de seu filho, Dr. Ernesto Quesada. O sarau se realizará no Liceu de Artes e Ofícios com a presença de S. M. o Imperador. Serão convidados todos os nossos jornalistas e escritores, associações literárias, membros do Gabinete, corpo diplomático, homens políticos e famílias mais distinguidas. A festa é promovida pelos Srs. Conselheiros Pereira da Silva e Franklin Doria, os Drs. Ladslau Neto, Severiano da Fonseca e Franklin Távora. E se uma das partes em que se divide a festa – a fundação da Associação dos Homens de Letras do Brasil – produz os resultados que se deve esperar, há de ter um caráter de permanência que muito honrará tanto aos que a promovem, como aos que hão merecido a oferta de tão especial distinção.

O *Diário do Brasil*, órgão do Partido Conservador, disse coisas análogas na edição da mesma data acima. Ademais, a imprensa noticiou o ban-

---

9. R. Magalhães Junior, *Vida e Obra de Machado de Assis*, Rio de Janeiro, Editora Civilização Brasileira/MEC, 1981, vol. 3, p. 50.

quete do embaixador argentino, dando-o não apenas como um antecipado agradecimento dos srs. Quesada, mas como um momento preparatório para a festa literária do dia 30 de agosto corrente. Quer dizer, a festa provocou o banquete e não o inverso. Vale dizer que o embaixador argentino começara a vida como jornalista em seu país. Daí que, das circunstâncias literárias, políticas, de amizade entre os dois países, preponderou a de ser ele um homem amigo da imprensa.

Foi por isso que o embaixador convidou ao banquete os principais jornalistas da imprensa do Rio de Janeiro, que, salvo algumas exceções, compareceram, através de seus representantes: "Dr. Luís de Castro pelo *Jornal do Comércio*; Dr. Ferreira de Araújo pela *Gazeta de Notícias*; Dr. Gustavo Macedo pelo *Diário Oficial*; Dr. José do Patrocínio, o abolicionista, pela *Gazeta da Tarde*; Dr. José Avelino pelo *Brasil*; Dr. Souza Carvalho pelo *Diário do Brasil*; Mr. Emile Deleau pelo *Messager du Brésil*; Dr. Franklin Távora pela *Revista Brasileira*; e, José Carneiro pela *Folha Nova*".

Após a realização do banquete assim o descreveu o *Jornal do Comércio*, de 28 de agosto:

> Como já é sabido, se prepara para o 30 do corrente uma festa literária em honra do Dr. Quesada, que atualmente é o ministro plenipotenciário da República Argentina nesta Corte, e que começou pela imprensa sua brilhante carreira pública. Sob o delicado pretexto de desejar travar previamente o mais íntimo conhecimento com os jornalistas desta cidade, S. Exa. os reuniu ali em sua residência oferecendo-lhes um banquete para o qual nos convidara não como ministro, mas como antigo periodista e colega.
> Nesta qualidade, que dessa maneira demonstrou apreciar tanto, S. Exa. acolheu a todos com a mais extrema cordialidade e cortesia. Em torno de sua mesa se achavam os diretores dos jornais diários que se publicam na Corte e se algum faltou seria por motivo independente de sua vontade.
> Trocaram brindes de fraternidade universal, considerando a imprensa como um poderoso instrumento para guiar a humanidade ao seu destino ideal.
> Terminada a festa inteiramente íntima, e depois de alguns momentos de deliciosa conversação, separaram-se os convidados levando no coração o reconhecimento das obsequiosas maneiras com que haviam sido tratados.

Como se pode observar, não se tratou nessa festa da fundação da Associação. A festa literária do dia 30 de agosto, realizada às 7 da noite, no salão magno do Liceu de Artes e Ofícios do Rio de Janeiro, foi pomposa e atingiu os objetivos e expectativas esperados pela comissão. Além da Família Imperial, autoridades oficiais, corpo diplomático, destacavam-se os principais escritores da época, como, por exemplo, Machado de Assis, Alfredo d'Escragnolle Taunay, Sílvio Romero, o Barão Homem de Melo, Artur Azevedo, Afonso Celso Júnior etc.

O programa constou de duas partes, assim distribuídas:

Parte I – Conselheiro José Manuel Pereira da Silva – Discurso inaugural; Dr. Vicente Quesada – Agradecimentos; Barão de Paranapiacaba – Poesia lírica; Dr. Sílvio Romero – Crítica literária; Dr. Manuel Jesuíno Ferreira – Poesia histórica; Dr. Afonso Celso Júnior – Descrição de viagem. Parte II – Dr. Ernesto Quesada – Discurso; Dr. J. Severiano da Fonseca – Descrição; Comendador J. Norberto de Souza e Silva – Poesia social; Dr. Ladslau Neto – Antropologia; Dr. Franklin Távora – Discurso de encerramento.

Desde cedo o salão do Liceu, preparado com antecedência, foi sendo tomado pelo público, podendo-se ver sobre as portas alguns medalhões que representavam grandes nomes de figuras beneméritas da humanidade. No centro, em destaque, ergueram o luxuoso trono para a Família Imperial. Em frente, também num lugar proeminente, situava-se a tribuna dos oradores. De ambos os lados, viam-se fileiras de cadeiras para os presentes. À esquerda do trono foi colocada uma mesa especial para serem ocupadas pelos homenageados, os drs. Quesada, pai e filho. Do outro lado, à direita, havia uma outra mesa igual destinada aos membros da comissão organizadora.

Depois de ser recebida a Família Imperial, com as honras de estilo e ao som do hino nacional, o Imperador concedeu a palavra ao presidente da comissão, o conselheiro José Manuel Pereira da Silva, que pronunciou o discurso inaugural com as seguintes palavras:

Senhoras e senhores: Compreendemos desde há muito tempo a necessidade de fundar no Brasil uma Associação composta exclusivamente de homens de letras, arrancando-os, dessa forma, da dispersão e do isolamento em que viviam, congregando-lhes suas forças para que desenvolvam melhor e, codificando-lhes os seus deveres e direitos na persuasão de uma classe tão respeitável como essa...[10]

A seguir, de acordo com o programa, ocorreram as leituras dos discursos, as declamações poéticas e de crítica literária, como o caso de Sílvio Romero que leu um trecho de sua *História da Literatura Brasileira*, já publicada, em parte, pela *Revista Brasileira* por iniciativa de Franklin Távora.

Depois de um intervalo, em que a Família Imperial conversou com vários dos presentes, inclusive os drs. Quesada, enquanto a banda de música tocava, foi reiniciada a segunda parte.

10. *Nueva Revista de Buenos Aires*, Argentina, op. cit., p. 460.

No final do longo discurso de dr. Ernesto Quesada, o filho, havia uma espécie de voto programático ou desejo no sentido de que o futuro da Associação dos Homens de Letras do Brasil, não perdendo de vista os objetivos nacionais, prestigiasse toda e qualquer iniciativa capaz de estreitar os laços de amizade literária e cultural com os demais países latino-americanos, acabando com o isolamento cultural dessas nações.

As palavras finais do ato couberam a Franklin Távora, que as iniciou pedindo desculpas por ter alterado o roteiro de seu discurso:

Senhores: Devia eu ler, em virtude de um plano acertado pelos meus companheiros da comissão, um trabalho de índole nacional, destinado a oferecer a nossos ilustres colegas argentinos uma mostra de qualquer gênero de nossa literatura.
Por motivo especial, sem dúvida, separo-me do plano para seguir melhor o propósito desta festa.
Esse propósito é o da confraternização literária, isto é, relacionar-se mais ou menos intimamente pelos conhecimentos dos homens de letras e suas produções entre dois países latino-americanos – Brasil e Argentina – que o isolamento intelectual separa quando ainda até geograficamente se confundem em suas fronteiras[11].

Em seguida, fez o orador uma extensa digressão sobre a vida intelectual do dr. Ernesto Quesada, para depois retornar ao assunto da festa: a Associação.

Direi algumas palavras sobre a Associação que hoje fundamos, não por simples luxo, mas por uma necessidade de há muito reconhecida, conforme expôs o respeitabilíssimo literato que preside a nossa festa. Graves e múltiplos são os problemas cujas soluções nos propomos a achar: criar leitores pelo menos nas capitais das províncias; promover a fundação de bibliotecas exclusivamente americanas, e o intercâmbio de livros entre os centros literários da América Latina; despertar o gosto pelo conhecimento das literaturas vizinhas, de sorte que a profissão de homens de letras venha a ser um resultado lógico dessa agitação intelectual e internacional – eis aí, em grandes proporções qual será a nossa tarefa, que ainda não foi levada a cabo unicamente por falta de constância e força de vontade.
Tenho para mim, senhores, que se as letras não prosperaram entre nós, devemos este mal, em grande parte, à falta de propaganda. É necessário que empreguemos a propaganda em favor do livro nacional, pelo meio da imprensa, de associações, conferências até no seio das famílias, como se faz atualmente com o café, o liberto desvalido, o escravo, – porque, senhores, o livro nacional está verdadeiramente escravizado por mais de uma tirania, sendo a primeira a da concorrência do livro português, fácil de exercer-se em um mercado análogo como o do Brasil, donde se fala a mesma língua, e donde, pelo contrário, é mui cara a matéria-prima. Não se

---

11. *Idem*, p. 471.

veja no que digo uma hostilidade a nossos irmãos de ultramar, aos quais nos ligam naturais simpatias; veja-se pura e simplesmente o sentimento de justiça e os votos de um patriotismo do qual não devemos eximir-nos[12].

Sobre essa questão da concorrência desigual entre o comércio do livro português e o brasileiro, Távora trouxe ainda um outro fator negativo – a baixa taxa do imposto de importação. A seguir, retornou ao tema da Associação:

Pois bem, respeitabilíssimos senhoras e senhores, ficai na certeza de que, desde agora em diante a Associação dos Homens de Letras estará próximo de vocês. Se não para pedir ajuda pecuniária, não para dizer que não deveis empregar vosso dinheiro em sedas e brilhantes, objetos de luxo – paixão dos países civilizados e artísticos, porém para lhes dizer que dentro das crescidas somas empregadas nos adornos em que realizais os vossos feiticeiros encantos e naturais louçanias, destineis algumas dezenas de milhões de réis para aquisição de livros escritos por vossos compatriotas, por aqueles que são vossos filhos, vossos irmãos ou vossos esposos! São acaso de medíocres méritos esses livros? Se o são, porém, pertencem a nosso país! Representam o meio brasileiro e por isso merecem todo o nosso apoio e proteção.

Com este auxílio e com este estímulo muitos talentos, muitas imaginações conhecidas que a carestia desalenta, jogando-as para a planície onde se arrastam as vulgaridades, em pouco tempo hão de fulgurar como brilhantes sóis no céu da pátria.

Enquanto aos senhores legisladores, a Associação não irá pedir-lhes subvenções, posto que até as vossas rendas que protegem disposições agrícolas e industriais, ainda não chegam para proteger os interesses literários.

A Associação lhes pedirá simplesmente uma lei que regule as relações entre o autor, o tradutor, o livreiro-editor e o empresário dramático. Há de pedir-lhes também a revisão das tarifas aduaneiras. Há de pedir-lhes em sua humildade, a fim de que resolvais em vossa sabedoria, outras providências que existem mas que aqui não é o lugar apropriado para expor[13].

Lembrando-se que aquelas idéias poderiam não ser as defendidas pelos demais membros da comissão ou de outros que viessem dar prosseguimento ou alterar aquela Associação, fez as ressalvas:

Será possível que essas idéias, que são minhas, venham a ser modificadas no seio da Associação. Declaro, contudo, que não tenho outras idéias; e por elas, seja aceitando-as em sua totalidade, seja modificando-as pelas experiências de meus consócios, farei tudo o que estiver ao meu alcance, pelo que prometo solenemente ante esta esplêndida reunião, a quem imprime honroso relevo a presença do Soberano.

12. *Idem*, p. 476.
13. *Idem*, p. 488.

Esta palavra me adverte, senhoras e senhores, que não devo concluir sem agradecer sinceramente à S. M. o Imperador, à Sua Alteza, a sereníssima Princesa Imperial e à Sua Alteza o Senhor Conde d'Eu, pela honra de acompanhar-nos nesta festa e, à S. M. o Imperador em particular a honra de aceitar o cargo de presidente honorário da Associação dos Homens de Letras do Brasil.

A seguir, após ouvirem-se os hinos nacional e argentino, foi declarada encerrada a reunião e retirou-se a Família Imperial.

É de todo impossível descrever as inúmeras crônicas, editoriais, notas, comentários e opiniões, favoráveis ou não, de que foi objeto essa festa por parte da imprensa do Rio de Janeiro.

O principal desdobramento, porém, ocorreu no dia 4 de setembro, quando se reuniram no mesmo local mais de cento e cinqüenta pessoas com o objetivo de constituir definitivamente a Associação dos Homens de Letras do Brasil.

Para dar uma idéia da importância da reunião bastará citar alguns nomes da lista de presença que o *Jornal do Comércio* publicou na sua edição de 6 de setembro:

Os Srs. Conselheiros Pereira da Silva, Franklin Doria, Nicolas Moreira, Ladslau Neto, Homem de Mello, Coelho Rodrigues, Severiano da Fonseca, Piragibe, Manuel Jesuíno, J. José Teixeira, Brandão Pinheiro, Teotônio Meireles, José Avelino, Luís de Castro, Joaquim Serra, J. de Augusto Marques, J. B. Pereira, Nuno Álvares, Luís Cruls, Souza Bandeira Filho, Félix Ferreira, J. José de Siqueira, Barão de Paranapiacaba, Henrique de Campos, Buche Varela, Conselheiro Olegário C. Barata, Garcez Palha, Sílvio Romero, Aquiles Varejão, J. Gonçalves de Oliveira, Francisco de Castro, Afonso Celso Jr., José C. De Costa, Visconde de Paranaguá, Guilherme Belegarde, Betthencourt da Silva, Luiz F. da Veiga, Ferreira Viana, Lobo Botelho, Melo Morais, Nicolau Midosi, Borges Carneiro, Paula Barros, José C. de Castro, Rui Barbosa, Agostinho dos Reis, José Feliciano de Castilho, Azevedo Pimentel, Sílvio Figueiras, Belisário Bezerra de Menezes, Carlos Ferreira França, Franklin Távora etc.

A Associação – acrescentava o jornal – foi criada no meio do maior entusiasmo. Decidiu, ainda, a comissão fundadora assumir em caráter provisório as funções de direção, inclusive a de preparar os estatutos. Ali também foi anunciado o lançamento do primeiro número da *Revista do Brasil*, órgão da sociedade. Ficou resolvido ainda que, como ato de fundação, se imprimisse um livro contendo os documentos lidos na reunião de 30 de agosto passado. Os fatos que vieram depois provaram que não era possível dar vida à Associação. Mais uma vez o juízo do sr. Magalhães Júnior buscou apoio numa circunstância pouco eficiente para justificar o fracasso da Associação, quando escreveu:

Entretanto, por falta de eficiente liderança a Associação dos Homens de Letras não vingou. Franklin Távora não era muito simpatizado no meio intelectual da capital do Império, talvez pelos ataques impiedosos que desfechara contra José de Alencar, nas *Questões do Dia,* como colaborador de José Feliciano de Castilho[14].

Ora, são sempre as mesmas palavras superficiais – *ataques impiedosos* – quando se trata de Távora. Mas, se deixarmos de lado as exaustivas circunstâncias já apontadas anteriormente, tais como o arrependimento proclamado pelo autor de *O Cabeleira*; os inúmeros juízos favoráveis feitos posteriormente à obra de José de Alencar; ter ido ao seu enterro e, desde então, insistir na fundação de uma Associação que fora um dos sonhos do autor de *Iracema*; e, sobretudo, que não era uma pessoa muito simpática ao meio, mesmo assim as observações do biógrafo de Machado de Assis e de tantos outros escritores brasileiros merecerão reparo.

Na verdade, o que impediu a continuidade da Associação foram circunstâncias mais fortes do que a simples falta de liderança de um só homem, no caso, de Távora. Na verdade ocorreu o inverso. Ele foi o mais atuante da comissão. Não se pode estudar essa fase desconhecendo as condições políticas reinantes. Havia, naquela década, uma grande expectativa em relação ao futuro do país. Bastavam duas grandes questões para unir e desunir o ânimo de escritores e jornalistas, para não falar nos interesses dos partidos políticos: a libertação dos escravos e a campanha republicana. Essas campanhas dividiram e produziram muitas intrigas que inviabilizaram os trabalhos e os sonhos de muitas pessoas e instituições e não só a dos escritores. Tanto que, só quando veio um tempo de maior estabilidade institucional após a queda do Império, foi possível fundar a Academia Brasileira de Letras. Assim mesmo, vale não esquecer, um esforço quase vencido por algumas opiniões que advogavam absoluta subserviência ao poder constituído, não fora a reação de poucos que impediram a nomeação de acadêmicos diretamente pelo governo.

Bem mais consistentes são os argumentos levantados pelos críticos contemporâneos da Associação. Aliás, inexplicavelmente, o sr. Magalhães Júnior preferiu ver neles apenas o *ridículo,* sem compreender que naqueles juízos aparecidos na *Gazeta de Notícias,* de 1º de setembro, entre outras coisas, saltavam verdades:

> Não nos parece, porém, que o fim secundário da festa, a fundação de uma sociedade de homens de letras prometa grande futuro. O número relativamente pequeno dos que compareceram, o propósito deliberado que muitos têm manifestado

---

14. R. Magalhães Junior, *op. cit.,* p. 51.

de não anuir a esse pensamento, nas condições em que a associação foi iniciada, parece indicar que ainda desta vez ficará por organizar a Associação dos Homens de Letras do Brasil, ou que então organizar-se-á alguma coisa que não terá nem vida mais ativa, nem mais gloriosa que o Instituto Histórico.

Nessas palavras do articulista do jornal *Gazeta de Notícias* havia verdades. As pilhérias e ironias surgidas na revista *Crônica da Semana*, de 2 de setembro, apresentavam algumas razões plausíveis e não eram absolutamente *ridículas*. Após sugerir que o ideal seria mudar a denominação da associação fundada para Sociedade Literária Particular Lira de Apolo, acrescentava:

> Aqui, a mesma aristocracia, porém literária, ainda representada pelo primeiro homem de letras do país, compreendeu, aplaudiu e acoroçoou os intuitos do Sr. Távora, a quem anima, além dos sentimentos de amizade aos Srs. Quesada, o ardente desejo de preparar para o país, ao menos nas letras, uma paz firme e duradoura.

No texto acima não havia nenhum ridículo capaz de inibir o soerguimento da Associação. Tampouco neste trecho que apareceu no mesmo jornal do dia seguinte, assinado por alguém que usava o pseudônimo de Zig-Zag, na coluna "Bala de Estalo":

> Como estamos num país verdadeiramente mercantil, pensei que o título estava incompleto e que o verdadeiro nome era Sociedade de Homens de Letras de Câmbio.

Cumprindo o seu destino, a Associação, como certas coisas que muitos não intuíram na época e ainda hoje outros, infelizmente, não as compreendem, não prosperou. A sua existência, a soma de muitas vidas e opiniões divergentes porque coletiva, dependeria de condições especiais que se dão no tempo e no espaço de uma ampla comunidade e nunca como exclusivos frutos de um homem só. Ao contrário do que disse Magalhães Júnior, o fracasso da Associação dos Homens de Letras do Brasil terminou sendo avaliado pelo próprio Távora. A prova de nossa afirmação está numa de suas cartas remetidas a José Veríssimo, na qual, respondendo-lhe especificamente sobre o destino da entidade que ele ajudara a fundar, disse:

> Pergunta-me pela Associação *dos Homens de Letras?*
> Morreu. *Mortius est pintus in casca.* Hostilizada inicialmente na Corte, mal recebida nas províncias, como poderia subsistir? Pareceu-me, quando tive a idéia, que poderia fazer qualquer coisa no interesse das letras; enganei-me a olhos vistos.

Além destes elementos contrários, no próprio seio da Associação havia outros que a minavam. Enfim... deixei isto de mão, inteiramente descrido da vida coletiva, pelo que toca a letras, no Brasil.

Creio que igual destino há de ter o tal clube dos cinqüenta sobre o qual me pede informações. Não me consta que se haja reunido. Este nem chegou a ser gerado.

Pelo hábito, que, como sabe, é lei, continuo a escrever... para fora, por exemplo, para a *Nueva Revista*. A propósito muito folguei de saber que lhe agradou o meu artigo sobre o Juvenal Galeno. Quanto às obras deste autor, oportunamente hei de mandar-lhe as *Canções Populares* ou as *Cenas*. Não sei se as encontrarei em casa de algum alfarrabista. As que tenho, foram-me enviadas pelo autor.

Terei imensa satisfação em prefaciar qualquer livro seu.

O estudo do Conselheiro Tito Franco, sobre limites, é magistral.

Além dos 10$000 da assinatura do Sr. Borges Carneiro, tenho mais 10$000 da do Sr. Souto. Estão em meu poder.

A *Gazeta de Notícias* caminhou para mim. Há de ver que o Valentim lá me deu umas palavras amenas. Em compensação mandei para ele um artigo de crítica que há de ler. Abraça-o o amigo Franklin Távora[15].

E como disse Távora que continuava a escrever para a revista de seus amigos argentinos, perguntemos por eles. Anos depois, quando o embaixador Dom Vicente Quesada deixou o Brasil, retornando a Buenos Aires, ali recordara em suas memórias a fase em que vivera como ministro plenipotenciário de seu país junto ao Império brasileiro. Entre tantas coisas escreveu considerações não só sobre os nossos costumes, mas alguns pormenores da vida oficial e particular de S. M. o Imperador Dom Pedro II. Numa passagem do livro, a propósito do monarca, dizia:

Não é possível avaliar o seu saber, porque ele conversava perguntando e não responde a nenhuma pergunta. [...] Convenci-me de que é um fatalista resignado a não perpetuar o trono. [...] Pelo exposto podia-se acreditar que amava a simplicidade, e, sem dúvida, para freqüentar os teatros, desde São Cristóvão vinha de charrete com seis cavalos e a escolta, chegando de forma ruidosa. O povo o contemplava em silêncio e não despertava entusiasmo nem ódios; era inofensivo. Se não era um sábio, era um homem superior, pois a verdade é que não tinha nada de vulgar[16].

Acrescentava, ainda, o embaixador memorialista que Dom Pedro II era um estadista sem ideais definidos, sem planos ou ambições claras para o

---

15. Franklin Távora, Carta a José Veríssimo, datada do Rio de Janeiro, em 9 de julho de 1884.
16. V. G. Quesada, *Mis memorias diplomáticas*, Buenos Aires, Imp. Coni Hermanos, 1908, 1ª Parte, pp. 470-472.

seu futuro e o do Brasil. Era um excelente governante para épocas calmas, tranqüilas, sem atropelos políticos e sociais. Deixava transparecer um traço característico de sua personalidade: o ceticismo.

E, entre muitas observações curiosas, informava que o Imperador adorava descer a serra de Petrópolis para vir ao teatro no Rio de Janeiro. Quando tomava o lugar "no teatro ele dormia, enquanto a Imperatriz ficava a acordá-lo, tocando-o discretamente com o leque"[17].

A Associação, já pelo seu próprio nome, era uma reunião de muitos e sem o esforço deles não poderia sobreviver. Ademais, a suposta ironia que ele fizera a Corte ouvir no dia da festa inaugural, no Liceu de Artes e Ofício, foi uma verdade que continuará vigente por muito tempo: "E quanto aos senhores legisladores, a Associação não irá pedir-lhes subvenções, posto que até as vossas rendas que protegem disposições agrícolas e industriais, ainda não chegam para proteger os interesses literários".

Se estão diretamente ligadas às classes sociais que formam uma nação como a brasileira as profundas causas que explicam a debilidade das suas letras, à vida de um homem, com certeza, não se pode atribuir a morte de uma associação. Quando menos se deve lembrar o seu esforço em fazê-la renascer. E isso jamais poderá ser subtraído à biografia de Franklin Távora.

17. Vicente G. Quesada, *idem*.

30. O Crítico e o Ensaísta

> A crítica, senhores, tem uma grande responsabilidade. Ainda quando faz elogio, é obrigada a estabelecer distinções. Dar todo o valor aos fatos é uma lei da consciência, e é neste solo – a consciência – que tem a crítica as mais fortes raízes.
>
> Discurso no IHGB, Sessão Magna de 1881.

A distinção sugerida no título deste capítulo tem uma razão de ser: nem sempre o ensaísta é um crítico literário, mas podem estar juntos no mesmo escritor. E no caso de Franklin Távora a distinção se impõe com maior nitidez, porque pretendemos abordar, sucintamente, o seu pensamento crítico sobre diversos escritores e alguns enfoques ensaísticos de natureza mais específica, como foram os estudos históricos.

Há, pelo menos, três fases bem visíveis na formação intelectual de Franklin Távora: a acadêmica, a da mocidade e a da maturidade. As duas primeiras foram vividas intensamente no Recife, durante o período de 1847 a 1874; e a última, a fase do Rio de Janeiro, até 1888, o ano de sua morte.

Dentre os vários critérios de abordagem de sua produção ensaística, porém, resolvemos dividi-la em dois grupos fundamentais: os ensaios críticos literários e os estudos históricos.

Nos ensaios críticos houve uma maior predominância e até certa predileção pelo enfoque de temas poéticos, não esquecendo que o seu mais longo e controvertido trabalho resultou da reunião das cartas em que estudou dois romances de Alencar – *O Gaúcho* e *Iracema* – que já mereceu um capítulo à parte, as *Cartas a Cincinato*, um alentado volume com quase 600 páginas.

Sobre essas cartas, um dos mais graves e portentosos momentos de crítica literária de Franklin Távora, bastaria repetir aqui o juízo de Sílvio Romero, também rigoroso e inteligente crítico, que afirmou ser uma obra de valor. A essa observação pertinente do crítico sergipano, vale acrescentar a inoportunidade da adesão de Távora à campanha que José Feliciano de Castilho movia contra Alencar, toldando a finalidade da crítica honesta e desinteressada a intenções políticas que o crítico do Recife não possuía. Já se disse que Távora, escrevendo as cartas do Recife e as remetendo para a Corte do Rio de Janeiro, não tinha uma exata visão do jogo de interesses políticos orquestrados contra José de Alencar.

Os estudos históricos formaram a parte mais rica e ampla das preocupações de Franklin Távora, porque, direta ou indiretamente, sempre estiveram presentes em quase todos os seus trabalhos, fossem eles romances, contos, novelas, dramas, ou até mesmo ensaios críticos de pequeno fôlego.

Aqui, porém, por uma questão de método, não falaremos sobre os temas ou aspectos absorvidos ou aproveitados como matéria-prima de sua prosa narrativa. Também não será possível demorar em todos os artigos publicados nos diferentes jornais e revistas ao longo de mais de trinta anos, o que constituiria um esforço da maior importância (e que deverá ainda ser feito), retirando-os da dispersão e da ameaça da destruição, com certeza, já consumada em muitos casos.

Os primeiros artigos que merecem destaque, na fase inicial da mocidade, são os escritos para o jornal *A Consciência Livre*, fundado por Numa Pompílio, mas redigido por Franklin Távora e José Baptista de Castro e Silva, este, colega do tempo de Faculdade de Direito e também cearense.

O primeiro tópico do programa, publicado como editorial, indicava o caráter crítico de sua existência:

> Os direitos da consciência, livre dos vencilhos de dogmas inteligíveis, de absurdas imposições em nome de uma autoridade que se não discute, e que pretende do meio das trevas de que habilmente se rodeia, em nome de não se sabe que princípio que se proclama superior à razão humana, em diametral oposição mesmo com esta, dar perpetuamente a lei à humanidade escravizada e inconsciente, e guiá-la pelos caminhos tenebrosos da vida para um destino desconhecido[1].

E após a longa revelação dos pontos básicos a serem seguidos e adotados como rígido programa intelectual, a conclusão pendia para um manifesto liberalismo aplicável a todos os campos da atividade humana:

> Na prossecução de seus fins *A Consciência Livre* terá constantemente por norma de sua conduta o respeito à moral como ciência dos deveres que se inspiram na consciência da dignidade própria e no respeito à personalidade humana, e inteira

---

1. *A Consciência Livre*, Recife, n. 1, 1º de junho de 1869. Editorial, p. 1.

liberdade de pensamento com relação a todos os cultos religiosos, encarados sob o ponto de vista da razão humana, como desenvolvimento, como manifestações que são, da Humanidade na história, fenômenos do homem, e como ele variáveis, transitórios e sujeitos à lei eterna do desenvolvimento, do progresso e da perfectibilidade[2].

As matérias desenvolvidas pelos redatores, principalmente F. Távora, como então costumava assinar os seus artigos, centravam-se com preferência em assuntos ligados à religião ou à vulgarização filosófica. Assim, no primeiro número, além da ampla exposição programática resumida, apareciam dois ensaios: *A Razão e o Cristianismo* e *Liberalismo Clerical*.

Apesar do tom religioso do primeiro artigo, conforme depreende-se pela epígrafe contida nas palavras de São Mateus (V, 17), nas quais Jesus Cristo diz que não vem para destruir as leis mas para dar-lhes cumprimento, a análise crítica de Távora, com fina perspicácia, levava o leitor para um mundo em que afloravam os aspectos do respeito ao divino, ao eterno e também ao temporal.

A partir dessa ordem de raciocínio, destacava alguns pontos fundamentais, como o da liberdade religiosa, o da liberdade de ensino, convicções, aliás, pelas quais havia, há pouco tempo, pagado caro tributo aos conservadores que não lhe deram tréguas na Assembléia Provincial de Pernambuco, onde fora deputado, e nas reformas que, na qualidade de Diretor-Geral da Instrução Pública da mesma província, introduzira na rede de ensino, particular e pública. Eles não queriam abdicar, de forma alguma, de alguns privilégios.

Por isso, em seus artigos, quase num tom raivoso, mas que tinham origem naqueles combates religiosos que mal encobriam interesses políticos ameaçados, poder-se-ia justificar a sua reiterada preocupação com a efetivação prática do princípio tão argumentado e citado nas teorizações verbais. Nesse contexto é que se deveria ver a sua denúncia:

Fazer que o povo livremente se instrua com o intuito de erguer nele o verdadeiro espírito religioso, que tal não pode ser essa entidade, que aí se vê, híbrida e desfigurada pelas superstições e pelo fanatismo a que o têm reduzido as vistas da ganância, a hipocrisia e o jesuitismo nefando de pérfidos sacerdotes, é um dever, não só de patriotismo senão também e principalmente de caridade evangélica[3].

E, como que antevendo o crescente esmagamento da iniciativa privada pelas gestões governamentais que, na maioria das vezes, ignoravam a pes-

---

2. *Idem*, p. 2.
3. *Idem*, p. 4.

soa, o cidadão, concluía com uma verdade que chegava às raias do brando humor:

Deus ilumine o governo, já que neste país tudo é governo![4]

A partir desse aprendizado Franklin Távora oferecia ao mundo das letras uma clara consciência de que sabia o que desejava sustentar e defender como princípios fundamentais alicerçando a sua posterior atividade intelectual. Havia-se impregnado nele como que um programa, uma carga de informações e de precisas conclusões solidamente arrimadas no seu espírito de escritor, das quais não se arredaria mais sob nenhuma hipótese, ainda que sempre se declarasse aberto e receptivo a toda e qualquer inovação que fosse capaz de vencer as suas opiniões.

Em seguida, escreveu para muitos jornais, porém, no que mais publicou, sobretudo assuntos de natureza religiosa, foi no semanário *A Verdade*, órgão por ele fundado e convertido em periódico adicto aos objetivos da maçonaria depois de um certo momento de sua existência.

Na fase do Rio de Janeiro, os principais ensaios, críticos ou não, apareceram em maior número nas seguintes revistas: *Ilustração Brasileira* (1876-1878), *Revista Brasileira* (1879-1882) e *Revista Trimensal do Instituto Histórico* (1881-1887).

Em todas elas, de alguma maneira, Távora exerceu influência, fosse animando amigos seus para fundá-las, assinando permanentes seções, como na *Ilustração Brasileira*, fundada pelos irmãos Carlos e Henrique Fleiuss, de quem privou da amizade e até da intimidade quanto ao último. Na *Revista Brasileira*, que já mereceu um capítulo especial, sendo ele o principal animador na condição de redator-chefe durante a segunda fase, sem dúvida, a mais profícua. Na *Revista Trimensal do Instituto*, onde colaborou com freqüência desde o ingresso no Instituto Histórico e Geográfico, a partir de 1880, chegando, em 1887, a ser o seu diretor. Na *Nueva Revista de Buenos Aires*, fundada e dirigida por Vicente Quesada e Ernesto Quesada, publicou os cinco primeiros capítulos do livro de crítica literária *O Norte*, nos tomos editados em 1882-1883. Por fim, em *A Semana*, de Vicente Magalhães, editada no Rio de Janeiro, nos anos de 1887 e 1888, apareceram outros capítulos de *O Norte*.

Na revista *Ilustração Brasileira*, afora as lendas e as tradições já referidas, Távora assinou uma seção permanente chamada "Boletim Bibliográfico". O objetivo era apenas resenhar o aparecimento dos livros publicados

---

4. *Idem*, p. 5.

no correr das quinzenas, a princípio, e depois, dos meses, quando as dificuldades apertaram o empreendimento editorial e Henrique Fleiuss teve que ampliar o lapso da periodicidade, momento em que ficou curiosamente registrado pela pena de Machado de Assis, que ali também assinava crônicas sob o pseudônimo de Manassés, intituladas *História de Quinze Dias*. Eis as primeiras palavras da primeira crônica de Machado:

> Dou começo à crônica no momento em que o Oriente se esboroa e a poesia parece expirar às mãos grossas do vulgacho. Pobre Oriente! Mísera Poesia![5]

Amenas, mas sérias e severas quando o rigor da cena impunha à pena alteração de comportamento. Assim ocorreu quando Machado justificou a mudança da periodicidade da *Ilustração Brasileira*:

> Assim como as árvores mudam de folhas, as crônicas mudam de título; e não é essa a única semelhança entre a crônica e a árvore. Há muitas outras, que não aponto agora por falta de tempo e de papel.
> O caso é que quando eu cronicava a quinzena tinha diante de mim (ou antes atrás) um espaço limitado, um período cujos limites podia ver com estes olhos que a terra me há de comer. Mas trinta dias! É quase uma eternidade, é pouco menos de um século! Quem se lembra de coisas que sucederam há quatro semanas? Que atenção pode sustentar-se diante de tão vasto período?[6]

Távora, por sua vez, nos seus "Boletins Bibliográficos", não se limitava a fazê-los dentro da brevidade recomendada. Quando o assunto lhe interessava alongava-se de tal sorte que produzia verdadeiros ensaios críticos. Foram muitos os *Boletins*, mas destacamos apenas alguns, nos quais as suas idéias aparecem com maior força do que propriamente os temas abordados nos livros.

Em 1876, ao surgir o romance de Joaquim Manuel de Macedo, escritor que cultuara quase todos os gêneros, Távora escreveu o seguinte:

> É engenhosamente arranjada a contextura da fábula. O autor de *A Moreninha*, abandonando a musa que inspirou-lhe os seus primeiros livros, entrega-se hoje de preferência aos romances de enredo, gênero que não nos parece o melhor, nem o mais compatível com a sua aptidão[7].

---

5. Machado de Assis, *Ilustração Brasileira*, de 1º de julho de 1876, cf. *Obras Completas de Machado de Assis*, Rio de Janeiro, São Paulo, Porto Alegre, W. M. Jackson Inc. Editores, 1953, vol. 24, p. 77.

6. *Idem*, fevereiro de 1878, *op. cit.*, p. 313.

7. Franklin Távora, *Ilustração Brasileira*, Rio de Janeiro, n. 9, 1º de novembro de 1876, p. 143.

Na primeira quinzena de dezembro do mesmo ano trouxe apenas dois livros aos leitores: um romance e um livro de poesia, afirmando que se tratava de dois primores. O romance era *Memórias de um Sargento de Milícias*, de Manuel Antonio de Almeida, e o de poesia pertencia a Laurindo Rabello e levava o título de *Obras Poéticas*. Assim resumiu Távora o seu comentário crítico:

> Dois nomes que valem por muitos, e dois nomes que, infelizmente, pertencem a dois finados.
> Ambos moços, ambos dotados do mais peregrino e formoso talento! Tanto os versos de Laurindo como o romance de Almeida são velhos conhecidos do público. Trata-se apenas de uma segunda edição, mas edição que equivale a uma novidade, não só porque as duas obras eram raríssimas, como porque há muitos acrescentamentos do livro de versos de Laurindo, que apenas nos havia dado uma pequena coleção de trovas.
> Poeta de um grande sentimento, de arrojada inspiração, tinha os grandes méritos do improvisador e do poeta satírico; sendo tão grande a borbulhar na elegia como vibrando as aguçadas setas do epigrama.
> Há, no volume de suas obras, cantos que correm parelhas com os dos mais distintos dos nossos vultos, em nada sendo inferior a Dias, no lirismo e a Magalhães nos conceitos filosóficos.
> Seguia a escola bocageana, mas era um Bocage que sentia os efeitos da revolução romântica, um Bocage temperado com Lamartine e Victor Hugo.
> O *Memórias de um Sargento de Milícias* foi publicado pela primeira vez há mais de 20 anos, e de então em diante, ficou sendo esse o nosso primeiro romance de costumes.
> O período colonial é o descrito naquelas páginas. E não é possível imaginar maior propriedade na estrutura dos personagens, no cenário, e das usanças daquele tempo.
> Esse romance é um modelo, e em debalde procuramos naquele gênero obra igual na coleção de romances brasileiros.
> Além do mérito descritivo, da restauração do passado, há no *Memórias de um Sargento de Milícias* um enredo engenhoso e natural, caracteres bem sustentados, e sobretudo, um estilo agradável em sua singeleza e espontaneidade[8].

Quando Távora defendeu com entusiasmo a presença do Norte na literatura nacional, fez questão de incluir um jovem contista que aparecia com o nome de Luiz Dolzani, mas que de fato não passava do pseudônimo do romancista Inglês de Souza. Eis a opinião sobre *O Cacaulista*, que aliás seria bem ampliada no ensaio publicado na Argentina, na *Nueva Revista de Buenos Aires* (1882), abrindo a série denominada *O Norte*:

> *O Cacaulista* é devido à pena de modesto filho do Amazonas que usa do pseudônimo de Luiz Dolzani.

---

8. Franklin Távora, *Ilustração Brasileira*, Rio de Janeiro, n. 11, 1º de dezembro de 1876.

Autor de vários contos de que já demos notícias nestas mesmas colunas, apresenta ele agora um conto de maior fôlego, e como os outros cintilante de cor local, de originalidade, e de interesse.

Não há em *O Cacaulista* coisa que se pareça com essas cediças descrições da natureza equatorial; o narrador conhece os quadros que pinta, e por isso dá-lhes um colorido e esplendor que tornam inteiramente novas as suas descrições.

Acreditamos que L. Dolzani será um dos mais opulentos escritores do Norte do Brasil, e que lhe está destinado um brilhante papel se persistir cultivando o romance nacional[9].

Havia quinzenas estéreis e outras pródigas de aparecimento de bons títulos.

A fase de crítico da *Revista Brasileira*, onde ele também acumulava as funções de redator-chefe, foi de intensa atividade. Nos dez tomos publicados de maio de 1879 a dezembro de 1881, em cada um, pelo menos, afora o seu obrigado artigo ou ensaio crítico da seção "Notas Bibliográficas", havia sua participação como ensaísta ou romancista. Foi durante este período que ele publicou, reunindo vários capítulos de cada vez, os romances *Lourenço* e *Sacrifício*. Também foram publicados *Memórias Póstumas de Brás Cubas*, de Machado de Assis, e parte do romance *Um Estudo de Temperamento*, de Celso de Magalhães, sobre o qual Franklin Távora escreveu um ensaio publicado na revista *A Semana* (n. 151, de 19.11.1887), integrante do livro inédito *O Norte*.

Dentre os vários ensaios críticos publicados na *Revista Brasileira*, destacaremos os seguintes: no primeiro tomo apareceram os trabalhos sobre dois livros – *Coleção de Estudos e Documentos a Favor da Reforma da Ortografia em Sentido Sônico*, pelo dr. José Barbosa Leão (Lisboa, 1878). Esse comentário de Távora provocaria uma interessante polêmica, a qual a *Revista* voltaria a abordar. Veio também um livro do Recife, intitulado *Pernambucanos Ilustres*, de autoria de Henrique Capitolino Pereira de Mello, de 1879, um jovem quintanista da Faculdade de Direito do Recife. Recebeu boa acolhida de Távora que, após apontar alguns senões do estilo que a idade perdoava, estimulava-o com este comentário:

[...] os vultos que iluminaram a sua época e a sua terra; que deixaram nas páginas da história, como nos mármores antigos, em traços indeléveis a perpétua notícia dos seus feitos; que chegam ao pórtico de todas as idades, não para receberem delas a impressão do seu caráter particular, mas para serem contemplados como testemu-

9. Franklin Távora, *Ilustração Brasileira*, Rio de Janeiro, n. 15, 1º de fevereiro de 1877, p. 230.

nhos da grandeza passada, e venerados como relíquias de sentimentos que somente neles podem sobreviver, tais vultos devem ser trazidos a público segundo estavam nos ilustres sepulcros. O historiador que lhes desenterra não tem o direito de limpar-lhes o pó ancião, porque neste pó muitas vezes está a heroicidade, a grandeza moral, o amor da pátria[10].

Nas "Notas Bibliográficas" do segundo tomo da *Revista Brasileira* Távora publicou um verdadeiro ensaio sobre a questão da bibliografia e do livro no Brasil. Aproveitando-se de um par de livros publicados em Portugal sobre o assunto, começou estabelecendo um curioso paralelo entre a nossa situação e a portuguesa. E tocou nos mais amplos problemas do livro, da leitura, das bibliotecas etc. E perguntava:

> Quem se importa entre nós com o conhecimento da descrição dos livros, por mais importantes que sejam, quer pela sua antigüidade, quer pela sua raridade? Se o livro moderno, o livro de ontem, o livro de hoje é tratado com indiferença, poderá lograr mais que o desprezo o livro de há três séculos, salvo do pó e disputado às traças mais por circunstâncias imprevistas do que pelo afeto de zeloso bibliófilo?

Em seguida, ofereceu um atualíssimo e completo quadro estatístico da situação do livro e das bibliotecas brasileiras, comentando-as, dando sugestões e protestando pela falta de cumprimento de outras. E tanto se alongou num verdadeiro ensaio crítico sobre o destino do livro no Brasil do século XIX, assunto realmente interessante, que, em certa altura, anotou: "Vai já, porém, muito extenso este escrito, e aumentar-lhe as proporções fora perder a esperança de ser lido. Todavia aventurarei algumas palavras sobre um outro documento". E escreveu mais dez laudas sobre os problemas da reforma ortográfica da língua portuguesa.

Sílvio Romero vinha publicando, por capítulos, o seu livro *História da Literatura Brasileira*. No terceiro tomo da *Revista Brasileira*, Távora reservou quase vinte laudas para comentar a parte introdutória daquela obra que depois seria publicada definitivamente em cinco alentados volumes.

Se, por um lado, essas notas, por mais de uma razão, traziam observações ainda vigentes sobre os primeiros passos do polêmico e prolífico historiador de nossa literatura, por outro, afirmaria a maturidade do crítico Franklin Távora.

Ademais, deu à *Revista Brasileira* a oportunidade de revelar nomes de indiscutível valor, como foi o de Sílvio Romero. E, neste caso, levado pelas mãos de Távora.

---

10. Franklin Távora, *Revista Brasileira*, Rio de Janeiro, tomo I, 1879, p. 455.

Nas primeiras linhas do ensaio escreveu o crítico das *Notas* sobre o livro de Romero:

> Trata de história, etnografia, filosofia e crítica sob vários aspectos. Sustenta opiniões que eu abraço e opiniões que eu não abraço. Denota no escritor um espírito elevado, um pensador estudioso, um crítico exigente que, se ainda não é completo, dentro em poucos anos o será. Enfim, é uma pequena tela onde está traçada uma grande luta – o exame procedido em nosso passado por uma inteligência de notável intuição e regularmente instruída, tendo por guia a ciência moderna, e por alvo a aquisição de verdades novas, das quais já muitas estão em seu poder[11].

As considerações de Távora inspiradas nas páginas de Sílvio Romero tentam oferecer quadros vivos, a modo de amplos painéis, da realidade histórica do Brasil, vistos sobretudo pelo lado da inteligência, do saber, dos afirmados lastros culturais estratificados e cristalizados, apesar de nossa pouca idade como país social, política e culturalmente organizado. E detinha-se em inúmeros aspectos. Sobre a crítica, advertia Távora: "Já é tempo, não de se temer, mas de se desejar a crítica". Aqui, sem dúvida, havia uma velada justificativa de seu comportamento crítico anterior em relação a José de Alencar, quando ele fora, segundo o juízo de muitos e dele próprio (porque parecia mostrar-se arrependido), demasiado severo. Aliás, mais adiante, no mesmo artigo, ao fazer umas digressões sobre a fase romântica, não hesitava falar em Alencar nestes termos: "O gênio nacional, passado o sonho criado pelos poetas, acordou em produções doutra natureza [...]. *Cinco Minutos* e *Viuvinha*, de José de Alencar, que hão de ser sempre uma encantadora página do sentir e do viver da Corte..."[12]

A visão da miscigenação das três raças – portuguesa, negra e indígena – também mereceu curiosos comentários que denunciavam no autor das *Notas* a lúcida compreensão da problemática, antecipando posições que estudiosos deste século confirmariam como válidas. Ou, quando tentava armar comparações de nossa poesia com as mais vivas e profundas aspirações poéticas produzidas por poetas sul-americanos, como, por exemplo, Gonçalves Dias. Era o início de um enfoque, infelizmente, até agora abandonado pela crítica brasileira, salvo nos trabalhos críticos e de ensaios de Manuel Bandeira que, de fato, mais tarde, esforçou-se em tornar menos desconhecidas, entre nós, as literaturas sul-americanas.

No final, parecendo tomar para si a emoção que antes dominara a pena de Sílvio Romero, Franklin Távora estimulava o jovem crítico sergipano a não se intimidar diante das adversidades, sem contudo deixar de adverti-lo

---

11. Franklin Távora, 1880, p. 421.
12. *Idem*, pp. 422 e 427.

para um tipo de ostracismo que a república das letras reservava aos espíritos inquietos e renovadores:

> A forma adotada pelo Sr. Sílvio Romero no seu livro não é talvez das que mais poderiam agradar em nossas rodas literárias. Ao temperamento nervoso do autor excitado pela luta com a adversidade, com o egoísmo e malevolência dos homens, não pertence talvez a menor parte na responsabilidade pelo estilo acerado, pela frase mordaz, pelo tom ferino que dão ao seu trabalho as feições de um manifesto de guerra. Não encontro outras explicações para estas palavras da introdução: "Os diferentes capítulos que formam este opúsculo foram quase todos, em épocas diversas, publicados no Recife, e recebidos com indiferença por uns, e com indignação por outros. Fiquei satisfeito... Hoje que aparecem, formando o seu corpo natural num volume, desejo-lhes o mesmo acolhimento. Isto para mim é um sintoma; neste país aquilo que muito agrada, tenho a certeza de que não presta"[13].

E aqui, após as paradoxais palavras de Sílvio Romero, Távora também finalizava o ensaio dando a sua opinião, verberando com veemência na defesa da instauração do novo, pela renovação do próprio país, armado num candente otimismo:

> É por isso que eu não condeno as idéias sãs, os largos intentos de um jovem de verdadeiro talento, como o Sr. Sílvio Romero pela forma literária que, se em alguns casos não guardou a compostura da conveniência, e em outros chegou a acobertar alusões sugeridas pela exaltação, nem por isso é menos inspirada na elevada paixão de ver a pátria pensar por si mesma, queimar os velhos ídolos, elevar ao seu nível mental, tornar-se digna do século e de fazer parte do convívio intelectual das nações que estão no primeiro plano da civilização.
> Vejo no Sr. Sílvio Romero um revolucionário que não conspira. [...] Vejo o revolucionário digno do século...[14]

Um dos momentos elevados da crítica de Távora, ao lado de tantos outros, veio com a oportunidade que teve de escrever um ensaio sobre *Os Lusíadas*, de Luís de Camões.

Este ensaio crítico teve como ponto de partida o livro comemorativo do terceiro centenário do poeta da nacionalidade portuguesa editado pelo Gabinete Português de Leitura do Rio de Janeiro, em 1880. Esse livro fora revisto e anotado pelo filólogo Adolfo Coelho e prefaciado por Ramalho Ortigão. Trouxe, ainda, uma notícia histórica do Gabinete, da autoria de

---

13. *Idem*, pp. 428-429.
14. *Idem*, p. 429.

Reinaldo Carlos Montoro. Ademais, foi divulgado junto com a peça *Tu, só Tu, Puro Amor...* de Machado de Assis, representada naquelas festividades.

As primeiras palavras do crítico provocaram funda repercussão. Eram de exaltação, mas, logo depois, no desenvolvimento, havia pontos de reflexão que revelavam lucidez e equilíbrio crítico para a altura do momento:

> No imortal poeta a quem todos os que conhecem a língua portuguesa têm rendido nestes últimos dias uma homenagem depara o crítico duas individualidades, visivelmente caracterizadas: a primeira é a dos amores particulares; dos prazeres fáceis; das travessuras juvenis; dos cantos límpidos e frescos; a segunda é o do amor da pátria e da Humanidade; da miséria; da resignação, das dores físicas acrescentando com as dores morais o sofrimento silencioso e heróico; enfim, do último canto do Cisne, canto imenso e eterno, que vibra ainda, e vibrará sempre, cheio de graça, alteza e harmonia, que não tem o de Homero, que atravessa ondas de sangue e pó; o de Dante, que ressoa por entre sombras e visões tristes; o de Milton, que somente oferece verdadeira satisfação ao leitor crente[15].

E suas análises seguiam para, no final, defender idéias ainda não apontadas com freqüência pelos leitores que ao longo do tempo conquistara o vate luso. Dizia que em Camões, mais do que o apego ao mistério do divino, preponderava o amor à Natureza, ficando presente o "elemento pagão, lascivo, nu", como se o poeta, vencido pelo maravilhoso, quedasse sucumbido pelo que ordenavam os sentidos.

No mesmo tomo foi publicado o ensaio *O Diário de Lázaro*, seguido do poema inédito do mesmo título de Fagundes Varella, que a *Revista Brasileira*, por gestões de Távora, lograra autorização para publicar.

Foi neste artigo que ele, antevendo a aparição de novos poetas, apontou-a, como a dizer que se a voz dos que partiam na melancolia da tarde (e eram muitos os silenciados precocemente pela morte), o despontar de um novo dia vinha com prometedores valores. E citava os nomes de Theóphilo Dias, Valentim Magalhães, Assis Brasil, Raimundo Correia, Damasceno Vieira, Eduardo de Carvalho, entre outros.

O estudo sobre Varella, abundante em sugestões e amplo nas variadas interpretações do verso, revelou aspectos ainda não sondados. Afirmou Távora como crítico.

Continuou na mesma direção, dedicando às *Notas* do tomo seguinte, o sexto, a outro poeta, que parecia seguir um caminho diverso ao adotado

---

15. Franklin Távora, "Os Lusíadas", *Revista Brasileira*, Rio de Janeiro, tomo V, 1880, pp. 113-123.

por Fagundes Varella: Luiz Guimarães Júnior que, então vivendo em Roma, publicara *Lírica – Sonetos e Rimas*[16]. O estudo, como sempre acontecia, não era superficial nem apressado.

Ainda cultuando a crítica poética, escreveu um oportuno ensaio sobre a poesia pernambucana, aproveitando o exemplo de um frade que, além de sábio em vários ramos do conhecimento, fora revolucionário, mártir e também poeta – frei Joaquim do Amor Divino Caneca.

O trabalho aparecido na *Revista Brasileira* sob o título genérico de *As Obras de Frei Caneca*, na verdade, não dava idéia da dimensão, da importância e do valor da investigação levada a cabo por Franklin Távora. Ainda que ele indicasse no rodapé que o escrito fazia parte de um livro intitulado *A Constituinte e a Revolução de 1824*, o objetivo buscado era o de saber quais as razões que concorriam para que tantos sacerdotes que viviam limitados a suas congregações ou púlpitos de igrejas terminavam dando à luz uma poesia tão sugestiva e variada pelos temas alcançados, como, por exemplo, o épico, a ironia, a sátira, a crítica social e até lampejos motivadamente revolucionários, como ilustrava as obras poéticas de Frei Caneca nesta quadra:

> Entre Marília e a Pátria
> Coloquei meu coração,
> A pátria rouba-me a vida,
> Marília que chore em vão[17].

Os Patriotas de 1817, um dos mais importantes estudos históricos de Franklin Távora, motivado inicialmente pelo espírito de homem bairrista, fez com que alimentasse um desmedido amor pela história de Pernambuco (talvez maior do que o dedicado ao seu Ceará, mesmo quando viveu ausente dos dois), teve grande importância na sua trajetória de historiador. Com esse estudo abriu caminho para entrar no Instituto Histórico e Geográfico

---

16. Franklin Távora, *Revista Brasileira*, Rio de Janeiro, tomo VI, 1880, pp. 73-88.
17. *Idem*, tomo VIII, 1881, pp. 461-473. Nesta quadra Franklin Távora chamou atenção para a circunstância de que o terceiro verso – *A pátria rouba-me a vida* – é o por ele adotado pela razão que justifica: "O comendador A. J. de Melo dá esta versão:

> Entre Marília e a Pátria
> Coloquei meu coração,
> A pátria roubou-mo todo,
> Marília que chore em vão.

Mas neste ponto – continua Távora – aparto-me do benemérito escritor para seguir a versão popular, que é a do texto".

Brasileiro do Rio de Janeiro, assustando os membros que o examinaram e também disputou uma cátedra do Colégio Pedro II.

Além do mais, foi um dos poucos estudos que se salvaram do fogo, porque publicado na *Revista Brasileira*. É um bom indicador da direção que ele imprimira aos demais trabalhos, aliás, irremediavelmente perdidos.

A partir de 1881 surgiu na *Revista Trimensal do Instituto* uma copiosa colaboração ensaística de Franklin Távora, quando ali atuou como sócio, secretário, orador oficial e, finalmente, diretor da mesma revista durante o ano de 1887. Nela foram publicados discursos, muitos deles, apesar da forma e do clima necrológico, guardando, além dos traços biográficos, interessantíssimos juízos de natureza histórica.

Um dos livros de Franklin Távora, às vezes dado como perdido em sua totalidade na maioria das referências bibliográficas, que ele mesmo intitulou de *O Norte*, felizmente, está recuperado em boa parte, graças às iniciativas tomadas por Vicente Quesada e Ernesto Quesada, fundadores e diretores de *Nueva Revista de Buenos Aires*, de Argentina, e também por causa do poeta Vicente Valentim, editor de *A Semana*, do Rio de Janeiro, que publicaram alguns capítulos daquele livro.

O plano inicial, esboçado por Távora numa de suas cartas a Veríssimo (na qual comunicava que não ia devolver logo um conto que havia recebido do escritor paraense), era bastante ousado, tendo em vista as proporções de espaço destinado à crítica na época[18]. Ainda numa carta, datada de fevereiro, ele avisava ao amigo: "Continuo trabalhando no meu *O Norte*"[19].

Na altura de maio de 1882 o livro estava não só terminado, mas já entrando em composição gráfica. Dois problemas parecem ter inviabilizado a impressão do livro: o primeiro, os inúmeros relatórios ministeriais que congestionavam os demais trabalhos na tipografia e, depois, a falta de dinheiro por parte de Távora para fazer face às despesas anteriormente acertadas.

As explicações que ele ia prestando a José Veríssimo não davam lugar a dúvidas de que, no final das contas, lhe faltara dinheiro para pagar a edição combinada:

O meu *O Norte* ainda não entrou em composição, não só pelas razões supra indicadas (excesso de trabalhos na tipografia), mas também porque como é fácil

---

18. Franklin Távora, Carta a José Veríssimo, datada do Rio de Janeiro, em 28 de janeiro de 1882. Cf. Coleção do Arquivo da Academia Brasileira de Letras.
19. *Idem*, Carta a José Veríssimo, datada do Rio de Janeiro em 19 de fevereiro de 1882. Cf. Coleção do Arquivo da Academia Brasileira de Letras.

imaginar, realizar nesta terra uma publicação é realizar uma viagem de um extremo ao outro do Império. É necessário que a gente se prepare moral e pecuniariamente[20].

O livro, infelizmente, não foi editado. Dos 20 ou 22 estudos aludidos por ele existem cinco publicados na *Nueva Revista de Buenos Aires*, que, pela ordem, foram os capítulos destinados aos seguintes escritores do Norte: Luiz Dolzani, Carlos Hipólito de Santa Helena Magno, Júlio César Ribeiro de Souza, José Veríssimo e José Coriolano de Souza Lima[21].

Em *A Semana*, do Rio de Janeiro, anos mais tarde, foram publicados os ensaios relativos aos escritores: Joaquim Serra, Celso de Magalhães, João Adolfo Ribeiro da Silva, Juvenal Galeno, Tomás Antonio Ramos Zany, F. G. Castelo Branco e Gonçalves Dias[22].

Após dez anos da morte de Castro Alves, quase todos os seus admiradores, de alguma forma, manifestaram-se. Surgiram artigos na imprensa carioca lembrando o evento e de todas as províncias chegavam notícias sobre o poeta baiano. Na Bahia corria pelos jornais uma discussão em torno da obra de Castro Alves, com protestos de apreço e também de desapreço pela obra do ilustre filho da terra.

Enquanto isso, no Rio de Janeiro, apesar de tudo, as festas e as conferências multiplicavam-se, como as promovidas no Grêmio Literário Castro Alves que chamavam a atenção dos mais fiéis admiradores do poeta e especialmente do público. A seguir, o grêmio reuniu todos os textos num livro especial intitulado *Homenagem a Antonio de Castro Alves*, cristalizando os tributos cantados em memória do autor de *Os Escravos*.

Diante de tantas manifestações de simpatia, a Editora Garnier resolveu também prestar as suas honras ao grande poeta baiano, publicando *Espumas Flutuantes*, e para apresentá-lo escolheu um crítico literário de importância: Franklin Távora.

Muitas razões levaram-no a dedicar-se a escrever esse ensaio introdutório. A principal delas apontava para uma forte amizade que os unira, ainda nos tempos de mocidade do Recife, quando Távora, atuando sobretudo no *Jornal do Recife*, entusiasmara-se com a poesia do jovem baiano que acabara de chegar, chamando a atenção por ser apenas um adolescente com pouco mais de quinze anos. O crítico, de certa maneira, aproveitou a oportunidade para reivindicar a condição de nortista do poeta baiano, afirmando mais ainda a sua quase obsessão pelas peculiaridades daquela região brasileira.

20. Franklin Távora, Carta a José Veríssimo, datada do Rio de Janeiro em 28 de maio de 1882. Cf. Coleção do Arquivo da Academia Brasileira de Letras.
21. *Nueva Revista de Buenos Aires*, Argentina, tomos V a VIII, 1882-1883.
22. *A Semana*, Rio de Janeiro, n. 151/161, 1887-1888.

Começou lembrando aquela quadra de sua vida, quando o Recife era um cenário para sonhos e fantasias, aventuras e loucuras de jovens amantes, perdidamente enamorados da poesia e também de belas mulheres. E, enleado por esses sentimentos do passado, definiu o seu objetivo:

Eis o meu fim – apanhar, na distância em que estou de Castro Alves, os seus traços que já figuram, aliás, com grande luz, em telas dignificadas por habilíssimos pintores.

E, falando como testemunha ocular de um tempo que ainda o enchia de saudades da terra que aprendera a amar, rememorava:

Há vinte anos um teatro de província foi a arena em que mostraram as forças dois atletas de nossa poesia, um dos quais é o poeta das *Espumas Flutuantes*. Quem havia de dizer então que, dentro de igual período, Tobias Barreto, ainda no vigor da idade, ganharia uma nomeada que, em revistas e Academias, chegou à culta Alemanha, e Castro Alves, finado na primavera da vida, teria a consagração da posteridade?[23]

A obra crítica de Franklin Távora, por fim, constitui um repositório da maior importância para a compreensão de um vasto período da formação de nossa literatura. É lamentável que continue dispersa, em grande parte, escondida sob o pó da imobilidade de nossas instituições que, mais do que a intempérie do tempo que age impassivelmente na transformação de todas as coisas, são responsáveis pelo seu total desaparecimento, recaindo sobre nossas cabeças o reproche das gerações que virão.

---

23. Franklin Távora, "Prefácio", *in* Castro Alves, *Espumas Flutuantes*, Rio de Janeiro, H. Garnier, Livreiro-Editor, 1884.

Escritor e jurista Clóvis Beviláqua.

31. O Começo do Fim

Por causa do meu estado de saúde deixei o Gabinete do Presidente do Conselho onde me achava perfeitamente colocado.
Carta a José Veríssimo, de 5 de agosto de 1888.

O ano de 1885 surgiu com muitas esperanças. Franklin Távora continuava a trabalhar na Secretaria do Império e a freqüentar as reuniões do Instituto Histórico. Escrevia para vários jornais e revistas e dava andamento a alguns livros novos, além de discursos e trabalhos históricos.

Aceitara também as sugestões de sua mãe, dona Maria Távora, no sentido de que levasse a sério o namoro com d. Leopoldina da Conceição Martins, que dele se apaixonara, e dela fizesse sua mulher. A visão de sua mãe era providencial, porque, na verdade, via no casamento a possibilidade de que a futura nora viesse a preencher a lacuna deixada por Alexandrina, principalmente em relação aos quatros filhos menores.

O casamento realizou-se no dia 7 de março na capela da Glória do Outeiro.

Tudo seguia normalmente, até que nasceu o primeiro filho com problemas de saúde. Com pouco tempo de vida, não resistindo à enfermidade, logo morreu. Havia recebido o nome de Manuel na pia batismal.

Novamente Távora encheu-se de tristeza e houve durante algum tempo inapetência absoluta para dar continuidade aos projetos que vinha trabalhando. Perdera o rigor de antes.

Cumprira no ano de 1886 apenas os discursos que estava obrigado a proferir no Instituto Histórico. Mais do que nunca reclamava de sua situação, sobretudo da burocracia na Secretaria do Império. Tanto que num dos elogios fúnebres, ao falar do ex-sócio Cândido Mendes, que também sofrera o peso da inutilidade das horas passadas num gabinete de repartição pública, dissera sobre o morto o que se ajustava à sua situação:

> Certos espíritos, senhores, não podem sofrer por muito tempo as ataduras de um emprego público, que, por elevado que seja, é sempre subalterno. Certos espíritos demandam profissões independentes, como procuram as aves o ar livre. Eles vivem nos empregos como vivem as aves nos seus cárceres de arame. Se são poetas, e não podem retrair o canto, que forceja por expandir-se, esse canto não diz todas as melodias da voz. Cantos de prisioneiros, senhores, são curtos e baços. [...] O emprego público ainda pode menos pensar que cantar[1].

O peso dos problemas familiares somado à rotina cansativa da mesa de trabalho na repartição pública ia, pouco a pouco, reduzindo seu ânimo e o poder de resistência que também, por azar, começava a padecer de uma progressiva debilidade na saúde. Mesmo assim, sua esposa dera à luz um segundo varão, sadio e forte, que recebeu o nome de Balthazar Franklin.

Depois, ele sabia que não preenchia os requisitos daquele tipo que se costuma chamar de competente funcionário público. A contradição crescia à medida que, sentindo a necessidade de dedicar-se à literatura com maior disposição, ao mesmo tempo era obrigado a permanecer ali, parado, como um pássaro preso na gaiola, para repetir a sua própria imagem.

Lembrava Clóvis Beviláqua, a propósito, que Távora fora sempre "um funcionário de individualidade apagada, o que sobremodo o magoava, porque os companheiros intencionalmente esqueciam o lado brilhante do escritor para somente salientarem a inaptidão do oficial"[2].

Foi por essa época que Araripe Júnior, seu amigo desde os tempos do Recife, afirmou em carta a Beviláqua que tinha certeza de que aquela exasperante situação muito contribuíra para desenvolver no espírito de Távora "uma aversão incoercível contra o trabalho a que era forçado na repartição pública, a fim de manter-se, já que era paupérrimo". E acrescentava Beviláqua:

> Esta revolta do artista contra os amargores da existência fê-lo, um dia, dizer ao insigne colega que com ele descia as escadas da Secretaria:
> – Você não imagina, Araripe, o prazer que sinto quando batem três horas e se encerra o expediente; experimento a mesma sensação que me invadia na escola de primeiras letras, logo que o mestre dava o sinal de descanso e a meninada corria

---

1. Franklin Távora, "Discurso", *Revista Trimensal do Instituto Histórico*, tomo XLIV, 2ª Parte, p. 465.
2. Clóvis Beviláqua, "Franklin Távora", *Revista da Academia Cearense*, Fortaleza, Ceará, n. IX, 1904, p. 26.

para a rua a saltar, a berrar, a gritar liberta da opressão que causavam a férula e o encerro durante as horas de lição[3].

Os mais salientes sinais de sua impaciência e desgaste físico ocorreram durante a última reunião do Instituto, no final de 1886, quando publicamente ele pediu para ser dispensado da função de orador oficial, que já vinha desempenhando havia seis anos. O pedido foi patético e inesperado. Refletia, antes de mais nada, o seu desespero interior, uma dor profunda de que muitos não sabiam a causa, mas que era fácil imaginar. Bastaria deter-se um pouco no inventário dos percalços e adversidades concentrados nos últimos anos de sua existência para avaliar o quanto ficara marcada a sua personalidade. Dissera, então: "Os homens de consciência clara e sã praticam grande sacrifício quando se incumbem de cargo que exige brilho e altura que lhes faltam". Antes empregara um vocativo que ia além do apelo: "Sêde justos e generosos".

Apesar de tudo isso, havia nele ainda um pouco de alegria pelo fato de ter assumido a responsabilidade de dirigir a *Revista Trimensal do Instituto*. Ganhara a posição da nova diretoria eleita para o ano seguinte, mas também ficara com os encargos de primeiro secretário e de membro da comissão de estatutos. Livrara-se, conforme seu pedido, apenas da função de orador oficial.

Como diretor da revista, logo a partir de janeiro de 1887, voltou a dar a boa nova aos seus amigos, a pedir-lhes colaboração e, principalmente, insistir na admissão de novos sócios, mas que fossem valores novos, como era o caso de José Veríssimo. Por isso, ao mesmo tempo em que lhe comunicava a condição de diretor da revista, também o convidava para entrar como sócio correspondente. E deu-lhe as instruções:

Se faz do Instituto o juízo que os homens sensatos do país e notabilíssimas ilustrações estrangeiras lhe votam, isto é, se entende que com a sua entrada no seio de tão útil associação não terá diminuídos os seus méritos pessoais; enfim, se quer pertencer ao Instituto, mande-me algum trabalho histórico, geográfico ou etnográfico que tenha ainda inédito, ou no caso de os não ter, alguns dos seus livros, que, usando-me deles para título de admissão, terei a satisfação de o propor em uma das primeiras sessões.

Os livros ou o manuscrito devem vir acompanhados de carta sua em que declare que os apresenta como título para sua admissão.

Rogo-lhe o favor de me responder com brevidade.

3. *Idem*.

Meus respeitos à sua excelentíssima família. Amigo, colega e admirador Franklin Távora[4].

Enquanto aguardava a resposta de Veríssimo e de outros assuntos encaminhados, via como os acontecimentos políticos do Brasil e do mundo andavam com velocidade assombrosa. Em torno de si descobria que as questões ligadas ao elemento servil e à causa dos republicanos tomavam conta do destino de todos. Havia como que uma força invisível que levava o país a algum lugar. No seu íntimo havia uma alegria reprimida, já manifestada nos seus escritos de juventude. As circunstâncias da política literária obrigaram-no a ser comedido e cauteloso na hora de assumir posições mais ostensivas. Apesar de sua notada melancolia, talvez provocada pelos achaques da doença, vez por outra reexaminava a trajetória de sua vida e terminava achando que não devia estar feliz com o seu tempo.

A polêmica travada pela imprensa entre José do Patrocínio, então, um jovem com pouco mais de 20 anos de idade, e Alcindo Guanabara acirrava os ânimos, e, com certeza, metia inveja nos espíritos mais polêmicos como, por exemplo, fora o de Távora.

Patrocínio fundara o jornal *Novidades* e chamara para seus colaboradores alguns jovens escritores – Artur Azevedo, Moreira Sampaio, Olavo Bilac, Coelho Neto, Araripe Júnior e outros – que desejavam colaborar, ainda que esporadicamente, com a causa. Do outro lado, armou-se Alcindo Guanabara, defensor dos conservadores escravistas, mas também ferino na pena e na lógica de seu jornalismo atirado.

A campanha seguia dando destaque a Patrocínio, Nabuco e Bocaiúva. Aqui e ali as duas questões apareciam mesclando escravismo e república, porém, no fundo, uma se beneficiava da mobilização da outra.

Enquanto isso, no parlamento, Joaquim Nabuco apresentava um projeto ousado e que provocava críticas e debates intermináveis: a reforma da Constituição para adotar-se a forma federativa, sem alterar a estrutura do Império. Os republicanos ou liberais insatisfeitos repetiam as palavras de ordem já ouvidas antes: "A reforma de que se carece é a mudança do soberano". E outros repetiam: "O defeito não está na pessoa do soberano; mas sim, na instituição que nos rege".

Nas questões ligadas à vida econômica do país, Aristides Lobo repetia que a causa da pobreza nacional era a degradação e o aviltamento do trabalho grosseiro, a falta de indústrias e de trabalho remunerador. E essa

---

4. Franklin Távora, Carta a José Veríssimo, datada do Rio de Janeiro, em 10 de janeiro de 1887. Cf. Arquivo da Academia Brasileira de Letras.

situação ampliava-se cada vez mais, porque os poderosos senhores da indústria e da agricultura de São Paulo, mais propensos à utilização da mão-de-obra de imigrantes, articulavam a alforria de mais de dez mil escravos, ampliando o número de desempregados ou, neste caso, de párias sociais. Esses dados alimentavam concretamente as baterias dos republicanos.

No plano pessoal, Távora voltava a receber cartas de Veríssimo. Numa delas constava a concordância do escritor paraense em candidatar-se a sócio correspondente do Instituto Histórico. Ao lado dessas providências em relação ao futuro literário do amigo, havia, ainda, o intercâmbio de livros, revistas, jornais etc. Era sempre ilimitado o interesse de Távora em animar e estimular a difusão dos trabalhos de jovens escritores.

Numa dessas cartas, a frase aparecia num tom de partida, de saudade antecipada. Tudo se dava como se o conselho perdesse a força e cedesse lugar à despedida:

> Meu caro amigo Sr. José Veríssimo:
> Tenho presentes duas cartas suas, uma das quais veio acompanhada do seu bom livro *Cenas da Vida Amazônica*.
> A primeira parte deste livro, a saber, o seu estudo sobre as raças da Amazônia, mandei-a reproduzir na *Revista do Instituto*, segundo Folheto, de que lhe remeto um exemplar por esta ocasião.
> Do mesmo estudo me aproveitei para servir de título de sua admissão como sócio do Instituto.
> A proposta está com a comissão de trabalhos históricos, e depois irá à comissão de admissão de sócios.
> Dentro de poucas sessões espero venha pertencer a esta associação.
> Não estranhe que seja muito parco de letras nesta carta.
> Mal posso dispor de mim. Não tenho tempo nem para me coçar.
> Escreva-me, escreva-me sempre cartas bem compridas, minuciosas, francas, íntimas, como a sua última. Agrada-me muito lê-las pela sinceridade que as repassa, quer nos prós quer nos contras, qualquer que sejam os assuntos delas.
> E continue a escrever para a imprensa, a publicar seus bons livros.
> Meus respeitos à sua excelentíssima família.
> Abraça-o seu amigo Franklin Távora[5].

Na semana seguinte, ao tomar conhecimento do parecer favorável da comissão de trabalhos históricos do Instituto, quanto à admissão de Veríssimo, apressou-se em comunicar-lhe a novidade. Cuidou também de outros assuntos pendentes. Revelava-se enfadado com a imprensa e notadamente

---

5. Franklin Távora, Carta a José Veríssimo, datada do Rio de Janeiro, em 7 de agosto de 1887. Cf. Arquivo da Academia Brasileira de Letras.

com *A Semana*. E resumia a sua opinião sobre o último livro publicado pelo amigo paraense intitulado – *Cenas da Vida Amazônica* – que considerou a reunião de trabalhos descritos e não escritos, abordados, sempre, na perspectiva etnográfica e etnológica.

A partir de outubro e até o fim do ano, Távora não conseguiu realizar nenhum trabalho de vulto, em virtude de grave doença que lhe deixou de cama. No entanto, nos últimos dias do ano, diante da unânime aprovação do ingresso de José Veríssimo como sócio-correspondente no Instituto Histórico, voltou a escrever para o amigo:

> Meu caro amigo Sr. José Veríssimo:
> Acabo de levantar-me de uma moléstia grave de que fui acometido em princípios de outubro último.
> Durante a minha enfermidade foi o Sr. aprovado unanimemente para o lugar de sócio correspondente do Instituto.
> Por este vapor se lhe envia o respectivo diploma.
> O Sr. tem de constituir-se o representante do Instituto aí. Rogo-lhe que se interesse por ele, não só remetendo-lhe escritos como o seu estudo sobre as raças da Amazônia, mas também buscando aumentar as relações literárias e sociais para a referida Associação.
> Não é preciso remeter ao Tesoureiro a sua jóia (20$000).
> Há de lembrar-se que há mais de 3 anos tenho esta quantia em meu poder, importância de assinaturas da *Revista Amazônica*.
> Ao mesmo Tesoureiro, Desembargador Araripe, já disse que me mandasse receber de mim a dita jóia. Tomei a liberdade, autorizado pelas nossas relações de amizade, de dar o seu nome para colaborador e agente literário da *Semana* no Pará e Amazonas[6].

Curiosamente, agora, já não se achava tão zangado com Valentim Magalhães, que acabara de vender *A Semana*. Como esta ficara nas mãos de amigos seus, voltava a ter cuidados de pai zeloso em relação à revista, conforme confidenciava a Veríssimo na mesma carta:

> *A Semana*, fundada pelo Dr. Valentim Magalhães, passou a mãos nortistas. São seus atuais redatores e proprietários, os Srs. J. Borges Carneiro, Oficial da Secretaria do Império e portanto meu colega, e Belarmino Carneiro, pernambucano e muito distinto.
> Peço-lhe que faça pela *Semana* o que poderia fazer por uma publicação sua.
> Meus respeitos à sua excelentíssima família.

---

6. Franklin Távora, Carta a José Veríssimo, datada do Rio de Janeiro, em 6 de dezembro de 1887. Cf. Arquivo da Academia Brasileira de Letras.

Abraça-o seu amigo Franklin Távora[7].

Recuperadas as energias perdidas, durante os primeiros meses de 1888 voltou ao trabalho na Secretaria do Império, mas um tanto contido por temer a recaída. Emagrecera a olhos vistos e, como se tudo isso não bastasse, agravaram-se as mazelas que padecia a sua mãe, d. Maria Santana da Silveira, que todos conheciam como dona Maria Távora. Esses sinais, porém, ainda que lhe fossem desagradáveis e o deixassem cada vez mais arredio e entregue ao silêncio de suas leituras, serviram para adverti-lo de que o golpe irreparável poderia surgir a qualquer momento. E, efetivamente, a morte a surpreendeu no dia 14 de março.

A *Gazeta de Notícias*, de 17 do mesmo mês, assim resumiu a morte da mãe de Franklin Távora:

> Anteontem, às 5:30 da tarde, foi sepultada no Cemitério de São João Baptista a Exma. Sra. D. Maria Távora, mãe extremosa do ilustre brasileiro e eminente escritor o Dr. Franklin Távora.
> Muitas foram as pessoas que a acompanharam ao abrigo final notando-se em todas vivíssimo sentimento de pesar.
> A ilustre finada, que, além de ser mãe de um dos nossos mais escolhidos romancistas nacionais, tinha no coração um cofre de virtudes, abriu com sua morte um vácuo insuprível a alguns órfãos de quem era a proteção carinhosa e à amizade, que fazia da sua lealdade e aconchego um exemplo e um asilo sempre pronto.
> Dotada de grande inteligência e memória, conhecedora profunda dos costumes do Norte, tomando parte, por causa de seu marido, na Revolução Praieira, em Pernambuco, a pranteada e notável cearense constituía-se uma fonte preciosa de informações a alguns dos nossos escritores, que tiveram a fortuna de conhecê-la e, dentre eles, o Dr. Mello Morais Filho, que a venerava, e o Conselheiro Beaurepaire Rohan, que a consultava com grande proveito.
> No *Parnaso Brasileiro*, muitas das poesias populares que aí figuram foram devidas à sua admirável reminiscência, e bem assim alguns dos elementos que serviram ao autor das *Festas populares do Brasil* na composição dos seus artigos.
> A Exma. Sra. D. Maria Távora era uma brasileira que nos honrava pelo seu talento, sua sinceridade e suas inexcedíveis virtudes.

A influência de d. Maria Távora sobre o filho fora decisiva. Já nas *Lendas e Tradições Populares do Norte* notava-se a voz da mãe contando-lhe fábulas, lendas e tradições de sua gente. Desde a região montanhosa do Candéia, em Baturité, onde ela se casara com Camilo Henrique da Silveira Távora, o *Indígena,* em todos os outros momentos, inclusive nos mais di-

---

7. Idem, Carta a José Veríssimo, de 6 de dezembro de 1887. *op. cit.*

fíceis e perigosos dias dos combates da Revolução Praieira, Maria Távora revelara-se extremosa esposa e mãe exemplar. Por aquela ocasião, idos de 1848, ficaram em poder do tio João Borges da Silveira Távora, irmão do *Indígena*, os filhos menores e demais parentes. Mesmo assim ela seguia de perto o marido revolucionário, liderando outras mulheres que prestavam apoio logístico aos praieiros em luta.

Os dias, portanto, tornavam-se cinzentos. Sem aquela que lhe servira de âncora durante toda a vida, material e intelectualmente, Távora, a princípio, não reagiu com igual equilíbrio emocional quando da morte da primeira esposa e, depois, do filho. Algo muito profundo havia sucedido na sua vida. Parecia ser outra pessoa. A voz emudecera e os gestos ficaram cada vez mais lentos e vagos. Os olhos fundos miravam apenas o distante, o inatingível. Os cabelos, da noite para o dia, ficaram brancos. E era um homem de 46 anos de idade. Aquele estado lamentável só poderia ser explicado pela presença de dois males irreparáveis: a ausência da mãe e a enfermidade que, lentamente, corroía os seus pulmões.

Soube de todos os pormenores do 13 de Maio. Quisera estar presente à assinatura da Lei, para, depois, caminhar um pouco entre o povo pela Rua do Ouvidor, onde todos foram dar vivas à Rainha Regente, mas logo se descobriu sem forças.

A vida seguia igual e sem melhoras. Dona Leopoldina, sua esposa, animava-o sem descanso. E, com efeito, por volta de junho, chegou-lhe a vontade de ler e de escrever. Passou a comparecer às reuniões do Instituto Histórico, embora sem ânimo.

Foi numa dessas reuniões que lhe surgiu a idéia de propor ao Instituto a realização de uma grandiosa festa para comemorar o *jubileu*. Seria a maior festa cultural do ano. Envolveria toda a cidade do Rio de Janeiro, as províncias brasileiras e alguns países.

Aprovada a idéia no âmbito da diretoria, urgia apressar a organização, definir as responsabilidades e, sobretudo, conseguir a vênia da Família Imperial e do monarca. Como D. Pedro II estava de viagem pela Europa e Princesa Isabel regia o Império, os contatos teriam que ser mantidos através do Príncipe, o Conde d'Eu.

Távora, então, pediu que o seu amigo, escritor Franklin Doria, que exercia um importante cargo junto à Corte, conseguisse do Príncipe a anuência para marcar a data da próxima reunião do Instituto. Eis a resposta de Doria às suas gestões:

Paço de S. Cristóvão, 13 de junho de 1888.
Ilmo. Sr. Dr. João Franklin da Silveira Távora,
Primeiro Secretário do Instituto Histórico e Geográfico Brasileiro:

Levei ao conhecimento do Príncipe Senhor Conde d'Eu o assunto do ofício que V. S. me dirigiu ontem, e, em resposta, Sua Alteza Real mandou-me declarar-lhe que a primeira sessão do Instituto Histórico e Geográfico Brasileiro poderá ser depois de amanhã, 15 deste mês, às sete horas da noite.
Deus guarde a V. S.
Ass. Franklin A. De M. Doria
Veador ao serviço de Sua Alteza a Princesa Imperial Regente[8].

Na reunião do Instituto de 15 de junho, Franklin Távora figurou como um dos principais membros da comissão de organização do jubileu. E mesmo com a saúde abalada não parou de diligenciar e providenciar as medidas indispensáveis à realização de uma festa daquela magnitude. Havia que trabalhar a todo vapor, porque a data estava próxima. Decidira a comissão que a festa ocorreria no dia 21 de outubro, vez que o Instituto fora fundado há 50 anos, em 21 de outubro de 1838, como lembrara o próprio Távora no editorial da *Revista Trimensal do Instituto*, pela particular iniciativa de "dois homens de superior intuição – o marechal Raimundo José da Cunha Mattos e o cônego Januário da Cunha Barbosa".

Em fins de julho, porém, veio-lhe outra recaída que o obrigou a requerer licença, prostrando-o na cama. Não tinha coragem para nada. Sequer conseguia colocar em dia a correspondência. E mais do que das outras vezes, sentia uma tristeza profunda por todos os males e fracassos que marcaram sua vida. Nenhuma chama de alegria e de satisfação pessoal chegava-lhe à mente para alumiar a sua trajetória, o seu futuro. Os pensamentos iam e vinham por sendeiros obtusos e tortuosos. Da cama, apenas via o clarão da janela vindo da Rua do Paissandu, onde vivia. O exterior, com o sol, os pássaros cantando, o verde do entorno, a brisa deslizando pelos cômodos da casa modesta, desafiavam-no, porque ele estava proibido de levantar-se e sair. A ordem não fora dada pelo médico ou sua mulher, mas pela fragilidade de seu corpo. Não tinha forças para locomover-se. Era obrigado a repousar.

No entanto, nas horas de lucidez, quando lhe ressurgiam alguns lampejos de disposição física, voltava-lhe o ânimo.

Na manhã de 5 de agosto, após receber da Secretaria do Império a correspondência que ali se acumulara nos últimos tempos, ainda teve coragem de escrever uma carta. A caligrafia, ao princípio firme, mas, depois, em virtude do cansaço, indecisa, não permitia alongar-se em pormenores. Pensou escrever várias, porém ficou na primeira, que foi a última, dirigida a José Veríssimo, o seu amigo de sempre. Dizia:

---

8. Franklin Doria, Carta a Franklin Távora, datada do Rio de Janeiro, em 13 de junho de 1888. Cf. Coleção do Arquivo do IHGB.

Meu caro amigo Dr. José Veríssimo:
Estive muito doente. Por esta razão não respondi logo as 3 ou 4 cartas que teve a fineza de escrever-me e que tanto me agradaram.

Relendo-as, agora, vejo que lhe devia pronta resposta sobre a graça que mereceu do Governo de Portugal.

Na Secretaria me informaram que não lhe é necessário requerer dispensa do prazo de tempo e que em qualquer tempo lhe é permitido usar da Comenda, contanto que requeira a necessária autorização.

Por causa do meu estado de saúde deixei o Gabinete do Presidente do Conselho onde me achava perfeitamente colocado.

Digo-lhe isto para justificar-me da demora em lhe responder.

Meus respeitos à excelentíssima família. Seu amigo e colega Franklin Távora[9].

Neste ponto, lembrou-se do Instituto, da festa do Jubileu e, num *post-scriptum* insistiu na presença do amigo com algum trabalho em tão importante evento:

P.S.: Não se esqueça de mandar qualquer trabalho original ou qualquer contato sobre essa província para dar ingresso no livro sobre o qüinquagenário do nosso Instituto.

A idéia do jubileu é minha e tenho o maior interesse em vê-la realizada tão completamente como merece.

O Pará, segunda província do Brasil na ordem geográfica, não pode ficar sem representação histórica e etnográfica etc.

O que houver de remeter, deverá estar aqui até 15 de setembro próximo vindouro.

Rio, 5 de agosto de 1888[10].

A partir deste dia o escritor que tanto soubera sondar a alma humana e modelar os personagens de seus romances e figuras da história deixou-se levar pelo desespero e praticou o que todos souberam depois, resumidamente, pela voz da desesperada viúva, d. Leopoldina.

Suas indecisas ações e seus pensamentos toldavam-se entre a lucidez e o delírio.

Os sentimentos de inutilidade ampliavam-se, sobretudo quando olhava para os livros nas estantes, velhos e fiéis companheiros de muitas jornadas, e com as mãos trêmulas tocava nas páginas amareladas dos originais, inéditos, sucumbidos e abandonados sob o pó das gavetas, indiferentes aos

---

9. Franklin Távora, Carta a José Veríssimo, datada do Rio de Janeiro em 5 de agosto de 1888. Cf. Coleção do Arquivo da Academia Brasileira de Letras.
10. *Idem.*

interesses dos editores. Ah, a glória! Repugnava-lhe admitir que os que ostentavam o manto da glória haviam passado por semelhante amargor, arrostado a angústia, a dor, o sofrimento, o abandono. Poderia haver consolo para tudo, mas quem ousou dizer que o conforto e o bem-estar, muitas vezes, são um tormento?

E os seus olhos voltavam a percorrer os objetos pessoais, os companheiros inseparáveis em seus dias e noites de leituras e conversações silenciosas. Tudo aquilo, de uma hora para outra, seria reduzido a lembranças, por causa da falta de dinheiro para prover as despesas extraordinárias da casa. "Que chamem o alfarrabista", gritou num dado momento, mas ninguém o ouviu. Gritou dezenas de vezes e, depois, já não se recordava em que condições viu que deformadas figuras de homens, diligentes e rápidos, retiravam seus livros. Tinham pressa e não se incomodavam em levantar a poeira. Um deles, que apenas dava ordens, revelava uma alegria estranha, quase um gozo que só as vantagens facilmente alcançadas proporcionam. Era, sem dúvida, o alfarrabista. E tudo aquilo, comprado por poucos e míseros vinténs, mais adiante, cairia noutras mãos, zelosas ou não. Será este o destino dos livros e dos objetos que mais queremos, enquanto durem?!

Essas imagens, que pululavam por sua mente enfraquecida, não constituíam apenas matéria de ficção encontrada em alguma página de romance. No epílogo de sua existência tornavam-se realidade. Mais do que realidade, transformavam-se em dor que vinha juntar-se a outras que lhe faziam companhia.

E pensar nisso era chamar para si o delírio, embarcar numa nau branca que partia com o aviso de possível naufrágio estampado nos rostos assustados de seus tripulantes. Aos seus olhos essa última viagem não iria prosseguir por muito tempo. Por isso, deixava-se cair sobre a cama, ainda que sempre atendido por sua mulher que, carinhosa e pacientemente, o consolava. Aí, vinha-lhe o sono, porém, já tudo lhe era indiferente, porque não sabia se sonhava ou se apenas delirava.

Não seria de todo exagerado imaginar que lhe assaltavam aquelas mesmas palavras que ele escrevera, certa vez, sob o impacto da revolta, mas em pleno estado de lucidez, ao ver os seus textos recusados por um editor que todos bajularam quando vivo e que, ao morrer, no outro dia, passaram ingratamente a chamá-lo de *O Bom Ladrão*:

– Os tais editores são cruéis; quero dizer desprezíveis. Não colaboram, nem na grossura de uma linha, com os autores no edifício de nossas letras. Eu não conto com eles para nada.

Também poderia repetir, como fizera anos antes num dos discursos lidos no Instituto Histórico, quando, tentando transmitir a mesma angústia sentida pelo ex-sócio, jornalista e poeta José Maria do Amaral, dissera que para aquela inteligência o que lhe faltara fora um país. E o pobre Amaral – prosseguiu então – de tanto ver prosperar o desfavor dos demais sobre sua obra, teve a triste sorte de vê-la condenada ao fogo pelas próprias mãos do autor. E acrescentou:

> Por vezes ele ousou vencer a serpe que lhe dilacera as ilusões mais santas. Buscou a convivência dos livros e da imprensa. Estudou e escreveu no silêncio da tebaida que elegera em Niterói. [...] Mas o infortúnio, ou a fatalidade, bateu-lhe à porta outra vez, como estava sempre sucedendo, e ele, movido de desgosto novo, atirou às chamas esse original, repositório de idéias e indagações preciosíssimas[11].

Palavras proféticas. A mesma angústia que desesperara o poeta Amaral, naqueles dias intermináveis de agosto também consumia suas horas indecisas. O que fazer? Resistir como um estóico? Simplesmente agradecer a Deus e padecer todas as dores e os dissabores de múltiplas ingratidões e indiferenças? Ou jogar ao fogo o resto de suas obras? Não. Ele não tinha de quem se vingar, porque a posteridade, para ele, não possuía rosto. É verdade que o futuro viria, de qualquer maneira, mediatizado pela luz da inteligência de novas gerações, mas a vingança é um gesto do presente e só a este diz respeito. Ao futuro, no máximo, poderá restar um aviso ou um aceno. Nada se parece mais com a inutilidade do que tudo o que se possa dizer sobre o futuro. Era preciso parar de pensar. O delírio não lhe explicaria nada.

As trevas cobriram-lhe o rosto exatamente às 18 horas e 30 minutos do dia 18 de agosto de 1888. As sombras haviam chegado mais cedo ao número 64 da Rua do Paissandu, onde pouquíssimos amigos vieram à última visita. Uns porque não souberam; outros porque a morte só pede desculpas.

No outro dia, sem maiores alardes, foi enterrado no carneiro número 2030 do Cemitério de São Francisco Xavier, no Caju[12].

Hoje, é impossível saber onde repousam os restos mortais do autor de *O Cabeleira*.

---

11. Franklin Távora, "Discurso", *Revista Trimensal do IHGB*, tomo XLVIII, 2ª Parte, pp. 435-436.

12. O médico consignou no óbito como *causa mortis* a expressão "ruptura de varizes", em vez de "ruptura de um aneurisma". Há inúmeros registros de que ele padecia de tuberculose. Clóvis Beviláqua apontou como causa uma violenta *hemoptise*. *Op. cit.*, p. 26.

Sílvio Romero, levado pela dor da perda do amigo e lamentando o enorme prejuízo para as letras nacionais, resumiu com estas palavras, que disseram tudo, os momentos finais do drama vivido pelo seu amigo:

> Cumpre acrescentar que Távora escreveu a *História da Revolução de 1817* e a *História da Revolução de 1824*, livros que pôs no fogo num momento de desespero, quando antes de sua morte, se sentiu paupérrimo, desamparado, cheio de família e vilmente esquecido por amigos políticos a quem tinha assaz ajudado. Nesse lance vendeu também a maior parte dos livros de sua biblioteca aos alfarrabistas.
> Das citadas obras acerca das duas revoluções pernambucanas escaparam apenas fragmentos, que tinham sido publicados na *Revista Brasileira* e na *Revista do Instituto Histórico*.
> De Távora restam-nos ainda muitos artigos de crítica e política em vários jornais e a comédia – *Quem muito Abarca pouco Abraça*. [...]
> Cumpre destacar em síntese o valor deste escritor, sempre muito maltratado pelos literatos de seu tempo[13].

Depois, por informações de familiares, soube-se que além dos livros históricos apontados por Sílvio Romero, Távora, com suas próprias mãos, também jogou ao fogo os originais de *Os Picos*, episódios de uma festa; *O Pântano*, epílogo de um drama; *O Norte*, indagação crítica (do qual se salvaram alguns capítulos publicados anteriormente em revistas); *O Praieiro*, episódio da guerra dos Cabanos; *Os Patriotas de 1817*, obra em quatro tomos (da qual escapou o capítulo publicado na *Revista Brasileira*)[14].

Na sessão ordinária de 31 de agosto, do Instituto Histórico, o sócio dr. João Severiano da Fonseca apresentou um voto de pesar pela morte de Franklin Távora:

> A morte de Franklin Távora não é somente uma grande perda, é um verdadeiro desastre para o Instituto. Trabalhador indefesso, ele tinha-lhe votado corpo e alma, de que era, por bem dizer, o espírito. Matou-o o excesso de trabalho, pois como todos sabemos, grande parte dos seus esforços era por essa associação[15].

Na mesma sessão o dr. Maximiano Marques de Carvalho também apresentou a seguinte proposta:

---

13. Sílvio Romero, *História da Literatura Brasileira*, Rio de Janeiro, Livraria José Olympio Editora/INL-MEC, 1980, vol. 5, pp. 1487-1488.
14. Balthazar Franklin Martins Távora, *Excerptos*, Rio de Janeiro, Papelaria União, 1917, p. 11.
15. *Revista Trimensal do IHBG*, tomo LI, 2ª Parte, p. 266.

Constando que o nosso pranteado colega, o Dr. Franklin Távora, faleceu deixando sua mulher e filhos em extrema pobreza, proponho que este Instituto Histórico consigne uma pensão mensal de 50$000 à viúva e filhos do mesmo finado Dr. Franklin Távora, isto até que eles tenham meios de subsistência[16].

A seguir, o dr. César Marques pediu a palavra e propôs que o Instituto solicitasse do Governo Imperial a concessão da pensão à esposa e aos filhos do falecido, vez que ele "tanto serviu à pátria com seus importantes trabalhos literários, seu infatigável zelo, sua probidade sem mácula e seu amor e interesse pelo engrandecimento do Brasil"[17].

O presidente do Instituto, dr. Joaquim Norberto de Souza Silva, tentando conciliar as duas propostas, decidiu que aquele grêmio concederia a pensão até que o Governo Imperial deferisse a solicitação. Em seguida, porém, consultando melhor os estatutos, descobriu que "o Instituto não pode distrair os fundos de que dispõe senão para os fins neles designados, embora seja essa recusa altamente dolorosa não só a ele presidente, como a todos os membros da associação"[18].

Entrou na discussão o sr. Henrique Raffard para pedir que o Instituto, então, honrando a memória do morto, mandasse pelo menos fazer-lhe a campa, "ficando livre a cada sócio concorrer com a quantia que quisesse e que pudesse para auxiliar a sua família"[19].

Novamente o sr. César Marques, em função desta última proposta, voltou a levantar a mesma proibição estatutária, insistindo que se fizesse o pedido ao Governo Imperial.

Depois de muitos alvitres lembrados e de prolongada discussão, no final, mediante votação, foi decidido que o Instituto apenas remeteria o pedido ao Governo Imperial, saindo, portanto, vencedora a proposta do dr. César Marques.

Nunca se teve notícia de que o Governo Imperial, efetivamente, tenha tomado alguma decisão a respeito do assunto. O que se soube, porque publicado nos anais do Instituto, foi que a viúva de Franklin Távora, d. Leopoldina da Conceição Martins Távora, mesmo diante da situação de pobreza e penúria em que ficara com os cinco filhos, compareceu à sessão do dia 5 de setembro do Instituto Histórico e doou à instituição alguns bens de valor que escaparam do faro do alfarrabista. Ei-los:

16. *Idem*, p. 267.
17. *Idem*, pp. 267-268.
18. *Idem*, p. 268.
19. *Idem*, p. 268.

Notícia ilustrada da morte de Franklin Távora, ocorrida no Rio de Janeiro a 8.8.1888. *Lanterna Mágica*, Recife; ano VII, n. 233 – 1888. Coleção do Arquivo Público do Estado de Pernambuco.

19 moedas de cobre; 1 de prata; 1 medalha de metal branco com as efígies das princesas imperiais D. Isabel e D. Leopoldina no anverso com a seguinte inscrição: *SS. AA. II visitão a Casa da Moeda. 17 de novembro de 1856*[20].

Do Instituto Histórico, porém, ganhou Franklin Távora, quando vivo, o prazer de devotar-se com carinho e amor ao trabalho incessante de ver perenizados os registros dos acontecimentos da nossa História, já que fora sobretudo um historiador. Mas não só isso. O Visconde de Taunay dedicou-lhe um extenso elogio fúnebre que honrou a memória do morto e a dignidade intelectual do próprio orador. Disse, entre outras coisas, que:

> Quanto mais atividade gastava Franklin Távora em favor do Instituto, mais se achegava e se prendia a esta Associação, à maneira daqueles guerreiros da Idade Média que, depois de muitas batalhas e arriscadas aventuras, estremeciam o silencioso e triste claustro, em que se haviam metido para a gosto meditarem e cultivarem as perfumosas flores d'alma. [...] Desse sentimento ninguém se possuiu mais do que Franklin Tavora e melhores provas aduziu, sobretudo quando tratou de preparar as festas do qüinquagenário do Instituto, lembrança que a ele exclusivamente devemos e podemos realizar, ainda que a cada momento sentíssemos, já então, a falta de sua iniciativa e o concurso do seu incitamento.
> Dominava-lhe contudo, sob o ardor dos esforços, o pressentimento de morte bem próxima, e esse, ele o deixou transparecer em palavras que feriram a atenção dos que o ajudavam nos preparativos da festa do Jubileu [...].
> Investigador incessante e sempre consciencioso das cenas e peripécias do passado, o espírito tenaz e paciente desse homem, libertado já dos preconceitos que haviam feito explosão ao entrar na liça literária, havia de ser de imensa utilidade para o estudo metódico das questões pátrias...[21]

Um dia, Franklin Távora, ao colocar o ponto final num de seus romances, repetiu uma sentença que Alexandre Herculano escrevera nas elegias do Presbítero de Cartéia:

> Haverá paz no túmulo? Deus sabe o destino de cada homem. Para o que aí repousa sei eu que há na terra o esquecimento.

Franklin Távora pode ter morrido pensando que não seria lembrado, como também duvidou do reconhecimento da posteridade o romancista José de Alencar na hora da morte. A verdade, porém, é que eles permanecerão vivos nas páginas da história da literatura brasileira por causa de suas obras.

---

20. *Idem*, p. 280.
21. Visconde de Taunay, "Elogio Fúnebre no IHGB", *Revista Trimensal do IHGB*, vol. LI, pp. 354 e ss.

Bibliografia

(Relação das principais obras consultadas, incluídos artigos de revistas, jornais, cartas e outros documentos)

ABREU, João Capistrano de. *O Descobrimento do Brasil.* Rio de Janeiro, Editora Civilização Brasileira/MEC-INL, 1976.
ADONIAS FILHO. *O Romance Brasileiro de 30.* Rio de Janeiro, Ed. Bloch, 1969.
AGUIAR. F. D'. "A Propósito do *Cabeleira*", *Ilustração Brasileira,* n. 9, Rio de Janeiro, 1º de novembro de 1876.
ALBUQUERQUE, Herculano Cavalcanti de Sá e. "O Sul e o Norte do Império", *Diário de Pernambuco,* Recife, 10 de julho de 1878.
ALBUQUERQUE, Pedro Autran da Matta. *Tratado de Economia Política.* Typographia Universal, Recife, 1859.
ALENCAR, Heron de. "José de Alencar e a Ficção Romântica", in Afrânio Coutinho (org.), *A Literatura no Brasil,* Rio de Janeiro, Editorial Sul-Americana, 1956, vol. I, tomo II.
ALENCAR, José de. *Como e Por que Sou Romancista.* Edição comemorativa do centenário de morte do autor. Rio de Janeiro, Livraria José Olympio Editora-MEC, 1977.
_____. *O Sertanejo.* 7. ed., Rio de Janeiro, Livraria José Olympio Editora-MEC, 1977. vol. VII.
_____. *Obra Completa.* Rio de Janeiro, Aguilar, 1960, 4 vols.
_____. *Romances Ilustrados.* Rio de Janeiro, Livraria José Olympio Editora/MEC-INL, 1977, 7 vols.
ALMEIDA, José Maurício Gomes de. *A Tradição Regionalista no Romance Brasileiro.* Rio de Janeiro, Achiamé, 1981.
ALVES, Castro. *Espumas Flutuantes. In*: Obras Completas, 2 vols. Companhia Editora Nacional. São Paulo, 1944.
ANDRADE, Mário de. *Aspectos da Literatura Brasileira.* São Paulo, Martins, 1972.

ARARIPE JÚNIOR, T. A. *Perfil Literário de José de Alencar*, Rio de Janeiro, Livraria José Olympio Editora/Academia Cearense de Letras, 1980.

_____. *Obra Crítica*, Rio de Janeiro, Casa de Rui Barbosa, 1958-1970.

ASSIS, Machado de. *Obras Completas*. Rio de Janeiro/São Paulo/Porto Alegre, W. M. Jackson Inc. Editores, 1953.

_____. "Tu, só Tu, Puro Amor". *Revista Brasileira*, Rio de Janeiro, tomo V, Ano I, 1880.

ATHAYDE, Tristão de. *Teoria, Crítica e História Literária*. Seleção e apresentação de Gilberto Mendonça Teles. Rio de Janeiro, Livros Técnicos e Científicos Editora/MEC-INL, 1980.

AZEVEDO, Artur. "Curiosidade". *Revista Brasileira*. Rio de Janeiro, tomo V, 1880.

AZEVEDO, Vicente de. *A Vida Atormentada de Fagundes Varela*, São Paulo, Martins, 1966.

BARRETO, Tobias. *Crítica de Literatura e Arte*. Rio de Janeiro, Record/MEC, 1990.

BEZERRA, Antonio. "Os Caboclos de Montemór", *Revista Trimensal do Instituto do Ceará*, Fortaleza, tomo XXX, ano XXX, 1916.

BEVILÁQUA, Clóvis. *História da Faculdade de Direito do Recife*, Brasília, MEC-INL, 1977.

_____. "Franklin Távora". *Revista da Academia Cearense de Letras*, Fortaleza, vol. IX, 1904.

BIESTER, Ernesto. "Crônica Literária". *Revista Contemporânea de Portugal e Brasil*, Lisboa, abril de 1862.

BLAKE, A. V. A. Sacramento. *Dicionário Bibliográfico Brasileiro*. Rio de Janeiro, Tipografia Nacional, 1883-1902.

BOSI, Alfredo. *História Concisa da Literatura Brasileira*. São Paulo, Cultrix, 1970.

BRAGA, Renato. *Dicionário Histórico e Geográfico do Ceará*. Fortaleza, Editora da Universidade do Ceará, 1967.

BRAYNER, Sônia. *Labirinto do Espaço Romanesco*. Tradição e renovação do romance brasileiro (1880-1920), Rio de Janeiro, Editora Civilização Brasileira, 1979.

BRITO, Lemos. *A Gloriosa Sotaina do Primeiro Império (Frei Caneca)*. São Paulo, Companhia Editora Nacional, 1937.

BROOKSHAW, David. *Raça e Cor na Literatura Brasileira*. Tradução de Carta Kirst. Porto Alegre, Editora Mercado Aberto, 1983.

CALMON, Pedro. *História do Brasil*. Rio de Janeiro, Livraria José Olympio Editora, 1959.

_____. *A Vida de Castro Alves*. Rio de Janeiro, Livraria José Olympio Editora, 1956.

CALÓGERAS, J. Pandiá. *Formação Histórica do Brasil*. Rio de Janeiro, Biblioteca do Exército Editora, 1957.

CÂNDIDO, Antonio. *Formação da Literatura Brasileira*. 6. ed., Belo Horizonte, Editora Itatiaia, 1981.

_____. *Ficção e Confissão*. Rio de Janeiro, Livraria José Olympio Editora, 1956.

_____. *Literatura e Sociedade*. São Paulo, Companhia Editora Nacional, 1965.

_____. *O Método Crítico de Silvio Romero.* São Paulo, Editora da Universidade de São Paulo, 1988.
CAVALCANTI, Paulo. *Eça de Queiroz, Agitador no Brasil.* Recife, Editora Guararapes, 1983.
CARVALHO, Alfredo de. *Estudos Pernambucanos.* Recife, s.d.
CARVALHO, Ronald de. *Pequena História da Literatura Brasileira.* Rio de Janeiro, Briguiet, 1935.
CASTILHO, José Feliciano de, (pseudônimo Cincinato), Lúcio Quinto. *Questões do Dia.* Rio de Janeiro, Tip. Imparcial, 1871-1872, 3 vols.
CHACON, Vamireh. "Introdução". *In:* Jerônimo Martiniano Figueira de Melo, *Autos do Inquérito da Revolução Praieira.* Brasília, Senado Federal, 1978.
COIMBRA, A. J. Duarte. *Prefácio de* "Um Mistério de Família".
COLARES, Otacílio. *Lembrados e Esquecidos.* Fortaleza, Imprensa Universitária da UFC, 1977.
COMELLAS, José Luis. *Historia de España moderna y contemporanea.* Madrid, Ediciones Rialp, 1983.
COUTINHO, Afrânio. *Euclides, Capistrano e Araripe.* Rio de Janeiro, Edições de Ouro, 1967.
_____. (org.). *A Polêmica Alencar-Nabuco.* Rio de Janeiro, Edições Tempo Brasileiro, 1965.
_____. *A Literatura no Brasil,* Rio de Janeiro, Sul-Americana, 1968-1971, 3 vols.
CUNHA, Fausto. *O Romantismo no Brasil.* Rio de Janeiro, Editora Paz e Terra/MEC, 1971.
DONATO, Hernâni. *José de Alencar.* São Paulo, Edições Melhoramentos, s.d.
EDMUNDO, Luiz. *O Rio de Janeiro do meu Tempo.* Rio de Janeiro, Imprensa Nacional, 1938, 3 vols.
ENCICLOPÉDIA *de Literatura Brasileira.* Oficina Literária Afrânio Coutinho. Rio de Janeiro, FAE, 2 vols., 1989.
FREYRE, Gilberto. *Manifesto Regionalista de 1926.* Rio de Janeiro, MEC-Serviço de Documentação, 1955. Cadernos de Cultura n. 80.
_____. *Nordeste.* 4. ed., Rio de Janeiro, Livraria José Olympio Editora, 1967.
_____. *Região e Tradição.* Rio de Janeiro, Record, 1968.
FONSECA, Antonio Borges da. *Nobiliarquia Pernambucana.* Recife, s.d.
FONSECA, Gondim da. *Machado de Assis e o Hipopótamo.* Rio de Janeiro, Livraria São José, 1974.
GABINETE Português de Leitura. *Fundamentos e actualidade do Real Gabinete Português de Leitura.* Rio de Janeiro, Edição comemorativa do 140º aniversário de fundação, 1977.
GONZAGA, Frei Luiz. *Une page de l'histoire du Brésil – Monseigneur Vital.* Paris, Librairie Saint-François, 1912.
GRIECO, Agripino. *Evolução da Prosa Brasileira.* Rio de Janeiro, Ariel Editora Ltda., 1933.
GUEDES, Pellico. "A Franklin Távora". *Ilustração Brasileira.* Rio de Janeiro, n. 37, 1º de janeiro de 1878.

GUERRA, Flávio. *História de Pernambuco.* 2. ed., Recife, Ed. da Assembléia Legislativa de Pernambuco, 1979.
_____. *Crônicas do Velho Recife.* Recife, Edição Dialgraf, 1972.
GUIMARÃES, Aprígio. *Discursos e Diversos Escritos.* Recife, 1872.
HAUSER, Arnold. *História Social da Literatura e da Arte.* São Paulo, Editora Mestre Jou, s.d., 2 vols.
HOLANDA, Nestor de. *Itinerário da Paisagem Carioca.* Rio de Janeiro, Editora Letras e Artes, 1965.
HOMEM DE MELO, Francisco Inácio. *Tricentenário da Vinda dos Primeiros Portugueses ao Ceará (1603-1903).* Fortaleza, Ceará, s.d.
HUGO, Victor. "À Espanha". *Opinião Nacional.* Recife, 28 de janeiro de 1869. (Tradução de Franklin Távora da carta originalmente publicada no jornal *Courrier de l'Europe,* em 5 de dezembro de 1868.)
JAMBO, Arnoldo. *Diário de Pernambuco. História e Jornal de Quinze Décadas.* Edição comemorativa do Sesquicentenário. Recife, 1975.
KAYSER, Wolfgang. *Análise e Interpretação da Obra Literária.* 6. ed., Coimbra, Arménio Amado, 1976.
KOSERITZ, Karl von. *Imagens do Brasil.* São Paulo, Biblioteca Histórica Brasileira, 1943, vol. 13.
LEAL, Vinicius Barros. *História de Baturité. Época Colonial.* Fortaleza, Ceará, Secretaria de Cultura e Desporto, 1981.
_____. "Franklin Távora – A Dimensão Nacional de um Regionalista". *Revista da Academia Cearense de Letras,* Fortaleza, n. 39, 1978.
LIMA, José Ignácio de Abreu e. *Sinopse ou Dedução Cronológica dos Fatos mais Notáveis da História do Brasil.* Recife, Fundação de Cultura Cidade do Recife, 1983.
_____. "Apontamentos sobre a Ilha de Fernando de Noronha", *Revista do Instituto Arqueológico Histórico e Geográfico Pernambucano,* Recife, n. 38, 1890.
_____. *As Bíblias Falsificadas ou Duas Respostas ao Sr. Joaquim Pinto de Miranda pelo Cristão Velho.* Recife, Typ. Commercial, 1867.
_____. *O Deus dos Judeus e o Deus dos Cristãos.* Recife, Typ. Commercial, 1867.
_____. *O Socialismo,* Recife, 1867.
LIMA FILHO, Andrade. *O Bispo e o General.* Recife, Editora Universitária, 1975. Colaboração de Nilo Pereira.
LINHARES, Temístocles. *História Crítica do Romance Brasileiro.* Belo Horizonte/São Paulo, Editora Itatiaia/ Edusp, 1978.
LITRENTO, Oliveiros. *Apresentação da Literatura Brasileira.* Biblioteca do Exército/Editora e Forense Universitária, 1974.
LOBO, Ovídio da Gama, *Os Jesuítas perante a História.* Maranhão, Typographia Constitucional, 1860.
MACEDO, Dimas. *A Metáfora do Sol.* Fortaleza, Editora Oficina, 1989.
MACEDO, Joaquim Manuel de. *Um Passeio pela Cidade do Rio de Janeiro.* Rio de Janeiro, Edições de Ouro, 1966.

MAGALHÃES JÚNIOR, Raimundo. *José de Alencar e sua Época.* Rio de Janeiro, Editora Civilização Brasileira, 1977.
_____. *Artur Azevedo e sua Época.* Rio de Janeiro, Editora Civilização Brasileira, 1966.
_____. *Vida e Obra de Machado de Assis.* Rio de Janeiro, Editora Civilização Brasileira/MEC, 1981, 4 vols.
_____. *A Vida Turbulenta de José do Patrocínio.* Rio de Janeiro, Editora Sabiá, 1969.
MARTINS, Pe. Joaquim Dias. *Os Mártires Pernambucanos.* Typ. De F. C. De Lemos e Silva, 1853. (Edição fac-similada da Assembléia Legislativa do Estado de Pernambuco, s.d.)
MARTINS, Wilson. *História da Inteligência Brasileira.* São Paulo, Cultrix/Edusp, 1968 (II vol.); 1977 (III vol.).
MELO, Jerônimo Martiniano Figueira de. *Crônica da Revolução Praieira – 1848-1849.* Brasília, Senado Federal, 1978.
_____. *Autos do Inquérito da Revolução Praieira.* Brasília, Senado Federal, 1978.
MELO, Urbano Sabino Pessoa de. *Apreciação da Revolução Praieira em Pernambuco,* Brasília, Senado Federal, 1978.
MENEZES, Djacir. *Evolução do Pensamento Literário no Brasil.* Rio de Janeiro, Ed. Organização Simões, 1954.
MENEZES, Raimundo de. *José de Alencar,* São Paulo, Livraria Martins Editora, 1965.
MIGUEL-PEREIRA, Lúcia. *Prosa de Ficção (1870-1920).* 3. ed., Rio de Janeiro, Livraria José Olympio Editora-MEC, 1973.
MIRANDA, Joaquim Pinto de. *Polêmica Religiosa: Refutação ao Ímpio Opúsculo que Tem por Título "O Deus dos Judeus e o Deus dos Cristãos" sob o Pseudônimo de Cristão Velho".* Recife, Typ. Mercantil, 1868.
MONTALEGRE, Omer. *Tobias Barreto.* Rio de Janeiro, Casa Editorial Vecchi, 1939.
MONTELLO, Josué. *Caminho da Fonte – Estudos de Literatura,* Rio de Janeiro, Instituto Nacional do Livro, 1959.
MONTENEGRO, Abelardo. *O Romance Cearense.* Fortaleza, Tip. Royal, 1953.
MONTENEGRO, Olívio. *Memórias do Ginásio Pernambucano,* Recife, 1943.
_____. *O Romance Brasileiro.* Rio de Janeiro, Livraria José Olympio Editora, 1953.
MORAES FILHO, Mello. *Festas e Tradições Populares do Brasil.* São Paulo, Editora da Universidade de São Paulo, 1979.
MOTA, Artur. "Franklin Távora", *Revista da Academia Brasileira de Letras,* n. 87, 1929.
NABUCO, Carolina. *A Vida de Joaquim Nabuco.* Rio de Janeiro, Livraria José Olympio Editora, 1979.
NABUCO, Joaquim. *Um Estadista do Império.* Rio de Janeiro, Editora Nova Aguilar, 1975.
_____. *Minha Formação.* Rio de Janeiro/São Paulo/Porto Alegre, W. M. Jackson Inc. Editores, vol. XX.

_____. "Apoteose" (Soneto), *Revista Brasileira*. Rio de Janeiro, tomo IV, Ano I, 1880.
NASCIMENTO, Luiz do. *História da Imprensa de Pernambuco*. Recife, Editora Universitária, 1970, vols. 1-5.
OLIVOLA, Frei Felix de. *Um Grande Brasileiro – D. Frei Vital Maria Gonçalves de Oliveira, Bispo de Olinda*. Recife, Imprensa Industrial, 1936.
PAIO, Rangel de S. "Carta-Posfácio". *In:* Franklin Távora, *Um Casamento no Arrabalde*. Rio de Janeiro, H. Garnier, Livreiro-Editor, 1903.
PEIXOTO, Afrânio. *Indes. (Obras Completas)*. Rio de Janeiro, W. M. Jackson, Inc. Editores, 1944.
PEREIRA DA COSTA, F. A. *Anais Pernambucanos*. Arquivo Público Estadual. vols. I-X, Recife, 1966.
PEREIRA, Nilo. *Dom Vital e a Questão Religiosa*. Recife, Imprensa Universitária, 1966.
_____. *Diccionario biographico de pernambucanos célebres*. Recife, 1882.
PINHEIRO, L. F. Maciel. "Literatura", *Diário de Pernambuco*, Recife, 11 de outubro de 1876.
POMPEIA, Raul. *Crônicas*. Rio de Janeiro, Editora Civilização Brasileira/OLAC-MEC, 1983, vols. VI e VII.
PRADO JÚNIOR, Caio. *História Econômica do Brasil*. São Paulo, Editora Brasiliense, 1953.
PROENÇA, M. Cavalcanti. *Estudos Literários*. Rio de Janeiro, Livraria José Olympio Editora/ MEC, 1974.
_____. *José de Alencar na Literatura Brasileira*. Rio de Janeiro, Editora Civilização Brasileira, 1972.
QUESADA, Vicente García. *Mis memorias diplomáticas*. Buenos Aires, Imp. Coni Hermanos, 1908.
QUINTAS, Amaro. *O Padre Lopes Gama – Um Analista Político do Século Passado*. Recife, Editora Universitária, 1975.
REIS, Antonio Manuel dos. *O Bispo de Olinda – D. Dr. Vital Maria Gonçalves de Oliveira perante a História*. Rio de Janeiro, Tipografia Gazeta de Notícias, 1878.
RIZZINI, Carlos. *Hipólito da Costa e o Correio Braziliense*. São Paulo, Companhia Editora Nacional, 1957.
ROCHA, Tadeu. *Modernismo e Regionalismo*. Maceió, 1964.
RODRIGUES, José Honório. "Nota Liminar". *In:* Capistrano de Abreu, *O Descobrimento do Brasil*. Rio de Janeiro, Editora Civilização Brasileira/MEC-INL, 1976.
ROMERO, Silvio. *História da Literatura Brasileira*. Rio de Janeiro, Livraria José Olympio Editora/MEC-INL, 1980, 5 vols.
_____. "Carta ao Dr. Franklin Távora". *Revista Brasileira*, Rio de Janeiro, tomo VII, Ano II, 1880.
SALDANHA, Nelson. *A Escola do Recife*. São Paulo, Editora Convivium, 1985.

_____. "Prefácio". *In:* Gláucio Veiga, *História das Idéias da Faculdade de Direito do Recife.* Recife, Editora Universitária, 1982, vol. III.

_____. *História das Idéias Políticas no Brasil.* Recife, Editora Universitária/UFPE, 1968.

SALES, Antonio. "José de Alencar e Machado de Assis". *In Alencar 100 Anos Depois.* Homenagem da Academia Cearense de Letras ao escritor José Martiniano de Alencar, no Centenário de sua Morte. Fortaleza, 1977.

SANTIAGO, Mário. *Analecto goianense.* Goiana, Pernambuco, Tipografia Violeta, 1946, tomo VIII.

SCHWAMBORN, Ingrid. *A Recepção do Romance Indianista de José de Alencar.* Fortaleza, Edições UFC/Casa José de Alencar, 1990.

SETTE, Mário. *Arruar.* 3. ed., Rio de Janeiro, Livraria-Editora da Casa do Estudante do Brasil, s.d.

SODRÉ, Nelson Werneck. *História da Literatura Brasileira: Seus Fundamentos Econômicos.* 4. ed., Rio de Janeiro, Editora Civilização Brasileira, 1964.

STUDART, Barão de. *Diccionario Bio-bibliographico Cearense.* Fortaleza, 1910.

_____. *Datas e Factos para a História do Ceará.* Fortaleza, Typographia Studart, 1896, 2 vols.

STUDART FILHO, Carlos. *Os Aborígenes do Ceará.* Fortaleza, Editora Instituto do Ceará, 1965.

TAUNAY, Alfredo d'Escragnolle, Visconde de, "Discurso Fúnebre a Franklin Távora". *Revista Trimensal do Instituto Histórico,* Rio de Janeiro, 1888, tomo LI.

TÁVORA, Balthazar Franklin Martins. *Excerptos das principais obras de Franklin Távora.* Rio de Janeiro, 1917.

_____. "Depoimento". *A Manhã,* Rio de Janeiro, de 25.1.1942. Suplemento Literário.

TÁVORA, Franklin. "A Trindade Maldita. Contos no Botequim". *Diário de Pernambuco.* Recife, 1861. Folhetim.

_____. "Os Índios do Jaguaribe. Romance Histórico". *Jornal do Recife.* Recife, 1862. Folhetim. Nova edição: Secretaria de Cultura e Desporto do Governo do Ceará. Fortaleza, 1994.

_____. *A Casa de Palha.* Romance. Recife, 1862. 1953.

_____. *Um Mistério de Família.* 1. ed., Recife, Typographia Universal, 1863. 2. ed., Rio de Janeiro, Typographia do Imperial Instituto Artístico, 1872.

_____. *Um Casamento no Arrabalde.* Rio de Janeiro, H. Garnier, Livreiro-Editor, 1903.

_____. *Cartas a Cincinato.* Estudos críticos de Semprônio sobre *O Gaúcho* e *Iracema,* obras de Senio (J. de Alencar), Pernambuco/Paris, J. W. De Medeiros, Livreiro-Editor, 1872.

_____. *Três Lágrimas.* Drama em 3 atos e 7 quadros. Recife, Typographia Mercantil, 1870.

_____. "Carta Crítica". *In:* Joaquim Angélico Bessoni de Almeida, *Neste Caso Eu me Caso ou os Estudantes do Recife,* Recife, 1862. Prefácio.

_____. "Prefácio". *In:* Castro Alves, *Espumas Fluctuantes.* Rio de Janeiro, H. Garnier Livreiro-Editor, 1904.

_____. *O Cabeleira.* São Paulo, Editora Três, 1973. Coleção Obras Imortais da Nossa Literatura.

_____. *O Matuto.* Rio de Janeiro, Edição do *Jornal do Brasil,* 1928.

_____. *Lourenço.* Crônica pernambucana. São Paulo, Livraria Martins Editora.

_____. "Sacrifício", *Revista Brasileira,* Rio de Janeiro, 1880.

_____. "O Sino Encantado". *Ilustração Brasileira,* Rio de Janeiro, n. 13, de 1º de julho de 1877.

_____. "O Cajueiro do Frade". *Ilustração Brasileira,* Rio de Janeiro, n. 21, 1º de maio de 1877.

_____. *A Liberdade de Ensino.* Recife, Typographia do Jornal do Recife, 1868. Discurso proferido na Assembléia Provincial de Pernambuco.

_____. "Resposta ao Partido Conservador", *Diário de Pernambuco,* Recife, 6.2.1869. Cf. *Opinião Nacional* de 14.2.1869.

_____. "Elemento Servil", *Opinião Nacional,* Recife, 28.1.1868.

_____. "Filhos de Tupan" (Pseudônimo de Diogo Bernardes), *A Verdade,* Recife, n. 19, 12 de outubro de 1872.

_____. "Carta a meu Amigo", *A Verdade,* Recife, 1º de janeiro de 1873.

_____. "A Maçonaria na Questão Religiosa", *O Liberal,* Belém, 25 de setembro de 1873.

_____. "Diário de Lázaro", *Revista Brasileira.* Rio de Janeiro, tomo V, 1880.

_____. "Um Verso Popular". *Ilustração Brasileira,* Rio de Janeiro, n. 35, 1º de dezembro de 1877.

_____. "Lendas e Tradições Populares do Norte". *Ilustração Brasileira,* Rio de Janeiro, 1877.

_____. "Notas Bibliográficas", *Revista Brasileira,* Rio de Janeiro, 1879-1881.

_____. "Os Lusíadas", *Revista Brasileira,* Rio de Janeiro, tomo V, Ano I, 1880.

_____. "Camões e Portugal", *Revista Brasileira,* Rio de Janeiro, tomo IV, Ano I, 1880.

_____. "As Obras de Frei Caneca", *Revista Brasileira,* Rio de Janeiro, tomo VIII, Ano II, 1880.

_____. "Os Patriotas de 1817", *Revista Brasileira,* Rio de Janeiro, tomo IV, Ano I, 1880.

_____. "Indicações Bibliográficas", *Revista Trimensal do Instituto Histórico,* Rio de Janeiro, 1881-1887.

_____. "Escritores do Norte do Brasil – Juvenal Galeno". *In:* Juvenal Galeno (1859-1865), *Lendas Canções Populares,* Fortaleza, Gualter R. Silva, Editor, 1892.

_____. *O Norte.* Revista *A Semana* (1887-1888), Rio de Janeiro e *Nueva Revista de Buenos Aires* (1882-1883). Crítica reunindo ensaios sobre os "Escritores do Norte do Brasil"

_____. "A Cruz do Patrão". Consta em várias antologias brasileiras, como as de Carlos Laet e Fausto Barreto. Publicada originalmente na *Ilustração Brasileira*, Rio de Janeiro, n. 37, de 1º de março de 1877.

_____. "Discursos". *Revista Trimensal do Instituto Histórico*, Rio de Janeiro, 1881-1887.

Távora, Manuel Pinheiro. "Távora e Cunha na Península Ibérica e na Antiga América Portuguesa". *Revista do Instituto do Ceará*, Fortaleza, 1971, tomo LXXXV.

Tinhorão, José Ramos. *A Província e o Naturalismo*. Rio de Janeiro, Editora Civilização Brasileira. 1966.

Varela, Fagundes. "Diário de Lázaro", *Revista Brasileira*, Rio de Janeiro, 1880, tomo V, Ano II.

Varnhagen, F.A. *História das Lutas com os Holandeses no Brasil desde 1624 a 1654*, Salvador, Bahia, Livraria Progresso Editora, 1955.

_____. *História Geral do Brasil: antes da sua Separação e Independência de Portugal*. São Paulo, Melhoramentos/MEC-INL, 1975, 5 vols.

Vasconcelos, Abner. "O Direito e a Justiça no Ceará". In: *O Ceará*. Fortaleza, 1939. Edição do Governo do Ceará.

Ventura, Roberto. *Estilo Tropical*. História cultural e polêmicas literárias no Brasil. São Paulo, Companhia das Letras, 1991.

Viana Filho, Luís. *A Vida de José de Alencar*. Rio de Janeiro, Livraria José Olympio Editora/MEC, 1979.

Vianna, Hélio. *História do Brasil*. São Paulo, Edições Melhoramentos, 1972.

Veiga, Gláucio. *História das Idéias da Faculdade de Direito do Recife*. Recife, Editora Universitária, 1982, vols. I-IV.

Veríssimo, José. *História da Literatura Brasileira de Bento Teixeira (1601) a Machado de Assis (1908)*. Brasília, Editora Universidade de Brasília, 1963.

_____. *Estudos de Literatura Brasileira*. 5ª série. Belo Horizonte/São Paulo, Editora Itatiaia/ Editora da Universidade de São Paulo, 1977.

Weyne, Vasco Damasceno. *Meu Chão de Estrelas*. Fortaleza, Oficina do Dio, 1974.

Periódicos, Jornais e Revistas

Almanaque de Lembranças Luso-Brasileiras (Lisboa, 1860).
Americano, O (Recife, 1870-1871).
Atheneu Pernambucano (Recife, 1862).
Avulso (panfleto), Recife, 18 de novembro de 1848.
Católico, O (Recife, 1869).
Carranca, A (Recife, 1845).
Consciência Livre, A (Recife, 1869).
Conservador, O (Recife, 1867-1869).
Correio Mercantil, da Bahia, 1847.
Correio da Tarde, Recife, 1849.

Cruzeiro, O (Rio de Janeiro, 1878)
Diabo a Quatro, O (Recife, 1876).
Diário do Rio de Janeiro (1874-1888).
Diário de Pernambuco (Recife, 1867).
Diário Novo (Recife, 1848).
Gazeta de Notícias (Rio de Janeiro, 1880)
Gazetinha, A (Rio de Janeiro, 1880).
Globo, O (Rio de Janeiro, 1874).
Ilustração Brasileira (Rio de Janeiro, 1876-1878).
Jornal do Commercio (Rio de Janeiro, 1874-1880).
Jornal do Recife (Recife, 1862).
Jornal Pequeno (Recife).
Lanterna Mágica (Recife, 1888).
Liberal Pernambucano (Recife, 1857).
Macabeu, O (Recife, 1849)
Manifesto assinado pelo Major Camilo Henrique da Silveira Távora, *O Indígena.*
Monitor das Famílias, O (Recife, 1859-1861).
Nueva Revista de Buenos Aires (Argentina, 1882-1883).
Opinião Nacional (Recife, 1868-1889).
Ordem, A (Recife, 1859).
País, O (Maranhão, 1863).
Progresso, O (Revista, Recife, 1846-1847).
Revista da Academia Cearense de Letras (Fortaleza).
Revista Brasileira (Rio de Janeiro, 1879-1881).
Revista do Brasil (Rio de Janeiro, n. 35, maio de 1941).
Revista do Instituto Arqueológico, Histórico e Geográfico Pernambucano.
Revista do Instituto Histórico da Bahia (Salvador, 1848).
Revista Trimensal do Instituto Histórico (Rio de Janeiro).
Semana, A (Rio de Janeiro, 1887-1888).
Sol, O (Fortaleza, 1858).
União (Recife, 1848).
União, A (Recife, 1873).
Verdade, A (Recife, 1872-1874).

Cartas

De Franklin Távora a José Veríssimo, Arquivo da Academia Brasileira de Letras, Rio de Janeiro.
De Sílvio Romero a Franklin Távora, Rio de Janeiro, 1880.
De Franklin Távora a Franklin Doria, Rio de Janeiro, 1880.
De Capistrano de Abreu a Franklin Távora, Rio de Janeiro, (Correspondência).
De Franklin Doria a Franklin Távora, Rio de Janeiro, 1888.

Arquivos

Arquivo da Academia Brasileira de Letras.
Arquivo Nacional do Rio de Janeiro.
Arquivo Público Estadual de Pernambuco.
Arquivo do Instituto Arqueológico, Histórico e Geográfico Pernambucano.
Arquivo Público Estadual do Ceará.
Arquivo do Instituto do Ceará.
Arquivo Público do Pará.
Arquivo da Arquidiocese de Fortaleza.
Arquivo da Casa de Rui Barbosa no Rio de Janeiro.
Arquivo do Instituto Histórico e Geográfico Brasileiro do Rio de Janeiro.

Bibliotecas

Biblioteca da Academia Brasileira de Letras.
Biblioteca do Arquivo Nacional.
Biblioteca Nacional.
Biblioteca do Real Gabinete Português de Leitura do Rio de Janeiro.
Biblioteca da Fundação Joaquim Nabuco (Recife).
Biblioteca da Academia Pernambucana de Letras.
Biblioteca do Gabinete Português de Leitura do Recife.
Biblioteca Pública do Estado de Pernambuco.
Biblioteca da Faculdade de Direito do Recife.
Biblioteca da Academia Cearense de Letras.
Biblioteca Pública do Estado do Ceará.
Biblioteca Pública Artur Viana de Belém.

Índice Onomástico

A

Abaeté, Visconde de, 217
Abigail, 27
Abreu, Antônio Paulino Limpo de (v. *Abaeté, Visconde de*). 292
Abreu, Cap. Manuel de Souza, 26
Abreu, Casimiro de, 34, 61
Abreu, João Capistrano de, 72, 296, 312
Agripa, pseudônimo de (v. *Guimarães, Aprígio*).
Aguiar, Dr., 149
Aguiar, F. d', 238, 239
Aguiar, João José Ferreira de, 72, 76
Aimard, 193
Albuquerque, Herculano Cavalcanti de Sá e, 249
Albuquerque, Matias de, 117
Albuquerque, Pedro Autran da Matta e, 75, 76, 77, 83, 85, 86, 204
Alencar, José de, 13, 33, 34, 105, 181, 183, 186-194, 196-201, 226, 232, 234, 238, 241, 242, 245, 251, 257, 278, 291, 292, 307, 309, 310, 313, 321, 325, 326, 333, 356
Alencar, José Martiniano de, 32, 105
Alexandrina, primeira esposa de Franklin Távora (v. *Teixeira, Alexandrina Guilhermina dos Santos*).

Alfredo, Conselheiro João (v. Oliveira, João Alfredo Correia de)
Alhandra, Barão de, 293
Allan-Ramsay, 193
Almeida, Bessoni de, 97, 98, 103
Almeida, Cândido Mendes de, 289, 290, 341
Almeida, Francisco Manuel Raposo de, 293
Almeida, José Maurício Gomes de, 198, 199, 245, 256
Almeida, Manuel Antonio de, 105, 330
Álvares, Nuno, 320
Álvaro, o quartanista, 76
Alves, Antônio de Castro, 54, 69, 106, 107, 114, 115, 117, 118, 119, 160, 161, 227, 232, 244, 338, 339
Alves, Nicolau, 225
Amaral, José Maria do, 293, 352
Ambrósio, Santo, 167
Ampère, 36
Antonio (*irmão de Franklin Távora*), 60
Antonio, 27
Araripe, Desembargador (v. *Araripe Júnior, Tristão Gonçalves de Alencar*).

Araripe Júnior, Tristão de Alencar, 14, 55, 72, 188, 189, 194, 196, 241, 278, 342, 344, 346
Araújo, Ferreira de, 316
Araújo, Francisco Altino de, 276
Araújo, Lima, 24
Araújo Júnior, Thomaz Nabuco de, 57, 58, 205, 216, 217
Aristóteles, 87
Armitage, John, 285
Arruda, Cap. Miguel Edgy Távora, 19
Assis, Joaquim Maria Machado de, 13, 90, 183, 199, 229, 232, 234, 241, 242, 245, 257, 271, 272, 274, 275, 308, 314, 316, 321, 329, 331, 335
Audubon, 193
Autran, (v. *Albuquerque, Pedro Autran da Mata e*).
Avelar, João Soares, 25
Avelino, José, 316, 320
Ayres, Bispo Dom Francisco Cardoso, 163, 167
Azevedo, Aluísio de, 301
Azevedo, Álvares de, 54, 91
Azevedo, Antonio Mariano de, 293
Azevedo, Artur, 308, 309, 310, 317, 344
Azevedo, José Soares de, 66, 87, 100, 179, 263
Azevedo, Manuel Duarte de, 312
Azevedo, Manuel Mendes da Cunha, 72
Azevedo, N. N. (ator), 100
Azevedo Pimentel, 320

B

Bacon, 193
Baima, Antonio de Souza, 88
Baima, Jesuíno Freitas e, 88
Balbino, 51
Balmes, 87
Balzac, 193, 245
Bandeira, Manuel, 333
Bandeira Filho, A. H. de Souza, 271, 272, 320

Baptista, Francisco de Paula, 111
Baptista, João, 87
Barata, Conselheiro Olegário C., 320
Barbalho, Catarina, 26
Barbalho, Luís, 26
Barbosa, Cônego Januário da Cunha, 349
Barbosa, Rodrigues, 277
Barbosa, Rui, 14, 233, 320
Barreiros, Artur, 275
Barreto (ator), 100
Barreto, Barros, 149
Barreto, Fausto, 263
Barreto, Joaquim Francisco Alves Branco Moniz, 293
Barreto, Tobias, 13-15, 69, 77, 85, 105, 107, 113, 114, 117, 118, 138, 200, 201, 241, 244, 273, 274, 306, 339
Barreto, Vigário, 135
Barros, Henrique do Rego, 86, 167
Barros, Manuel Joaquim do Rego, 167
Barroso, José Liberato, 76, 139, 142
Bastos, Alfredo, 271
Bastos, José da Boaventura,
Bastos, Tavares, 13, 105
Batista, Paula, 75, 77
Baudelaire, 179
Belegarde, Guilherme, 320
Benevides, Francisco Maria de Sá e, 218
Bentham, 76
Bernardes, Diogo (*pseudônimo de Franklin Távora*).
Berquó, João Maria, 312
Bessa, Francisco Ribeiro, 26
Beviláqua, Clóvis, 14, 18, 64, 70, 71, 74, 76, 77, 91, 97, 188, 189, 238, 279, 280, 342, 353
Bezerra, Antonio Gomes, 25
Bezerra, Maria Gomes, 25
Biester, Ernesto, 103
Bilac, Olavo, 344
Bittencourt, Feliciano Pinheiro, 312
Blake, Sacramento, 203
Blackstone, 198
Blanc, Louis, 41
Boa Vista, Conde da, 82

Bocage, 330
Bocaiúva, Quintino,232, 344
Bolívar, Simón, 37, 46, 82, 164-166, 206
Bom Retiro, Barão de (v. *Ferraz, Luís Pedreira do Couto*)
Bonifácio, José, o moço, 73
Bonifácio, José, o patriarca, 73, 207
Bossuet, 86
Botelho Lobo, 320
Boulanger, Félix, 214, 215
Braga, Renato, 28
Branco, F. G. Castelo, 338
Branco, Manuel Felipe de Castelo, 29, 204
Brandão, Francisco de Carvalho Soares, 152
Brasil, Assis, 335
Braudel, 11
Brito, Alves de, 148
Broeck, Matheus van den, 299
Broterinho, O (v. *Brotero, João Dabnei de Avelar*).
Brotero, João Dabnei de Avelar (*o Broterinho*), 72
Brown, Brockden,193
Buchanan, 193
Buckle, 244, 292
Buffon, 193
Burns, 193
Byron, 91

C

Cabanis, 87
Cabeleiria, o bandido, 36, 237, 246, 258
Cabral, Valle, 271
Cairu, Visconde de, 107
Calabar, Domingos, 116, 117, 261
Calderón, 193
Calmon, Pedro, 42
Calógeras, J. Pandiá, 53, 208
Câmara, José Bonifácio, 19
Camaragibe, Visconde de, 111, 118, 149
Camarão, Antônio Felipe, 26

Camilo (*irmão de Franklin Távora*), 60
Camões, Luís de, 67, 68, 274, 275, 334, 335
Campos, Cônego Joaquim Pinto de, 87, 149, 166, 167, 168, 187, 188
Campos, Henrique de, 320
Candido, Antônio, 183
Caneca, Frei Joaquim do Amor Divino, 336
Capaoba, Marquês de (v. *Silveira, Duarte Gomes da*).
Capanema, Guilherme S., 286
Carapuceiro, O (v. *Gama, Pe. Miguel do Sacramento Lopes*).
Cardoso, Miguel da Silva, 32
Carlos XII, 144
Carlyle, Thomas, 139
Carneiro, Belarmino,346
Carneiro, Inácio Seráfico de Assis, 114
Carneiro, Joaquim Borges, 311, 320, 323, 346
Carneiro, Joaquim Rodrigues, 310
Carneiro, José, 316
Carneiro, Levy, 282
Carvalho (ator), 100
Carvalho, Alfredo de, 78
Carvalho, Cosme Paes Maciel de, 28
Carvalho, Eduardo, 335
Carvalho, José Pedro Dias de, 289
Carvalho, Maximiano Marques de, 353
Carvalho, Souza, 316
Casado, Inácia, 27
Castelar, Emílio, 156
Castilho, Antonio Feliciano de, 186
Castilho, José Feliciano de, 186-188, 192, 197, 198, 238, 320, 321, 326
Castro, Catão Guerreiro de, 100, 101, 103
Castro, D. João de, 67
Castro, Francisco de, 320
Castro, J. C. de, 320
Castro, Luís de, 316, 320
Cavalcanti, Antonio de Siqueira, 47, 127
Caxias (*v. Silva, Luís Alves de Lima e*).
Celso Júnior, Afonso, 317, 320
Certus (*pseudônimo*).

César, Júlio (v. *Souza, Júlio César Ribeiro de*).
Cervantes, Miguel de, 193
Chacon, Vamireh, 58
Chateaubriand, 190, 193
Chaves Júnior, V., 204
Cícero, 87
Cincinato (*pseudônimo de José Feliciano de Castilho*), 189, 192
Coaracy, José Alves Visconti, 271
Coelho, Adolfo, 334
Coelho, Balduíno, 270
Coelho, Elmira, 35
Coelho, Pero, 283
Coelho Neto, 344
Coimbra, Antonio José Duarte, 98-100, 102
Colaço, Filipe Néri, 87
Colares, Maria Angélica Pereira, 27
Colares, Otacílio, 109
Comellas, José Luís, 159
Cometa, Frei (v. *Mendonça, Frei João Capistrano de*).
Comte, A., 244, 292
Conceição, F., 271
Conduru, José Tavares de Mello, 51
Conselheiro, Antonio, 233
Constantino, 205
Cooper, Fenimore, 193
Correia, 259
Correia, Raimundo, 301, 335
Costa, Dom Antonio Macedo, 208, 217, 219
Costa, José C. de, 320
Costa, Hipólito, 39, 40
Costa, F. A. Pereira da, 53, 54, 57, 59
Cotegipe, Barão de, (v. *Wanderley, João Maurício*).
Cousin, Victor, 78, 82
Coutinho, Afrânio, 72, 201, 244
Coutinho, Cruz, 255
Coutinho, Ermírio, 141, 142
Crevecoeur, John, 193
Croce, 11
Cruls, Luís, 320
Cujácio, 198
Cujaccio, 86
Cunha, Euclides da, 15, 72

D

Dante, 335
Darwin, Charles, 244
Daudet, 13
Delau, Emile, 316
Dias, Gonçalves, 254, 330, 333, 338
Dias, Henrique, 26
Dias, Pe. Antonio, 37
Dias, Theóphilo, 279, 335
Dinarte, Sylvio (*pseudônimo*) (v. *Taunay, Visconde de*), 241, 271
Domingues, Antonio Gonçalves, 138
D'Orbigny, 193
Dolzani, Luiz (*pseudônimo de Inglês de Souza*), 330, 331, 338
Dória, Franklin Américo de Menezes, 270, 271, 298, 313-315, 320, 348, 349
Doyle, Plínio, 19
Drummond, Antonio de Vasconcelos Meneses, 75, 170
Duarte, Higino (v. *Pereira, José Higino Duarte*).
Dumas Filho, Alexandre, 105

E

Espronceda, 91
Eu, Conde d', 320, 348, 349

F

Fabrício, 198
Falcão, Anibal,
Feijó, Luiz da Cunha, 289
Feitosa, Nascimento, 83, 85
Felipe II, 205
Fernando, El-Rei Dom, 293
Ferraz, Luís Pedreira do Couto (v. *Bom Retiro, Barão do*).
Ferreira, Antonio, 47
Ferreira, Félix, 320
Ferreira, Manuel Jesuíno, 271, 292, 317
Ferreira, Ney, 149
Ferreira, Souza, 308

Ferrer, Vicente, 82, 86
Fidelis, Frei, 167
Figueiredo, Antonio Pedro de (Cousin Fusco), 13, 72, 76, 78, 82, 85-87
Figueiredo, Carlos Honório de, 289
Filgueiras, Caetano Alves de Souza, 290
Filgueiras, Silvio, 320
Filipe, Luís, 166
Fleiuss, Carlos, 227, 328
Fleiuss, Henrique, 227, 258, 267, 328, 329
Florentino, Brás, 85
Fonseca, Antonio Borges da ("o Republico"), 25, 42, 45, 48, 122, 123
Fonseca, Deodoro, 49
Fonseca, João Severiano da, 313-315, 317, 320, 353
Fonseca, José Ernesto de Aquino, 168
Fonseca, Paulino Nogueira Borges da, 296
Fonseca, Severiano da (v. *Fonseca, João Severiano da*).
Fontenelle, 293
Francisco, Joaquim, 73
França, Carlos Ferreira, 320
França, Ernesto Ferreira, 46
França, C. 271
Franco, Conselheiro Souza,
Franco, Conselheiro Tito, 323
Franklin, Antonio, 58
Franklin, Balthazar, 342
Franklin, filho de Franklin Távora, 30, 45, 306
Franklin, João, 26, 27, 45, 57-62, 66
Frederico (*irmão de Franklin Távora*), 60
Freire, Melo, 77
Fusco, Cousin (v. *Figueiredo, Antonio Pedro de*).

G

Galeno, Juvenal, 323, 338
Galvão, Ramiz, 271, 298
Gama, Antonio Pinto Chichorro da, 41, 46, 47

Gama, Ayres de Albuquerque, 204, 212, 215
Gama, João Saldanha da, 312
Gama, Pe. Miguel do Sacramento Lopes, 63-66, 70, 87, 135
Garcez, Martinho, 14
Garcia, José Maurício Nunes, 292
Garnier, L. B., 225, 232, 252
Garret, Almeida, 66
Genuense, 68
Gioberti, 86, 87
Goiana, Visconde de, 65
Goldsmith, 68
Gomes, Antonio, 51
Gomes, Carlos, 288
Gonçalves, Sigismundo Antonio, 127
Gonzaga, Frei Luiz de, 208, 209
Grant, Mistris, 193
Gregório de Nicéia, São, 167
Guanabara, Alcindo, 344
Guedes, Pellico, 240
Guevara, 193
Guilherme, o Taciturno, 299
Guimarães, Aprígio, 73, 75-77, 79, 80, 86, 87, 124, 139, 153, 155, 168, 178, 179, 204, 211, 212, 244, 271
Guimarães, Bernardo, 232, 241, 242, 245
Guimarães, Moreira, 73
Guimarães Júnior, Luiz, 336
Guizot, 40, 292

H

Haeckel, 244
Helena, Santa (v. *Magno, Santa Helena*).
Heller, 226
Herculano, Alexandre, 356
Herckman, Elias, 299
Hermeto, Honório (v. *Leão, Honório Hermeto Carneiro*).
Higino, José (v. *Pereira, José Higino Duarte*)
Holanda, Nestor de, 224
Homem de Melo, Francisco Inácio Marcondes, Barão, 30, 317, 320

Homero, 308, 335
Horácio, 68
Hugo, Victor, 139, 141, 143, 153, 155, 156, 158, 161, 162, 224, 330

I

Isabel, Princesa, 207, 348, 356
Isabel II, Rainha, 158
Itajuba, Visconde de, 292
Itamaracá, Barão de, 92
Inácia, Dona, 59,60
Indígena, o (v. *Távora, Camilo Henrique da Silveira*).
Inhomirim, Conselheiro, 217
Ivo, Pedro (v. *Silveira, Pedro Ivo Veloso da*).

J

Jaguari, Conselheiro, 217
Jambo, Arnoldo, 78
Jansen, Dr., 64
Jardim, General Ricardo José Gomes, 292
Jesuíno, Manuel, 320
Jesus, Maria Rosa de, 26, 27
João, 26, 27
João Crisóstomo, São, 167
João IV, Dom, 25
João VI, Dom, 168, 211
José I, Dom, 205
Jovita, 27
Juvenal, 189

K

Kant, 244
Koseritz, Karl von, 312
Krause, 82

L

La Bruyère, 282
Lacerda, Dom Pedro Maria de, 207
Lacerda, Eduardo de Barros Falcão de, 168
Lacroix, 68
Ladslau Neto (v. *Melo e Neto, Ladslau de Souza*).
Laet, Carlos de, 263, 271
Lafaiette, 14
Lamartine, Adolphe, 41, 91, 171, 229, 330
Lamennais, 82, 86
Lapa, Ludgero da Rocha Ferreira, 289
Leal, Antônio Henriques, 271, 293
Leal, Augusto, 139, 148
Leal, Vinicius Barros, 23, 27, 28, 35, 75, 175
Leão, Francisco Magarinos de Souza, 193
Leão, Honório Hermeto Carneiro (v. *Paraná, Marquês de*).
Leão, José Barbosa, 331
Leão, Souza, 149
Leibniz, 87
Lélis, João, 15
Leite, Pedro de Alcântara Cerqueira, 292
Lemos, Maximiano Antonio de, 293
Leopoldina, (v. *Távora, Leopoldina da Conceição Martins*).
Leopoldina, Imperatriz, 356
Leopoldina, D. (atriz), 100
Lessa (ator), 100
Lessage, 193
Lima, José Ignácio de Abreu e, 13, 37, 43, 45-47, 54, 82, 83, 85, 163, 165-168, 170, 171, 187, 188, 293
Lima, Israel de Souza, 19, 260
Lima, José Coriolano de Souza, 338
Lima, José Inácio de Andrade, 134
Lima, Luís Alves de (Duque de Caxias), 40
Lima, Oliveira, 23
Lima, Pe. José Ignácio Ribeiro de Abreu e (Padre Roma), 163-166
Lima, Pedro de Araújo (v. *Marquês de Olinda*)
Lima Júnior, Joaquim Militão Alves de, 127

Lincoln, 144
Linhares, Temístocles, 184
Lisboa, Miguel Maria, 289
Littré, E., 244, 245
Litrento, Oliveiros, 24
Lobo, Américo, 90
Lobo, Aristides, 344
Lobo, Francisco de Paula da Silveira, 92, 127, 129, 130, 132, 134, 173
Locke, 87
Loureiro, Lourenço Trigo de, 75, 77, 83, 118
Loyola, José Bernardo de, 292
Loyola, Ignácio de, 149, 205
Lucena, Canuto José Pereira de, 51
Lucena, Henrique Pereria de, 49
Lucila, filha de Franklin Távora, 306
Luís XIV, 36, 144

M

Macaulay, 11, 292
Macedo, Dimas, 19
Macedo, Diogo Teixeira de, 290
Macedo, Gustavo, 316
Macedo, Joaquim Manuel de, 14, 90, 184, 241, 242, 289-291, 311, 329
Macedo, Joaquim Teixeira de, 271
Macedo, Manuel Antonio de, 232
Macedo, Sérgio Teixeira de, 76
Machado, Antonio, 21
Machado, Lopes, 141, 142, 145
Machado, Nunes, 42, 48, 49, 77, 176, 293
Machado, os, 148
Maciel, Antonio Vicente Mendes (v. Conselheiro, Antonio).
Macpherson, 193
Madeira, Tomé Fernandes de Castro, 122
Magalhães, Celso de, 271, 331, 338
Magalhães, Domingos Gonçalves de, 187, 192, 290-292, 330
Magalhães, Pinto de, 204
Magalhães, Valentim, 23, 335, 346

Magalhães, Vicente, 328
Magalhães Júnior, Raimundo, 197, 198, 314, 315, 320-322
Magno, Carlos Hipólito de Santa Helena, 305, 310, 338
Maia, Luiz Queiroz Matoso, 312
Maia, Silva, 191
Maior, Moacyr Breno Souto, 19
Malaquias, Dr., 204
Malheiros, Agostinho Marques Perdigão, 289
Manassés (pseudônimo de Joaquim Maria Machado de Assis)
Manuel, filho de Franklin Távora, 341
Maquiavel,
Maria, José, 51
Maria Teresa de Espanha, 36
Marinho, Saldanha, 287
Marques, César Augusto, 283, 354
Marques, J. de Augusto, 320
Marrecos, Cap. Matias da Costa Vasconcelos, 25
Martins (ator),
Martins (livreiro), 225
Martins, Gabriel, 26
Martins, Pe. Almeida, 203, 207
Martins, Pe. Joaquim Dias, 164
Martins, Wilson, 90, 184, 198
Martins Júnior, 85, 244
Martius, 255, 292
Mascarenhas, os, 24
Matta, Cândido da, 83
Matheus, Antonio, 51
Matos, Manuel Gomes de,
Matos, Olimpio José Garcia, 19
Mattos, Raimundo José da Cunha, 349
Maurício (filho de Franklin Távora), 306
Meireles, Teotônio, 320
Melo, Afonso de Albuquerque, 122
Melo, A. J. de, 336
Melo, Jerônimo Martiniano Figueira de, 46-53, 58
Melo, Urbano Sabino Pessoa de, 48, 50
Mello, Henrique Capitolino Pereira de, 331

Melo e Neto, Ladslau de Souza, 313, 314, 315, 317, 320
Mendes, Cândido (v. *Almeida, Cândido Mendes de*)
Mendonças, os, 26
Mendonça, Francisco Barbosa de, 26
Mendonça, Frei João Capistrano de (Frei Cometa), 66
Mendonça, Maria Vidal de, 26, 27
Mendoza, Diego Hurtado de, 193
Menezes, Belisário Bezerra de, 320
Midosi, Nicolau, 90, 269, 270, 279, 320
Miguel-Pereira, Lúcia, 109, 181, 183
Mill, Stuart, 13, 76, 145
Milton, 335
Mirabeau, 171
Miranda, Ivo Pinto de, 133, 134, 136
Moniz (v. *Barreto, Moniz*).
Montalegre, Omer, 114
Monteiro, Maciel, 135
Monteiro, Paulo, 174
Montello, Josué, 20
Montenegro, Olívio, 64, 65, 131, 136
Montoro, Reinaldo Carlos, 335
Morais Filho, Mello, 309, 320, 347
Moreira, Nicolas, 320
Moreira, Nicolau Joaquim, 288
Morgado Duarte, 25
Mororó, Pe. Gonçalo Inácio de Albuquerque, 29
Moscoso, 149
Mota, Mauro, 19
Murillo, Bravo, 158
Muritiba, Conselheiro, 217
Musset, 91, 179

N

Nabuco, Carolina, 161, 162, 274
Nabuco, Joaquim, 12, 13, 57, 58, 160, 161, 162, 200, 201, 216, 217, 232, 274, 275, 287, 344
Nabuco, Senador (v. *Araújo, Nabuco de*)
Napoleão III, 41, 156
Nascimento, Luiz do, 88, 122, 127, 203, 204, 212
Nassau, Conde Maurício de, 299

Navarro, João Gabriel de Moraes, 100
Nec (pseudônimo), 233
Negreiros, André Vidal de, 26
Nemo, pseudônimo, 237
Nietzsche, 18
Niterói, Conselheiro, 217
Nogueira, Baptista Caetano de Almeida, 292
Noronha, Tomás de, 135

O

Olimpio, Domingos, 256
Olinda, Marquês de, (v. *Lima, Pedro de Araújo*)
Oliveira, Alberto de, 301
Oliveira, Cândido Batista de, 269
Oliveira, Correia de, 149
Oliveira, João Alfredo Correia de, 187, 208, 219, 223
Oliveira, J. D., 217
Oliveira, J. Gonçalves de, 320
Oliveira, Maria de, 28
Olivola, Frei Felix de, 208
Orígenes, pseudônimo de (v. *Guimarães, Aprígio*).
Orlando, Artur, 85
Ortega y Gasset, 12, 82
Ortigão, Ramalho, 334
Otaviano, Conselheiro Francisco, 307-310, 313

P

Pacheco Júnior, 271
Paéz, José Antonio, 166
Paio, Ângelo S., 240, 241
Paio, Rangel de S., 121, 177-180, 245, 266, 267, 271, 302
Paiva, Manuel de Oliveira, 256
Palha, Garcez, 320
Pâmpano, Z. A., 90
Paraná, Marquês de, 40
Paranapiacaba, Barão de, 230, 317, 320
Paranaguá, Visconde de, 320

Patrocínio, José do, 288, 316, 344
Paula, Kalyna de, 19
Paula Barros, 320
Pedro I, Dom, 29, 165, 166, 168, 207
Pedro II, Dom, 24, 14, 40, 78, 111, 166, 197, 219, 233, 274, 286, 289, 294, 323, 348
Pedro, José, 51
Pedroso, Antonio Pereira Barreto, 292
Pélico, Silvio, 79
Penn, 193
Penna, Herculano Ferreira, 49
Peixoto, Afrânio, 197, 269, 282
Perdigão, Carlos, 271
Pereira, Batista, 282
Pereira, Carlos, 100
Pereira, Conselheiro Almeida, 308
Pereira, Inocêncio da Silva, 64
Pereira, J. B., 320
Pereira, José Higino Duarte, 85, 298, 299
Pereira, Luiz Carlos de Araújo, 101, 102
Pereira, Pedro, 61
Perez, Eliane, 20
Pessoa, F. Pinto, 73, 75
Pimenta Bueno, 14
Pimentel, Manuel de Valladão, 290
Pinheiro, L. F. Maciel, 103, 118, 119, 239, 240, 244, 248
Pinheiro, Brandão, 320
Pinto, Antônio Barbalho, 25
Pinto, Antonio Inocêncio de, 51
Pinto Júnior, João José, 73, 75
Pio IX, Papa, 207
Piragibe, 320
Pires, Evaristo Nunes, 312
Pires, J. A. Galvão, 88
Pitanga, E., 271
Pitt, 198
Pizarro, Tereza,
Platão, 87
Plutarco, 12
Pombal, Marquês de, 24, 32, 205
Pompílio, Numa, 149, 326
Pope, 68
Portela, 149
Porto Seguro, Visconde de (v. *Varnhagen, Francisco Adolfo de*).

Prado Júnior, Caio, 24, 25
Proença, M. Cavalcanti, 20, 194

Q

Quental, Antero, 243
Quesada, Ernesto, 260, 305, 311, 313-318, 322, 328, 337
Quesada, Vicente, 305, 313-317, 322-324, 328, 337
Quevedo, 91
Quintas, Amaro, 66

R

Rabello, Laurindo, 330
Racine, 77
Raffard, Henrique, 354
Ramos, José, 51, 292
Ramos, Silva, 51, 139, 146, 148, 151
Rangel, Antonio Martins, 50
Raul, filho de Franklin Távora, 306
Rego, João do, 51
Rego, João Vicente Pereira do, 72
Rego, Melo, 149
Rego, Pedro, 76
Reis, Agostinho dos, 320
Reis, Antonio Manuel dos, 213
Reis, Souza, 149
Repúblico, O (v. *Fonseca, Antonio Borges da*).
Ribas, Antonio Joaquim, 271
Ribeiro, João, 197
Rio, Comendador João José de Souza Silva, 293
Rio Branco, Visconde de, 207, 224, 288
Rizzini, Carlos, 40
Rocha, Francisco de Assis Pereira, 173
Rodrigues, Coelho, 320
Rodrigues, José Honório, 312
Rodrigues de Souza, 14
Rohan, Beaurepaire, 347
Roma, Padre (v. *Lima, Pe. José Ignácio Ribeiro de Abreu e*)

Romero, Sílvio, 13-15, 20, 85, 136, 181, 183, 188, 196, 241, 242, 244, 260, 261, 271-273, 276, 278, 312, 317, 320, 325, 332-334, 353
Rosa, Cândido, 270
Rosa, Gama, 271
Rosa, Santa, 100
Roterdan, Erasmo de, 76
Rosmini, 86, 87
Rústico, Fábio, pseudônimo de (v. *Guimarães, Aprígio*).

S

Sá, Franco de, 204
Saint-Pierre, 193
Salas, Ramón, 76
Saldanha, Nelson, 82
Sales, Antonio, 196
Sales, Francisco de Paula, 75
Sales, José Roberto da Cunha, 106
Salústio, 68
Salles, Ramón, 76
Salsa, Célia, 19
Sampaio, Moreira, 270, 344
Sand, 91
Santa Cruz, Marquês de (D. Romualdo Antonio de Seixas), 41, 78
Santander, Francisco de Paula, 166
Santa Rosa (ator), 100
Santiago, Mário, 35
São Félix, Barão de, 271
São João Nepomuceno, Barão de, 292
São Mateus, 327
Sapucaí, Marquês de, 217
Schopenhauer, 82, 244
Schreiner, Barão de, 293
Scott, Walter, 193
Seabra, Bruno, 105
Seixas, D. Romualdo Antonio de (v. *Santa Cruz, Marquês de*), 380
Semprônio (*pseudônimo de Franklin Távora*)
Sênio (*pseudônimo de José de Alencar*)
Serqueira, Conselheiro Tomás José Pinto de, 293
Serra, Joaquim, 308, 320, 338
Sette, Mário, 137
Shaw, Bernard, 18
Shelley, 91
Silva, Ascenso da, 26
Silva, Betthencourt da, 271, 320
Silva, Comendador J. Norberto de Souza e, 317
Silva, Conselheiro José Manuel Pereira da, 42, 271, 285, 286, 313-315, 317, 320
Silva, Conselheiro Josino do Nascimento e, 293
Silva, Herculano Pereira da, 51
Silva, João Adolfo Ribeiro da, 338
Silva, Joaquim Barbosa da, 51
Silva, Joaquim Noberto de Souza, 354
Silva, José Barbosa da, 51
Silva, José Baptista de Castro e, 326
Silva, José Bezerra da, 51
Silva, José Bonifácio de Andrada e (v. *Bonifácio, José, o patriarca*)
Silva, Ludgero Gonçalves da, 225
Silva, Luis Alves de Lima e (Duque de Caxias), 40, 217
Silva, Luiz Gonçalves da, 37, 67
Silva, Pereira da (v. Silva, Conselheiro José Mannuel Pereira da)
Silva Júnior, Manoel Antonio dos Passos, 111
Silveira, Ana, 25
Silveira, Cap. Antonio Gomes da, 26, 27
Silveira, Duarte Gomes da (Marquês de Capaoba), 25
Silveira, João Gomes da, 25, 26
Silveira, Maria de Santana da, 23, 26, 27, 30, 33, 51, 59, 60, 175, 222, 261, 306, 341, 347, 348
Silveira, Ten. Luís Gomes da, 26-28
Silveira, Pedro Alves da, 25
Silveira, Pedro Ivo Veloso da, 45, 54, 293
Silveira, Vitória Gomes da, 25, 26
Silveiras, os, 25, 26, 29-31, 42
Silvino, 92
Sinimbu, Cansanção de, 287

Siqueira, J. José de, 320
Skiner (ator), 100
Soares, Macedo, 90, 271
Soriano, José (v. *Souza, José Soriano de*).
Soublette, Carlos, 166
Souto, Luís Honório Viana, 311, 323
Souto, Teodoro C. F., 88
Souza, Brás Florentino Henrique de, 72, 75, 79
Souza, Gladys O. A. de, 20
Souza, Henrique de, 149
Souza, Inglês de, 305, 310, 330
Souza, João Cardoso de Menezes e (v. *Paranapiacaba, Barão de*).
Souza, João Silveira de, 72, 76
Souza, José Francisco de, 134
Souza, José Soriano de, 204, 208, 216
Souza, Júlio César Ribeiro de, 305, 310, 338
Souza, Luiz Antonio de, 20
Soveral, Maria José de, 26
Spencer, 244, 292
Studart, Barão de, 23
Studart Filho, Carlos, 32, 33
Suárez, Francisco, 86
Sucre, Antonio José de, 166

T

Tácito, 292
Taine, H., 244
Taunay, Félix Emílio, Barão de, 289
Taunay, Visconde de , 181, 199, 242, 245, 279, 271, 273, 274, 280, 286, 288, 295, 308, 317, 356
Tavares, Armindo, 145
Tavares, Jerônimo Vilela de Castro,
Tavares, Jerônimo Carneiro Vilela, 40, 47, 59, 75, 77, 78, 83, 85, 88
Távora, Ana Nunes da Fonseca, 27
Távora, Balthazar Franklin Martins, 37, 60, 263, 353
Távora, Camilo Henrique da Silveira Borges (o *Indígena*), 23, 27, 30-33, 37, 39, 42, 45, 47-53, 59, 60, 83,
88, 100, 111, 115, 175, 176, 293, 347
Távora, Estevão, 26
Távora, Felizardo da Silveira Borges, 27
Távora, João Borges da Silveira, 51, 60, 127, 130, 148, 152, 348
Távora, João Franklin da Silveira Borges, 27
Távora, João da Silveira, 27
Távora, Leopoldina da Conceição Martins, 341, 348, 350, 354,
Távora, Manuel Pinheiro, 23, 27, 175
Távora, Maria (v. *Silveira, Maria de Santana da*).
Távora, os, 32, 42, 148
Távora, os Silveira, 27, 42
Teixeira, Alexandrina Guilhermina dos Santos, 174, 176, 223, 306, 341
Teixeira, Bento, 90
Teixeira, Joaquim José, 293, 320
Teixeira de Freitas, 14
Teresópolis, Barão de, 293
Thierry, 292
Tinhorão, José Ramos, 219
Tomás, escravo, 161, 162
Tomás, Santo, 86
Três-Barras, Barão de, 292

U

Uruguai, Visconde do (v. *Sousa, Paulino José Soares de*)

V

Valentim, Vicente, 323, 337
Varejão, Aquiles, 320
Varela, B., 320
Varella, Luiz Nicolau Fagundes, 117, 118, 227, 244, 276, 335, 336
Varnhagen, Francisco Adolfo de, 26, 284-286
Vascarudo, Homero Fiel de Sigmaringa, 37

Vasconcelos, Abner, 72
Vasconcelos, Ana Maria de, 26
Vasconcelos, Izabel de, 25, 26
Vasconcelos, José de, 123-125, 127
Vasconcelos, Rosa Maria de, 26
Vega, Lope de, 193
Veiga, Gláucio, 83, 85, 87
Veiga, Luiz Francisco da, 283, 320
Ventura, Pe. Gioachino, 82, 86, 87
Vera Cruz, Barão de, 149
Veríssimo, José, 14, 20, 23, 90, 181, 183, 196, 197, 241-247, 251-255, 257, 258, 264, 269, 274, 277-281, 283, 296, 299, 302-305, 307, 310-312, 322, 337, 338, 343-347, 349, 350
Verne, Julio, 252
Viana, Ferreira, 320
Viana Filho, Luís, 187
Vianna, Hélio, 42
Viardot, 193
Vieira, Damasceno, 335
Vieira, João Fernandes, 26
Vila Bela, Barão de, 148
Vila-Flor, Conde de, 32
Vilela, Carneiro, 78, 293
Vilela, Jerônimo (v. *Tavares, Jerônimo Vilela*).
Vinelli, Kossuth, 271
Virgilio, 68
Vital, Dom (v. *Vital, Bispo Dom*)
Vital, bispo Dom (Dom Vital Maria Gonçalves de Oliveira), 34, 35, 86, 203, 204, 207-209, 216-219, 222, 289
Vitrúvio, Dr., 298
Voltaire, 68

W

Wanderley, João Maurício (Barão de Cotegipe),
Washington, Irving, 193
Weber, Max, 166
Wilde, Oscar, 17, 18

X

Xavier, Fontoura, 308

Y

Youcenar, Marguerite, 15

Z

Z (*pseudônimo*), 152
Zama, 287
Zany, Tomás Antonio Ramos, 338
Zeller, 76
Zig-Zag (pseudônimo), 322
Zola, 245

Notícia sobre o Autor

CLÁUDIO AGUIAR (Ceará, 1944) é bacharel pela Faculdade de Direito do Recife (UFPE) e doutor pela Universidade de Salamanca, Espanha. Atuou em diversos jornais como repórter e colabora nos suplementos literários do *Jornal do Commercio* e *Diário de Pernambuco*.

É autor, entre outras obras, dos romances *Caldeirão, A Volta de Emanuel, Os Anjos Vingadores* e *A Corte Celestial*; das peças de teatro *Suplício de Frei Caneca* e *Brincantes do Belo Monte*; e do ensaio *Os Espanhóis no Brasil*.

Conquistou importantes prêmios literários, inclusive o Nacional de Literatura (MEC-INL) de 1982. Em virtude do conjunto de sua obra, em 1994, recebeu o prêmio-homenagem, de caráter internacional, concedido pela Cátedra de Poética Fray Luís de Léon da Universidade Pontifícia de Salamanca, Espanha.

Título	Franklin Távora e o seu Tempo
Autor	Cláudio Aguiar
Produção e Projeto Gráfico	Ateliê Editorial
Capa	Lygia Eluf
Revisão de Texto	Geraldo Gerson de Souza
Formato	14,5 x 22 cm
Mancha	10,5 x 18 cm
Tipologia	Times New Roman
Papel de Miolo	Pólen Bold 80 g
Papel de Capa	Cartão Supremo S 6
Número de Páginas	383
Tiragem	1.000
Impressão	Lis Gráfica e Editora Ltda.